Pensar el cuerpo
Historia, materialidad y símbolo

Mabel Moraña

Pensar el cuerpo
Historia, materialidad y símbolo

Herder

Diseño de portada: Gabriel Nunes

© *2020, Mabel Moraña*
© *2021, Herder Editorial, S.L., Barcelona*

ISBN: 978-84-254-4668-9

Imprenta: Qpprint
Depósito legal: B - 7337 - 2021
Printed in Spain - Impreso en España

Herder
www.herdereditorial.com

ÍNDICE

Para Aitana, Lucía e Isabel,
hermosos cuerpos nuevos.

Hablar del cuerpo es hablar del mundo.

Pronto habrá más cuerpos en la crítica contemporánea que en los campos de Waterloo. Miembros amputados, torsos atormentados, cuerpos condecorados o encarcelados, disciplinados o deseosos: se está volviendo cada vez más difícil, dado el giro de moda hacia lo somático, distinguir la sección de teoría literaria de la de pornografía suave en los estantes en la librería local, separar el último Jackie Collins del último Roland Barthes. Un masturbador ansioso puede haber elegido un volumen de apariencia sexy solo para encontrarse leyendo sobre el significado flotante.

Terry Eagleton

EL PROBLEMA DEL CUERPO

El cuerpo es, por naturaleza, problemático. Propio y ajeno, interior y exterior, visceral y emocional, evidente y oculto, individual y colectivo: formas binarias como estas pueden multiplicarse, porque el cuerpo, por su extrema permeabilidad, absorbe y emite significaciones que apuntan tanto a su materialidad como a sus proliferantes estratos simbólicos, sin reparar en contradicciones. La corporalidad se presta, así, a tensiones y superposiciones entre aparentes polaridades, que fluyen en dinámicas vitales, líquidas e incesantes. Presente en el origen mismo, inapresable, de nuestra concepción biológica, y en el final inevitable de la descomposición de la materia, el cuerpo es conocido por nosotros —y nos conoce— en una temporalidad casi del todo superpuesta a la de nuestra conciencia. Nos hace posibles, nos acompaña, nos sustenta y nos traiciona. Aprendemos a amarlo y a temerlo, a aceparlo y a que nos acepte. De vez en cuando intentamos, vanamente, olvidarlo, pero sus llamadas de atención nos devuelven a él, nos humillan, nos doblegan, nos reducen a poco, a casi nada. Lo espiamos para advertir a tiempo deseos, necesidades, impulsos, limitaciones, deterioros y caídas. Nos advierte y amenaza, lo escuchamos y lo desoímos. Y el cuerpo nos cobra cada momento de indiferencia, cada desvío, cada expresión de *hybris* o de vacilación.

Imposible no contar con él, no *contarlo*. Nos hacemos la ilusión de que hablar del cuerpo es hablar de nosotros y sabemos, sin embargo, que una distancia inapresable nos separa de su extraña y variable fisicalidad. Inventamos, para nuestro propio consumo, una relación con él, que forma parte de nuestro imaginario. En ella somos los protagonistas, aunque sabemos que todo depende de él, de su voluptuosa ambigüedad, de su presencia equívocamente similar a la de otros, y de sus inestimables diferencias. Y sabemos que referirnos a *él* como diferente del yo carece de sentido. El cuerpo nos trasciende, y lo trascendemos. Algo, mucho, al hablar de él, se escapa: es intraducible, incomunicable, un vacío, una presencia sin peso ni medida, un abismo, una totalidad oscura que no admite ni ecos ni retornos. La historia de sus narrativas es la de los intentos de saltar ese vacío, de tender un puente precario de palabras e imágenes que simule llegar al otro lado. La imagen visual y los pliegues del lenguaje han intentado, en variados registros, capturar su significación: Velázquez, Leonardo, Bacon, Picasso, Sherman, Orlan, Mendieta. La gran literatura nos ha entregado también imágenes insustituibles en las que el cuerpo interroga: un príncipe con un cráneo en la mano, que reflexiona sobre el sentido mismo de la vida; un cuerpo que se va disolviendo en el aire puro de la montaña; una muchacha sorda en una playa del sur; un cadáver mutilado por los ejércitos, que aún provoca deseo desde la muerte; un cuerpo que es dos, yo y el monstruo que me habita, o en el que yo resido.

El problema del cuerpo es su inabarcable polivalencia, juego de espejos que en realidad reflejan solamente la ausencia del significado. Al decir «el problema» del cuerpo, quiero hacer referencia a su nivel conflictual, a sus paradojas, intrigas, sugerencias y sinsentidos, es decir, al punto en el que se confirman los límites de la racionalidad y de la lógica, y donde se desata el torbellino de las connotaciones. También aludo a su ubicación en el punto en el que se intersecan una pluralidad de discursos, perspectivas teóricas, protocolos disciplinarios, metodologías y posicionamientos ideológicos.

La ilusión de que tenemos con el cuerpo (al menos con el nuestro) una relación íntima y privada oscurece el hecho de que nuestro organismo está inscrito en lo social, le pertenece. La sociedad y la cultura lo regulan desde la concepción, e incluso antes, al definir las normas de la sexualidad y la reproducción; lo adiestran y lo educan; lo controlan y lo reprimen; lo administran y lo desechan cuando se lo considera un *surplus* que no vale el espacio que ocupa. Su omnipresencia en el espacio público, en el mercado, en los discursos de la ciencia y la política y en los imaginarios populares permitiría pensar que todo gira en torno a su existencia y a sus necesidades, pero las prácticas y los discursos bélicos, la proliferación de tecnologías creadas para su eliminación masiva, los obstáculos que dificultan su supervivencia, su abandono social y las desigualdades que se le imponen cuando no pertenece a estratos privilegiados demuestran otra cosa.

De todos los dualismos que se le aplican, el que distingue el cuerpo abstracto, superteorizado y separado de los cuerpos reales y sufrientes es el más perturbador, pero forma parte de los esquemas con los que las culturas se manejan para acercarse a la realidad escurridiza de la corporalidad, cuya realidad conceptual e ideológica parece ir eclipsando su materialidad. Este libro quiere rescatar rasgos del amplio espectro de visiones y versiones sobre el cuerpo, porque todas tienen su lugar en la configuración de paradigmas y discursos que eventualmente se traducen en políticas, prejuicios y conceptos que se imponen como una segunda naturaleza a los cuerpos reales. Se ofrece aquí, apenas, una entrada somera en un campo tan amplio como el mundo. Se trata simplemente de indicios que se han de seguir para desarrollar, con la extensión que merecen, las articulaciones propuestas y muchísimas otras que se vinculan, directa o indirectamente, con las aquí propuestas, las más obvias y ricas en derivaciones y complejidades.

Modelo para armar, el cuerpo es el rompecabezas que se descompone en fisicalidad y pensamiento; la corporalidad y su fantasma; humores, esqueleto y carne perecedera; elementos que han sido material de la lírica, la filosofía, el drama, los discursos científicos, ontológicos y morales en todas las épocas. Se siente, a veces, que el cuerpo es todo lo que uno tiene para dar, y sin embargo se sabe que aún al darlo, el resto que se puede retener es más que él, reside en otra parte y tiene una sustancia diferente, que no podemos explicar, aunque nos acompaña hasta la muerte, y nos gusta pensar que se va con nosotros.

En *La construcción social de la realidad* (1966), Peter Berger y Thomas Luckmann se aproximan a la conexión entre el *ser* y lo orgánico indicando que se trata de una relación excéntrica:

> Por una parte, el hombre *es* un cuerpo, lo mismo que puede decirse de cualquier otro organismo animal; por otra parte, *tiene* un cuerpo, o sea,

se experimenta a sí mismo como entidad que no es idéntica a su cuerpo, sino que, por el contrario, tiene un cuerpo a su disposición. En otras palabras, la experiencia que el hombre tiene de sí mismo oscila siempre entre ser y tener un cuerpo, equilibrio que debe recuperarse una y otra vez. (Berger y Luckmann, 1966, p. 71, énfasis en el original)

Este equilibrio se registra también en la relación entre lo natural y lo cultural, lo congénito y lo adquirido, lo biológico y lo social. Lo humano se define en estas combinaciones o, dicho de otro modo, en esa zona de indeterminación que impide reclamarlo como parte exclusiva de uno de esos dominios. Berger y Luckmann lo conciben como la unión inseparable de *homo sapiens* y *homo socius*, aunque, como se verá a lo largo de este libro, este tipo de modelo binario se registra en muchos otros planos, resolviéndose siempre en una combinatoria compleja e inestable.

Otra característica del cuerpo es que es ineludible. Es nuestro, y somos suyos, y no hay forma de evitar esta unidad a veces conflictiva. El cuerpo es el lugar donde el otro me encuentra, el espacio de los rituales, del amor, la belleza, la racialización, las prácticas sexuales, la enfermedad, la privación, la violencia, la monstruosidad, la experiencia mística, el placer, la tortura, la reproducción y la muerte. Es el territorio en el que se registra el cambio permanente y donde proliferan gérmenes y anticuerpos, degradaciones, anomalías y florecimientos. Es un terreno de pasaje y de llegada, el camino y el destino final. En él se (con)funden medio y fin, peregrinaje y santuario. El cuerpo es agua precariamente solidificada, pero siempre lista a disolverse para volver a su forma primera. Es materia prima, fórmula frágil y resistente, cadena cromosómica, información, plataforma de lanzamiento para algo que imaginamos distinto y superior y que llamamos alma, razón, pensamiento, propósito, destino, es decir, nada. Todo es, al final, límite, frontera.

No hay cuerpo sin *otros*. Es decir, cada cuerpo es en sí mismo parte de una red de interacciones, imposiciones y resistencias, regulaciones y transgresiones. A la obsesión de permanecer aludida por Borges (1957, p. 299: «Spinoza entendió que todas las cosas quieren perseverar en su ser; la piedra eternamente quiere ser piedra y el tigre un tigre») se opone —y vence— el devenir heracliteano, ya que hablar del cuerpo equivale a hablar de variaciones, movimientos e inestabilidades. Nada es fijo en el cuerpo, ni igual, ni definitivo, ni propio ni ajeno, ni por ahora ni para siempre. Todo es temporal y cambiante, superfluo y efímero, definitivo y negociable. Todo en él es materialidad; no hay en el cuerpo nada de sublime. Y sin embargo... Sin embargo, algo persevera a pesar del vértigo de las transformaciones. Algo interroga al cambio y hace sentido de su futilidad, de sus excesos y carencias, de su perseverancia a sol y a sombra. El cambio predomina. Y sin embargo... Por eso las narrativas sobre el cuerpo siempre son particularmente nostálgicas y vanas, porque tratan de capturar un vuelo, deteniéndolo.

Relaciones de poder condicionan y relativizan el lugar del sujeto, su asentamiento corporal, el espacio que ocupa sobre los planos convencionalizados de la casa, la ciudad, el territorio, la nación, el planeta: sitios *políticos*, es decir, regulados por y en la comunidad, que existen en función de las formas obvias o imperceptibles de comunicación corporal y de las modalidades individuales y colectivas que el cuerpo asume para el funcionamiento cultural. Cuerpo es cultura y/o naturaleza. *Es lo que es*, o sea, un dato de lo real, una (id)entidad que puede ser captada por los sentidos y por el entendimiento, pero solo de manera parcial y tentativa. Es lo que vemos del otro y de nosotros mismos, pero también lo no-visible, lo que sabemos y lo que ignoramos, lo que intuimos y lo que imaginamos. Es el misterio que nos sobrepasa desde adentro (¿qué está pasando en el interior de nuestro cuerpo?), y es también lo que le adjudicamos. Asimismo, todas estas operaciones responden a paradigmas epistémicos y a modelos representacionales en los que se distingue el cuerpo de la ciencia del cuerpo estético, el cuerpo tecnológico y el cuerpo místico, el cuerpo del delito y el corpus literario, los cuerpos de agua y el cuerpo de la ley.

Nada puede ser percibido, entendido, interpretado, fuera de los modelos producidos desde distintos dominios disciplinarios, pero las combinaciones entre ellos son innumerables y siempre productivas. Toda representación del cuerpo, todo cuerpo textual, emerge de los cruces entre formas diversas de percepción que se desafían mutuamente y que permiten la intersección de diversos recursos cognitivos: el afecto, la intuición, la memoria, la imaginación, el raciocinio. Cuando se piensa el amor desde la muerte, la enfermedad desde la política, la técnica desde la ética, la estética desde la biopolítica, es cuando emerge un ramalazo de sentido, un *insight* que ilumina, brevemente, el campo corporal. O así nos lo parece. Del cuerpo emanan verdades fluidas que corren, combinando sus aguas, por cauces que no siempre llegan a la misma desembocadura. El cuerpo aloja, entonces, diversas formas de verdad, verdades múltiples, contradictorias o complementarias, alternativas o antagónicas, relativas, contingentes o provisionales, que afirman en la corporalidad su derecho a existir. La verdad de la mística contiene en sí la verdad del erotismo; en la estética se esconde una verdad *política;* los instintos sucumben —al menos de manera temporal— ante la verdad impositiva de las regulaciones racionales, que intensifican el deseo de transgresión.

Dada esta proliferación de significados y de connotaciones, los estudios del cuerpo alcanzan los dominios disciplinarios de la antropología, la historia, la literatura, la ecología, la medicina, la filosofía, la religión, el arte, la biología, la historia cultural, el feminismo y, en general, los estudios de género, las artes performativas, los estudios de la salud, la sociología y los estudios culturales. Asimismo, especializaciones más recientes, como el campo de los deportes, el entretenimiento, la alimentación, el humor, los afectos, la discapacidad y otros, tienen en el cuerpo una categoría fundamental para la observación, la reflexión, el análisis y la proyección interpretativa. En todos estos espacios de investigación, desde los más tradicionales hasta los más recientes, la pregunta central se organiza en torno a los límites de la corporeidad. ¿Dónde termina el cuerpo y dónde comienza el alma (resto, exceso, residuo, resaca)? ¿Cómo se relaciona el cuerpo con el género, con el poder, con el patriarcalismo, con el Estado, con las instituciones, con la sociedad? ¿Dónde se sitúa la frontera entre la vida y la muerte? ¿Lo humano y lo corporal coinciden? ¿Lo humano reside en el cuerpo, en los afectos, en el pensamiento, o en la sensorialidad, en la capacidad de definir propósitos, de distinguir los territorios de la moralidad y la belleza, de proyectarse hacia la espiritualidad y la trascendencia?

Autores como Bergson, Marx, Freud, Baudrillard, Mauss, Merleau-Ponty, Foucault, Sontag, Cixous, Bourdieu, Butler, Deleuze, Elias, Haraway, Kristeva, Latour y otros han aportado importantes aproximaciones a estas cuestiones que son centrales para la reflexión posmoderna, y han agregado muchas otras, que deben ser incorporadas a los nuevos enfoques. Para hacer referencia solo a dos de estos nuevos dominios de inquisición filosófica y científica, debe mencionarse, en primer lugar, el espacio que abren las nociones de biopolítica y biopoder, así como el campo de la gubernamentalidad, que parten del pensamiento de Foucault y adquieren desarrollo, variantes y derivaciones en un vasto número de autores que exploran la relación entre vida y poder político.

El segundo espacio de reflexión que se abre desde finales del siglo XX es el que se centra en los conceptos de poshumanidad, no solo renovando una rica tradición reflexiva sobre las relaciones entre humanidad y tecnología, sino incorporando intrigantes preguntas que tienen que ver con las transformaciones que el cuerpo va sufriendo con la utilización de técnicas médicas, como trasplantes, aditamentos, implantes, prótesis, aplicaciones de la inteligencia artificial y dispositivos mecánicos y electrónicos que hibridizan la corporalidad contribuyendo a mejorar su funcionamiento. ¿Cómo afectan estas intervenciones al concepto mismo de lo humano? ¿El donante de órganos sobrevive, de alguna manera, en el cuerpo del otro? ¿Y el que adopta los órganos del donante, no contiene en sí ya una forma de muerte concretada en las porciones de su interior que pertenecían a un cuerpo ya difunto? Con esto, ¿no se ha sobrepasado ya la línea que considerábamos claramente divisoria entre vida y muerte? ¿Un cuerpo clonado tiene la misma condición vital que un cuerpo natural? ¿Qué porcentaje del cuerpo humano puede admitir la sustitución tecnológica sin que se pierda la condición de humanidad? ¿Es esta, siquiera, una pregunta válida?

Sin duda alguna, nociones que han guiado el pensamiento occidental desde la Antigüedad hasta nuestros días, como las de humanidad, identidad y subjetividad, se encuentran involucradas en las transformaciones que se están mencionando, y que no se limitan a

la modificación corporal, sino que revelan ramificaciones profundas
y múltiples en todos los niveles, tanto en los que tienen que ver con
la interioridad del sujeto (con sus procesos identitarios) como en los
que atañen a las formas de socialización y reconocimiento del Otro
en la sociedad del presente. Se trata no solamente de proponer nuevas
categorías de análisis (lo poshumano, la cultura cibernética, la robotización, etc.) sino de profundizar en las ramificaciones biológicas,
éticas, estéticas, políticas y civilizatorias en general, que las transformaciones sustanciales de lo humano imprimen en diversos niveles de
lo social y lo político. ¿Cómo debe ser modificada la noción de sujeto
y de agencia para llegar a alojar estas transformaciones?

Asimismo, ¿cómo afecta la tecnificación que está disponible para
la concepción de un nuevo ser (fertilización *in vitro*, manipulación de
información genética) la concepción de la vida, la familia, la sexualidad, etc.?[1] ¿Permanecen estos dominios intocados (desde el punto
de vista social, psicológico, filosófico, científico, etc.) a pesar de los
cambios a los que aquí se hace alusión, o se anuncian necesarias re-
consideraciones, redefiniciones y resignificaciones de las formas básicas
de concebir lo humano, tal como esta categoría fue pensada desde el
humanismo griego, el cristianismo, el liberalismo, etc.?

Como se ve, la concepción del cuerpo sometido siempre al poder,
reprimido, contenido o abstraído de sus relaciones con el entorno, se

1. Es importante recordar que estos avances, que se atribuyen a las últimas décadas
y se consideran parte del panorama de la Posmodernidad, vienen de mucho antes. Se
sabe que Descartes sentía fascinación por la maquinización *(automatons)* que circulaba
desde la Antigüedad y que era parte del dominio público en su época. El término
robot (del checo «trabajo aburrido») se acuña en los años veinte del siglo pasado,
pero no sería hasta 1954 que el primer robot de aplicación industrial se fabricaría,
pasando así de la mecanización a la automatización. De la misma manera, el ADN
(ácido desoxirribonucleico) fue descubierto en 1869. Sin embargo, no fue sino hasta
1953 que James D. Watson y Francis H. C. Crick anunciaron que habían llegado a
formular la estructura de doble hélice de la molécula de ADN que contiene los genes
humanos. Esta estructura permitiría la aplicación de los estudios genéticos a campos
tan fundamentales y dispares como los estudios prenatales para la detección de enfermedades, la modificación genética de alimentos, el análisis forense, el tratamiento
de enfermedades, entre otras, el sida, etc.

20

abre a complejas especulaciones que se apartan de los dualismos tradicionales del tipo cuerpo / alma, cuerpo individual / cuerpo colectivo, racionalidad / sensibilidad, inmanencia / trascendencia, para revelar más bien la fluidez entre polaridades, es decir, el carácter eminentemente relacional y múltiple de la corporalidad y de su multifacética relación con lo humano. Jacques Derrida argumentó ampliamente en contra de la lógica binaria de este tipo de planteamientos que suelen presentarse aún, afantasmados, toda vez que se intenta analizar los estudios del cuerpo y de sus representaciones como campos de lucha en los que se dirimen conflictos ideológicos, éticos y estéticos. Para Derrida, tales proposiciones siempre implican jerarquías que imponen un orden a lo real, reprimiendo, excluyendo o subordinando unos significados en beneficio de otros. Como se verá, ese ha sido justamente el caso en los estudios sobre el cuerpo que, desde la Antigüedad clásica, visualizaron dicotómicamente la corporeidad humana, en la cual el componente espiritual ha resultado a la vez omnipresente e inhallable.

El cuerpo como constructo social y proyecto político, el cuerpo como evento y como discurso visual (como relato), como cárcel del alma o como su contraparte, como deficiencia o exceso, como carne y como energía psíquica, como espíritu o materia, como totalidad o proceso, como campo emocional o intelectual: es tan difícil prescindir de estas alternativas como reducirlas a opciones que sacrifican *la otra parte*, relegando, quizá, aspectos esenciales de la experiencia de la *persona*, entendida como totalidad, a pesar de su precariedad y sus fisuras.

Inapresable y fascinante, el cuerpo abre un haz de significaciones que, como en el Barroco, se pliegan, despliegan y repliegan sobre sí mismas revelando contenidos ocultos y disipando otros, según las épocas y las culturas, y dependiendo de las formas sensibles que se apliquen para la captación de la corporalidad. Como elemento físico, el cuerpo ha sido cartografiado, diseccionado, traducido a gráficas y ecuaciones, atrapado en discursos científicos, pruebas, algoritmos y experimentos, dejando la impresión de que algo se escapa de la observación minuciosa, de la especulación y del análisis. Las artes visuales y la literatura parecen haber captado aspectos que han permanecido ocultos para la observación científica. Han representado, bajo formas simbólicas, la capacidad relacional y la energía de los cuerpos, su futilidad y resistencia, así como la singularidad de la experiencia del cuerpo propio y la ansiedad que provoca el cuerpo de otro. Pero las propuestas simbólicas tienden a ser efímeras, y la incertidumbre, duradera.

El cuerpo es mediación, es decir, herramienta, implemento o ensamblaje que tiene sentido porque en el lado exterior de la piel hay un mundo: otros cuerpos, objetos, naturaleza, espacios, circunstancias y proyectos, hay un tiempo que flota y en el que flotamos. Es a través del cuerpo que llegamos al mundo —y él a nosotros— para interpelarnos o, simplemente, para anunciar que allí está el desafío.

Cada uno posee no solo el cuerpo propio sino *una idea del cuerpo*, un cuerpo imaginado desde algún discurso que ha provisto pautas para la construcción mental de nuestra corporalidad y que tuvo, para nosotros, más relevancia que otros. Tal discurso puede habernos expuesto tempranamente a parámetros de pensamiento a partir de los cuales formalizamos nuestra concepción de lo orgánico: el cuerpo como algo sagrado, como un «templo», como un tesoro que debe preservarse, como un bien para dilapidar, como una carga, como un capital simbólico que puede cultivarse y cotizar en el espacio social, como una cáscara que no nos representa. Pensamos el cuerpo desde el discurso médico o securitario, humanista o político, artístico o moral, pornográfico o religioso, hedonista o ascético, y en cada caso la imagen es distinta. Son distintos los usos que concebimos para el cuerpo desde cada una de esas posiciones, como es distinta la historia de cada vertiente particular de pensamiento sobre lo corporal. Son diversos los simbolismos que nutren cada imagen y el tipo de *presencia* que le damos en nuestra vida. A veces la imagen del cuerpo es en nosotros caleidoscópica, y se va recomponiendo a medida que los cristales que la forman se combinan frente a la luz. En otros casos es contundente, autoritaria, fuente de represiones, doctrinas, prejuicios y autocastigos. Para todos, de alguna manera, el cuerpo es también *tabula rasa*, espacio en blanco en el que inscribir nuestras propias obsesiones, temores y deseos. Ya tengamos una aproximación lúdica o ascética, hedonista o disciplinadora, severa o tolerante, el cuerpo entrará en un diálogo con nosotros que irá modelando conductas y valores, haciéndonos revisar preconceptos, doctrinas y comportamientos. El cuerpo nos irá haciendo saber qué desea y qué necesita, cuáles son sus dolencias y sus temores, y le haremos saber, a nuestra vez, en qué grado y dentro de qué parámetros podemos complacerlo. Por supuesto, esta relación con el cuerpo, dramatizada aquí a efectos de proceder ensayísticamente a la introducción de nuestro tema, teatraliza el vínculo complejo y no siempre gozoso que mantenemos con la dimensión corporal que nos acompaña, en la que los posicionamientos del ser, el cuerpo, la mente, los afectos, no siempre se distinguen con claridad. La experiencia del cuerpo es enmarañada, palimpséstica, y aunque cada nivel puede ser identificado a efectos del análisis, está marcada por la simultaneidad en la que percepciones, afectos, conceptualizaciones, instintos y regulaciones se aglutinan y entremezclan. Tales superposiciones crean lo que llamamos estados de ánimo, sentimientos, vivencias o experiencias cotidianas, traumas o epifanías, vivencias en las cuales lo orgánico, lo afectivo y lo intelectual resultan prácticamente inseparables.

Michel de Certeau señala en una entrevista publicada bajo el título «Historias de cuerpos»:

> El cuerpo es algo mítico, en el sentido de que el mito es un discurso no experimental que autoriza y reglamenta unas prácticas. Lo que forma el cuerpo es una simbolización sociohistórica característica de cada grupo. Hay un cuerpo griego, un cuerpo indio, un cuerpo occidental moderno (habría todavía muchas subdivisiones). No son idénticos. Tampoco son estables, pues hay lentas mutaciones de un símbolo al otro. Cada uno de ellos puede definirse como un teatro de operaciones: dividido de acuerdo con los marcos de referencia de una sociedad, provee un escenario de las acciones que esta sociedad privilegia: maneras de mantenerse, hablar, bañarse, hacer el amor, etcétera. Otras acciones son toleradas, pero se consideran marginales. Otras más están incluso prohibidas o resultan desconocidas. (Vigarello, 1982)

De Certeau compara, en este aspecto, cuerpo y lenguaje, señalando que tal multiplicidad es la que hace al cuerpo, como a la lengua, algo intrínsecamente evanescente, «huidizo y diseminado», al mismo tiempo que reglamentado por las culturas. El cuerpo y la lengua admiten tanto un uso convencional como un uso poético, que eleva las propiedades de cada uno a un nivel de expresividad mayor, que se escapa de lo contingente. De Certeau ve en estas operaciones una alquimia histórica que «transforma lo físico en social».

La experiencia del cuerpo en Occidente tiene una de sus claves, como señala el historiador francés, en la presencia / ausencia del cuerpo icónico de Cristo, en su tumba vacía, hueco que se ha ido llenando con doctrinas, sacramentos, Iglesias, es decir, cuerpos simbólicos que con la primacía de la razón han sido sustituidos por elementos de la historia científica, política y social. El cuerpo se fragmenta y rearma de múltiples maneras, creando cuerpos nuevos, ficciones, simulacros, siempre de alguna manera referidos al primer cuerpo ausente. De ahí la imagen antropomórfica del poder de Leviatán, en el que múltiples cuerpos ilustran el cuerpo político del Estado moderno, dominado por las pasiones. El pueblo tiene un cuerpo múltiple, multitudinario, que solo podemos descomponer a efectos del análisis, en un ejercicio de individuación que no llega a esconder el hecho de que todo cuerpo busca a sus otros, sin los cuales no puede definirse ni con acciones ni con palabras.

El cuerpo despliega múltiples rostros al conocimiento. La «verdad del cuerpo» se aloja en sus dobleces y en sus avatares, en sus formas mediáticas, en sus disecciones, en sus revestimientos, en sus acoplamientos y en sus máscaras. La tarea del arte y de la ciencia, de la política, la economía, la antropología y el entretenimiento ha sido la de interpretar sus indicios. Las huellas y los códigos hablan un lenguaje cifrado, a través del cual el cuerpo da a conocer sus grados de conciencia, sus impresiones, sus afectos, sus traumas y deseos. Es un lenguaje de gritos y susurros, negociaciones, cálculos y disfraces. La tarea de la crítica es observar las teatralizaciones del cuerpo, su constante protagonismo y sus metamorfosis, sus formas de decir y de callar, de agresión y de defensa, de hacerse presente, de ausentarse, y siempre regresar, como cuerpo o como fantasma.

El cuerpo en la historia

Puede decirse que el cuerpo ha seguido en la historia un proceso de revelación y des(en)cubrimiento, inseparable de los cambios históricos. Desde la subyugación colonialista hasta los avatares de la Modernidad y la globalización, se ha mantenido, sin embargo, la compartimentación socio-racial, la discriminación de género y las jerarquías de clase, aunque las estrategias de exclusión e invisibilización de sectores sociales implementadas por los poderes dominantes han ido cambiando. Casi todas las formas de fragmentación social y de distribución de privilegios comienzan y terminan en el cuerpo, cuyos rasgos son interpretados como elementos de identificación y como barruntos de verdades ocultas sobre aquello que la apariencia corporal, al mismo tiempo, revela y oculta. Rasgos fisonómicos, texturas y colores corporales son interpretados como marcas de carácter cultural o educativo, y como señales que indican preferencia sexual o pertenencia de clase. En algunos casos, son vistos como signos que revelan creencias o nacionalidad, que delatan la edad y el estado de salud, que sugieren autoridad, locura, marginalidad o beligerancia política. El cuerpo nos delata, entonces, con particularidades que se encuentran adheridas a la piel y a la fisonomía y que la cultura dominante tiende a manipular, minimizar o hipertrofiar, según los casos. Podría hacerse la historia de la interpretación de estos indicios y de lo que la sociedad ha hecho con ellos. Pero estos análisis son insuficientes y engañosos, porque esas formas de recorte social no son autónomas, sino que se encuentran estrechamente relacionadas con condiciones económicas, políticas y culturales y con desarrollos diacrónicos que determinan la conciencia social y sus procesamientos cotidianos.

Interesa indicar, en este sentido, que la percepción misma, como acto cognitivo, va variando históricamente, del mismo modo en que la experiencia y la interpretación responden a valores y métodos que se van transformando. El cuerpo va inscribiéndose en la historia en relación directa con los cambios que se registran en las convenciones sociales, las costumbres y las formas de vida. Estas condiciones rigen la formación de identidades y subjetividades, los valores y formas de intervención sobre los cuerpos, tanto en la esfera pública como en la privada. La inscripción social de la corporalidad, su visibilidad y su apreciación, responde a los procesos a partir de los cuales las economías articulan productividad y fuerza física, necesidad y trabajo. A partir de las condiciones materiales se administran recursos y consumo y se estima el valor variable tanto de los cuerpos como de las mercancías, y de los cuerpos como mercancía.

Se sabe que el cuerpo comenzó a ser objeto de estudios anatómicos ya desde el siglo III a. C., cuando se inician análisis orgánicos sobre cadáveres de animales y de seres humanos para investigar su interior. La fascinación con el cuerpo tuvo un momento de esplendor en la cultura griega, en la que la corporalidad era no solo objeto de curiosidad y trabajo científico, sino de admiración estética e interés erótico, como atestiguan las artes visuales y los estudios del período. El culto a la belleza, la preocupación por reproducir detalles físicos que pudieran captar la perfección del cuerpo humano y animal, la representación de la relación entre los organismos vivos y las reacciones que expresan deseo sexual, miedo, ira y otros afectos tanto en el nivel físico como en el emocional, produjeron algunos de los más refinados ejemplos de simbolización de lo humano en épocas tempranas de desarrollo civilizatorio.

Entre los griegos estos logros fueron acompañados por la reflexión filosófica, que se ocupó tanto de los misterios de la vitalidad humana como de la dimensión funeraria, la condición del cadáver con respecto al cuerpo viviente, la relación entre lo humano y lo divino, la temporalidad de la materia y su relación con la mente y con el sentimiento. La constitución corporal fue pensada a partir del funcionamiento de las partes, la energía vital unificaba y consolidaba los distintos componentes, otorgando significado real y simbólico a lo humano. Comienza entonces a reflexionarse sobre la relación entre las partes y el todo, entre la mente y el cuerpo, y entre la naturaleza y la cultura. Según indica Francisco González Crussí en «Una historia del cuerpo humano»:

> Aristóteles comentó en su obra *De Partibus Animalium* (641 a, 1-5) que las partes del cadáver no pueden ser las mismas que en el ser viviente. «Ninguna parte de un cadáver —dice— por ejemplo un ojo o una mano, es en rigor tal, puesto que ya no puede ejecutar su función propia, así como le sería imposible a una flauta de una escultura, o a un médico en una pintura, ejecutar el oficio correspondiente». (González Crussí, 2003, p. 10)

Disecciones, autopsias y otro tipo de intervenciones sobre el cuerpo fueron avanzando, en muchos casos de forma clandestina, dado el carácter sagrado del cuerpo como unidad y el estigma contra el derramamiento de sangre y la ruptura de la organicidad corporal en algunos contextos culturales.

El sentido medieval de la corporeidad considera que la dimensión orgánica se encuentra supeditada a la superioridad del alma, a la que el cuerpo coloca en la frontera de virtud y pecado. La contingencia corporal no puede competir con la trascendencia del espíritu, ya que lo primero tiene la dimensión humana y lo segundo remite a lo divino. El cuerpo es el receptáculo imperfecto del alma y debe ser controlado en sus impulsos terrenales. El concepto medieval de pueblo o comunidad invisibiliza al sujeto individual y lo encierra dentro de los parámetros de la religión, representándolo preferentemente como multitud, o en grupos en los que la singularidad se subsume en lo múltiple.

El cuerpo se destaca en la Edad Media solo cuando es sacrificado (penitencias, torturas, rituales religiosos) o cuando es objeto (elemento mediador) para la experiencia mística (contemplación, raptos, autocastigos). Le Breton retoma la idea de que la noción del cuerpo en el Medievo está ligada a un «cristianismo folclorizado» en el que la doctrina religiosa se combina con creencias y prácticas populares. El cuerpo es *pre-individual*, se halla subsumido en la comunidad, en lo colectivo, en el grupo o en el sector social o cultural que le corresponde según las formas de organización social en que se encuentra, de modo que la dimensión corporal no funciona como el límite entre el yo y la otredad, sino como el punto de contacto e identificación dentro de una totalidad que contiene a los cuerpos en el nivel material y espiritual. En este período predomina la dimensión simbólica del cuerpo, la cual, partiendo de la Trinidad, la comunión, el cuerpo encarnado de Cristo y la resurrección, interpreta la materialidad como una forma disminuida del Ser, una encarnación o *encarnadura* que puede metamorfosearse para alojar el cuerpo de Cristo, como en la eucaristía. La corporalidad es el camino hacia Dios desde el mundo terrenal y el dispositivo para el perfeccionamiento del alma. En este sentido, el cuerpo es una referencia constante al milagro de la creación, la futilidad de la vida y la mortalidad de la carne.

En el Renacimiento se operan cambios con respecto a las formas de concebir el cuerpo y de representarlo, consistentes esencialmente en pensar el cuerpo como unidad individual, a partir de una perspectiva temporal y diacrónica. El cuerpo es visto como organismo que atraviesa períodos y modificaciones a lo largo del lapso vital. A partir de los siglos XV y XVI la investigación revelará la dimensión funcional del organismo humano, su singular materialidad, sus constantes, sus ritmos y posibilidades de relación con el medio ambiente, la naturaleza y la comunidad. El pensamiento científico y humanístico abrirá múltiples ángulos para acceder al estudio de las leyes que rigen el desenvolvimiento humano, tanto en su dimensión orgánica, anatómica, como en lo relativo a la racionalidad, la intelectualidad y los afectos. El arte pictórico enfatiza el detalle realista, la captación de la variedad de exteriores e interiores y la multiplicidad de sentimientos que se manifiestan en los rasgos y expresiones corporales. Como en la obra de Leonardo da Vinci y de otros artistas de la época, los estudios del cuerpo, tanto individuales como grupales, son científicos y a la par artísticos; implican investigación, diseño y cálculo de proporciones, composición y perspectiva. La dimensión estética funciona como la forma simbólica de celebración de la perfección física concebida como ideal de belleza y representación de lo divino. Poco a poco la aparición de estratos populares comienza a resaltar los rasgos más pedestres y excesivos de los individuos, utilizando el cuerpo como marca de clase, educación, poder, salud y extracción etno-racial. Correlativamente, los sectores más encumbrados de la sociedad reclaman protagonismo para sus cuerpos, sus atuendos y sus posesiones. Según Le Breton:

> Ya en el siglo XVI, en las capas más formadas de la sociedad, se insinúa el cuerpo racional que prefigura las representaciones actuales, el que marca la frontera entre un individuo y otro, la clausura del sujeto. Es un cuerpo liso, moral, sin asperezas, limitado, reticente a toda transformación eventual. Un cuerpo aislado, separado de los demás, en posición de exterioridad respecto del mundo, encerrado en sí mismo. Los órganos y las funciones carnavalescas serán despreciadas poco a poco, se convertirán en objeto de pudor, se harán privadas. Las fiestas serán más ordenadas, basadas más en la separación que en la confusión. (Le Breton, 1990, p. 32)

Son frecuentes desde el Renacimiento las representaciones tanto de cuerpos desnudos como de las partes interiores del cuerpo, como si la piel hubiera desaparecido y se pudiera percibir la red de músculos, el sistema circulatorio, los órganos y el esqueleto, revelando lo oculto y dando la ilusión de una penetración profunda en el misterio de la vida. El exterior del cuerpo es abordado a través de las proporciones, se busca la exactitud de movimientos y posturas y se exploran las ideas de equilibrio. La fisicalidad es captada asimismo como el vehículo para la transmisión de estados de ánimo pasionales o contemplativos y para exponer las múltiples facetas de los cuerpos, ya sea en movimiento o en perfecto estado de serenidad.

El desnudo implica una aproximación directa a la Creación, sin las vanidades terrenales, una mostración de la obra divina, en la que se revelan la virtud y la perfección. Representada individualmente o en conjuntos humanos, la corporalidad remite al entorno que la contiene y la sustenta. Los cuerpos ocupan un primer plano, pero no están aislados, sino contenidos en composiciones que los contextualizan, como si siempre fueran parte de una escenografía destinada a marcar el lugar de la cultura y su predominio sobre lo natural, destacando a los seres humanos como elementos al mismo tiempo autónomos y relacionales.

La conceptualización y tratamiento de los cuerpos alcanza asimismo al cuerpo muerto, cuya unicidad se trata de respetar:

> El cadáver no debe desmembrarse, arruinarse, dividirse, sin que se comprometan las condiciones de salvación del hombre al que encarna. Esta es una prueba, también, pero de otro orden, de que el cuerpo sigue siendo el signo del hombre. Cortar al cuerpo en pedazos es romper la integridad humana, es arriesgarse a comprometer sus posibilidades ante la perspectiva de la resurrección. El cuerpo es registro del ser (el hombre es su cuerpo, aunque sea otra cosa), todavía no ha sido reducido al registro del poseer (tener un cuerpo, eventualmente distinto de uno mismo). (Le Breton, 1990, p. 48)

El cuerpo que no se adapta a los modelos de lo que se consideraba normal o común fue en muchos períodos demonizado, rechazado o considerado marginal. Del cuerpo grotesco que deja ver deformaciones, protuberancias o mutilaciones desborda una vitalidad caótica, que debe ocultarse o entremezclarse con la multitud, volviéndose así indiscernible.

> El cuerpo grotesco —dice Bajtín— no tiene una demarcación respecto del mundo, no está encerrado, terminado, ni listo, sino que se excede a sí mismo, atraviesa sus propios límites. El acento está puesto en las partes del cuerpo en que este está, o bien abierto al mundo exterior, o bien en el mundo, es decir, en los orificios, en las protuberancias, en todas las ramificaciones y excrecencias: bocas abiertas, órganos genitales, senos, falos, vientres, narices. (Le Breton, 1990, p. 35)

Desde el punto de vista filosófico, en lo que es considerado el inicio de la filosofía moderna, la obra de Descartes ocupa el lugar fundacional, al plantear, en *El discurso del método* (1637) y en las *Meditaciones metafísicas* (1641), la problemática del conocimiento y de la existencia desde una perspectiva racionalista y a través de una deconstrucción del aparato conceptual para el cual cuerpo y alma eran una unidad indisoluble. El pensamiento constituye, en el inicio del método cartesiano, la única certeza del ser, ya que los sentidos se manifiestan como poco confiables. El pensar *(cogitare)* conecta directamente con la esencia misma de la existencia y revela la evidencia de la conciencia. El único recurso para alcanzar el conocimiento y la comprensión de lo humano es la deducción, que permite afirmar la existencia de mente y cuerpo como entidades ontológicamente diferentes, aunque íntimamente conectadas. El cuerpo es materia no pensante, mientras que la mente es el asiento del pensamiento y de la idea, es decir, de la abstracción, que nos permite concebir la existencia de Dios y captar la presencia de las ideas innatas con las que el ser humano viene al mundo. El pensamiento cartesiano se aplica asimismo a la comprensión del campo de las emociones y del modo en que la experiencia cognitiva y la afectividad se conectan y sustentan mutuamente.

El tema del cuerpo tiene en Descartes, por tanto, uno de sus momentos clave, ya que se definen en su obra parámetros para la comprensión de las relaciones entre conocimiento y acción, mente y cuerpo, sensaciones e ideas. Asimismo, Descartes manifiesta gran fascinación por los mecanismos automáticos o *automatons* (construcciones que se mueven por medio de mecanismos o engranajes, como si lo hicieran por propia voluntad), los cuales existían desde la época de los griegos y son mencionados en las obras de Homero. En la época de Descartes era habitual el despliegue de figurines o construcciones de gran sofisticación técnica, en las que el cuerpo humano o el de animales adquiría «vida» sin alma, lo cual inspiraba en el filósofo reflexiones sobre la naturaleza misma de lo humano, las fuerzas que lo animan y la relación sujeto / objeto. De inmensa influencia en épocas posteriores, las consideraciones de Descartes sobre el cuerpo humano y los cuerpos físicos en general se proyectan en muy diversos campos. Afectan particularmente el pensamiento sobre las máquinas, que tanta influencia tendría en el capitalismo industrial y en el marxismo.

El cuerpo es visto como un accesorio de la persona, se desliza hacia el registro del poseer, deja de ser indisociable de la presencia humana. La unidad de la persona se rompe, y esta fractura designa al cuerpo como una realidad accidental, indigna del pensamiento. El hombre de Descartes es un *collage* en el que conviven un alma que adquiere sentido al pensar y un cuerpo, o más bien una máquina corporal, reductible solo a su extensión. (Le Breton, 1990, p. 69)

La fascinación de Descartes con la anatomía está presente en varios pasajes de sus *Meditaciones*, donde indica, por ejemplo, cómo construye una idea sobre su propio cuerpo a partir del cadáver, en un movimiento reflexivo que va desde la muerte hacia la vida, de lo inanimado a lo animado.

«Me consideré en primer término como teniendo un rostro, manos, brazos, y toda esta máquina compuesta de huesos y carne, tal como aparece en un cadáver y a la que designé con el nombre de cuerpo». (Descartes, segunda meditación, en Le Breton, 1990, p. 60)

El cuerpo humano vivo pierde valor ante la importancia de la observación que permite el cuerpo muerto, cuya misma forma de presencia / ausencia estimula la especulación sobre el sentido mismo de la vida, su origen, su relación con lo divino y con la temporalidad. El pensador construye su edificio racional y metafísico *metódicamente*, a partir de la ruina corporal, del descaecimiento de la energía vital, yendo de la anatomía a la filosofía, de la muerte a la vida, de la corporalidad al alma.

En el pensamiento del siglo XVII el cuerpo aparece como la parte menos humana del hombre, el cadáver en suspenso en el que el hombre no podría reconocerse. Este peso del cuerpo respecto de la persona es uno de los datos más significativos de la Modernidad. (Le Breton, 1990, p. 71)

¿Qué sucede, al mismo tiempo, con la relación cuerpo / poder en contextos intercivilizatorios, cuando se enfrentan concepciones diversas de lo humano que se superponen a los proyectos de dominación del Otro? Un espacio epistémico fundamental para aproximarse a esta pregunta lo proveen los escenarios del colonialismo. Cuerpos territoriales, cuerpos de agua y cuerpos aborígenes son la primera visión del Nuevo Mundo para la conciencia europea. El tema de la mirada se inaugura así, con la llegada al Otro, coincidiendo con los proyectos de apropiación colonialista de los territorios de ultramar. Va unido, por lo mismo, indisolublemente, al capital y al trabajo, a la explotación, a la invisibilización de la subjetividad y al usufructo de la *diferencia*. La religión despliega intrincadas estrategias para la invención de un alma que pudiera adaptarse a esos cuerpos dudosamente humanos. Para ello, doblega la fisicalidad reduciéndola a formas al mismo tiempo abstractas y materializadas de energía laboral, libidinal, tanática y sacrílega, que van constituyendo un *lugar simbólico* en el cual sea posible situar una otredad que se hace asimilable para la episteme europea a través del recurso de la *similitud en la diferencia*.

Los procesos de otrificación por parte de la cultura europea en el contexto de la expansión religiosa no comienzan con el descubrimiento de América, sino que tenían en tierras europeas múltiples antecedentes. La lucha contra los moros en la Península Ibérica es un ejemplo claro de tales estrategias, en las que poder político, interés económico, racialización y «guerra santa» se unen en un complejo constructo ideológico de inmensas consecuencias civilizatorias.

La expresión «moros por indios» resume un programa de conquista y colonización que, visto desde esta perspectiva, constituye una etapa más en la continuidad de la dominación española, reduciendo la excepcionalidad de la conquista del Nuevo Mundo a la dimensión de una estación más en el proceso de cristianización. Alberto Sandoval analizó esta contigüidad en la concepción y representación de la otredad y en la construcción del «enemigo» designado como el antagonista en una lucha que iba cambiando su objetivo, pero a partir de similares direcciones.

Indios y moros son configurados y estereotipados como bárbaros, infieles, idólatras, herejes, agentes diabólicos, mentirosos, sospechosos e inferiores, que deben ser cristianizados, catequizados y civilizados a imagen y semejanza del imperio. Sus territorios deben ser ocupados, dominados y controlados por el sistema del poder y del saber, y por las instituciones y los agentes imperiales. Así, al moro y al indio se los sujeta sígnicamente y significantemente, se los objetiviza y se les adjudica un significado imperial que vacía su significación histórica propia. Al sujeto conquistado y subalterno se le a-signa una posición político-ideológica para sujetarlo según los valores, creencias, convenciones, percepciones, actitudes, juicios y prejuicios regularizados, articulados y codificados por la cosmovisión imperialista y sus prácticas de saqueo y expansionismo. (Sandoval, 1995, p. 541)

A partir de las interacciones entre corporalidades y culturalidades, el lugar del Otro es construido como un repositorio de *diferencias* equivalentes y asimilables a los imaginarios del dominador. En un proceso derrideano de *diferencia y repetición*, la alteridad se inscribe en lo id-éntico, se refuerza en un proceso de pliegue y de despliegue de la corporeidad y de los afectos que atraviesan compartimentaciones étnicas para constituir un espacio inestable pero cohesionado que se presta al control y al disciplinamiento. Debe seguirse el argumento desplegado por Sandoval para advertir este proceso por el cual la otredad se convierte en un tropo corporal en el que se articulan aspectos físicos, rasgos culturales, creencias y valores, aspectos que se manifiestan en representaciones visuales, crónicas, prácticas, declaraciones, creaciones literarias y fiestas populares. Asimismo, tal asimilación está presente ya en las cartas de Colón, en las que el color de la piel de los indígenas es visto por Colón a partir de la experiencia conocida de árabes y africanos:

«Dellos se pintan de prieto y dellos son de la color de los Canarios, ni negros ni blancos»; «ellos ninguno prieto salvo de la color de los canarios, ni se debe esperar otra cosa, pues está Lestegüeste con la isla del Fierro en Canaria, so una línea». (en Sandoval, 1995, p. 543)

Similar operación se realiza en las mismas cartas en referencia a los territorios y a la naturaleza del Caribe, que es comparada con las islas Canarias y con Andalucía y Córdoba, último reducto de los moros en España. Los ejemplos abundan también en el teatro evangelizador.[1] La experiencia conquistadora adquiere así continuidad y coherencia dentro de la lógica del expansionismo y de la «guerra santa»: «el indio pasa a ser el moro, y su re-presentatividad imaginaria se da por sustitución metafórica y por deslices metonímicos con el moro» (Sandoval, 1995, p. 541).

Para el sujeto español y su ojo imperial, moros, turcos o indios son referentes con una misma significación y función, como lo serían los habitantes de las Filipinas donde también se propagó el espectáculo religioso de moros y cristianos por los misioneros. (Sandoval, 1995, p. 543)

Pero mientras que indígenas, negros y castas en general son asimilados ideológicamente a otredades conocidas e invisibles en su sujetidad, sus cuerpos tienen prominencia física, racial, laboral, y funcionan como personajes colectivos en los dramáticos escenarios coloniales. Si Colón conceptualiza a los pobladores de las islas caribeñas a partir de sus carencias, calificándolos como «gentes desprovistas de todo» (expresión con la que el navegante se refiere a lo que considera extrema precariedad, vacío epistémico, vulnerabilidad de los cuerpos, *tabula rasa*), en el imaginario barroco la masa indígena es considerada «plebe tan en extremo plebe», como indicaría Carlos de Sigüenza y Góngora. La población nativa o afrodescendiente se ve, en conjunto, como aglomeración o aglutinación inorgánica que

---

1. Indica, en ese sentido, Francisco López de Gómara: «Comenzaron las conquistas de indios acabada la de los moros, porque siempre guerreasen españoles contra infieles» (en Adorno, 1988, p. 58, en Sandoval, 1995, p. 540). Asimismo, a propósito de la relación moros/indios, señala Tzvetan Todorov: «El año de 1492 simboliza ya, en la historia de España, este doble movimiento: en ese mismo año el país repudia a su Otro al triunfar de los moros en la última batalla de Granada y al forzar a los judíos a dejar su territorio, y descubre al Otro exterior, toda esta América que habrá de volverse latina» (Todorov, 1982, p. 57, en Sandoval, 1995, p. 540).

amenaza el orden sistémico del virreinato y desestabiliza los principios que lo rigen.

La otredad, en cualquiera de sus manifestaciones, está imbuida entonces de rasgos amenazantes cuyo origen y naturaleza resultan inciertos e inclasificables. Los rasgos corporales, es decir, la materialidad de anatomías y conductas, forman parte de construcciones identitarias siempre permeadas por supuestos atributos de aptitud y carácter: tendencias a la agresividad, la lasitud, la imprevisibilidad, la traición, los comportamientos instintivos y maléficos, los rasgos demoníacos, el paganismo, la impureza, la deslealtad, la ignorancia, la superstición y la lascivia. La materialidad corporal se ve a través de una lente que hipertrofia lo distinto y lo opone al ideal de la homogeneidad sustentada en nociones colectivistas como la de súbdito o cristiano, que subsumen la singularidad.

Las transformaciones que siguen a los procesos de Reforma y Contrarreforma en el siglo XVI se corresponderán con cambios sustanciales en la concepción del cuerpo individual y del cuerpo social. En el período barroco, los encuadres espaciales son de suma importancia en la representación de los cuerpos. El escenario cortesano y el conventual se vinculan, respectivamente, al cuerpo gozoso, eminentemente visual y propenso al decorativismo, y al cuerpo sacrificial, inspirado en el martirio de Cristo y en las prácticas del ascetismo y la penitencia. Entre los ámbitos público y privado el cuerpo transita asumiendo identidades performativas, que teatralizan el lugar del sujeto, sus gestos, sus atuendos, lenguajes y discursos. Tales espacios constituyen escenarios en los que se representa la tragicomedia de la corporalidad sometida por la doctrina o liberada, transgresivamente, por los instintos.

El cuerpo místico somete la corporeidad y al mismo tiempo la proyecta fuera de sí misma al concederle un espacio simbólico de expansión y despliegue, dando lugar a representaciones en las que el espíritu parece apoderarse de la subjetividad. Los raptos místicos teatralizan una sensualidad sublimada y exacerbada por la fe, proveyendo una canalización del deseo y los sentidos en los límites mismos de la doctrina.

2. El cuerpo en la historia

El cuerpo polivalente de la mujer, sometido a la oscilación entre la santidad monástica y su naturaleza demoníaca, ocupa un lugar relevante en la cultura del Barroco. Los retiros, las técnicas para domesticar al cuerpo y adiestrarlo en los rigores de la pureza corporal y espiritual, la contemplación de las heridas de Cristo y la reflexión sobre sus sacrificios van creando una delectación espiritual que ve en el dolor (en las llagas, los padecimientos y la crucifixión) un modelo a seguir, pero también un mensaje sensual en el que la carne es portadora de mensajes que involucran tanto al alma como a los sentidos, llegando a erotizar la relación con el Salvador, administrada, en muchos casos ineficaz o interesadamente, por el confesor.[2]

El siglo XVIII traerá, con los procesos de secularización, por un lado, la orientación racionalista que desplaza la fe y ensalza el valor de la ciencia, con lo cual el estudio objetivo del funcionamiento físico se desarrolla y adquiere relevancia social. Por otro lado, la valorización de la experiencia impulsada por la filosofía empirista de David Hume reconocerá la importancia fundamental de las percepciones y de las pasiones como elementos que guían al individuo y llegan a predominar sobre la racionalidad, dando así al cuerpo un lugar preponderante en el estudio del conocimiento sensible y de la relación entre sujeto

---

2. Las citas proporcionadas por Jaime Borja, provenientes de los escritos de Jerónima Nava y Saavedra, así lo ilustran: «Estando un día saludando las llagas de mi Señor y regalándome con aquel mar dulcísimo de la sangre de su costado, me parece que llegó a mí tanto su sagrada cabeza que casi sensiblemente la sentí» (en Borja, 2002, p. 106); «[...] mostrándome aquella franca y amorosa puerta de su costado me ha metido en su pecho, regalando y acariciando a esta serpiente como si fuera paloma; dándome a beber la sangre de su mismo corazón [...] (p. 109). Josefa de la Concepción, por su parte, cuando se encontraba en plena experiencia mística, manifestaba su conexión con la divinidad a través del cuerpo, que funcionaba como hilo conductor: «[...] hacía cuanta penitencia alcanzaban mis fuerzas, y despedazaba mi cuerpo hasta bañar el suelo, y ver correr la sangre. Era casi nada lo que pasaba de sustento, y solo tenía alivio con los dolores corporales» y «[...] hacía todas mis diligencias; me clavaba alfileres en la boca y no los sentía, tiraba a arrancarme los cabellos de la cabeza, y me quedaba con la mano pendiente y sumida en aquel letargo [...]» (p. 110). El cuerpo se suspende para dar paso al alma que toma posesión de la persona.

y mundo real. En su *Tratado de la naturaleza humana* (1739-1740), Hume establece que lo que se *siente* (las *impresiones*) precede y rige a las *ideas* por la intensidad e inmediatez de la experiencia de lo que después se llamaría «el cuerpo vivido». Por ejemplo, el ardor que produce una quemadura es superior en intensidad y precisión a la *idea* del fuego o del calor intenso. El cuerpo le habla a la mente, guiándola en sus apreciaciones sobre las características y efectos del mundo exterior, de modo que la idea no precede a la experiencia, sino que se forma *a posteriori*, a partir de los datos sensoriales. Incluso la imaginación solo puede funcionar combinando elementos que remiten a lo vivido, ensamblándolos de formas originales e hibridizándolos, pues se encuentra incapacitada para crear algo de la nada, ajeno a la experiencia.

En la *Crítica del Juicio* (1790) Kant reflexiona sobre el ser humano como entidad en la que se combinan naturaleza y acción. Entre ambos niveles, el juicio es la capacidad de comprender las relaciones causales y vincularlas al deseo y al ámbito de la moral. Kant afirmará la alianza *necesaria* de los aspectos sensoriales y racionales para la captación de la belleza, por ejemplo, destacando la importancia de la vista y el oído para la adquisición de conocimiento sobre el mundo material y para la síntesis intelectual que se realiza a partir de la experiencia.

En el siglo XIX el cuerpo se convierte en objeto pedagógico y experimental en los campos de la medicina y la mecánica. Con la publicación de *El origen de las especies* (1859) de Darwin, no solamente se consagra una visión contundente del lugar que el ser humano ocupa entre los seres vivos, sino que se consolida la síntesis entre cuerpo y mente, entendiendo que el funcionamiento de esta depende de procesos orgánicos y que la dimensión corporal constituye una unidad que desmiente el dualismo radical característico de las corrientes de pensamiento anterior. La importancia de la materialidad física en el mismo nivel que las cualidades de la mente será desde entonces dominante.

Ya al comienzo del siglo XX, el existencialista y fenomenólogo francés Maurice Merleau-Ponty, autor de la *Fenomenología de la percepción* (1945), reelabora la tradición heideggeriana, pero también los conceptos de la *Gestalt*, impulsando cambios definitivos en las formas de conceptualización del cuerpo humano. Este filósofo habla del cuerpo *encarnado*, es decir, físico y material, como prerrequisito para la relación con el medio, ya que sin cuerpo no hay experiencia, «no hay mundo», con lo cual confirma la relación entre naturaleza y conciencia. Buscando aproximaciones alternativas tanto al intelectualismo como al idealismo, su filosofía se extiende a los campos de la investigación psicológica, la antropología, la lingüística y las artes. La atención al carácter empírico de la corporalidad le permite discutir la noción de que el mundo constituye *algo dado* que solo corresponde captar en su objetividad. Merleau-Ponty enfatiza más bien la corporeización de la experiencia que, en las etapas finales de su trabajo filosófico, particularmente en *Lo visible y lo invisible* (obra póstuma, 1964) se concreta en la noción de carne, con la que se refiere a la relación bidireccional que conecta el cuerpo con las cosas, es decir, con la carne de las cosas. El filósofo concibe tal relación a partir de la noción de *quiasmo*, término que remite a un tipo de mediación que admite la reversibilidad y la circularidad, como por ejemplo un cuerpo que se toca a sí mismo, funcionando como el que provoca y el que recibe la sensibilidad, lo cual demostraría, según el filósofo, la continuidad ontológica entre sujeto y objeto.

Al analizar los inicios del pensamiento moderno sobre el cuerpo, David Le Breton señala que, si en períodos anteriores la materia prima del ser humano es considerada la misma del cosmos y la naturaleza, el cuerpo adquiere en la Modernidad un sentido distinto, autonomizándose y revelando su singularidad.

Implica la ruptura del sujeto con los otros (una estructura social de tipo individualista), con el cosmos (las materias primas que componen el cuerpo no encuentran ninguna correspondencia en otra parte), consigo mismo (poseer un cuerpo más que ser su cuerpo). El cuerpo occidental es el lugar de la cesura, el recinto objetivo de la soberanía del *ego*. Es la parte indivisible del sujeto, el «factor de individuación» (Durkheim) en colectividades en las que la división social es la regla. (Le Breton, 1990, p. 8)

El tema de la raza será uno de los elementos que la Modernidad pondrá en el proscenio de las relaciones sociales, haciendo del cuerpo el elemento inocultable de una «condición» que decidía la participación en *lo humano*. En América Latina, con las independencias, la sociedad criolla integrará en los imaginarios republicanos la normatividad de la exclusión social, proceso en el que los cuerpos de muchos sectores serán negados y marginados de toda forma de participación y considerados disruptivos de los programas de homogeneización ciudadana. Aunque utilizado como carne de cañón en las guerras de independencia, el cuerpo subalterno —negros, indígenas, (ex)esclavos, analfabetos, delincuentes— continúa habitando los márgenes de los emergentes imaginarios nacionales.

Las normas de conducta que acompañan la instalación del liberalismo conciben el cuerpo criollo como un dispositivo regulable, que los proyectos republicanos debían canalizar hacia los objetivos de la ciudadanía: el reforzamiento de las instituciones, el centralismo paternalista del Estado y la continuidad de la colonialidad de clase, raza y género. Los estratos sociales no criollos pasaron múltiples instancias de asimilación relativa a la organización nacional, integrándose precariamente a los sistemas de producción y al funcionamiento de la sociedad. Mujeres, ancianos y discapacitados ocuparán siempre un margen invisible y estarán sometidos a relaciones de dependencia que los desvalorizan y descartan. La mujer logra formas de integración en el campo de las tareas domésticas, la asistencia médica, la educación y el cuidado de los niños, para luego comenzar a participar, a través del consumo, en los diversos frentes que abren los mercados nacionales, y en la diseminación de costumbres y productos europeos destinados a «civilizar» a la sociedad americana.

En el campo de las grandes teorías, con el advenimiento del marxismo el cuerpo se posiciona en un lugar preponderante, como principio de productividad y de potencial emancipación colectiva. Se trata no solamente del cuerpo abstracto y colectivo del proletariado, sino del cuerpo material del trabajador, que es visibilizado en su concreción física y en su funcionalidad económica y política. No es este un cuerpo pasivo, radicalmente victimizado, sino un cuerpo resistente a las condiciones materiales que le fueron impuestas, y que son pasibles de ser revertidas. El cuerpo del proletario es un cuerpo productivo y racional; es el del sujeto que *se hace* a sí mismo, que emerge de su propia fuerza física y política, consciente de su lugar en la sociedad y de la importancia de su trabajo. No es el sujeto meramente contemplativo que conciben otras ramas de la filosofía, ni el cuerpo del esclavo, reducido a material social utilizable y desechable, sino un cuerpo con conciencia de sí. En la sociedad, la naturaleza renace, enriquecida por el trabajo. Las imágenes de corporalidad tienen en Marx un poder removedor y un aliento emancipatorio. Ya en los *Manuscritos económico-filosóficos* (1844) y en *El capital* (1867), Marx indica que el cuerpo del obrero es, en realidad, un cuerpo colectivo en el que se realiza la alianza estrecha entre mente y fisicalidad, inteligencia y trabajo. En un proceso de exteriorización, el obrero pone la manufactura *fuera del cuerpo;* el fruto del trabajo, que comienza por ser individual, es también un «producto social».

El individuo no puede actuar sobre la naturaleza sin poner en acción sus músculos bajo la vigilancia de su propio cerebro. Y, así como en el sistema fisiológico colaboran y se complementan la cabeza y el brazo, en el proceso de trabajo se aúnan el trabajo mental y el trabajo manual. Más tarde, estos dos factores se divorcian hasta enfrentarse como factores antagónicos y hostiles. El producto deja de ser fruto del productor individual para convertirse en un producto social, en el producto común de un obrero colectivo. (Marx, 1867, p. 425)

Los escritos de Marx exponen elocuentemente su profunda reflexión sobre la energía del trabajo, sobre el sudor y la sangre de los obreros, sobre la fuerza humana que se verá amenazada por la automatización y por el vampirismo del capital. La pasión expresiva y la abundancia metafórica basada en imágenes del cuerpo humano caracterizan las obras de Marx; afirman así la elocuencia de las ideas e ilustran visualmente conceptos esenciales de sus teorías.

Marx detecta los grados y formas en que el trabajo influye, en el capitalismo, sobre la producción de subjetividades, al penetrar en todos los aspectos de la vida del trabajador, consumiendo no solo su fuerza física y mental sino su tiempo libre, su libertad de movimiento, su afectividad, su intelecto y sus relaciones familiares. La aceleración de los ritmos de trabajo, la necesidad de incrementar la productividad, la venta de la fuerza física y el proceso de alienación que provoca la explotación crean un nuevo tipo de sujeto cuya conciencia de sí y de su posición social deriva de los rigores impuestos a su cuerpo. Como generador de plusvalía, el cuerpo del obrero es rigurosamente disciplinado. Se le imponen regulaciones, horarios, espacios y discursos que mecanizan su trabajo y que se interiorizan hasta convertirse en una segunda naturaleza, haciendo del obrero mismo una forma más de mercancía.

El obrero es más pobre cuanta más riqueza produce, cuanto más crece su producción en potencia y en volumen. El trabajador se convierte en una mercancía tanto más barata cuantas más mercancías produce. La desvalorización del mundo humano crece en razón directa de la valorización del mundo de las cosas. El trabajo no solo produce mercancías; se produce también a sí mismo y al obrero como *mercancía*, y justamente en la proporción en que produce mercancías en general. (Marx, 1844, p. 105)

Max Weber no abandona la atención al cuerpo, pero la dirige hacia los hábitos, la afectividad, el disfrute de la vida y el adiestramiento físico. La reflexión social y política se centrará, en su obra, sobre el modo en que el ascetismo calvinista niega el placer en todas sus formas, abogando por la moderación y la racionalización de la vida. Así, con la ética del protestantismo se instalan formas claramente modernas de control y disciplinamiento.

En el siglo XIX y principios del XX, al menos desde la perspectiva sociológica, el cuerpo se encontraba «escondido en plena luz». Para Durkheim, la sociedad, no el cuerpo, era la fuente que daba vida. El cuerpo formaba parte del paisaje social. De acuerdo con Moore y Kosut: «El tema tangible de la carne y la sangre estaba simbólicamente cubierto por la economía, la ideología religiosa, el análisis estadístico, y las preocupaciones sociales y, en algunos casos, estaba completamente ausente» (Moore y Kosut, 2010, p. 10).

En el campo de la filosofía, Arthur Schopenhauer, en contra de las ideas dominantes del idealismo alemán, afirmará la supremacía de la representación sobre lo empírico, que solo es conocido a través de la interpretación. Para este filósofo los sentidos proporcionan la «materia prima» que la percepción elabora intelectualmente: el mundo es representación.[3] Esta idea influirá fuertemente sobre Friedrich Nietzsche, quien se ocupará de manera muy concreta de aspectos orgánicos en el ser humano, como el sistema nervioso, la nutrición, la digestión y la producción de energía. Nietzsche no considera que en el individuo haya elementos estables que puedan servir para fundar la idea de una esencia universal de lo humano: «Nada en un hombre —ni siquiera su cuerpo— es suficientemente estable como para servir de base para el autorreconocimiento o para la comprensión de otros hombres» (en Oksala, 2011, p. 87).

Tanto Schopenhauer como Nietzsche tienen una fuerte influencia sobre Michel Foucault, quien modernamente será el autor que transformará radicalmente la perspectiva sobre la corporalidad. Foucault articula sus ideas sobre el cuerpo con los conceptos de representación, sexualidad, vigilancia, subjetividad y poder. También la posición genealógica de Foucault será tributaria de la obra de Nietzsche, autor a quien estudia tempranamente y de quien deriva en buena parte su metodología histórico-arqueológica. «La cuestión en Foucault no es defender una visión extrema del cuerpo como construcción cultural, sino poner bajo sospecha y someter a escrutinio cualquier afirmación del cuerpo como ser inmutable: esencias, fundamentos y constantes» (Oksala, 2011, p. 87).

Interesa a Foucault principalmente la utilización de los dispositivos del poder sobre los cuerpos, en distintos aspectos y contextos histórico-culturales, y a través de la implementación de diversas instituciones

---

3. Schopenhauer se ocupará de muchos temas relacionados con el cuerpo, como la pederastia, la eugenesia y la condición de la mujer, a quien considera básicamente incapacitada para realizar tareas más allá de las del hogar, la maternidad y el magisterio. Sus ideas respecto a la mujer, mucho más negativas que las que dedica a los animales, se concentran en su ensayo «Sobre las mujeres» (1851), capítulo 27 de *Parerga y Paralipomena II*.

y saberes (legales, médicos, políticos, etc.). El cuerpo sometido (en el ejército, la escuela, la iglesia, el hospital, la prisión) entra *dócilmente* en el orden social. Los cuerpos y sus comportamientos son clasificados y sus diferencias *normalizadas*, es decir, absorbidas por el sistema que ya les ha asignado un lugar y un valor sociales. De este modo, el sistema internaliza la *diferencia* a partir de la institución de la norma y el diagnóstico de los procesos o conductas contra-normativos. Lo mismo sucede en el plano de la sexualidad, aspecto en el que las redes del poder no pueden evadirse, ya que se manifiestan no solo como imposiciones sino como valores, normas y costumbres interiorizadas en la trama social y en los imaginarios colectivos. Como la delincuencia, se trata de construcciones sociales convencionalizadas, nunca «naturales» o separadas de las fuerzas sociales y de los mecanismos de dominación. Señala Foucault en la *Historia de la sexualidad:*

> No hay que imaginar una instancia autónoma del sexo que produjese secundariamente los múltiples efectos de la sexualidad a lo largo de su superficie de contacto con el poder. El sexo, por el contrario, es el elemento más especulativo, más ideal y también más interior en un dispositivo de sexualidad que el poder organiza en su apoderamiento de los cuerpos, su materialidad, sus fuerzas, sus energías, sus sensaciones y sus placeres. (Foucault, 1976a, p. 188)

Foucault se ocupa de lo que llama «la historia de los cuerpos», es decir, las formas históricas en las que el poder ha marcado su impacto sobre las funciones corporales y psicológicas, y sobre las formas de interpretar e implementar socialmente el deseo y el placer. Según este filósofo, su obra intenta visibilizar las tramas del poder:

> lejos de que el cuerpo haya sido borrado, se trata de hacerlo aparecer en un análisis donde lo biológico y lo histórico no se sucederían (como en el evolucionismo de los antiguos sociólogos), sino que se ligarían con arreglo a una complejidad creciente conformada al desarrollo de las tecnologías modernas de poder que toman como blanco suyo la vida. (Foucault, 1976a, p. 184)

2. El cuerpo en la historia

Lo que se ve del cuerpo, el modo en que se incorpora ese dato de la percepción que pasa a integrar la conciencia y los imaginarios colectivos, es un indicio que permite *leer* cada época, interpretar sus tabúes, sus obsesiones, y sus puntos ciegos. Tan importante, o más, que lo que se ve, es lo que se oculta o se invisibiliza, o lo que simplemente no alcanza el umbral de la conciencia. Simulacros, recortes, magnificaciones, parcelaciones, adiciones y supresiones constituyen aspectos de las *tecnologías del yo* de las que habla Foucault al referirse a las operaciones que el individuo realiza sobre su cuerpo y su alma, sus pensamientos, sus comportamientos, su manera de ser y estar en sociedad. El objetivo de esas *tecnologías* es alcanzar un estado de perfección y pureza que permita al sujeto interacciones productivas consigo mismo y con los demás miembros de la comunidad.

Pero esta concentración en el perfeccionamiento del yo, que aborda directamente aspectos corporales, supone necesariamente una distribución conceptual de los cuerpos: una clasificación de potencialidades, habilidades, cualidades y rasgos individuales que permitan cumplir el objetivo del perfeccionamiento. O sea que existe una *tecnología de la otredad* que, como contrapartida de los modelos de subjetividad que asumen múltiples formas desde la Antigüedad griega hasta la época moderna, va construyendo al *otro* como negativo del yo. Tales tecnologías remiten a las relaciones de poder a partir de las cuales —y en contra de las cuales— van definiéndose *regímenes de verdad:* normativas que representan valores aceptados, prácticas paradigmáticas, estilos de vida, conductas y sistemas simbólicos. La salud mental y la locura, la delincuencia y la legalidad constituyen posicionamientos con respecto a los parámetros culturales en los que el sujeto se encuentra inscrito a medida que va constituyéndose y actualizando las opciones y posibilidades que le presenta su entorno cultural. En este sentido, el sujeto elige solo hasta cierto punto: es en gran medida constituido y fundado por el afuera que condiciona su interioridad e interpreta sus acciones de acuerdo con los regímenes de verdad dominantes. Formas de misticismo, de sexualidad, de expresión de los afectos, de comportamiento religioso, de relación con los hijos, de conductas desplegadas en el ámbito público y laboral tienen que

45

ver con estos procesos, que involucran primariamente al cuerpo y sus formas de ser / estar en el espacio. El espacio de la libertad se define dentro de estos parámetros, aunque las diversas formas de resistencia social flexibilizan y transgreden sus limitaciones. Entre los procedimientos utilizados por el sujeto en su proceso de relación tecnológica-moral con el medio se encuentran, por ejemplo, la meditación, el retiro espiritual, el autoanálisis y las formas de *escritura del yo* (cartas, diarios, confesiones), en las que el individuo pasa en limpio su interioridad y la materializa, sometiéndola así a la potencialidad del examen y la interpretación. Pero no toda tecnología del yo tiene una orientación monacal. Un ejemplo analizado por Foucault es el del dandismo propuesto por Baudelaire como una estetización de la vida, que implica tanto el cuidado de la apariencia personal como la higiene, el goce sensorial y la utilización lúdica del tiempo y del espacio en un sentido opuesto al del utilitarismo burgués. El individuo se trata a sí mismo como sujeto / objeto, se ve a sí mismo como finalidad, como meta. De ahí la importancia primordial de la escritura que toma la memoria y la experiencia del que escribe como punto de partida para la construcción de una *escucha* (en el sentido psicoanalítico, como *lugar de encuentro*) que puede o no coincidir con el lugar del sujeto que escribe. En todo caso, estas formas de escritura íntima crean un ámbito controlado, contenido, donde la información, incluida la emocionalidad, circula *vigilada*, es decir, custodiada por el yo, que se mira a sí mismo. Incluso en casos en los que se utiliza de manera autorreflexiva la escritura de otro (por ejemplo, en los cuadernos de citas), lo importante es la apropiación personal, las relaciones que se establecen entre las unidades, como en una colección, donde lo significativo es *la serie*, en la que la unidad se destaca como parte de un todo.

Los conceptos de vigilancia y de verdad son los ejes en torno a los que giran las *tecnologías del yo* en cuanto prácticas de autoproducción del sujeto como un cuerpo / alma unificado e involucrado en su propio proceso de autoproducción. Esto confirma la idea de que el concepto foucaultiano surge de y remite a la temprana Modernidad, aunque a veces, por extensión, lo utilizamos con respecto a procesos contemporáneos. Pero las tecnologías del yo, que hoy día incluyen la cirugía estética, el fisicoculturismo, las modificaciones corporales a veces extremas, el uso de prótesis y, sobre todo, las formas virtuales de figuraciones del yo a partir de la farsa, el simulacro y la *performance*, así como la apropiación de imágenes e identidades ajenas, corren por carriles diferentes a los que tenían como objetivo el perfeccionamiento ético en sociedades en las que no se registraba aún la fragmentación y la experiencia de la futilidad que caracterizan a la Posmodernidad.

CUERPO Y ESPACIO

Se ha observado que el ser humano, a diferencia de otras especies, se moviliza por el mundo sin tener una zona específica de emplazamiento. Caracterizado por su apertura al mundo *(world openness)*, el ser humano ha ocupado casi toda la superficie del planeta, demostrando gran plasticidad y capacidad de adaptación al medio. Sin embargo, las reglas culturales, el sedentarismo y la disposición urbana van reduciendo la expansión territorial y confinando al sujeto a espacios relativamente fijos y de limitada extensión. Este confinamiento ha producido adaptaciones corporales que han convertido algunas actividades *naturales* en proyectos concretos, como la ejercitación, por ejemplo, que antes formaba parte de la rutina cotidiana.

A nivel espacial se registra, entonces, la primera restricción impuesta por el orden social sobre el orden natural. Berger y Luckmann señalan en *La construcción social de la realidad* (1966) que las regulaciones sociales producidas por el ser humano, aunque limitan su inherente apertura al medio ambiente, son necesarias porque su constitución biológica requiere estabilidad. La creación de hábitos conduce a la institucionalización progresiva, que consiste en el ordenamiento y tipificación de las operaciones que el individuo debe o desea desarrollar. La institucionalización de los hábitos se vincula a las formas de control que se ejercen sobre las conductas y a los modos de desarrollar actividades de distinto tipo relacionadas con las necesidades corporales. En este sentido, los autores enfatizan el hecho de que toda forma de socialización implica necesariamente la subyugación de lo biológico a nivel individual, así como la legitimación e institucionalización de ciertos hábitos y prohibiciones.

La estructuración de la vida diaria, que incluye el trabajo, el tiempo libre, el descanso, el entretenimiento, el aprendizaje, la meditación, etc., se organiza dentro de las coordenadas espacio-temporales que fijan los parámetros de desarrollo de las funciones vitales, de acuerdo con matrices generales de funcionamiento personal y colectivo. Los espacios proveen la plataforma para el desarrollo de actividades específicas. La casa y, por extensión, la ciudad distribuyen el espacio para actividades como el descanso, la preparación y el consumo de alimentos, los lugares de higiene, juego, esparcimiento, socialización, etc. Es también dentro de modelos regulatorios de valores y conductas que se producen los procesos de formación de identidades y otredades que articulan el funcionamiento individual y la inserción activa en el espacio público.

Aunque la Modernidad privilegió el estudio de la dimensión temporal y las consecuencias que el tiempo tiene sobre la corporalidad y la subjetividad en general, en los años noventa se registra lo que ha dado en llamarse el *giro espacial*. Esta perspectiva transdisciplinaria analiza las formas en que los cuerpos se distribuyen a nivel planetario, pero también la espacialidad del cuerpo como extensión, es decir, como superficie significativa y significante. En su dimensión geocultural, la cuestión del espacio también proporciona otro ángulo de interpretación en lo relacionado con el *cuerpo social* y con las formas de articulación de poblaciones y territorios, seres humanos y recursos naturales en la territorialidad nacional, regional, etc. Tal perspectiva promueve nuevas formas de conciencia del *hábitat* y de las políticas de exclusión y explotación territorial.[1]

En sus estudios sobre la otredad, Marc Augé enfatiza la dimensión espacial del cuerpo, concebido en relación con el lugar en que se habita. En la construcción de la identidad interviene la dimensión simbólica en la que se sitúan rasgos distintivos, diferencias culturales y formas de relación de unos cuerpos con otros, igualmente arraigados en coordenadas que condicionan su desarrollo vital:

---

1. Sobre este punto son fundamentales los trabajos de Henri Lefebvre, David Harvey y Edward Soja.

[...] el cuerpo humano es un espacio, un espacio habitado en el que las relaciones de identidad y alteridad no cesan de desempeñar un papel importante. [...] Del cuerpo al territorio, del territorio al cuerpo, se afirma toda una concepción del lugar antropológico: del lugar en el que se intentan instalar las señas de identidad, de la relación y de la historia. (Augé, 1994, pp. 102-103)

Según Augé, el *lugar* constituye el centro de los universos de reconocimiento. Ocupar el mismo espacio es como hablar la misma lengua, ya que el espacio compartido provee pautas de relación que naturalizan la cercanía de los cuerpos y su vinculación con campos afectivos.

La noción de no-lugar elaborada por Augé se vincula, obviamente, con la espacialidad, pero también con la interrelación de los cuerpos y con la *performance* de la presencia: «El no-lugar es el espacio de los otros sin la presencia de los otros, el espacio constituido en espectáculo [...]» (Augé, 1994, p. 105). Tales conceptos permiten comprender la relación estrecha que existe entre corporalidad, espacio, identidad y otredad. El espacio es la coordenada de inscripción del cuerpo, de arraigo material y punto de origen de percepciones, cogniciones, actos y enunciaciones. Es desde un espacio material y simbólico concreto y singular que el individuo construye su «composición de lugar», es decir, su interpretación del espacio social, cultural y contingente que ocupa, así como de las circunstancias que lo rodean. Es desde un lugar preciso (geocultural, institucional, de clase, raza y género) que se emiten e interpretan enunciados y que el cuerpo se proyecta en lo social. La producción de conocimiento está íntimamente relacionada con tal localización, que también afecta los procesos de recepción de mensajes y las formas en que tales conocimientos se aplican en distintos niveles. Nadie habla desde *ninguna parte;* toda experiencia revela posicionamientos, localidades, ubicaciones, sitios de residencia, lugares de memoria y espacios afectivos que corresponden a distintas etapas de la vida.

La interrelación entre cuerpo, lugar y saber no es fortuita ni irrelevante. Todo saber forma parte de un *cuerpo* (de conceptos, valores, conocimientos, métodos, lenguajes e imágenes) del que se nutre y al cual, al mismo tiempo, alimenta y enriquece. El feminismo ha insistido en el carácter corporeizado del saber, en la forma en que el saber se encarna, *adquiere encarnadura*, se materializa espacial y temporalmente, considerando que esta cualidad politiza las dimensiones de lugar y de tiempo, de resistencia y transgresión. El saber emerge y re-presenta cuerpos racializados, que ocupan un determinado lugar en el espacio social, en sus jerarquizaciones y distribuciones de poder. El discurso es, a su vez, un cuerpo de conceptos, ideas y propuestas que se integra en una corporeidad concreta, interpelante.

Se sabe que el lugar que los cuerpos ocupan en el espacio es correlativo al lugar que tienen dentro de las relaciones de poder, en una época determinada. Como señala Doreen Massey (1992, p. 81), el espacio es una compleja red de relaciones de dominación y subordinación, solidaridad y cooperación.

Esta autora reconoce tres dimensiones fundamentales para pensar el espacio. La primera, que el espacio no existe de por sí, sino que es producto de relaciones (o de la ausencia de relaciones) que incluyen las que se despliegan bajo la forma de redes, intercambios, conexiones, etc. En segundo lugar, para Massey el espacio es la dimensión de la multiplicidad, donde la simultaneidad se hace posible. En tercer lugar, el espacio siempre está en proceso de ser construido. No se trata de una dimensión completa, terminada o preexistente, sino del desarrollo de un proyecto que se va materializando. Estas tres nociones marcan parámetros útiles para pensar la inscripción de los cuerpos en la sociedad y en relación recíproca: los lugares que ocupan dentro de las jerarquías sociales, los grados de reconocimiento, las funciones asignadas y la variabilidad de los posicionamientos dentro de la estructuración general de lo social. Existen diferencias notables entre el espacio de los cuerpos y las formas de racialización, discriminaciones por edad, sexualidad, capacidad física y género (Massey, 2009, pp. 16-17).[2]

Los discursos, espacios y movimientos no son los mismos si provienen de un cuerpo femenino o si lo hacen de uno masculino, si el cuerpo es relacionable con determinadas marcas de género y orien-

---

2. Cf. también Massey, 2005.

taciones sexuales, de etnicidad, clase, etc. Cada elemento geocultural sugiere lugares reales y simbólicos, estaciones y etapas de un transcurso histórico, posicionamientos ideológicos, proyecciones y líneas de fuga. Es lo que se ha dado en llamar «conocimiento situado», noción con la que se hace referencia a una cartografía imaginaria en la que la palabra y la idea se reconocen en una geografía del pensamiento que se arraiga en el cuerpo y en el lugar que ocupa en el espacio. El saber, así, se localiza.[3]

Saber / poder son, entonces, *prácticas situadas*, redes de relaciones y posicionalidades atravesadas por el género, la raza, la clase y otros factores que hacen de lo universal un espacio *relativo y relacional* de *provincialismo situado*, es decir, un espacio autolegitimado como centralidad epistémica y política, que se asigna a sí mismo superioridad y capacidad totalizadora. El género y el cuerpo ocupan lugares no-centrales: intersticiales, marginales, periféricos, recónditos, fragmentarios, nomádicos, interiores, domésticos, clausurados, excluidos, es decir, subalternos y contingentes, subordinados a la elevación atribuida a lo espiritual, ideal, abierto, público, racional. Sin embargo, ninguna posicionalidad es fija, sino apenas la marca de una localización reversible, que admite la ambigüedad, la inestabilidad y el cambio. Espacios libres y espacios de encerramiento, espacios para el conocimiento, el

3. Sobre la distinción entre lugar y espacio dice Manuel Delgado: «La idea de lugar remite a la impasibilidad geométrica y física de una porción de territorio, considerado como propio, apropiado o apropiable, lo que hace que "tener lugar" signifique al mismo tiempo tener un sitio, pero también acontecer, ocurrir, de igual manera que "dar lugar" quiere decir ocasionar, hacer que algo se produzca. Es lo que permite decir que algo o alguien *estén allí, aquí* o *entre*. El lugar se define por haber sido ocupado o estar a la espera de un objeto o entidad que los reclame como suyos —"un lugar para cada cosa, una cosa para cada lugar"—. También alude a la plasmación espacial de un cierto papel o estatuto social reclamado o atribuido, de donde las expresiones "estar en mi lugar", "poner a alguien en su lugar" o "estar fuera de lugar". La noción también sirve para tener una idea de cuál es el juego de posiciones que conforma una situación, que es en lo que consiste "hacerse una composición de lugar". Así, un teatro es un lugar, como también lo es el territorio que genera una *performance* al realizarse, puesto que es la representación de una obra o acción la que genera el lugar en que se produce» (Delgado, 2018, s/p).

entretenimiento, el erotismo y la enfermedad, espacios de libertad o constreñimiento, espacios familiares, profesionales, educativos, religiosos o administrativos, del luto o de la fiesta: cada ámbito tiene su funcionalidad afirmada en rituales, conductas y usos del lenguaje, en los que los cuerpos se sitúan física y performativamente, adecuando sus gestos y sus ritmos a la atmósfera emocional y a los objetivos de cada situación.

El cuerpo no es un artefacto que presencia desde la exterioridad tales articulaciones de discurso y de praxis política o social, sino que ocupa el punto central de esas operaciones, desde el cual se produce el sentido como la *forma de ser y de estar* del sujeto situado. Desde su encarnadura material, desde sus posibilidades perceptivas, conceptuales y afectivas, desde sus limitaciones y proyecciones el mundo adquiere significación como aquello que es moldeado por la subjetividad, que a su vez emerge de tramas reales y simbólicas. Esta perspectiva permite conceptualizar la esfera pública no como un ámbito neutro en el que rige la razón universal (el trabajo de la mente, el intelecto) y los principios del orden social, sino como un espacio marcado por la dinámica de energías encontradas. La esfera pública es, en este sentido, un campo de lucha en el que tanto los afectos como la racionalidad, las memorias y la imaginación histórica compiten por representación y hegemonía.

Todo cuerpo, como todo discurso, se presta a un *topoanálisis*, es decir, a un mapeo (po)ético de las distancias y las ubicaciones: proximidad, lejanía, convergencia, pero también desplazamientos, desapegos, disyunciones, intersecciones y entre-lugares. El topoanálisis propuesto por Gaston Bachelard remite, en efecto, al estudio de las propiedades y las repercusiones del espacio en el cuerpo y en el pensamiento, entendiendo aquí «espacio» como dimensión abstracta, inapresable, *a priori*. La noción de «lugar» se reserva para el señalamiento del espacio apropiado, domesticado, incorporado contingentemente al yo que lo *ocupa* (en el sentido doble de habitarlo y «tomarlo por asalto» para indicar una forma de resistencia y presencia política).

Por su misma materialidad, el cuerpo ha sido considerado con frecuencia un impedimento, algo que se interpone entre el mundo y la idea, una especie de valla, un puente quebrado, que impide que la verdad se manifieste en toda su plenitud. El cuerpo (la corporalidad, la encarnadura, la fisicalidad, la materialidad biológica, anatómica) ha sido no solamente expelido y excluido; ha sido también, sistemáticamente, suprimido, negado como lugar posible para la generación de conocimiento más allá de las formas minimalistas de lo empírico, la singularidad de la experiencia, la prodigalidad del sentimiento y la ansiedad del deseo, aspectos, todos estos, a los que se adjudica un estrato más bajo y definitivamente exento de utilidad sociopolítica.

En la sociedad de todas las épocas existen espacios marcados por el género, considerados masculinos o femeninos, legítimos para ambos sexos o restringidos para uso privilegiado de hombres o mujeres. El modo en que los cuerpos ocupan el espacio es también diferente. Se considera a la mujer más estable y estacionaria, mientras que el hombre parece requerir espacios más abiertos, dispuestos a ser atravesados por la actividad, la velocidad y la acción transformadora. La mujer *conserva* el espacio (la casa, el jardín, los objetos) mientras que el hombre *crea* (edificaciones, diseños, modificaciones del terreno). Pero también la relación con el espacio interior, con el cuerpo propio, se considera diferenciada. La mujer es concebida como un sujeto más cauteloso, más frágil y atento a las variaciones biológicas que condicionan en gran medida su estado orgánico y emocional (menstruación, embarazos, partos, amamantamiento, menopausia), mientras que la fisicalidad masculina es vista como más libre y autónoma, por lo cual el cuerpo es vivido por él con mayor confianza y arrojo. Resulta obvio que tales distribuciones, que intentan legitimarse sobre la base de diferencias biológicas, responden a los intereses del predominio masculino y al protagonismo que el patriarcalismo asignara, en todas las épocas, al «sexo fuerte». El desmontaje de estas distribuciones ha sido uno de los logros que se van desplegando a lo largo de la Modernidad en la dirección del igualitarismo y la justicia espacial, es decir, del reconocimiento y la reivindicación de los derechos de los individuos, cualquiera que sea su condición biológica.

De este modo, la relación entre espacio y cuerpo será fundamental para analizar las diversas formas de organización social, distribución de territorios, jerarquización de sectores y funciones sociales. Se alude entonces, al hablar de la relación de la materialidad corporal con el espacio, a tres dimensiones. Primero, al lugar que el cuerpo ocupa en el mundo o en la sociedad en la que se encuentra; segundo, al cuerpo mismo en cuanto superficie o «territorio» en el que se inscriben indicios de identidad (el cuerpo *es* espacio); y tercero, al cuerpo como delimitación del espacio interior, o sea, como corporeización de nuestra subjetividad. Esto implica entender la relación que guardamos con el cuerpo que habitamos, el cual eventualmente, en el caso de la mujer, podrá ser a su vez *habitado* por otro cuerpo (penetración sexual, embarazo). De modo que la dimensión espacial es polivalente y de fundamental importancia para comprender las funciones corporales, tanto en relación con la interioridad como con el mundo exterior.

Las distintas formas de vivir el cuerpo en las etapas sucesivas de la vida están estrechamente ligadas a espacios particulares. Se delimitan así espacios de vida o muerte, de educación y religiosidad, de curación y esparcimiento. El cuerpo en actividad o reposo requiere diferentes disposiciones espaciales; lo mismo sucede respecto a la distinción entre la intimidad y la privacidad, y las instancias públicas y colectivas. Cada época configuró disposiciones espaciales de acuerdo con concepciones variables de lo corporal, de sus límites sociales, y de la forma de concebir sus estilos de relación. Orden corporal y orden social han sido pensados tradicionalmente como niveles convergentes que funcionan de modo articulado. Uno no puede sobrevivir sin el otro. Los estilos de vida son, en este sentido, materializaciones de estas formas de coordinación entre corporalidad y espacialidad.

En muchos contextos sociales, sobre todo relacionados con el colonialismo y el *apartheid*, la distribución de espacios y cuerpos se organizó de manera rígida y discriminatoria, asignando a las razas consideradas inferiores áreas territoriales desprotegidas, expuestas a los cambios violentos de la naturaleza, alejadas de los servicios de salud pública y educación, de mercados y de zonas donde el agua potable y la electricidad facilitaban el mantenimiento de la vida. La rigidez de estas separaciones caracterizó la época más oscura del desenvolvimiento civilizatorio, y aún se registra en muchas regiones del planeta donde residen grandes sectores marginados y subalternizados por el orden social globalizado. La relación espacio / cuerpo es, entonces, una disposición biopolítica de primer orden, que condiciona la supervivencia y la calidad de la existencia colectiva, la accesibilidad a servicios primarios, la esperanza de vida y la construcción de subjetividades.[4]

David McNally ha conectado la estética del cuerpo y las ciencias médicas en sus estudios sobre la producción de lo monstruoso como campo simbólico, notando que, sobre todo a partir del Renacimiento, el análisis y el «mapeo» del cuerpo humano se vinculan con el colonialismo, ya que «así como las partes del cuerpo son cartografiadas, así también lo son las partes sociales» (McNally, 2011, p. 31). El lenguaje de la anatomía y el del colonialismo se apoyan mutuamente, según este crítico, ya que coinciden en el objetivo común de la apropiación de un espacio *otro* y en la implementación de estrategias invasivas para conseguirlo. Tal paralelismo entre la disección de los cuerpos y las exploraciones territoriales da lugar a una estética de la penetración y la fragmentación que buscan controlar al Otro aunque eso implique violar su organicidad.[5]

Mientras que la relación cuerpo / tiempo fue dominante en la Modernidad y condujo al análisis de las transformaciones corporales en el lapso vital, así como de las figuraciones de la corporalidad en el campo de las emociones y de la memoria, la Posmodernidad ha enfatizado la dimensión espacial para intentar comprender el cuerpo en la sociedad globalizada. Esta, supuestamente, interrelaciona corporalidades y subjetividades, permitiendo al sujeto circular a nivel planetario. Al mismo tiempo, el individuo se siente aprisionado en burbujas existenciales que prescinden del Otro y renuevan las perspectivas y prácticas del individualismo.

Múltiples rediseños territoriales indican las formas de organización y segmentación social de nuestro tiempo. Una primera distin-

---

4. Sobre el tema de los seres humanos «desechables» o «residuales», cf. Bauman, 2004.

5. Cf. al respecto en mi libro *El monstruo como máquina de guerra*, el capítulo «Los monstruos y la crítica del capitalismo» (Moraña, 2017, pp. 135-181).

ción debe realizarse según los cuerpos se conciban en relación con las dimensiones diferenciadas de lo local, lo regional, lo nacional, lo transnacional y lo global. En muchos casos, estas dimensiones señalan una posicionalidad mental, ideológica, epistémica, más que estrictamente espacial. Pero en otros casos están concretamente ligadas a la movilidad de los sujetos y a su derecho y sus posibilidades de relocalización. Mientras que algunos individuos se reubican por medio de la migración o los desplazamientos territoriales dentro de sus propios espacios nacionales, otros están sujetos a un sedentarismo forzado. Ni desplazamiento ni permanencia tienen valor en sí mismos sino en relación con el modo en que las condiciones materiales de los sitios en los que los cuerpos se ubican favorezcan o no las condiciones de vida, tanto en cuanto a recursos como en cuanto a servicios, libertades, afectos y deseos.

Henri Lefebvre ha analizado la «producción del espacio social», en referencia a los procesos de urbanización, la vida cotidiana y los ámbitos públicos e institucionales de la Modernidad. Asimismo, con la noción de *justicia espacial* hace alusión a la distribución y asignación de espacios sociales, los cuales deberían ser administrados sobre la base de los derechos de los individuos, sus necesidades, y los propósitos de la sociedad.[6] El modo y los grados en que los cuerpos ocupan los espacios privilegiados o marginales, públicos o privados, indican el reconocimiento que los distintos sectores tienen en la sociedad y el peso de su acción en el sistema de decisiones político-económicas. Los cuerpos pueden asimismo estar relegados a espacios intersticiales o periféricos, cayendo en las fisuras del sistema y llegando a ocupar zonas desprotegidas de los derechos de la ciudadanía, situadas al margen o en vacíos de la ley, donde la supervivencia es azarosa y está marcada por la precariedad.

Mujeres, ancianos, minorías raciales o religiosas, discapacitados, delincuentes, transexuales, migrantes ilegales o enfermos de males estigmatizados por la sociedad son tratados en muchos contextos como cuerpos periféricos y en algunos casos residuales, y son destinados

6. Sobre la justicia espacial, cf. Soja, 2010.

a ubicaciones sociales que los colocan en desventaja con respecto a otros miembros de la sociedad.

Se considera que la separación entre esfera privada y esfera pública implica un dualismo atravesado por los criterios de género y que tal disposición binaria debe ser desestabilizada, para que tales espacios sean habitados y vividos por los sujetos de manera más libre e igualitaria, ya que las distribuciones actuales responden a proyectos de control patriarcal. Se habla, en este sentido, de la necesidad de apertura y revitalización de esos ámbitos, para que estos sean inclusivos y accesibles a la movilidad social y política.

Otra dimensión específica de la cuestión espacial / corporal es la que se refiere a la relación entre cuerpo y discapacidad, que presenta desafíos específicos en cuanto a la organización de los espacios de movimiento y actividad intercomunicativa. Como han indicado estudiosos de este tema, la organización social del espacio puede tener consecuencias que «producen» los impedimentos físicos y los convierten en discapacidad:

> Las estructuras espacio-temporales son factores materiales particularmente importantes en la construcción social de la discapacidad física. Esto incluye la velocidad de la vida (la organización social del tiempo y los ritmos sociales […]. En lugares de trabajo, sistemas de tráfico y otros, se puede producir una incompatibilidad entre los ritmos socialmente generados, con consecuencias discapacitantes. Horarios «enfermizos» pueden penetrar todas las esferas de la vida, incluyendo las del juego y el ocio. (Freund, 2005, p. 184)

El *giro espacial*, que ha logrado imponerse como perspectiva transdisciplinaria, presenta otro ángulo a la interpretación del conflicto social y a sus posibles resoluciones, ya que promueve nuevas formas de conciencia del hábitat y del territorio que habitamos. Estos nuevos ángulos de análisis pueden traducirse en una praxis concreta de democratización de recursos y de resistencia a las restrictivas políticas de exclusión que se despliegan, por ejemplo, en torno a los conflictos migratorios, ecológicos y extractivistas.

Algunos críticos se han concentrado en la relación espacio-temporal que el cuerpo va desarrollando en su tránsito vital, considerando el cuerpo humano como el punto de referencia de tales coordenadas. En este sentido, las limitaciones del cuerpo (no poder estar en dos espacios al mismo tiempo, por ejemplo) han impulsado debates sobre temas como la simultaneidad, la espacialización y la movilidad. Algunas perspectivas feministas han notado, sin embargo, que la ocupación del espacio, su utilización y accesibilidad están marcadas por el género, ya que las limitaciones o fronteras corporales han sido socialmente diferenciadas y predeterminadas.

Según estas perspectivas, mencionadas por Gillian Rose (1999), a partir del siglo XVII el cuerpo se convirtió en un tema problemático debido a la visión masculinista dominante, la cual impuso parámetros de interpretación jerárquicos y excluyentes respecto a la mujer. Según Haraway (1991, p. 309), los cuerpos son «mapas de poder e identidad», o sea, espacios en los que se expresan relaciones de dominación y jerarquías sociales. Mientras que la visión patriarcal supone una relación directa entre el hombre y el espacio (natural, social), en el caso de la mujer se asume que la mediación biológica (los ciclos menstruales, estados de embarazo y funcionamiento biológico en general) se interponen en esa relación, que no se considera «natural» ni directa sino imprevisible y perturbadora. Esta concepción de la relación entre cuerpo femenino y espacio tiene impacto sobre las formas de socialización y sobre el modo en que se asume la capacidad de la mujer para su relación con el mundo y las funciones que puede desempeñar en él. Rose recuerda la analogía de Haraway según la cual la idea masculinista de «espacio» se concreta en la imagen del astronauta que sobrevive en el «espacio» flotando en soledad, con el apoyo de su tecnología, a inmensa distancia de la Madre Tierra. Para Haraway, esta es una elocuente metaforización del patriarcado, el cual concibe al cuerpo masculino, blanco y tecnologizado, en el centro de un espacio infinito y apropiable que le está reservado (cf. Rose, p. 365).

La relación entre cuerpo y espacio también ha inspirado estudios que aproximan isomórficamente cuerpo y ciudad, así como cuerpo y Estado, representando esta relación como un paralelismo en el que

3. *Cuerpo y espacio*

el Estado sería la cabeza del cuerpo social, la ley serían sus nervios, el ejército sus brazos y el comercio sus piernas (o su estómago). Esta correspondencia morfológica no localiza el lugar del sexo, aunque se deduce que se trata de una esquematización falocéntrica (Grosz, 1999, p. 383). Tal asociación naturaliza, como señala Grosz, la organización y función del Estado, cuyas acciones parecen responder al orden de las *cosas-que-son*, inapelable y predeterminado. Todas estas construcciones tienden a reforzar el lugar marginal y subalterno de la mujer, que no forma parte de estas figuraciones. Elizabeth Grosz señala que, si se aproximan comparativamente mujer y ciudad, por ejemplo, se advierte que son dos entidades mutuamente determinantes. Ambas son ensamblajes en los que las distintas partes funcionan articuladamente; la corporalidad (humana, urbana) denota en cada caso una estructuración no unitaria pero unificada que logra superar la fragmentación intrínseca.

En la consideración de las relaciones posibles entre cuerpos y espacios se destaca una serie de aspectos: las nociones de presencia, distancia, territorialidad (en sentido amplio), temporalidad, etc. La tecnología ha elaborado coordenadas y criterios que crean modificaciones sustanciales en los modos en que se implementan las interacciones entre ambos niveles, tanto en el aspecto material (movimientos de cuerpos por el espacio social, natural, etc.) como en el inmaterial. El espacio de la virtualidad constituye un ámbito que se abre a las comunicaciones de manera masiva, al punto de provocar una verdadera reorganización de la subjetividad en torno a nuevas estructuraciones de la relación del sujeto con su entorno, con otros sujetos y consigo mismo. Esta comunicación se establece a través del cuerpo, pero del cuerpo mediado, es decir, de una corporalidad que funciona a través de la interposición de elementos tecnológicos que modifican el espacio-tiempo, las nociones de voz y de presencia, de amistad y realidad, de identidad y otredad, ya que los procesos de verificación del hablante —*la verdad del yo, la verdad del otro*— son difíciles de establecer. La virtualidad contiene el simulacro, lo potencia, desarrolla y divulga a ritmos acelerados. Constituye un espacio nuevo o, si se prefiere, la abstracción o la transformación del espacio conocido. Se postula, de hecho, una forma inédita de espacialización, en la que se inscriben formas *otras* de corporalidad, en las que los elementos de presencia, distancia, territorialidad y temporalidad son resignificados. En este sentido, la virtualidad es productora de nuevas mitologías y de dimensiones impensadas (la simultaneidad de tiempos y de espacios; la multiplicación de la identidad, su ficcionalización, desprendida del apoyo corporal; la apropiación de las voces; la invención de escenarios inexistentes propuestos como realidades inverificables; el simulacro de la presencia). Esta nueva dimensión supone una fragmentación acelerada de los cuerpos, cuya unicidad y cuya singularidad quedan en el pasado. En un diálogo virtual, los individuos pueden estar participando, al mismo tiempo, en otras interacciones ignoradas por el dialogante, o estar ausentes y comunicarse por medio de grabaciones, o asumir la personalidad de otro. La noción de verdad e incluso la de verosimilitud se manifiestan como totalmente obsoletas. No parece excesivo señalar que las cualidades del ciberespacio se interiorizan en el sujeto, que asume lenguajes, conductas y formas de pensar que se van adaptando, inconscientemente, a las nuevas condiciones espacio-temporales y a los registros y formas de codificación que le son correlativos.

Se ha señalado que la palabra «virtual» comienza a usarse ya en la Edad Media con el sentido derivado del latín *virtus* = fuerza, potencia, entendiendo la virtualidad como «una especie de virtud de la realidad, es decir, una cualidad real de lo real» (Sánchez Martínez, 2010, p. 238).[7] El mismo crítico ha notado que lo que entendemos como espacio, realidad «virtual» o ciberespacio, es «considerado por Gibson como un lugar sin lugar y sin tiempo (tiempo real), donde la tecnología interviene creando otros espacios de acción: un espacio de alucinación colectiva» (p. 238).

El espacio virtual es, así, un espacio *creado*, construido tecnológicamente, lo cual no significa que no sea real, sino que no lo es en el sentido tradicional. Sánchez Martínez y otros estudiosos del tema señalan que se trata de un espacio infinito, localizado en un tiempo

---

7. Sobre el tema de lo virtual, cf. Lévy, 1995.

siempre presente, que puede contener el pasado y el futuro, como adelantaran algunas de las propuestas de la ciencia ficción. En este espacio manufacturado, la presencia de lo corporal se manifiesta como *ausencia*, es decir, como *otras formas de estar presente*, en las que la fisicalidad del cuerpo es sustituida por la mediación de la imagen o, mejor, por la imagen en sí. La comunicación y el «contacto» se efectúan en un plano que no es solamente espacial y/o temporal en el sentido tradicional asignado a estas coordenadas, sino abierto a una interacción multidimensional, epistémicamente distanciada de la realidad conocida y que requiere formas innovadoras de definición identitaria.

4

CUERPO, RAZA Y NACIÓN

Idealismo, Romanticismo y positivismo serán las corrientes a partir de las cuales se conceptualizará la nación en el siglo XIX latinoamericano, apelando a la idea de patria (como lugar de origen y asentamiento, como hogar colectivo) y de territorio nacional (como extensión político-administrativa, asiento de formaciones sociales independientes). Al tiempo que se va formalizando el orden social y los sistemas de organización político-económica, las nuevas naciones deben formular sus propios mitos fundacionales y sus alegorizaciones, a través de las tecnologías de la escritura y de la imagen, destinadas a una audiencia altamente heterogénea, marcada por el multilingüismo, el analfabetismo y las diversas vertientes culturales que, cada una con su imaginario y sus codificaciones, constituía el mundo americano.

La necesidad de superar el trauma y los efectos sociales y políticos de la conquista, así como de fundar el concepto de ciudadanía como ideologema y como práctica capaz de guiar a las nuevas naciones por la vía del progreso y del orden social, requirió un discurso verbal y visual capaz de organizar los binarismos heredados del período anterior y/o formalizados en la sociedad independiente: dominadores y dominados, Europa / América, civilización / barbarie, orden / caos, progreso / retraso, ciudad / campo. La fluidez e indeterminación entre esos polos no tarda en manifestarse, y será justamente en el nivel de los cuerpos americanos donde se inscribirán las mezclas e hibridaciones entre razas, vertientes étnicas, lenguas, costumbres, actitudes, creencias y formas de concebir el cuerpo, el trabajo y la relación con la naturaleza que caracterizaron a las nuevas naciones. Al mismo tiempo, antagonismos históricamente construidos siguen desplegando su acción disolvente: criollos / indígenas, blancos / negros, castellano / lenguas indígenas, prolongándose como «colonialidad del poder», es decir, como perpetuación de los sistemas coloniales de dominación, en la república.

Los modelos del racionalismo ilustrado chocan contra la diversidad empírica de América, contra la complejidad de sus culturas ancestrales, sus creencias y hábitos, sus resentimientos, necesidades y expectativas. Los ideales de homogenización social evidencian ya a través de la visualización de los cuerpos su inaplicabilidad sociopolítica. Los imaginarios de las comunidades indígenas, la vivencia palpable y duradera de la esclavitud, las pretensiones europeístas del sector criollo y la gran cantidad de estratos etno-raciales que perpetuaban de múltiples maneras el sistema de castas crearon un muro intangible de resistencias y obstaculizaciones al proyecto nacional, expresándose como conflictos, tensiones y antagonismos que aún continúan. Como he desarrollado en otra parte, el cuerpo cultural de las nuevas naciones no es un cuerpo vacío, sino proliferante de cuerpos reales, marcados por las heridas de la dominación colonial y por las guerras de independencia.[1] En el ámbito popular, una parte fundamental de esta compleja red social estuvo representada por los cuerpos sacrificados en batallas, resistencias y correrías, cuyo sentido político y social pocos de sus participantes comprendían cabalmente. La participación en el ejército fue para muchos una forma de supervivencia y no necesariamente una manifestación de adhesión política y de participación en el ideal republicano. El sacrificio del cuerpo, paradójicamente, parecía conducir a la supervivencia vital.

El gran interrogante era cómo insuflar en las heterogéneas masas de indígenas, afrodescendientes, mulatos, zambos y mestizos el proyecto de emancipación, para poder emprender el proceso de cohesión social que haría posible el funcionamiento de las instituciones nacionales. Las formas visuales desempeñaron en este contexto un papel fundamental para la transformación de lo que Homi Bhabha aludió como el paso de lo territorial a lo político. Panfletos, monedas, monumentos, emblemas, insignias, billetes, placas conmemorativas crean un verda-

---

1. Cf. al respecto mi estudio «La nación y el altar de la patria» (Moraña, 2014d).

dero repertorio en el que los «rostros» de la nación son producidos para consumo masivo, como representación material —corporal— del nuevo orden. Tales representaciones echaron mano, sin advertir la contradicción, de imágenes clásicas coronadas de olivos, cuerpos hercúleos de la Antigüedad grecorromana y elementos arquitectónicos (columnas, ruinas) de la misma prosapia, que aparecían combinados con elementos de la fauna y la flora americana, como toque de exotismo y voluptuosidad que mostraba el poder republicano como una construcción poderosa, proveniente de vertientes monumentales y de valores heroicos, a partir de los cuales la construcción de la sociedad americana se haría posible como inscripción del Nuevo Mundo en el espacio simbólico del occidentalismo. Se trató del proceso de «invención de tradiciones» del que hablara Eric Hobsbawm, el cual tendría en los rostros y en la materialidad corporal del nuevo tiempo un referente emblemático. Las complejas interacciones entre los cuerpos individuales y sociales de las comunidades americanas y las imágenes corporales asignadas como representación simbólica de la nación y de los libertadores constituyeron un repertorio visual en el que lo imaginario y lo histórico se fundieron en narrativas de heroicidad y de emancipación que fueron *tomando cuerpo* poco a poco.

En este sentido cabe indicar que la continuidad de las estructuras de dominación colonial en la Modernidad —la ya aludida *colonialidad*— rigió ampliamente en el período posterior a la independencia, en lo vinculado con la clasificación de los cuerpos, con su adiestramiento y con las formas de participación en el proyecto nacional, el cual fue impuesto en América Latina como un sistema de exclusiones y jerarquías que se continúan, con variaciones, hasta el presente. Las luchas internas que sostuvieron contra el poder criollo los diversos sectores subalternos y, más recientemente, la formalización de lo que ha dado en llamarse «movimientos sociales» han logrado flexibilizar las compartimentaciones de clase, raza y género a través de los siglos. Por tanto, a partir de los cuerpos, de sus fisonomías, color, ubicación social y grados de participación en la esfera pública puede escribirse la historia de la independencia, del republicanismo y la Modernidad en América Latina, en sus contribuciones y en sus limitaciones.

La relación entre cuerpo y nación aparece expresada en la literatura y las artes de una forma eminentemente metafórica: el «cuerpo de la nación» connota el espacio orgánico en el que se reúne la población en torno a la centralidad del Estado y sus instituciones; conjunto vivo, entonces, recorrido por la energía de la productividad y el consumo, aquejado por males interiores y por agentes externos que amenazan con desestabilizar su precario equilibrio; totalidad inestable, cohesiva, pero que siempre corre el riesgo de fragmentaciones y debilitamientos. Las imágenes organicistas proliferaron en los discursos nacionales desde la fundación misma de los Estados independientes, sugiriendo sistemas regulados de circulación de poder, afectos, mercancías y proyectos. Así entendido, el proyecto nacional estuvo sustentado por redes económicas, sociales y políticas orientadas hacia el objetivo de la supervivencia colectiva, revelando una estructuración que se entendía como similar al funcionamiento físico de ser humano, pero referido ahora al cuerpo social.

Incluso al margen de metáforas y alegorías, los cuerpos *físicos* fueron evidentemente los pilares de la construcción nacional. Cuerpos racializados y atravesados por las marcas de clase, etnicidad, lengua, género, sexualidad, creencia y capacidad física, fueron destinados según su origen y color a distintas tareas, a posicionamientos y espacios correlativos a las formas de reconocimiento social que les correspondió en la sociedad criolla. La concepción utópica de la nación como organización centralizada, homogénea e institucionalizada giró siempre en torno al ideal de domesticación de los cuerpos, es decir, de reducción de impulsos, desbordamientos, e inconductas en aras de la formación de *cuerpos dóciles*, al mismo tiempo productivos y sometidos, como explicara exhaustivamente Foucault en *Vigilar y castigar* (1975). Pero los ideales republicanos de homogeneización social, centralismo político y unificación nacional se verían obstaculizados, desde entonces hasta la actualidad, por la irredimible heterogeneidad social y los antagonismos inherentes a toda sociedad poscolonial.

Para Foucault, quien no elabora una teoría explícita y orgánica del cuerpo humano, este resulta, sin embargo, imprescindible para entender el funcionamiento del poder en la historia. Las prácticas culturales a las que el cuerpo es sometido son un indicio claro de la sensibilidad de una época y de los modos en que se concibe *lo político*.

Siguiendo la orientación de Nietzsche, quien postulaba la necesidad de materializar la filosofía reflexionando sobre la vitalidad del cuerpo humano, Foucault insistirá en las formas de adscripción de los cuerpos a los sistemas institucionales, los discursos y prácticas de asimilación de la diversidad, las redes micropolíticas que atraviesan toda formación social y el control sobre la corporeidad como forma ideológica y simbólica de afirmar la autoridad del Estado y normativizar lo social. A la luz del ideario ilustrado, los cuerpos ciudadanos estaban imbuidos del hálito republicano que se iría consolidando con la implantación del liberalismo, cimentado por los principios de libertad, igualdad y fraternidad, matizados convenientemente según las circunstancias de cada lugar y cada momento histórico. Se trataba, ya desde el período colonial, de cuerpos jerarquizados, es decir, clasificados según sus disposiciones en cuanto al elemento principal del trabajo, que articula raza y explotación en distintos registros de coloniaje, esclavitud, servidumbre, trabajo asalariado, etc. En las nuevas naciones, desde comienzos del siglo XIX, tales compartimentaciones reafirman su vigencia bajo la hegemonía de la elite criolla. Cuerpos marcados por el colonialismo primero, por las guerras de independencia después y, ya en las repúblicas, por la estratificación y la exclusión social, económica y política implementada por los Estados independientes, la materialidad corporal no estuvo nunca fuera del proscenio de los imaginarios nacionales, aunque los silencios, reticencias y eufemismos del discurso nacionalista intentaran reducir la heterogeneidad beligerante de las antiguas colonias a abstracciones pasibles de ser subsumidas en la retórica esencialista de las identidades.

El proceso de disciplinamiento de conductas públicas y privadas, exhaustivamente estudiado por Beatriz González-Stephan (1999), constituyó un proceso arduo y meticuloso de implantación de valores, comportamientos, modos de organización del tiempo y del espacio. Este proyecto intentaba emular el modelo civilizatorio inspirado en las culturas europeas, consideradas como sofisticados ejemplos de proyectos políticos orientados hacia el progreso y el orden colectivo.

Planes educativos, manuales de conducta, instrucciones para el diseño y la organización de los espacios públicos, la promoción de los valores cívicos y el adiestramiento de la población en diversos oficios y profesiones fueron parte de un programa que tenía como principal objetivo la formación de la ciudadanía como cuerpo social y político. Este cuerpo civil sería el destinado a consolidar, con distintas formas y grados de participación, las instituciones estatales y los programas de productividad de las incipientes economías nacionales. Grandes sectores de la población (indígenas, exesclavos, analfabetos, habitantes de áreas rurales, individuos sin domicilio fijo y otros, que formaban los grandes conglomerados flotantes que quedaron como saldo de las guerras de independencia) no integraban la ciudadanía ni podían participar en un proyecto político y social que en muchos casos les resultaba incomprensible. Las marcas del género, la raza, la extracción económica, la sexualidad, etc., constituían signos indelebles de las compartimentaciones socioeconómicas.

La mujer es situada en los imaginarios nacionales durante buena parte del siglo XIX en una posición dual, no exenta de contradicciones y paradojas. Puede decirse que su ubicación es consistente con una condición de indecibilidad que, aunque bajo formas distintas, se puede aún detectar en nuestro tiempo. Por un lado, la idea de la fertilidad la situaba como «madre de la patria», es decir, como el repositorio de riqueza potencial, reproducción de recursos, comunión con la naturaleza y cornucopia de la nación. Es frecuente verla asociada con la idea de la virginidad (culto mariano) y con conceptos prehispánicos (la *pachamama*), es decir, con simbolizaciones de valor positivo, idealizado, ahistórico y vinculado a la creencia.[2] A veces estas connotaciones se trasladan incluso a la mujer indígena, vista

2. La noción de *pachamama*, de origen prehispánico, nombra en el mundo quechua-aymara a un ser o entidad del género femenino entendido como elemento vital y totalizante. El término significa *pacha* = totalidad, cosmos, tiempo-espacio y *mama* = madre. En torno a esta idea de madre / tierra / mujer / vida se articulan la naturaleza, lo humano y lo espiritual, con repercusión en todos los niveles de la vida, desde lo económico hasta lo intelectual y existencial, siendo el principio de reciprocidad fundamental como organizador de la comunidad.

desde los imaginarios criollos como figura que encarna la posibilidad de redención y sacrificio y como personificación de la pureza, de lo no contaminado por las desviaciones que la civilización impone a los seres humanos al alejarlos de las fuentes primarias de la vida, del mundo natural y la socialidad comunitaria. A la mujer negra se le asignan significados más primarios: se la asocia con la nutrición, el desamparo y la lujuria, y se la ve como poseedora de una corporalidad inabarcable por los imaginarios americanos. Su imagen se presenta traspasada por los sentimientos contradictorios de culpa, atracción y rechazo. El color de la piel canaliza la idea de una ajenidad irreductible, muy diferente de la relación originaria con el territorio americano que se reconoce en la mujer indígena. Al ser considerada portadora de atractivos y saberes demoníacos, se le atribuye la capacidad de perturbar el orden social de modo radical, «colonizándolo» con su extrañeza y sus recursos mágicos. Su procedencia remite a una geografía desconocida y connota un exotismo maligno e intrigante y una capacidad anómala y salvaje de seducción y subversión del orden.

Por lo mismo, resulta interesante también el empleo que hará de la mujer negra la sociedad criolla, al incorporarla a la escena doméstica en una función de maternidad vicaria.[3] Representada en muchas novelas, pinturas y fotografías como una servidora fiel de la familia criolla, la mujer negra llega a convertirse en un miembro periférico de la familia a través de su trabajo como aya o ama de leche, actividad de fuerte simbología, que ha sido analizada a partir de cuadros en los que tal servicio se representa como un contraste estético, social y político, en *blanco y negro*, que expone elocuentemente la importancia de la corporeidad como impensado puente entre las razas y también como dispositivo de apropiación biopolítica del cuerpo subalterno.[4]

---

3. Sobre las nodrizas de Bolívar, que ejemplifican esta forma de servicio a la sociedad criolla, cf. Protzel, 2010.

4. Para dar un ejemplo, el tema del ama de leche ha sido estudiado en varias novelas y cuadros. Sobre la representación de esta práctica en *Cecilia Valdés* (1882), novela del cubano Cirilo Villaverde, Christina Civantos (2005) analizó los procesos a través de los cuales la nodriza desplaza a la madre, creando vínculos directos con las nuevas generaciones y, al mismo tiempo, deshaciendo jerarquizaciones raciales.

Gilberto Freyre, autor de *Casa grande e senzala* (1933) llamó la atención sobre este aspecto de la cultura y de la sociedad brasileña no solo en su aclamada novela, sino también en su libro *O escravo nos anúncios de jornais brasileiros do século XIX* (1961), en el que incluyó más de treinta fotografías tomadas entre 1860-1870 en el sur y noreste de Brasil, entre ellas algunas que exponían la relación interracial que existió en torno al amamantamiento de niños criollos.[5] Freyre acuñó el término *lusotropicalismo* para aludir a lo que consideraba una historia de tratamiento benevolente por parte de los amos hacia sus esclavos. Tal teoría, ya presente en *Casa grande*, ha sido muy debatida, ya que existe evidencia de que la madre negra perdía derecho sobre su propio cuerpo, pues se le impedía lactar a su propio bebé para reservar su leche para el hijo del amo. La madre esclava era separada tempranamente de su recién nacido y comercializada como cuerpo productivo a través de anuncios como este: «Se vende una negra parida de dos meses sin hijo» (*Jornal da Bahía*, 1854). La utilización de nodrizas (amas de leche o amas de cría) tenía como consecuencia que los hijos propios de la nodriza en general fueran dados en adopción. A esos efectos, eran puestos en las llamadas «Ruedas de Expósitos», sistema utilizado desde el siglo XIII, por medio del cual se colocaba a los niños abandonados en una especie de jaula giratoria que ha sido descrita de la siguiente forma:

[...] la rueda era un aparato simple: una caja cilíndrica de madera con una ventana, con diámetro de más o menos 50 centímetros, 60 a 70 centímetros de altura, que gira alrededor de un eje. Quedaba incorporada a una pared externa para facilitar la colocación del niño expósito. El niño era siempre colocado, anónimamente, durante la noche. Había un timbre en la pared para avisar que un niño fue colocado en la Rueda. La caja era girada hacia la parte interna del edificio y el niño era recogido, sin ser visto quién lo dejó, ni quién lo recogió (Costa).[6]

5. La información de este apartado sobre Freyre ha sido extraída del blog *Ciencia y raza – Scientific Race*, sin mención de autor (31 de agosto 2015): https://cienciayraza.blogspot.com/2015/08/fotografias-de-amas-de-leche-en-bahia.html (fuente: http://www.scielo.org.co/).

6. «En la ciudad de Salvador, en Bahía, los niños recogidos en la Rueda permane-

Esta manipulación de los cuerpos, ya no solo por medio de la esclavitud, sino de estas otras formas adicionales de servicio corporal (a las que se sumaba la utilización sexual de las esclavas) es un capítulo esencial en la historia del biocapitalismo, como forma de apropiación del capital humano para beneficio del sector dominante, práctica que abarca todos los aspectos de la vida de los esclavos y de sus descendientes. Se mezclan en estas formas de dominación la explotación del trabajo, la utilización sexual, el consumo de la producción biológica de los cuerpos y la expropiación de la vida personal de los esclavos, que se convertían en instrumento de la sociedad criolla en múltiples niveles: corporales, afectivos, laborales y familiares.

Esta transgresión de las fronteras raciales resultaba al mismo tiempo una forma de integración *de hecho* y una perturbación inaceptable del orden social y de los principios de una sociedad heredera de prejuicios y compartimentaciones rígidas. La «pureza social» parecía, para muchos, definitivamente contaminada por esta proximidad racial, a la que se agregaba el fenómeno de la mestización, que muchos consideraban una degradación social de efectos socialmente graves. Para ilustrar estas contradicciones, siguiendo la interpretación de Christina Civantos, recordemos lo que Kristeva propone en relación con la noción de abyección:

En general lo abyecto es ese tipo de objeto que el sujeto trata de ingerir o de expulsar, ese tipo de objeto que sale del cuerpo del ser humano, pero no parece pertenecerle —o, en el caso de la leche, viene de, o llega a formar parte de, otro «yo», con el que no se identifica—. Muchos de estos objetos —leche, sangre, saliva, semen, lágrimas y vómito— son líquidos, lo cual intensifica su ambigüedad: el objeto ni se puede

---

cían en precarias dependencias del Hospital San Cristóbal, hasta que completaban los 3 años de edad, mientras eran amamantados por nodrizas contratadas por la institución (Costa, 2001). Durante el siglo XVIII, aproximadamente el 30 % de los niños que nacían en los centros urbanos eran expósitos y, entre ellos, entre el 70 % y el 80 % fallecían antes de completar los 7 años de edad. La Rueda de Expósitos en Río de Janeiro recibió aproximadamente 50 mil niños entre su fundación y el siglo XIX (Venancio, 1997)» (*Ciencia y raza - Scientific Race*, s/p).

contener dentro del cuerpo, ni forma un objeto con límites definibles. Al escurrirse, al desbordarse, al moverse de un cuerpo a otro, borra las fronteras entre el «yo» y el otro, entre cuerpos que se entienden como el fundamento estable y definible del ser. De esta manera, lo abyecto nos hace enfrentarnos con el hecho de que el sujeto depende del objeto para la formación de su identidad. Por lo tanto, lo abyecto ejerce sobre el sujeto fascinación y repulsión a la vez. (Civantos, 2005, pp. 508-509)

Las interacciones entre razas y estratos sociales diferenciados fue una problemática constante en la vida republicana, tema de narrativas dramáticas (ficcionales, ensayísticas) que ilustran sobre los aspectos sociopolíticos y las connotaciones simbólicas e ideológicas de tales «contaminaciones» y acerca de las formas concebidas para contrarrestarlas en distintos períodos.

El lugar del mestizaje en los proyectos de formación y consolidación de naciones es esencial en América Latina como tecnología biopolítica mediante la cual se intentaba canalizar las distintas vertientes demográficas, culturales, históricas y étnicas hacia formas de indistinción racial. En este tema, que constituyó uno de los espacios de conflicto y debate más importantes de la historia latinoamericana, se articulan elementos culturales, políticos y económicos. Considerado por algunos como la fórmula de armonización y nivelación sociocultural y por otros como la institucionalización de la cooptación de las distintas culturas por una forma culturalizada de populismo de Estado, la ideología del mestizaje trajo a la superficie cuestiones ya evidentes en el sistema de castas de la colonia.

El sujeto mestizo fue pensado como el borramiento de las diferencias que pluralizaban al subalterno haciéndolo inabarcable. La indistinción de razas se veía, en ese sentido, como una solución, ya que, si bien diluía las fronteras en el interior del inmenso sector subalterno, aún mantenía suficiente distinción con respecto a la minoría blanca que detentaba el poder criollo. El cuerpo se manifestaría, así, como un espacio de indeterminación que eliminaría el conflicto social sin elaborarlo, haciendo innecesaria la atención a tradiciones, proyectos, orígenes, lenguas, creencias y formas de vida inasimilables y generalmente antagónicas, difíciles de conciliar. El carácter *ideológico* del mestizaje como parte de los proyectos de progreso social y como dispositivo de nivelación político-cultural creó intensas y acaloradas polémicas, con fuertes implicaciones sobre el sentido del cuerpo y de la construcción racial, la necesidad de distinguir entre *diferencia* y *diversidad*, la problemática de la injusticia social y la colonialidad de las prácticas discriminatorias en la Modernidad.

En la sociedad criolla la imagen de la mujer no era menos paradójica, aunque tendía a preponderar la idea de su pasividad, que la convertía en compañera ideal de la acción masculina, sin requerir protagonismo. Pensada como un sujeto que no tiene sentido ni lugar fuera del espacio doméstico, la mujer existe en el siglo XIX sin agencia ni agenda definidas, asimilándose a la noción de un *no-sujeto*, invisible para la ley y para la sociedad. Más allá del espacio privado, se le asignan lugares subalternos y periféricos con respecto a los centros de decisión política, difusión cultural, organización laboral, etc., espacios limitados que se irán expandiendo poco a poco a través de diversas formas de acción social. Un interesante aspecto de esta lenta y limitada integración es el papel desempeñado por la prensa, que, a través de semanarios y revistas, comienza a atender a la mujer como consumidora no solo de productos del hogar, sino de moda europea, a partir de la cual puede ir modelando su propio cuerpo para adecuarlo a la misión civilizadora de la elite criolla. El surgimiento de periódicos de y para mujeres ocurrido en la segunda mitad del siglo XIX tiene gran incidencia en la formación y desarrollo de mercados nacionales y en el acceso gradual de la mujer criolla a la educación y a algunos sectores de inserción laboral. Comienza así a expandirse su acceso a zonas limitadas del espacio público. De este modo, el proyecto nacional se fundó y desarrolló a partir de una rígida selección de cuerpos útiles y calificados por su etnicidad y género, y por las capacidades que se adjudicaban a los distintos sujetos para ocupar lugares de responsabilidad en la nueva estructuración político-administrativa, según modelos establecidos de funcionamiento social.

La violencia física ejercida contra los sectores subalternos marcó fuertemente tanto el período colonial como buena parte del siglo XIX.

Las nuevas repúblicas latinoamericanas debían atemperar, a la luz del pensamiento progresista de los ilustrados, los excesos del colonialismo:

> Son ampliamente conocidos los niveles de violencia practicados sobre el cuerpo humano de indios, negros, pardos, esclavos, masones, disidentes e independentistas criollos, indígenas y cimarrones, ejercidos por gobernadores y encomenderos, miembros del Santo Oficio, capataces y hacendados que en nombre del Rey y de Dios exponían los miembros torturados y descuartizados a la vista del espectáculo público, sin despreciar el ilimitado derecho que tenían maestros, padres y maridos de implementar castigos físicos a sus discípulos, hijos y esposas: la autoridad y la ley se imponían sobre el cuerpo con violencia a través de una política sistemática del castigo corporal tanto en el ámbito público como doméstico, donde llagas, cicatrices y hasta la muerte eran parte de un doble juego de señales: de culpas y de poderes. (González-Stephan, 1999, s/p)

El tratamiento suministrado al cuerpo subalterno, para someterlo y entrenarlo en tareas y conductas útiles para el desarrollo nacional, va adquiriendo formas diferentes, que siguen manifestando la desigualdad heredada del período anterior entre privilegiados y marginalizados. La violencia, entronizada en las relaciones de poder, corre a la par de las jerarquías sociales, traduciendo los posicionamientos de clase en formas múltiples de abuso corporal, emocional y psicológico contra sujetos que no eran vistos como tales: mujeres, niños, esclavos, infieles, indígenas, marginados, delincuentes, discapacitados y personas empleadas en posiciones de servicio. El cuerpo castigado aparece como la plataforma en la que se inscribe una concepción del poder que afirma en el sometimiento de los cuerpos subalternos las bases de la utopía europeizante de progreso y orden social.

Por otro lado, la corporeidad popular encuentra formas de manifestación gozosa en el disfrute de la socialización que se produce al margen de las normas del pudor o de la contención de la sociedad dominante, en la cual no faltaban, tampoco, excesos y desbordamientos. La historia cultural y la antropología registran manifestaciones abiertas de la corporalidad popular en el desbordamiento sensual de la fiesta y en la interrelación de sujetos en espacios sociales de menor regulación, cuya vitalidad excede los parámetros de la civilidad burguesa. En «Cuerpos de la nación: cartografías disciplinarias» (1999), González-Stephan muestra elocuentemente estas dinámicas como un contrapunto performativo y de dramáticos contrastes, que resume la polivalencia del cuerpo y de sus efluvios sensibles:

> Pero también en otros órdenes de la vida social, al menos hasta muy entrado el siglo XIX, imperaba la fuerza y expresividad de las pasiones, la violencia de las conductas en el juego, en las relaciones familiares, en las fiestas, carnavales, teatros, trato con los sirvientes, la expresión desinhibida de la sexualidad, de la gestualidad corporal, la sensualidad, el desenfreno, la gritería, la risa: en fin, una sensibilidad poco dada a la contención de toda clase de pulsiones, y que la cultura de los tiempos modernos calificaría de «bárbara» e identificaría no solo con un pasado arcaico y vergonzoso, sino con la incivilidad, la infracción y la culpa. (González-Stephan, 1999, s/p)

Tal «barbarie», considerada como prueba fehaciente de la naturaleza instintiva e irracional de esos estratos de la sociedad, justificó planes de «domesticación»: vigilancia, control y castigo. Se implementó así el «despliegue de un sistema escriturado de "micro-penalidades" que atendiese cada operación del cuerpo, de los gestos, de la palabra, para lograr una economía de las fuerzas a través de su docilidad-utilidad» (González-Stephan, 1999, s/p). En el caso de la mujer, núcleo del hogar, preparadora de los futuros ciudadanos y elemento altamente simbólico en sus asociaciones con la tierra, la patria y la fertilidad, las formas de su adiestramiento llegan a niveles de cruel minuciosidad y de evidente valor ejemplarizante. En su interpretación de la «ciudadanización» en Venezuela y del papel que desempeñan en esos procesos los manuales de conducta y los cuerpos de ley, González-Stephan indica:

> No es casual que en los textos disciplinarios la mayor estigmatización punitiva [recaiga] sobre la mujer: la severidad en la domesticación de su cuerpo y voluntad está en estrecha relación con la propiedad de su

vientre —las imbricaciones entre familia, propiedad y Estado—, ser
la custodia no solo de una educación que reproduce la contención y la
docilidad en los hijos/as sino también la vigilancia de la hacienda privada.
(González-Stephan, 1999, s/p)

Como sistemas de participación limitada, las democracias latinoamericanas tuvieron en los regímenes de exclusión uno de sus pilares ideológicos y políticos. Los espacios de inclusión y participación
fueron ampliándose como resultado de los cambios en las necesidades laborales que imponía la consolidación del capitalismo y que se
lograban a través de las luchas sociales, aunque siempre se mantuvo
una clara desigualdad entre distintos sectores de la población, cuyos orígenes se sitúan en el período colonial e incluso en tiempos
anteriores, en la organización masculinista de los sistemas de poder
tradicionales en Occidente, basados en la guerra, la competitividad
física y la búsqueda de poder.

La apelación a la violencia es connatural al sistema patriarcal, que
celebra la superioridad de unos sectores por encima de otros, y los valores de fuerza, liderazgo y exclusivismo. Como constructo simbólico
y político, el patriarcalismo constituyó un sistema de dominación de
larga data y múltiples formas de implementación social. Como red
de poder, la ideología patriarcal llegó a configurar todos los aspectos de
la vida política, económica y social y permeó las instituciones, utili-
zándolas como plataformas de diseminación ideológica y perpetuación
de privilegios sectoriales.

En *El origen de la familia, de la propiedad privada y del Estado* (1884),
Friedrich Engels define el patriarcalismo como la derrota histórica del
sexo femenino, entendiendo que esta forma particular y dominante
de ejercicio del poder constituía ya entonces un punto fundamental
en las luchas por la implantación de una sociedad justa e igualitaria. Se considera que la ideología patriarcal expresa directamente el
problema de la sujeción y la enajenación del sexo femenino.[7] Así, la
escuela, la Iglesia, la familia y el Estado mismo constituyeron espa-

---

7. Cf. Tickner, 2001.

cios marcados por el patriarcalismo, que concibe el poder político asociado a la figura del padre que organiza la familia de la nación, ejerciendo plena potestad sobre sus miembros. Alda Facio y Lorena Fries (1999) enfatizan la importancia de la «gradual institucionalización» del patriarcalismo, lo cual demuestra su carácter construido, no simplemente derivado de la diferencia biológica ni emanado de verdades universales.

El control de los cuerpos, realizado a partir del principio rector de la ideología patriarcal, colocó a la mujer en posiciones de plena o relativa invisibilidad. La dimensión corporal constituyó la piedra de toque de la exclusión y/o la degradación de su estatus. Obligada a ocultar su sexualidad bajo las figuras asexuadas de la madre, la enfermera o la maestra, o a exponerla y dilapidarla a través de la prostitución o formas asociadas al entretenimiento sexualizado, la mujer ocupó márgenes que, de todos modos, resultaban esenciales para la realización del proyecto masculinista de la nación, aunque logró ir ampliando sus ámbitos de acción, que durante la época colonial estuvieron restringidos a los espacios del convento y la corte virreinal, hasta que fueron avanzado en la esfera pública en procesos graduales.

En todo caso, el cuerpo de la mujer siempre fue visto con prevención, a partir de estereotipos, y fue denigrado por sus características corporales. La transformación corporal producida por el embarazo, la sangre menstrual, la leche materna, al igual que la potencialidad de la mujer para despertar pasiones supuestamente incontenibles, se consideraron signos anómalos que señalaban subjetividades contranormativas y de enigmático significado.

En todos estos procesos de construcción del género y de consolidación del patriarcalismo, el lenguaje tuvo un papel fundamental como instrumento de naturalización de valores, jerarquías y posiciones que pasaron a integrarse en los imaginarios populares a través de la educación, los medios de comunicación, la «opinión pública», el discurso político, etc. Junto con la referencia al lenguaje debe mencionarse el papel central de la escritura, que consolidó los principios de orden de una realidad heterogénea a la que se buscaba someter en cuerpo y alma.

Constituciones, gramáticas y manuales, como géneros discursivos, constituyeron a través de sus leyes y normas un campo policial de vigilancia y ortopedia que captaba e inmovilizaba al ciudadano. Aquí el «poder de la escritura» no solo modela sino [que] se erige en fundante y contenedor del mismo objeto que prescribe. En estos casos la identificación entre escritura / disciplina / poder y vigilancia corre paralela [al] acto fundacional de la ciudadanía. Al revés: la constitución en sujeto solo es posible dentro del marco de la escritura disciplinaria como requisito previo a su reconocimiento como ciudadano. (González-Stephan, 1999, s/p)

La noción de ciudadanía surge no solo como unidad político-ideológica del proyecto nacional, sino como dispositivo de domesticación de los cuerpos y de sometimiento de los instintos a las regulaciones republicanas. Las nociones de frontera, europeización, modernidad, progreso, sociedad civil, espacio público, esfera privada, etc. surgen como conceptos referidos a estructuras, distribuciones y cartografías socioculturales destinadas al ordenamiento social. A partir de estas nociones, y de las prácticas que les son correlativas, se intentó contener y reducir la *barbarie* americana, entendida desde el descubrimiento como abundancia, caos, salvajismo, precariedad, abigarramiento, exotismo, irracionalidad, atraso y muchos otros atributos que tuvieron en el cuerpo del Nuevo Mundo, a través de las épocas, su paradigma principal.

Así, el nacionalismo surge marcado por la impronta de la *diferencia* y la *desigualdad* de cuerpos y subjetividades, tanto a nivel de clase como de raza y género. El cuerpo de la nación y el de sus habitantes fue sometido al régimen heteronormativo, es decir, a la organización social presidida por el poder masculino tanto en el ámbito familiar como en la esfera pública.[8] Los valores centrales fueron la heterosexua-

---

8. «[...] podríamos decir que el proyecto [fundacional] de las naciones fue básicamente falocéntrico, si nos atenemos a las constituciones, ya que la construcción, por ejemplo, de la ciudadanía, recae sobre el ciudadano, el senador, el maestro, el letrado y el padre de familia. La constitución abre el espacio —el público— como zona de emergencia de cierto sujeto masculino, quien termina por legitimar la ley de todos y el sistema de normas que regirá las esferas no visibles. Muy *grosso modo*, la ley no legisla al sujeto femenino; lo excluye de la vida pública; es decir, es un no

lidad monogámica y la apropiación reproductiva de la mujer, conceptos que resultaron en la subyugación de minorías sexuales y de todas las alternativas de género que no caían dentro de la fórmula binaria hombre-mujer, la cual tiene su base en la diferenciación biológica de los cuerpos. Se aplicó así lo que autores como Sikata Banerjee han llamado «nacionalismo muscular», expresión referida a las tensiones causadas por el antagonismo de género y por las imposiciones autoritarias del patriarcalismo.[9]

El Estado y sus instituciones, incluidos los cuerpos de ley, los sistemas educativos, las políticas de salud pública, orden social y administración de la identidad colectiva, funcionaron como verdaderas máquinas de alterización en el afán por definir la *esencia de lo nacional*. Se dejó fuera de los marcos de esa noción todo lo que se percibía como amenaza al cuerpo social, por representar una *diferencia* irreductible respecto a los valores considerados *propios*, y todo lo que se sospechaba que podía ser contrario a los objetivos de fortalecimiento y reproducción del capital. Los cuerpos fueron el blanco de pesquisas y técnicas de disciplinamiento que tuvieron en las formas higienistas una de sus más claras expresiones:

La suciedad —entendida como los humores y el contacto de cuerpos, una sexualidad abierta, la masturbación, el carnaval, los castigos físicos, las riñas de gallos, las corridas de toros, las jergas populares, la dramatización de los funerales— representa una de las metáforas que complementan el gran axioma de la «barbarie». La asepsia y limpieza de las calles, lengua, cuerpo y hábitos aparecerán como una de las panaceas del progreso y de la materialización de una nación moderna. Limpiar la *res publica* de grupos trashumantes «improductivos», de locos y enfermos (en otras palabras, de indios, cimarrones, negros libertos y «alzados»); la lengua, de expresiones «viciosas» (las «malas palabras» ensucian el lenguaje), y el cuerpo, de sus olores y pulsiones espontáneas. (González-Stephan, 1999, s/p)

---

ciudadano» (González-Stephan, 1999, s/p).

9. Sobre los cruces entre género, raza y nación, cf. Collins, 1998.

Con la Modernidad la importancia central de los cuerpos se acrecienta, ya no solo por la expansión de la agencia del ser humano en la construcción social y por la inclusión de sectores sociales antes desplazados de las funciones plenas de la ciudadanía, sino porque el cuerpo mismo, en su configuración física, orgánica y anatómica, se hace accesible a la mirada y a la penetración científica. Para la ciencia médica el organismo humano se vuelve transparente, puede ser visto por dentro, escudriñado y manipulado, como si se tratara de un objeto de uso que poco a poco se va convirtiendo también en un objeto de técnica y de arte.

Asimismo, el disfrute del cuerpo se populariza y el hedonismo pasa a ocupar, con la consolidación de la sociedad de consumo, un lugar preponderante en el despliegue de la subjetividad y en los procesos de socialización. El deporte, la industria de la belleza y de la prolongación de la juventud, las biotécnicas para la modificación corporal, las dietas y rutinas psicosomáticas, los procedimientos para aislar el cuerpo del ruido, de la contaminación y de los posibles daños que podía ocasionar el medio ambiente, tienden a artificializar el desarrollo humano y a someterlo a rutinas que fuerzan sus capacidades. La vida urbana que predomina en la Modernidad contribuye en gran medida a encerrar al sujeto en espacios protegidos, donde múltiples implementos se adelantan a sus necesidades y eliminan la «lucha por la vida», cambiando el sentido mismo de la existencia humana al confinar a las personas a espacios asépticos que las disocian y las aíslan. Como contrapartida, el campo «encierra» al individuo en espacios abiertos, tradicionalistas y autosustentados, donde los cuerpos conservan el apego a la naturaleza, pero carecen de los beneficios de servicios sociales mucho más accesibles en las ciudades.

Sylvia Molloy indicó, en un conocido artículo, que las naciones son «leídas» como cuerpos en el siglo XIX latinoamericano, y que los cuerpos, a su vez, constituyen «*statements* culturales». El cuerpo asume «poses», indica Molloy, que revelan su posicionalidad en la intersección de nación y cultura. La actitud corporal se integra así en una teatralización que expresa actitudes, sentimientos y conceptos. Gestos y conductas se inscriben en un campo de visibilidad dentro del cual el cuerpo adquiere significado y proyección simbólica. Múltiples ceremonias y festividades públicas contemplan ese aspecto visual de la cultura, como las ferias, exhibiciones, desfiles y otras modalidades de presentación pública. Tales eventos tienen su correlato en el *voyeurismo*, analizado, entre otros, por Walter Benjamin, para quien la ciudad y sus habitantes constituyen un paisaje vivo, un cuerpo colectivo en el que se expresa la energía vital de la ciudadanía. La calle, las galerías, los espacios abiertos, los lugares de entretenimiento, son escenarios que satisfacen «la lujuria de ver» y en los cuales los sujetos representan sus papeles sociales. Esta «comedia de manierismos» (Molloy, 1998, p. 146) alcanza el dominio de la sexualidad, y en particular de la homosexualidad, que se revelaba, según el *sensorium* de la época, en la afectación y la disipación de la conducta, reveladora, para la sociedad burguesa, de una disrupción sustancial de la normatividad heterosexual, asociada a la idea del masculinismo, a la identidad nacional y a la construcción del Estado. La teatralización del género —lo que Judith Butler llamaría su *performance*— se constituye en un elemento crucial para la clasificación y la asignación de valor a los cuerpos, siempre considerados en relación con el proyecto nacional.

Estas ideas introducen algunas de las aristas de la inscripción del cuerpo en la Modernidad, y aluden también, aunque con un grado inevitable de generalización, a aspectos en los que el cuerpo se integra en el espacio simbólico de la ciudadanía. Así asociado y «significado» por su relación —siempre mediatizada— con el Estado y las instituciones, el cuerpo es convertido en objetivo de las tecnologías biopolíticas, que se traducen en múltiples formas de control poblacional, distribución de espacios, regulación de conductas y normativización de los saberes, es decir, en una intervención decisiva sobre la administración de la vida y sus formas de desarrollo social.

El principal desafío en estos panoramas es el grado de heterogeneidad social y cultural de las sociedades latinoamericanas, caracterizadas por su multiculturalismo. Ante la tensa coexistencia de diversos proyectos sociales, frecuentemente antagónicos e irreconciliables, la supuesta unidad nacional se revela desde el comienzo como la agregación de fragmentos socioculturales diferenciados que no se subsumen en la sociedad criolla. Vertientes indígenas de distintos orígenes, comunidades afrodescendientes, sectores hablantes de lenguas no dominantes y a veces residentes en zonas alejadas de los centros urbanos, así como emigrantes de muy diversos orígenes, con frecuencia no se reconocen como parte de la organización nacionalista, que entra en colisión con tradiciones, prácticas y epistemes prehispánicas u originadas en el sistema esclavista de la colonia. Los cuerpos exponen las marcas de su origen y de sus avatares históricos y son posicionados de acuerdo con esas señales en los imaginarios y en los estratos sociales, políticos y económicos de la nación-Estado.

Aunque la *otrificación* siempre existió, y puede ser considerada un rasgo de lo humano, en el contexto de la consolidación de naciones deviene una práctica coexistente con la ciudadanía: su contracara político-ideológica. El «otro» es aquel cuya condición biológica y social rebasa los paradigmas de las identidades nacionales, gestadas y administradas por el Estado e interiorizadas en el ámbito popular. El negro, el indio, el extranjero, la mujer, el analfabeto, el discapacitado conforman el «afuera constitutivo» de *lo nacional* entendido como un espacio preservado y reservado a la elite criolla —sobre todo a su núcleo de poder, marcado por los rasgos de la masculinidad, la europeización y la heterosexualidad—, que tendría a su cargo los mecanismos de decisión política y los recursos económicos necesarios para consolidar su hegemonía.

Otros procesos de otrificación, persecución, exclusión y exterminio poblacional cristalizarían en Latinoamérica a lo largo de los siglos, vinculados a situaciones dictatoriales en las que la suspensión del Estado de derecho daría carta blanca para la eliminación de la disidencia política. Se trata de una nueva arremetida contra el cuerpo del otro, particularmente aquel que osa contraponer ideas, proyectos o prácticas divergentes de las dominantes. El control estatal por reducir la oposición se materializa en la tortura, la expulsión y el «desaparecimiento» de los cuerpos hostiles a las políticas de Estado. La eliminación del disenso es acompañada por la desterritorialización de los sujetos, su encarcelamiento y su exterminio.

La nación se manifiesta como cuerpo político, al mismo tiempo que el cuerpo individual es el *locus* en el que se dirimen las luchas de poder. El cuerpo torturado es la forma moderna del sacrificio humano que el Estado utiliza como dispositivo para la implementación de políticas excluyentes y autoritarias, que monopolizan la materialidad de lo humano. El poder político se apropia así de la voz, de la libertad de movimiento y de asociación de los sujetos, del libre albedrío, de los usos del espacio y del tiempo, de la difusión y utilización de saberes, de la voluntad de transformación social y de la búsqueda de la igualdad y la justicia. La producción de dolor, la tortura psicológica, las mutilaciones, las violaciones y la privación de libertad son formas de cosificación, manipulación y exterminio del cuerpo que es considerado una amenaza contra la hegemonía. Es el ejercicio directo de la necropolítica que anula el significado de la vida y controla a través del terror.

En estos procesos de corporeización *(embodiment)*, el cuerpo humano y el cuerpo social sufren la dramatización perversa del poder, basada en la asimetría de posiciones y de recursos para la lucha social. Visto desde la perspectiva del poder que usa y abusa del «estado de excepción», el cuerpo transformado en despojo agonizante, en cadáver, o disuelto en la desaparición, entra en una zona de anonimato e irrelevancia, es decir, de silencio: un vacío de la presencia que implica la ausencia de la voz y la mirada, elementos fundamentales para la construcción del sujeto, de su vida, su identidad y sus formas de intervención social.

Al cuerpo como dispositivo de poder sobre el otro se opone el cuerpo resistente, es decir, la fisicalidad de quien se moviliza a partir de un programa de emancipación y justicia o quien pone en juego su mero instinto de supervivencia. Poder autoritario y resistencia son formas opuestas de ejercer la materialidad corporal en el plano político, aunando energía intelectual, emocional y psíquica.

El cuerpo es el lugar de la percepción y la afectividad, de la imaginación y la memoria. La inscripción del cuerpo individual —de la *persona*— en el cuerpo colectivo de lo nacional es problemática. Aunque el cuerpo social debería ser, de acuerdo con las teorías sobre lo nacional, potenciación del cuerpo individual y preservación del cuerpo colectivo, con frecuencia se convierte en un constructo ajeno a los individuos que en él se subsumen y que deberían verse representados en él. Esta es una de las paradojas más agudas de la corporalidad política en todas las épocas y uno de los más radicales problemas de nuestro tiempo, en que inmensos contingentes de cuerpos *fuera de lugar* son repelidos por los Estados nacionales, dentro y fuera de fronteras, y condenados a la dimensión de objetos desechables por parte de un sistema irracionalmente volcado contra aquellos en cuyo nombre y en cuyo beneficio, supuestamente, detenta el poder.

El aspecto emocional de la construcción de naciones y de la participación de sujetos cuya materialidad está directamente involucrada en los procesos de formación social ha ocupado la atención de la crítica en las últimas décadas. El influyente estudio de Sara Ahmed *La política cultural de las emociones* (2004) pone especial énfasis en el impacto de la afectividad en la construcción de comunidades y en los discursos que acompañan la formación de naciones. A partir de la emocionalidad, que integra el círculo de la familia primaria y extendida, la concepción de la nación apeló desde sus principios a un discurso de solidaridad, amor y fraternidad, destinado a cohesionar a los ciudadanos y a pulir las asperezas de la inherente heterogeneidad de sujetos, vertientes culturales y sujetos que la nación engloba. Siendo la emoción una práctica cultural, y no un epifenómeno psicológico, la afectividad se orienta hacia valores y prácticas reconocidos en la sociedad, regulados y administrados desde los discursos del poder. Pero de la misma manera que el factor emocional sirve para unir y cohesionar cuerpos y mentes en torno al proyecto nacional, también es el elemento que cataliza odios y rechazos del *otro*, cuando este es percibido, emocionalmente, como amenaza a la *mismidad* nacionalista.

De este modo, la inclusión o exclusión de sujetos es parte del proceso de emocionalización del proyecto social. Dado que las emociones producen tal impacto político-ideológico, no es sorprendente que sea un campo en constante proceso de manipulación, sometido a múltiples «usos» y adaptado a diversas agendas. No hay actividad de los cuerpos que no involucre a la afectividad, en menor o mayor medida, de modo evidente o imperceptible. El nivel corporal y el emocional son inseparables y convergentes en la creación de realidades políticas, que a su vez influyen en la construcción de subjetividades y en los procesos de producción, institucionalización e implementación de políticas públicas.

Cuerpo, saber y verdad

En la reflexión de los filósofos presocráticos, el origen del cuerpo es pensado como resultado de la combinación de elementos: agua, tierra, fuego y aire. En la obra de Platón, sobre todo en el *Timeo o de la Naturaleza*, surge la idea de que Dios habría creado el cuerpo como unión de los cuatro elementos, pero dotándolo de la capacidad sensorial y del alma, que daría sentido y unidad a su creación. Tal interpretación no solo introduce la intervención divina como *verdad del ser*, sino que unifica y completa la visión presocrática, abriéndose a otro tema de fundamental importancia: la relación entre los individuos y el tema de la alteridad. Para la reflexión de la época, el cuerpo es concebido como extensión espacial, como un territorio o plano que tiene sus límites y su superficie. Asimismo, el cuerpo es visto como medio o instrumento que permite la relación del individuo: es la mediación entre la interioridad y el mundo, entre mundo interior y mundo compartido. Algunas concepciones religiosas considerarán lo corporal como un obstáculo para alcanzar a la divinidad, como una prisión para el alma. En otros casos, el cuerpo será el templo en el que la obra de Dios se revela en plenitud.

El tema de la verdad, lo que el cuerpo *significa*, lo que el cuerpo *sabe*, lo que se sabe sobre el cuerpo y las formas en las que se controla y utiliza ese saber han ocupado la reflexión filosófica desde sus orígenes. La visión platónica entiende el cuerpo como la materialización del alma y como su celda. El alma impone deseos y pasiones que el cuerpo debe atender, regular y administrar. Al mismo tiempo, el alma forma parte de una distribución tripartita, cuya función consiste en unir cuerpo y mente, incorporando valores y sentimientos elevados que permitan superar la dicotomía entre la búsqueda del placer, las necesidades primarias de lo corporal y la inclinación intelectual e idealista de la mente.

Guiado por el alma, el cuerpo debe seguir procesos de reflexión y purificación que lo ayuden a resistir las tentaciones del mundo, que degradan y desvían su curso. La finitud del cuerpo es un recordatorio permanente de la banalidad de lo sensible y de la naturaleza vulnerable de la carne. La superioridad del alma viene de su infinitud, ya que ella, anterior a la encarnación corporal, es poseedora de saberes a los que la dimensión humana no puede acceder más que de manera limitada. Tal como alegoriza el «mito de la caverna», en libro VII de la *República*, el mundo exterior es apenas una sombra disminuida del mundo ideal que el sujeto, encadenado a lo terrestre, solo puede vislumbrar por medio de la elevación y la contemplación interior. Aristóteles, por su parte, incorpora la racionalidad como elemento fundamental de lo humano. Para Aristóteles, la experiencia es la base del conocimiento; los datos sensoriales son elaborados por la razón, la cual, a través de la inducción, se dirige desde lo empírico hasta lo universal. El *hábito* es, para este filósofo, el secreto de la virtud, ya que permite, a través de la repetición, adquirir conductas positivas y perfeccionarlas.

Comparada con la obra de los presocráticos, la de Aristóteles demuestra un conocimiento mucho más desarrollado sobre el cuerpo humano desde varios puntos de vista: orgánico, morfológico, embriológico y fisiológico, dando lugar así a los inicios de lo que luego sería la ciencia biológica. Su diferenciación entre ser en potencia y ser en acto, entre causa y efecto, entre materia y forma, se complementa con la atención que presta al cambio y al movimiento como elementos dinámicos, a los que asocia con el desarrollo mismo de la vida. Aristóteles realiza, asimismo, trabajos de anatomía comparada, establece puentes imprescindibles entre las especies, sus constantes y diferenciaciones y entiende la vida en un sentido amplio y comprensivo.

En los textos homéricos se encuentran detalladas descripciones anatómicas que demuestran un conocimiento e interés en el cuerpo humano, en sus capacidades y limitaciones. Tal precisión se integra en lo poético, ya que el cuerpo, como realidad inmediata al que ejerce

5. Cuerpo, saber y verdad

la creatividad literaria, escultórica, pictórica, etc., es una fuente inagotable de interrogantes y respuestas, misterios y desafíos. Cambio y finitud son los dos rasgos de lo humano que más se indagan a través de las artes y la filosofía. El cuerpo es enfocado como un microcosmos en el que se registran *in nuce* procesos universales: ciclos, variaciones, diferencias y similitudes, modos de funcionamiento, crisis y expiración de la vida. Conceptos como *thymós* (vida afectiva), *phrēn* (entendimiento) y *nóos* (visualidad) designan de manera laxa y a veces superpuesta aspectos de la corporalidad y de las capacidades humanas. Lo cierto es que la cultura griega, como testimonian su filosofía, su literatura y sus artes, tuvo una orientación *somatocéntrica* en la que los conceptos de salud, belleza, excelencia moral y valentía eran parte de los atributos corporales (tanto físicos como morales y espirituales). Como señala Pedro Laín Entralgo, los griegos producen conceptos fundacionales en el campo de los estudios sobre el cuerpo, la racionalidad y los atributos morales, que se proyectan en los siglos posteriores.

El término *phýsis*, sustantivo derivado del verbo *phyeō*, nacer, brotar o crecer —como *natura*, en latín, se derivará de *nascor*—, aparece por vez primera en la *Odisea*, cuando Ulises cuenta el modo como Hermes le enseñó a librarse de los encantamientos de Circe; el remedio para evitarlos era una planta *(móly)* cuya *phýsis*, dice Ulises, le mostró el dios: blanca la flor, negra la raíz y difícil de arrancar para un mortal (*Od.* X, 303). En un contexto todavía informado por la mentalidad mágica, el poeta da el nombre de *phýsis* a la condición de una planta (algo que nace y crece), simultáneamente caracterizada por su aspecto (flor, raíz) y por su virtualidad operativa (la virtud de preservar de un encantamiento). Pues bien: al cabo de dos siglos, a esa palabra recurrirán los filósofos presocráticos para designar el principio y el fundamento de todo lo real. (Laín Entralgo, 1987, cap. II, apartado II.A)

Ante la realidad de la finitud corporal y de sus limitaciones sensoriales, *la verdad* debe ser situada, para los griegos, más bien en aquello que perdura: en los atributos y la potencia del alma y en las fuerzas morales que guían los comportamientos de la polis, la cual supera la

89

contingencia humana. La verdad se orienta hacia los aspectos de la vida que conducen a la purificación, noción que se encontrará también, con variantes de importancia, en la cosmovisión cristiana, en la que el sacrificio del cuerpo es una forma de elevación y encuentro con el secreto de la creación. De ahí los autocastigos, penitencias, martirios y votos de austeridad que van pautando el desarrollo religioso e ideológico de la cristiandad a lo largo de siglos. Asimismo, la función disciplinaria se acentúa, sumando a la doctrina la vigilancia inquisitorial, en la que el cuerpo es el destinatario de los procedimientos que controlan su sometimiento al dogma y a las prácticas ritualizadas de la obediencia y la veneración. El cuerpo es educado, catequizado, disciplinado y sometido. Al mismo tiempo, es explotado y reducido a la condición de lastre terrenal destinado a purgar el pecado original. Las jerarquías sociales e institucionales crean formas diferenciadas de dominación por la fe que se revelan en el tratamiento del cuerpo, el boato, la satisfacción de apetitos y la voluntad de poder.

El tratamiento del cuerpo siempre ha sido, a través de las épocas, diferencial, y se ha implementado según criterios de raza, clase, género, procedencia, edad, creencia y otros factores, es decir, se encuentra sometido a «regímenes de verdad»: criterios, valores y formas de demostración que tienden a explicar lo real a partir de distintas aproximaciones y que son capaces de someter a juicio conductas y disposiciones que rigen *lo social*.

En el siglo XX, y sobre la base de las importantes aportaciones de Kant, Husserl y otros filósofos, se irá replanteando el tema de la verdad del / sobre el cuerpo desde perspectivas variadas. El existencialismo, la fenomenología y los estudios feministas —que incorporan el deconstructivismo y las aproximaciones posestructuralistas— serán las corrientes a partir de las cuales se revisará radicalmente el problema del Ser en relación con los temas del conocimiento, la corporalidad, el tiempo y la libertad.

Para una corriente de la reflexión filosófica «la verdad del cuerpo» estriba en su fisicalidad, es decir, en la serie de interacciones químicas y rasgos biológicos que lo constituyen como organismo, incluyendo la dimensión psicológica y relacional. El cuerpo visto como mecanismo psicobiológico se presta a la experimentación y a la aplicación de lógicas de causa-efecto que se analizan para explicar reacciones y perturbaciones orgánicas. Esta es una matriz interpretativa que materializa el objeto para llegar a su «verdad» interior. Otra vertiente la constituye el aspecto cognitivo, que, sin ignorar la base física de la corporalidad, incorpora también elementos de conducta y psicología, resistiendo la idea de que la materialidad corporal puede ser reducida exclusivamente a fórmulas y datos concretos. Desde esta posición, «la verdad» del cuerpo» involucra asimismo acciones simbólicas y comunicativas de carácter psicosocial que otorgan a la corporeidad su significado real y simbólico.

Para Edmund Husserl, fundador de la fenomenología trascendental, la conciencia está marcada por la intencionalidad, es decir, todas las vivencias se refieren necesariamente a objetos del mundo. Desde su perspectiva, «la verdad del cuerpo» no se basa en su naturaleza empírica, sino en su condición de «cuerpo vivido», es decir, en las interacciones y en la interiorización de experiencias que permiten penetrar en la relación cuerpo-mente y en la comprensión de la posición que el cuerpo ocupa en el espacio-tiempo en que se mueve. El paso del cuerpo como *objeto* de conocimiento al cuerpo como *sujeto* de acción social deja atrás el mecanicismo cartesiano e incorpora elementos del medio, el contexto cultural, las convenciones y la espacialidad. Estos aspectos son esenciales para el análisis del cuerpo como centro de vivencias y formas de conciencia social. De este modo, el cuerpo ya no será visto desde una perspectiva solipsista, como ente autocontenido y autosuficiente, sino desde un punto de vista relacional: todo cuerpo es un cuerpo situado.

La noción de «cuerpo vivido» será continuada y desarrollada por la influyente teorización de Maurice Merleau-Ponty. Este filósofo considera que el cuerpo no es, como pretende el empirismo, un mero receptor pasivo de datos sensoriales, sino un ente que *siente* (noción que implica el sentimiento como capacidad diferente de la percepción y el pensamiento). Por lo mismo, el cuerpo no puede pensarse fuera de su espacio existencial. Siempre enfrentado a ese *sentir el mundo*, el cuerpo se abre hacia él como sistema de estímulos y relaciones. Ese sería el «cuerpo vivido» o «cuerpo fenomenológico». Según Carol Bigwood, esta concepción de lo corporal, esta *encarnadura* fenomenológica, permitirá a la teoría feminista «renaturalizar» el cuerpo. Para Merleau-Ponty, por su valorización de la experiencia, el cuerpo ya no es concebido como materia pasiva, sino como sistema atento al medio, interactuante, condición que permite articular aspectos naturales y culturales, integrar en la experiencia relaciones intersubjetivas y adscripciones espacio-temporales.[1]

Tales posicionamientos iluminan desde distintos ángulos «la verdad» del cuerpo. En muchos casos, las concepciones sobre este punto se encuentran infusas en el desarrollo filosófico, aunque no sean un aspecto central en esas reflexiones. Y es que resulta casi imposible un pensamiento metafísico o epistemológico, ontológico o cognitivo que no incida, de alguna manera, sobre el tema de la corporalidad para la elaboración de ideas sobre el ser y la existencia, la noción de temporalidad y la construcción de los conceptos de experiencia y de mundo.

La obra mayor de Martin Heidegger, *Ser y tiempo* (1927), constituye sin duda uno de los hitos del pensamiento occidental, pero sus referencias a la cuestión corporal son escasas y, según se le criticaría desde la filosofía francesa, insuficientes para establecer la importancia crucial de la materialidad del sujeto como punto de apoyo para una teoría del conocimiento y aun para consideraciones metafísicas. Sin un estudio sobre la percepción, aspecto establecido ya desde los griegos y fundamental en el cartesianismo y en las especulaciones kantianas, es imposible entender el contacto del ser humano con el mundo y analizar ontológicamente las condiciones de su existencia. En contra de lo que Derrida denominaría «la metafísica de la presencia», de origen cartesiano, se afirmaba hasta entonces la noción de que todo lo existente, del reino animal, vegetal o mineral, existe como sustancia, es decir, como algo que resiste al cambio y que constituye el *ser* en cuanto permanencia de cualidades, a pesar de las transformaciones que soportan a lo largo del tiempo. Para Heidegger, contrariamente, el *ser-ahí (Dasein)* del sujeto es lo que lo define, es decir, su autocom-

---

1. Cf. Bigwood, 1998, particularmente pp. 104-111.

prensión o conciencia de sí. Con la noción de *Dasein* Heidegger no se refiere ni a un sujeto ni a un cuerpo concretos, sino a un «espacio de inteligibilidad» desde el cual el mundo se hace presente. El ser humano no es sustancia, sino actividad, praxis (Escudero, 2011, p. 185).

El ser se define, así, por su apertura *(da)* al ser *(sein)*, es decir, por las condiciones que lo preceden y que determinan la experiencia del cuerpo en relación con todo lo que lo rodea. Para Heidegger, el *ser* es un ente eminentemente relacional y existencial, cuyo *ser* o *estar-en-el-mundo* lo define ontológicamente. Los entes concretos no son trabajo de la filosofía, porque las cosas concretas conducen a formas de vida inauténtica y apartan al ser de la verdadera comprensión de su existencia. Esta es eminentemente temporal, marcada por las transformaciones impuestas por el tiempo y por la progresión hacia la muerte.

Según ha anotado Jesús Adrián Escudero, los *Seminarios de Zollikon*, dictados por Heidegger entre 1959 y 1969, enfocan la cuestión corporal como una dimensión que las ciencias biomédicas seguían manejando en su época aún desde una perspectiva cartesiana. Heidegger insiste en la idea de que lo somático es mucho más abierto y se dirige al mundo, ya que las interconexiones del sujeto con el medio son fundamentales; sin embargo, rechaza toda manifestación de mecanicismo. Para el filósofo «no tenemos un cuerpo, antes bien "somos" somáticos». La relación con el cuerpo no es de posesión o apropiación: no *tenemos un cuerpo* como quien lleva una navaja en el bolsillo; «vivimos en la medida en que corporalizamos». Es un error, por tanto, identificar soma y cuerpo. La piel sería el límite del cuerpo, mientras que el soma se proyecta a través de gestos y movimientos; por tanto, entre ambos existe una diferencia cualitativa (Escudero, 2011, pp. 184-186). Distinguiendo entre cuerpo y soma indica este crítico:

> El límite somático —esto es, el horizonte constituido por la percepción y el gesto— está cambiando constantemente en cuanto corporalizamos *(leiben)*, en cuanto nos movemos en situaciones de la vida diaria, mientras que el límite corporal permanece siempre el mismo. El movimiento y

el gesto del soma producen un cambio constante de nuestro horizonte práctico de acción. (Escudero, 2011, p. 187)

Según señala Jean-Paul Sartre en *El ser y la nada* (1943), la obra máxima de Heidegger debió haber incluido un mayor desarrollo en el tratamiento del cuerpo. Sin embargo, existen reflexiones del filósofo alemán sobre la expresión física de las emociones, tema que Sartre trabajaría particularmente. Heidegger se refiere, por ejemplo, a las lágrimas y el rubor, manifestaciones que considera pertenecientes a una categoría indefinida —ni física ni psíquica— que revela y materializa «la verdad del cuerpo». Parte de esa verdad es la esencial *ambigüedad* de lo corpóreo, que impide toda conclusión contundente acerca de la naturaleza y las condiciones de la parte visible del ser (Yáñez, 2020, pp. 136-138).[2] Heidegger reconoce que el cuerpo tiene la capacidad de expresarse a través de la gestualidad, que no solo nos comunica con el mundo, sino que expresa nuestra intencionalidad haciendo que el cuerpo sea legible, interpelador, ya que exige respuestas del otro. A pesar de estas consideraciones, Sartre, y también la teoría feminista, reprocharán a Heidegger que no se interesara en producir un conocimiento más amplio del cuerpo, capaz de dar cuenta, por ejemplo, de la sexualidad, porque la noción de *ser (Dasein)* en el filósofo alemán es neutra, anterior a la distinción sexual.

En cuanto al problema de la verdad, Heidegger se ocupa de ese tema en *De la esencia de la verdad* (1931-1932), donde atribuye tres razones por las cuales la verdad del ser puede no hacerse evidente. La primera, por los malentendidos que introduce el hablar cotidiano, el uso diario del lenguaje y las habladurías que este hace posibles; en segundo lugar, la verdad del ser puede no haber sido aún descubierta; y, en tercer lugar, es posible que, aun siendo conocida, la verdad haya sido nuevamente sepultada y permanezca oculta para nosotros. Para Heidegger, entonces, la verdad no es algo existente *a priori* que deba

2. En Sartre, las nociones de *«ser en-sí», «ser para-sí»* y *«ser en-situación»* derivan de la concepción heideggeriana del *Dasein.* El cuerpo tiene, para Sartre, una naturaleza contingente, que nos vincula directamente al entorno y a nosotros mismos.

ser desentrañado de una vez para siempre, sino un proceso constante
que exige un desocultamiento y una revelación permanentes, es decir,
un trabajo incesante de reflexión y análisis filosófico.[3]

A partir de Heidegger, Merleau-Ponty, en su *Fenomenología de la
percepción* (1945) realizará un abarcador estudio de la percepción, de
fuerte influencia en estudios posteriores. Para este filósofo, la familiaridad tácita del cuerpo con el entorno es lo que nos permite adaptarnos
al medio sin necesidad de que la conciencia medie entre ambos. Tal
conocimiento corporal es anterior a la conciencia y nos permite una
práctica interactiva no necesariamente deliberada.

En la Modernidad, la dependencia estrecha entre verdad y poder
se desarrolla en gran parte dentro del ámbitos de las instituciones, ma-
yormente de las de tipo científico, donde parece residir la posibilidad
más fidedigna de comprobación empírica. Asimismo, los vínculos que
guardan tales criterios con aspectos políticos y económicos resultan
innegables. Las certezas que tienen vigencia en cada época y en cada
sociedad son producidas y administradas a partir de los dispositivos
del poder, que diseminan y consolidan socialmente los criterios de
verdad desde las instituciones del Estado y desde el discurso científico,
político, económico, etc. Todo conocimiento se construye como un
edificio discursivo en el que se organizan hipótesis, premisas, argumentos, procesos demostrativos y conclusiones de acuerdo con los
lineamientos de la lógica, pero que nunca están desvinculados de
los valores e intereses dominantes. No existe una verdad «objetiva»
única o universal, ya que diversos regímenes de verdad coexisten con-
flictivamente en un momento y en lugar determinados. Aún en el caso
de las certezas más sólidas emanadas de la investigación, la manipulación o los usos de tales postulados tienen tanto impacto social como
la verdad misma. Cada sociedad, cada época, cada cultura, por no
decir cada sector social, o incluso cada individuo, tienen sus propias
formas de comprender la verdad y sus propios criterios para recono-
cerla, sancionar sus falacias y utilizar sus saberes. Todo conocimiento

---

3. Cf. al respecto «La verdad del cuerpo. Heidegger y la ambigüedad de lo corporal»
de Ángel Xolocotzi Yáñez (2020).

y toda verdad son construidos, contingentes y singulares, aunque solo adquieren sentido al ser compartidos y socializados. El cuerpo, como categoría, se inscribe en múltiples registros: económicos, políticos, médicos, etc., de los cuales emanan normas y criterios que se traducen en conductas, es decir, en formas de integración interpersonales y en las relaciones de individuos con instituciones y sistemas de pensamiento. En cada registro existen formas de verdad diferentes. La «verdad» científica del cuerpo no coincide con la religiosa, la «verdad» tiene en el psicoanálisis una fragilidad que no es posible en la aerodinámica, etc. Los cuerpos, como entidades complejas y cargadas de significación y simbolismos, adquieren un sentido que varía según los códigos disciplinarios que se les apliquen y las formas de verificación que en cada caso se consideren válidas y pertinentes. Ningún análisis de sangre puede revelar nuestro grado de religiosidad, ni la ciencia médica puede probar la inmortalidad del alma.

La sociedad de consumo produce «verdades» con el valor de mercancías destinadas a distintos tipos de público, con diversos alcances y grados de sofisticación. Mientras que anteriormente las necesidades debían ser satisfechas para asegurar la supervivencia, contemporáneamente deben ser *creadas* para provocar la demanda; «la verdad del deseo» es la que se despliega en el horizonte del consumidor creando una ansiedad de posesión ilimitada de la mercancía, cuya «verdad» consiste en la satisfacción transitoria de la ansiedad de posesión. La subjetividad es, en este sentido, abrumada por la interferencia constante de la mercancía real y simbólica que enfrenta al sujeto a una totalidad inabarcable, a la necesidad de desear y al deseo de necesitar para poder consumir «justificadamente». El cuerpo es receptor y productor de estas dinámicas, es el lugar en el que el mercado articula sus flujos materiales y simbólicos con miras a la reproducción infinita del capital.

Una forma divulgada de «verdad» se atribuye al mundo de la afectividad. Se considera que emociones, sentimientos, pasiones y deseos *dicen la verdad* sobre el sujeto, más que el pensamiento, que se expresa en ideas y discursos deliberadamente organizados. La verdad emocional se asocia a la espontaneidad de los afectos, la cual supuestamente canaliza una reacción directa del individuo respecto a los eventos que afectan el desarrollo de su cotidianeidad.

El individuo es alentado a escapar de la interioridad y a referirse al lenguaje de las emociones. El motivo del emotivismo es, entonces, «el *dictum* de que la verdad es captada a través del sentimiento, más que a través del juicio racional o el razonamiento abstracto». Estimula una ontología particular que reemplaza la máxima cartesiana «pienso, luego existo», con la emotiva «Siento, luego existo». Esta comprensión emotivista del yo da forma a los modos en que los individuos participan y se comunican en sociedad. (Nolan, 1998, p. 6, en Thrift, 2004, p. 66)

Se atribuye *verdad* a lo directo, no planificado y no mediatizado. De ahí que, como observan quienes estudian el impacto práctico de la emocionalidad, este aspecto es manipulado en muchos niveles, por ejemplo, por el discurso político, ya que ayuda a conferir credibilidad a la imagen pública de los candidatos a puestos de gobierno y a sus programas electorales.

Para Foucault será fundamental analizar el tema de la representación (*Las palabras y las cosas*, 1966) para comprender las condiciones culturales que condicionan los criterios de verdad y los cambios epistémicos correlativos. Similarmente, se ocupará de estudiar los vínculos que se establecen entre cuerpos, instituciones y estrategias de control de la corporalidad (*Vigilar y castigar*, 1975), así como la correlación entre el estudio de la corporeidad y el desarrollo histórico y científico (*Historia de la sexualidad*, 1976-2018). Asimismo, se preocupa por la indagación del valor emancipatorio de la razón en su lucha contra el poder, y de las formas de dominación poblacional (estudios sobre el poder, las formas jurídicas, la gubernamentalidad, la biopolítica) (*Defender la sociedad*, 1976).

Al referirse a los «regímenes de verdad», Foucault indica la importancia ideológica de los sistemas de dominación, que logran imponer modelos de cognición y de interpretación de la realidad y de la cultura, modos de ver y de representar lo que se considera «verdadero», articulaciones poderosas de saber / poder que, aunque pueden ser subvertidas, marcan los procesos de producción y transmisión del conocimiento. Según sostiene Foucault:

> Lo importante, creo, es que la verdad no está fuera del poder, ni sin poder [...]. Cada sociedad tiene su régimen de verdad, su «política general de la verdad»: es decir, los tipos de discursos que ella acoge y hace funcionar como verdaderos; los mecanismos y las instancias que permiten distinguir los enunciados verdaderos o falsos, la manera de sancionar unos y otros; las técnicas y los procedimientos que son valorizados para la obtención de la verdad; el estatuto de aquellos encargados de decir qué es lo que funciona como verdadero. (Foucault, 1978b, p. 187)

> Por «verdad» [debe] entender[se] un conjunto de procedimientos reglamentados por la producción, la ley, la repartición, la puesta en circulación y el funcionamiento de los enunciados. La «verdad» está ligada circularmente a los sistemas de poder que la producen y la mantienen, y a los efectos de poder que induce y que la acompañan. (Foucault, 1978b, p. 189)

En el cuerpo convergen lo íntimo y lo público, lo invisible y lo aparencial, lo sublime y lo grotesco, sin que ninguna ley regule esas formas de inconsistencia, que nos constituyen de manera variable e intermitente. Pero, sin duda, las interacciones entre corporalidad y emocionalidad siempre constituyeron uno de los focos de interés filosófico. Las huellas del dualismo mente-cuerpo y del mecanicismo han sido profundas en el pensamiento occidental, y reaparecen, bajo nuevas formas, en concepciones actuales de lo humano. Como ha señalado Linda Martín Alcoff:

> El cuerpo fue concebido ya como una máquina no sofisticada que absorbía datos sin interpretarlos, ya como un obstáculo para el conocimiento por la interferencia de emociones, sentimientos, necesidades, deseos, todos los cuales impedirían el logro de la verdad. Siempre se pensó que la verdadera acción epistemológica ocurría en la mente, la cual, si pudiera superar las distracciones del cuerpo y disciplinarse con el freno

de la razón, tendría por sí sola el potencial de lograr el conocimiento. (Martín Alcoff, 1996, p. 15)

Desde ciertas corrientes feministas se ha intentado rescatar como totalidad lo que esta autora ha llamado «la razón y sus otros», es decir, la conciencia y la lógica de nuestros actos, pero también la irracionalidad, los afectos, intuiciones, instintos y deseos. Si la noción de totalidad parece demasiado contundente, puede al menos pensarse en esos componentes como parte de un conjunto orgánico de tendencias, capacidades y atributos que el cuerpo posee e instrumentaliza. Con esto se avanza hacia el propósito de superar el binarismo mente-cuerpo sin perder contacto con la materialidad corporal ni renunciar a la razón o a la sexualidad (Martín Alcoff, 1996, pp. 17-18).

Le Breton señala que, modernamente, el cuerpo se considera un lugar de ruptura en el que se expresa la escisión entre naturaleza y cultura, materialidad y espíritu (o conciencia), entre carne e inmaterialidad. Por eso las intervenciones sobre lo corporal tienen siempre un carácter simbólico y constituyen un intento por penetrar una zona prohibida en la que reside el secreto de la vida. Las formas de representación corporal así lo manifiestan en los múltiples diseños que se han elaborado de la estructura física y de los secretos que esta aún guarda sobre sus formas de adaptabilidad y de funcionamiento.

El cuerpo plano de la anatomía considera a la carne solo por el material que la forma. Al llevar a la percepción a una especie de grado cero de lo simbólico, la imagen occidental del cuerpo contribuyó a volverlo enigmático. Como su evidencia anatómica y fisiológica no se corresponde con lo que el hombre puede experimentar de complejidad, se supone que el cuerpo encierra un misterio. (Le Breton, 1990, p. 170)

El cuerpo es considerado, alternativamente, como el lugar donde se aloja el enigma de la existencia y como algo que debe ser reconquistado, ya que se trata de un espacio de positividad y afirmación cósmica.

> La acción sobre el cuerpo se traduce en la voluntad de cubrir la distancia entre la carne y la conciencia, de borrar la alteridad inherente a la condición humana: la común, la de las insatisfacciones de lo cotidiano y también las otras, las de base, del inconsciente. El imaginario social convierte, entonces, al cuerpo, en el lugar posible de la transparencia, de lo positivo. (Le Breton, 1990, p. 170)

> El estilo dualista de la Modernidad está relacionado con el imperativo del hacer que lleva al sujeto a darse una forma como si fuese otro, convirtiendo a su cuerpo en un objeto al que hay que esculpir, mantener y personalizar. [...] En este imaginario el cuerpo es una superficie de proyección en la que se ordenan los fragmentos de un sentimiento de identidad personal, fraccionado por los ritmos sociales A través de un ordenamiento y de darle sentido a uno mismo, por intermedio de un cuerpo al que se disocia y se transforma en pantalla, el individuo actúa simbólicamente sobre el mundo que lo rodea. Busca su unidad como sujeto componiendo signos en los que busca producir su identidad y su reconocimiento social. (Le Breton, 1990, pp. 171-172)

La ética ha elaborado en las últimas décadas aspectos de la corporalidad, particularmente la iconicidad del rostro, entendido simbólicamente como el punto de contacto entre el yo y los otros, y como el indicio de una alteridad / alternatividad inabarcable que también nos integra, como parte constitutiva de nuestra conciencia individual y colectiva y como el desafío de concebir formas más igualitarias de socialización. Según Levinas, el cuerpo es la principal referencia identitaria y un testimonio irrefutable de la existencia propia y de la existencia del Otro.

Cuerpo y diferencia

Sería imposible concebir la identidad humana sin cuerpo, cualquiera que sea la relación que se establezca entre corporalidad y conciencia y la interpretación que se haga de datos vinculados a la apariencia, la etnicidad, la clase, el género, la capacidad física o cualquier otra marca corporal considerada de carácter identitario. Desde la etapa del espejo, en la que el niño se reconoce en el *otro* (identidad y ajenidad combinadas en la imagen simétrica), el cuerpo, y sobre todo la imagen que tenemos de él, acompaña todas nuestras incursiones en el mundo, tanto en el que nos rodea como en la interioridad, que podemos captar o intuir introspectivamente. Junto con la identidad, a la par de esta, la construcción de alteridad, guiada por elementos perceptivos, cognitivos y por convenciones socioculturales, es parte de la concepción de la persona como totalidad integrada. La *otredad* o *alteridad* son consideradas el *afuera constitutivo* de la mismidad del sujeto: aquello que el sujeto *no es*, y que, por lo tanto, permite definir sus rasgos distintivos, en los cuales el sujeto se reconoce a sí mismo y es reconocido por los demás.

La construcción de identidad es un proceso particularmente complejo, que involucra no solo la conciencia de sí mismo sino redes de relación social, convenciones, modelos, prejuicios, valores, paradigmas, normas y transgresiones. Asimismo, el convergente desarrollo de la idea de otredad y su materialización en un tipo humano (una corporalidad, una condición cultural, una lengua, religión, procedencia, género, forma de sexualidad, clase, carácter, o cualquier otra consideración) implican a su vez la articulación de mecanismos ideológicos, emocionales, políticos, etc., que frecuentemente funcionan por debajo del nivel de la conciencia, pero que condicionan respuestas y valoraciones hacia aquel que existe fuera de nosotros y al que asociamos con los conceptos de ajenidad, extranjería, forasterismo y exterioridad. El cuerpo es un factor primario en estos procesos de apropiación o desapropiación del sujeto que, frente / junto al yo, constituye su contraparte física, mental y existencial.

El peso de las convenciones sociales, muchas de ellas de largo arraigo en la historia cultural, es potente y funciona por interiorización, hasta el punto de que es difícil distinguirlo como elemento exógeno a la hora de emitir juicios o valoraciones sobre el / lo otro. Se trata de la inconmensurabilidad de la otredad: de que *el que no soy yo* se halla en una zona oscura, inalcanzable, a pesar de la intimidad que pueda existir en el trato, por razones de parentesco, socialización o debido a las múltiples formas de comunicación que se ponen en práctica para acortar la distancia que nos separa de la alteridad y aprehender algo de lo que oculta. No se trata de idealizar, hipertrofiar, demonizar o romantizar la posicionalidad existencial que el mundo me presenta («el infierno son los otros»), sino de aceptar las limitaciones de la cognición y de la intuición personal, cuando se trata de llegar, cognitivamente, al resguardo individual de quien, frente a nosotros, desafía con su mera presencia nuestro espacio afectivo e intelectual.

Los procesos de construcción de la *diferencia* tienen en el cuerpo el espacio primario de registro de rasgos que, metonímicamente, se consideran indicios de una totalidad. Se trata de elementos exteriores (de superficie), como color de la piel, detalles de la fisonomía, acentos, atuendos, adornos, gestos, etc., los cuales supuestamente revelan —por no decir «denuncian»— al sujeto a quien, desde esta base empírica, se atribuyen condiciones referidas a su personalidad, principios morales, costumbres o capacidades que se manifiestan a partir de esa codificación corporal.

Al hablar de las *diferencias* entre los *cuerpos*, el aspecto que sobresale entre las construcciones problemáticas propias del tema es la cuestión racial. La constatación de diferencias morfológicas de piel, cabello, formas del cráneo, etc., que se han observado en estudios comparativos entre seres humanos, ha dado lugar a múltiples elaboraciones *ideológicas* que han impulsado formas de falsa conciencia utilizadas en los procesos de jerarquización de razas. A partir de estos elementos, desde la Antigüedad griega (Hipócrates) hasta la Modernidad, pasando por los pensadores y científicos de la Ilustración (por ejemplo, Voltaire) y por filósofos como Kant, Hegel y Schopenhauer, se reelaboró de múltiples maneras la teoría de que existía una correspondencia entre los rasgos físicos y las aptitudes, comportamientos y grados de inteligencia que se atribuían a los individuos. Se desarrolló también la creencia de que los diversos climas daban como resultado seres superiores o inferiores, de atributos bien diferenciados. La teoría de que algunas razas son inferiores a otras nutrió, como se sabe, los intereses del colonialismo y aún de las repúblicas, en las cuales se continuó con la explotación y marginación de grandes sectores de la población en beneficio de las minorías blancas o criollas. Con variaciones, formas de lo que fue llamado «racismo científico» —por basarse, supuestamente, en experimentos, mediciones y datos empíricos— rigieron hasta la Segunda Guerra Mundial, después de la cual estas teorías cayeron en desuso y fueron desprestigiadas. En 1950 la UNESCO declaró:

> Es necesario establecer una distinción entre la raza como hecho biológico y la raza como mito. A decir verdad, la raza es más un mito social que un fenómeno biológico, y un mito responsable de grandes daños en el terreno humano y social. No hace mucho que este mito ha percibido un tributo muy elevado en vidas humanas y ha sido responsable de innumerables padecimientos. Impide el desarrollo normal de millones de seres humanos y priva a la civilización de la cooperación eficaz de las mentes creadoras. Nadie puede prevalerse de las diferencias biológicas entre grupos étnicos para justificar el ostracismo y tomar medidas de orden colectivo. Lo esencial es la unidad de la humanidad, tanto desde el punto de vista social como desde el biológico. Reconocer este hecho y regir en consecuencia la propia conducta es el deber principal del hombre moderno. (UNESCO, 1950, p. 8)

Hoy en día se considera que, como en el caso del género, la cuestión racial es una construcción sociopolítica que respondió a intereses económicos y de control social y político en contextos de dominación imperial y neocolonial. La supuestamente objetiva «lectura» de los cuerpos, sin embargo, permanece subsumida en las redes y en los imaginarios colectivos, y el sistema clasificatorio y valorativo derivado de aquellas estrategias de ordenamiento social continúa hasta el presente, llegando a radicalizarse en situaciones migratorias. Sin duda, la cuestión racial, al estar tan arraigada en la memoria colectiva y en las prácticas sociales y políticas, sigue siendo uno de los elementos identitarios que definen el lugar del sujeto y las formas de (auto) reconocimiento social.

Linda Martín Alcoff ha abordado el tema de las identidades a partir de sus rasgos visibles, es decir, de los elementos que permiten detectar la procedencia de raza y género que pueden hacer al sujeto particularmente vulnerable en determinadas situaciones y contextos sociales. En ese sentido, la autora señala en *Visible Identities* (2005) el efecto supuestamente pernicioso de la *diferencia*, comúnmente vista como una amenaza para las alianzas, la unidad social y el entendimiento mutuo. Aunque para algunos la diferencia (de identidades culturales o nacionales, por ejemplo) es algo que tuvo relevancia en el pasado (esclavitud, colonialismo, luchas territoriales con países limítrofes, etc.), es obvio (como lo demuestran las actuales prácticas antimigratorias) que se trata de un problema vigente que tiene en el cuerpo su plataforma primaria. Principalmente en el caso de las marcas de género y raza, su inscripción en el cuerpo hace que elementos que han constituido tradicionalmente la identidad del sujeto sean inocultables, y que este sea percibido y automáticamente clasificado en razón de su diferencia con respecto al paradigma dominante blanco / masculino / heterosexual. Las marcas de procedencia cultural o nacional, de clase, etc., pasan más inadvertidas y constituyen, por lo tanto, indicios secundarios con respecto a los anteriores.

Ha sido observado que la atención a la diferencia se intensifica en la Posmodernidad, cuando de forma correlativa al debilitamiento de la noción esencialista de identidad se toma conciencia de la importancia de alteridades culturales, políticas, religiosas, etc., que ocupaban lugares subalternos, marginales o periféricos en el espacio de la Modernidad. Elementos de oralidad y *performance* han adquirido relevancia como resultado de la reacción contra el euro / logo / centrismo y el predominio de la cultura letrada, que invisibilizó a amplios sectores por medio de exclusiones, prejuicios y jerarquizaciones. En este caso, se trata de diferencias culturales que hegemonizan ciertos registros de expresión, comunicación y autorrepresentación cultural en desmedro de otros.

Se considera, por definición, que en la Modernidad la esfera pública constituyó el dominio de las relaciones de poder, comunicación e interacciones colectivas, y la esfera privada, el espacio de la intimidad, lo doméstico, familiar, afectivo y corporal. A pesar de las obvias interacciones entre ambas, las relaciones de exclusión y las asimetrías de poder han sido, en este nivel, innegables, constituyendo espacios de poder y de compartimentación de sujetos. Muchos de los contenidos de la esfera privada han sido tradicionalmente cooptados por la esfera pública, como las memorias y los afectos, que al integrar el nivel de lo colectivo pasan por los filtros de la historia oficial, los procesos de institucionalización, los discursos del poder, las narrativas históricas dominantes, los hábitos y las regulaciones del sentimiento, los valores nacionalistas, las conductas, prescripciones y usos sociales.

El cuerpo es un dispositivo dúctil y adaptable, y funciona de maneras distintas en espacios diversos, asumiendo formas de relación, lenguajes, posiciones y actitudes diferentes, según se trate de su funcionamiento público o privado. Públicamente, el cuerpo está adiestrado para mimetizarse en los espacios colectivos, asumir comportamientos normativizados, aceptar convenciones y reglas de comportamiento. En el ámbito privado tales regulaciones se distienden, dando lugar a otras formas de expresión que, sin embargo, tampoco son ajenas a los hábitos a los que son sometidos los cuerpos según la clase, el género y la etnicidad. El cuerpo es, en este sentido, adiestrable, e incorpora como reflejos propios los comportamientos en los que ha sido entrenado.

Pero la socialización expone los cuerpos y las subjetividades a los constantes desafíos de lo nuevo bajo la forma de experiencias, situaciones, eventos y sujetos que interfieren con los hábitos establecidos y requieren nuevas respuestas. Ante la llegada del / lo otro, el cuerpo demuestra su capacidad para instalar la *diferencia* en la identidad, absorbiendo lo distinto y asimilándolo dentro de sus propios parámetros. Hasta cierto punto, siempre se considera que *el otro* contamina el espacio preservado de lo que consideramos *propio* con la materialidad irrenunciable de su diferencia: su materialidad, su piel, su voz, su apariencia, sus rasgos, comportamientos, sonidos y presencia. El desafío es flexibilizar los límites de la identidad para admitir esta heterogeneización, que reconoce en el otro su propio derecho de *ser y estar* en sociedad, es decir, de inscribir su propio cuerpo en el espacio común, instalando así la dialéctica entre diferencia e identidad. No obstante, ante la diferencia, el sujeto individual y colectivo generalmente trata de fortalecer sus defensas, colocándose en un estado de alerta ante la posibilidad de verse desestabilizado por la otredad que penetra los espacios del yo y/o del nosotros.

Las formas socioculturales de registrar y construir la *diferencia* se vinculan así con los procesos de otrificación o alterización, es decir, de producción del *Otro* como alternativa al Yo, como su contraparte, su complemento o su antagonista. Las perspectivas sobre este tema van desde las de orientación filosófica (ontológica, ética) hasta las que tienen que ver con la raza, la etnicidad, el género, la nacionalidad, etc. Cualquier criterio puede ser utilizado, en distintos contextos, para establecer parámetros de clasificación y exclusión de *lo otro*. Políticamente, la conceptualización de la otredad conduce a enfrentamientos, demonizaciones y agresiones. A nivel moral, fórmulas binarias, como bien y mal, han servido para la atribución de *valor* a sujetos, proyectos, espacios, culturas, costumbres, religiones, etc., con extensas consecuencias sociales. La *diferencia*, es decir, la visión del otro como opuesto al o incompatible con el sujeto, con frecuencia es acompañada de fuertes cargas emocionales. Este es obviamente un tema prominente en los estudios antropológicos que analizan el modo en que las diferencias culturales constituyen formas alternativas a las dominantes en cuanto a historicidad, posicionamientos epistémicos, tradiciones y proyectos colectivos.[1]

---

1. He desarrollado más estos temas en «Domesticar al Otro: notas sobre otredad y representación» (Moraña, 2014c).

6. Cuerpo y diferencia

En muchos escenarios, la diferencia es conceptualizada como disrupción, es decir, como una alteración que se introduce en el orden sistémico, desestabilizando los acuerdos implícitos que lo rigen, fundados en afinidades y consensos. Posiciones individualistas, afirmadas en el peso de la singularidad y/o la excepcionalidad de *lo propio* y en las continuidades que pueden establecerse desde esta base hacia grupos o sectores mayores, dan lugar a políticas de exclusión que reafirman binarismos reduccionistas, los cuales a su vez radicalizan el conflicto social.

Jacques Derrida realizó una importante contribución al desentrañar las formas frecuentemente disimuladas de la dominación y los procesos jerárquicos que se esconden tras los binarismos occidentales de género, raza, clase, etc., enfatizando la inmensa zona de intercambios, hibridaciones, interacciones, mezclas y variaciones que tienen lugar entre los términos tradicionalmente opuestos y considerados irreconciliables. Hombre / mujer, blanco / negro, individual / colectivo, arriba / abajo, dentro / fuera no son formas de lo real, sino criterios simplificadores sobreimpuestos a manifestaciones complejas, cuyos matices son sacrificados por esos dualismos, facilitando un manejo *ideológico* de situaciones simplificadas en fórmulas oposicionales. Derrida enfatiza la relación entre presencia y ausencia en el proceso de producción de significados, explicando que en la relación entre ambos términos el sentido es constituido y aprehendido racionalmente. Así, la identidad incluye rasgos ausentes (lo que no soy) que dan sentido a la presencia de aquellas características que me constituyen. Sin la noción de ausencia la presencia no tendría sentido, no podría ser contrastada con su afuera constitutivo. Esa es justamente la delimitación de *mi* cuerpo, *mi* espacio existencial, *mi* conciencia, cuyos límites permiten constituir a su vez el cuerpo, el espacio y la conciencia del otro. De ahí la noción de *diferir* (que es parte del concepto de *différance* en Derrida); el sentido nunca está *realmente presente*, sino que va siendo construido en el proceso de referencia a *lo otro*, es decir, a los significantes ausentes que darán sentido a lo presente. Esta «metafísica de la presencia» privilegia la oralidad sobre la escritura, porque la primera supone un sujeto presente, origen del discurso y en su proyección comunicativa hacia el que lo recibe, siendo todos estos elementos constitutivos de la transmisión de significados. De ahí que en Derrida la voz tenga prioridad sobre lo escrito. En este sentido, para Derrida, la *diferencia* no apunta al nivel conceptual, sino al del movimiento: implica *diferir*, retardar, dejar para después, desplazar, aplazar. Para Derrida, la diferencia no es un *concepto* sino un elemento que siempre nos lleva *a otra parte*, dando lugar a una proliferación de deslizamientos y diferimientos del significado.

Desde la perspectiva feminista, Judith Butler abordó, particularmente en *Cuerpos que importan: Sobre los límites materiales y discursivos del «sexo»* (1993), las distintas formas y grados en que los procesos de exclusión social marcan los cuerpos, sus procesos de (auto)reconocimiento social y de construcción de identidades y otredades. Siendo su foco original la materialidad corporal, la autora comprueba que el cuerpo está siempre moviéndose, real y simbólicamente, más allá de sí mismo, de modo que captar su materialidad implica adentrarse en su intrincada relacionalidad: «Los cuerpos no solo tienden a indicar un mundo que está más allá de ellos mismos; ese movimiento que supera sus propios límites, un movimiento fronterizo en sí mismo, parece ser imprescindible para establecer lo que los cuerpos "son"» (Butler, 1993, p. 11). Su estudio aborda, entonces, la relación entre los cuerpos, así como la conceptualización de la *diferencia* y el reconocimiento social. El hecho de que algunos cuerpos pasen por situaciones de «desidentificación», es decir, de exclusión por razones de sexualidad, raza, edad, etc., llama la atención sobre el tema de la materialidad de los cuerpos y sobre los modos de utilización de lo corporal como dispositivo a partir del cual las estrategias del poder se diseminan e implementan socioculturalmente, con importantes consecuencias en la construcción de agendas políticas y movilizaciones por la justicia y la igualdad. Butler explora el modo en que la hegemonía heterosexual ha marcado los cuerpos al imponer modelos rígidos de diferenciación de sexo y de género. Al hacerlo, la autora expande su argumento sobre el modo en que funciona la performatividad —noción ya presentada en *Cuerpos que importan*— en los discursos y prácticas del género. Entendiendo que «la materialidad del sexo se construye a través de la repetición ritualizada de normas» (Butler,

1993, p. 13), Butler desbroza el concepto mismo de materialidad y las implicaciones de la noción de *construcción*, intentando responder a los siguientes interrogantes:

> Por cierto, los cuerpos viven y mueren; comen y duermen; sienten dolor y placer; soportan la enfermedad y la violencia y uno podría proclamar escépticamente que estos «hechos» no pueden descartarse como una mera construcción. Seguramente debe haber algún tipo de necesidad que acompañe a estas experiencias primarias e irrefutables. Y seguramente la hay. Pero su carácter irrefutable en modo alguno implica qué significaría afirmarlas ni a través de qué medios discursivos. Además, ¿por qué lo construido se entiende como artificial y prescindible? (Butler, 1993, p. 13)

> ¿Cuáles son las fuerzas que hacen que los cuerpos se materialicen como «sexuados» y cómo debemos entender la «materia» del sexo y, de manera más general, la de los cuerpos, como la circunscripción repetida y violenta de la inteligibilidad cultural? ¿Qué cuerpos llegan a importar? ¿Y por qué? (Butler, 1993, p. 14)

Los discursos de legitimación de las relaciones de poder siempre aluden, de una manera u otra, al hecho de que esta construcción de identidades y diferencias simplemente retoma las distinciones *dadas*, que están en lo real y forman parte de *lo natural*, atribuyendo a este dominio una lógica inapelable. En efecto, la naturaleza es asociada con un orden de «sabiduría» precultural («la naturaleza sabe lo que hace»), o con un orden moral (actos considerados «contra natura»). Considerada cercana representante de la naturaleza, la mujer es definida así por sus funciones biológicas y excluida de otros dominios para los cuales parecería no estar destinada. En este sentido, queda claro que la naturaleza ya no es considerada solamente objeto científico sino que también es inscrita en el campo de la moral, la biología, la política, la antropología y los estudios culturales, con lo cual el valor asignado a «lo natural» se desdibuja y se convierte en un significado ambiguo y manipulable —«flotante»— en el interior de los discursos. Entender la diferencia orgánica como *determinante* es uno de los recursos discursivos e ideológicos contra los cuales trabajarán tanto el feminismo, como la antropología cultural, la filosofía y la sociología. En *La distinción* (1979), Bourdieu analizó el *lenguaje corporal* como dato social (vestuario, higiene, adorno corporal, poses, etc.), es decir, como marca «irrebatible» de diferenciación, o sea, como indicios del *habitus* a partir del cual se revelan las estructuras profundas de la personalidad y las opciones del sujeto con miras a una individualización que revela la singularidad del sujeto.

> El cuerpo es la más irrebatible objetivación del gusto de clase, que se manifiesta de diversas maneras. En primer lugar, en lo que en apariencia parece más natural, esto es, en las dimensiones (volumen, estatura, peso) y en las formas (redondas o cuadradas, rígidas y flexibles, rectas o curvas, etc., de su conformación visible, pero que se expresa de mil maneras toda una relación con el cuerpo, esto es, toda una manera de tratar al cuerpo, de cuidarlo, de nutrirlo, de mantenerlo, que es reveladora de las disposiciones más profundas del hábitus. (Bourdieu, 1979, p. 188)

En la misma dirección de Bourdieu, Bryan Turner señala que en el campo de la antropología se ha avanzado más que en el de la sociología hacia una teoría del cuerpo, ya que en esa disciplina se vienen leyendo las marcas corporales de edad, género, estatus, familia, religión y afiliación tribal en sociedades premodernas desde hace mucho tiempo. Aunque el simbolismo del cuerpo ha tendido a atenuarse, la intensificación posmoderna de tatuajes, adornos, maquillajes, etc. vuelve a hacer presentes signos de identidad sobre el cuerpo que solían asociarse con el primitivismo. Sin embargo, hoy tales usos tienen que ver con la moda o con la identificación dentro de subculturas urbanas, más que con el denso sentido cultural y comunitario de épocas anteriores.

Dentro del mundo de las diferencias que tienen en el cuerpo su plataforma de mostración primaria, la *discapacidad* ocupa un lugar específico, que se abre a un amplio espectro de cuestiones relacionadas con la acción física y cognitiva.

La discapacidad es interpretada socialmente como un fenómeno contranormativo, es decir, como desviación de una norma, ya sea en cuanto al aspecto corporal o a las capacidades mentales (cognitivas, intelectuales, etc.) del sujeto. Como todo apartamiento de la norma, la discapacidad implica grados variables de enajenación impuesta al individuo a partir de la construcción de estereotipos, estigmas y prejuicios. Prácticas de rehabilitación, atención a las llamadas «necesidades especiales», recursos de facilitación del funcionamiento corporal o mental en espacios públicos y privados no eliminan el hecho de que cuerpos y mentes discapacitados constituyen modelos identitarios que gran parte de la sociedad considera que desafían los paradigmas dominantes de salud, funcionamiento físico, habilidades y destrezas que caracterizan al sujeto definido como normal, común, estándar o funcional, lo cual da lugar a conductas diferenciales que perjudican a aquellos que caen fuera de la norma.[2] Esta percepción de la discapacidad resulta en formas de discriminación, exclusión, actitudes de proteccionismo, condescendencia, etc., que impiden una integración productiva del sujeto discapacitado en las áreas de funcionamiento en que se encuentre.

Los trabajos sobre discapacidad insisten en el hecho de que es, en gran medida, creada socialmente. Se distingue así entre impedimentos y discapacidad, demostrando que esta última solo emerge cuando la sociedad no provee lo necesario para que la persona con dificultades físicas funcione normalmente. Por ejemplo, alguien que no puede caminar enfrenta un obstáculo que se supera si existen rampas, ascensores, etc., pero se convierte en un discapacitado cuando estos elementos no están presentes. De la misma manera, es la falta de intérpretes o de conocimiento del lenguaje sígnico lo que convierte a una persona sorda en discapacitada, ya que de otro modo puede funcionar en cualquier medio. En palabras de Michael Oliver:

Las limitaciones individuales, de cualquier clase, no son la causa del problema, sino el fracaso de la sociedad en proveer servicios apropiados y en asegurar adecuadamente que las necesidades de las personas con

2. Sobre el tema de la discapacidad desde la perspectiva de estudios culturales, cf. Snyder y Mitchell, 2006; Davis, 1997; Johnstone, 2001.

discapacidades están siendo plenamente tomadas en cuenta en su organización social. (Oliver, 1996, p. 32)

De este modo, la discapacidad es vista por muchos estudiosos como una construcción política y social, es decir, como una formación que responde a técnicas biopolíticas de manejo de las formas de vida y de las normas que las rigen. Por esta razón, los estudios de la diferencia por discapacidad o por impedimentos físicos o mentales conllevan una buena dosis de activismo orientado hacia la concienciación pública y el reconocimiento de derechos.[3]

En este plano, como en muchos otros, las jerarquizaciones sociales, el mayor acceso a sistemas de salud, buena nutrición, etc., crea diferenciaciones que deciden, biopolíticamente, sobre la vida y la muerte de los individuos, ya que son esas determinaciones sociales las que marcan su posibilidad de enfrentar los obstáculos referidos a la salud y la supervivencia. Esta es, obviamente, una diferenciación *construida* por la sociedad y naturalizada, como si se tratara de disposiciones congénitas. Berger y Luckmann observan, por ejemplo, cómo la esperanza de vida varía según las clases sociales, ya que la sociedad determina las condiciones y posibilidades de vida de los sujetos. Asimismo, la sociedad también regula el funcionamiento sexual y la nutrición, las formas de vivienda, el acceso a los servicios públicos, la seguridad y la disponibilidad de recursos, a través de (bio)políticas públicas que afectan de manera directa el desarrollo vital.

Entre los elementos diferenciales de mayor impacto en la cultura occidental se cuenta la oposición entre primitivismo y civilización, la cual remite directamente a la concepción de los procesos de modernización vistos como formas de evolución social que dejan atrás etapas

---

3. Contra la teoría social de la normalización, que consiste en dar a las personas con discapacidades funciones que puedan desarrollar en una sociedad desigual, Oliver sostiene que la teoría marxista contempla con mucha mayor precisión las necesidades de personas con impedimentos físicos o mentales, por su énfasis en la transformación de estructuras y en la creación de condiciones de igualdad en las que todas las funciones son valorizadas de la misma manera. Se trata, entre otras cosas, de una visión distinta de la subjetividad en relación con la noción de trabajo y sociedad.

elementales cercanas a la barbarie y asimiladas a los conceptos de violencia instintiva, precariedad, barbarie e incultura. Tal polarización, utilizada como sustento del colonialismo, ha tenido consecuencias directas sobre las estrategias de dominación político-económica, apropiación territorial y subalternización cultural a escala planetaria. Como se ve, el tema de la diferencia, traducido como *desigualdad*, tiene un impacto fundamental sobre la materialidad de los cuerpos y sobre la vida misma, por lo que constituye uno de los principales problemas de la ética y de la política.

Asimismo, la diferenciación social se registra en la relación política / estética analizada por Rancière, quien considera el proceso de creación y manipulación de diferencia como «reparto o distribución de lo sensible», concepto con el cual identifica el acceso diferencial de los sujetos al tiempo libre, a la cultura y al espacio social. Es esta distribución social de tiempo y espacio la que habilita a los sujetos, según su posicionalidad, a percibir o no imágenes y discursos, es decir, a moverse entre lo que su localización hace (pre)visible y lo que permanece fuera de su alcance. De este modo, tal distribución tiene un impacto directo en el carácter y la cualidad de la experiencia.

Los dominios de lo percibible y de lo emocional también están marcados por esa ubicación, que determina las respuestas apropiadas o no del individuo a los estímulos del ambiente y al conocimiento de lo real. Reacciones apropiadas o impropias, placer o desagrado ante olores, imágenes, etc., derivan del «reparto de lo sensible» en cuanto determinación social del *sensorium*, pero también como adecuación a ciertas situaciones sociales. Un mismo discurso o actitud no funciona de igual manera en una relación privada y en una entrevista de trabajo, en la intimidad del hogar y en la escena pública. Todo tiene su lugar y su espacio, todo discurso se debe adecuar no por distribución de clases sino, en este caso, por adaptación al lugar en que se desarrolla y al tiempo de que se dispone. Algo que es prominente en un lugar y un tiempo determinados se convierte en invisible o inadecuado en otra ubicación espacio-temporal. Este tipo de diferenciación marca decisivamente a los cuerpos en su materialidad física, en su expresividad emocional y en su proyección pública. Así lo define Rancière:

> Llamo reparto de lo sensible a ese sistema de evidencias sensibles que al mismo tiempo hace visible la existencia de un común y los recortes que allí definen los lugares y las partes respectivas. Un reparto de lo sensible fija, entonces, al mismo tiempo, un común repartido y partes exclusivas. Esta repartición de partes y lugares se funda en un reparto de espacios, de tiempos y de formas de actividad que determina la manera misma en que un común se ofrece a la participación y donde los usos y los otros tienen parte en este reparto. [...] El reparto de lo sensible hace ver quién puede tener parte en lo común en función de lo que hace, del tiempo y el espacio en los cuales esta actividad se ejerce. (Rancière, 2000, pp. 9-10)

El filósofo francés parte de la idea de la igualdad como principio, y del espacio político como plano de actuación y participación de los sujetos. Para Rancière, allí se articula el disenso, no como abstracción de la concreción de la vida, sino como acción transformadora sobre ella. Rancière se refiere al sistema de diferenciaciones —es decir, desigualdades— que se imponen en el ámbito social y que condenan al individuo a una localización acotada que determina *el lugar de los cuerpos*, sus formas de actuación y el alcance de estas. La distribución de lo sensible es, entonces, una forma *a priori* que determina qué es lo que se presenta a la experiencia, qué se hace visible o permanece des-apercibido, qué lenguaje asimilamos como discurso o como *ruido*, con lo cual el individuo aparece pre-condicionado por la sociedad, es decir, contiene en sí la *diferencia* a partir de la cual el mundo se le manifiesta. Pero, según indica el mismo autor, tales compartimentaciones no son definitivas; el propósito de la lucha social debe ser desarticular el orden de lo dado, en el cual los espacios desiguales aparecen como definitivamente asignados, y establecer en su lugar un orden más justo e igualitario.

Deleuze, para muchos críticos «el filósofo de la diferencia», considera que esta no remite a una multiplicidad de identidades distintas, sino que es una cualidad de la identidad, la sombra de esta, el elemento oculto que la constituye. Señala este filósofo que la diferencia no implica lo negativo, aunque así es presentada cuando se la subordina a la primacía de lo idéntico. La identidad ha sido considerada el principio fundamental de la representación, pero en la Posmodernidad la noción dominante es la de *simulacro*, con lo cual la diferencia se instala por derecho propio como una cualidad de lo real y no como un epifenómeno de la identidad. La noción de la diferencia, como estatus residual del ente, como algo invisibilizado, irrelevante o anómalo, desaparece en la medida en que la idea y los apoyos sociales y políticos de la identidad se desestabilizan. Así reemergen en la Posmodernidad diferencias sociales, étnicas, corporales, estéticas, existenciales, sexuales, etc. negadas por la Modernidad, por el mito de lo id-éntico como refugio existencial y esencial del sujeto. Este cambio de paradigma ha resultado en la romantización de lo Otro y en su esencialización como el lugar de una verdad que permaneció oculta pero que aparece, como una epifanía, en el panorama marcado por la falta de certezas y el nihilismo. Este énfasis sobrevalora lo diferencial, desestabiliza la comprensión de lo distinto y lo convierte en una nueva versión de la identidad, con sus mismos excesos y falsos reclamos de verdad absoluta.

En contextos actuales, Žižek ha puesto énfasis en la práctica de «domesticar» al Otro —«descafeinarlo»— reduciéndolo a los términos de la subjetividad dominante, para evitar que sus cualidades diferenciales interfieran demasiado en el dominio del Yo, ya que en el *Otro* se sigue percibiendo el potencial de debilitar nuestras certezas. Esto idealiza y esencializa la *otredad*, quitándole historicidad y concreción política y social.

Algunas de las manifestaciones de *lo otro* han sido identificadas con los conceptos de primitivismo, exotismo y salvajismo, con lo cual se clasifica la diferencia (corporal, cultural, civilizatoria) dentro de un espacio que excede la familiaridad de la cultura propia y convierte todo aquello que no se asimila a sus modelos en paradigma de un estatus radicalmente diferente al nuestro y marcado por las ideas de atraso, ignorancia, extrañeza, premodernidad, instintividad e irracionalismo, que justifican acciones de subalternización o de dominación colonial. En estos contextos, se ensalza la posición del que distribuye rasgos, atributos y potencialidades desde un lugar autoconsagrado de superioridad y control, y se desvaloriza el lugar epistémico de aquel que ocupa un lugar subalterno. La gran pregunta que surge al respecto es si terminaremos subsumiendo la *desigualdad* en la *diferencia* y volviéndonos indiferentes a la injusticia social.[4]

Arjun Appadurai indicó, refiriéndose a las diversas formas que asume el proyecto de la Modernidad en Occidente, que la *diferencia* es la cualidad principal de toda cultura, ya que es a partir de esta noción que pueden visualizarse similitudes y divergencias entre clases, géneros, naciones y proyectos sociales. Por su parte, en *El lugar de la cultura* (1994) Homi Bhabha realizó una importante distinción entre diversidad y diferencia que vale la pena recordar aquí. Mientras que la primera noción apunta a la mera detección de la heterogeneidad social, la segunda adquiere un espesor mayor al referirse a jerarquías sociales, privilegios y formas de reconocimiento. Mientras que la primera debe ser celebrada como enriquecimiento del mundo, la segunda generalmente conlleva el mencionado problema de la desigualdad, que debe ser condenado y revertido en todos los contextos.

> La diversidad cultural es un objeto epistemológico (la cultura como objeto del conocimiento empírico): mientras que la diferencia cultural es el proceso de la *enunciación* de la cultura como «cognoscible», autoritativa *[authoritative]*, adecuada a la construcción de sistemas de identificación cultural. [...] la diferencia cultural es un proceso de significación mediante el cual las afirmaciones *de* la cultura y *sobre* la cultura diferencian, discriminan y autorizan la producción de campos de fuerza, referencia, aplicabilidad y capacidad. La diversidad cultural es el reconocimiento de contenidos y usos ya dados; contenida en un marco temporal de relativismo, da origen a ideas liberales de multiculturalismo, intercambio cultural o de la cultura de la humanidad. (Bhabha, 1994, pp. 54-55)

---

4. Cf. al respecto mi artículo «Domesticar al Otro» (Moraña, 2014c), en el que se presenta una elaboración más detallada de estos temas.

Confundir ambos términos significa trivializar la injusticia social y frivolizar el debate en torno a la diferencia como la nueva identidad de nuestro tiempo.

La recuperación de la diferencia como visibilización de los sujetos y las culturas que fueron negados por la Modernidad condujo a Derrida, por ejemplo, a una revalorización de la cultura oral y escrituraria, posición ya aludida en este estudio. Para Derrida, el *énfasis* moderno en la escritura / lectura como forma superior de producción cultural, desplazó al *Otro*, ya que el consumo del libro, la consulta del documento o del archivo constituyen ejercicios esencialmente solitarios e individualistas, que requieren un determinado asentamiento urbano y civilizatorio. Contrariamente, la oralidad y la *performance* cultural (rituales, expresión corporal, gestualidad) requieren inmediatez, interacción directa entre sujetos que comparten el espacio comunicativo. Estos escenarios culturales adquieren relevancia en la Posmodernidad, ya que permiten visibilizar a sujetos que no se atienen a los dictados de la ciudad letrada, sino que practican sus propias formas corporalizadas de comunicación y socialización.[5]

---

5. Cf. al respecto, Ashcroft *et al.*, 1995, pp. 321-322.

Cuerpo / género / sexualidad

El concepto de *sexualidad* nombra tanto el deseo como las prácticas sexuales, y el término «sexo» designa el acto mismo de relación física que canaliza el deseo sexual. El término «sexo» alude asimismo a las diferencias biológicas que distinguen a hombres y mujeres. Estos conceptos, de los cuales el de «género» es de mucho más tardía aparición, forman parte de un campo semántico relacionado con las formas de relación sexual y con las modalidades que estas asumen en distintas culturas, según las preferencias individuales y las formas de regulación social. Freud, Foucault, Butler y muchos otros estudiosos han abordado los múltiples aspectos que vinculan cuerpo, género y prácticas sexuales desde distintos campos del saber (biología, psicología, estudios culturales, historia de las mentalidades, etc.).

Se entiende que al ser la sexualidad y el sexo formas vinculadas al deseo corporal / emocional / afectivo de relación física con otro cuerpo, el aspecto biológico es uno de los componentes fundamentales, aunque no el único, en el establecimiento de un nexo íntimo y complejo en el que se mezclan goce, apropiación, elementos de dominación, afectos y pulsiones. El estudio de las convenciones sexuales, su historia, variaciones e implicaciones emocionales, físicas y psicológicas tiene su contraparte en las formas represivas y de (auto)censura que se imponen como estrategias de control sobre las conductas humanas.

En términos generales, no restringidos a la sexualidad, Mary Douglas ha indicado que hay, en realidad, dos cuerpos: el cuerpo físico y el cuerpo social, siendo el segundo el que restringe la forma en que el primero es percibido. Existe entre ambos un constante intercambio de significados, pero el cuerpo físico casi siempre se expresa a través de las codificaciones que la sociedad comunica e impone, de modo que la distinción entre ambos no puede ser tajante.

> El cuidado que le otorgamos [al cuerpo] en lo que atañe al aseo, la alimentación, o la terapia, las teorías sobre sus necesidades con respecto al sueño y al ejercicio, o las distintas etapas por las que ha de pasar, el dolor que es capaz de resistir, su esperanza de vida, etc., es decir, todas las categorías culturales por medio de las cuales se lo percibe deben estar perfectamente de acuerdo con las categorías por medio de las cuales percibimos la sociedad ya que estas se derivan de la idea que del cuerpo ha elaborado la cultura. (Douglas, 1970, p. 89)

En ese sentido, el cuerpo siempre es pensado y tratado en relación con la sociedad. Todos sus aspectos naturales, incluidas las prácticas de la sexualidad, se manifiestan, de modo más o menos mediatizado, a través de la dimensión social, que los filtra, domestica y administra.

Los comportamientos contranormativos pueden ser considerados anormales o simplemente transgresivos, es decir, derivados de la voluntad de orientar la sexualidad más allá de los límites o de los cauces previstos socialmente. Al ser la heterosexualidad y la monogamia prácticas dominantes, gran cantidad de opciones relacionadas con la sexualidad caen fuera de los parámetros de esta «normalidad». Valores relacionados con conceptos morales, como los de «decencia», «promiscuidad» y «decoro», intentan controlar desde el lenguaje conductas que se oponen o desvían de las regulaciones consagradas por las costumbres, los valores familiares, comunitarios, religiosos, etc.

Por el vínculo que el sexo y la sexualidad tienen con la función reproductora, su campo de significaciones es intersecado por los discursos médicos y legales, los derechos reproductivos, la psicología, la sociología y otras disciplinas. Asimismo, las interconexiones y distinciones entre sexualidad y género agregan otros niveles de complejidad a un aspecto de la vida humana que está lejos de limitarse al nivel meramente orgánico o corporal. Las políticas de la sexualidad, que el feminismo y los estudios de género han analizado ampliamente desde el siglo XX (aunque estudios anatómicos y psicológicos sobre la sexualidad datan de mucho antes), han logrado superar los binarismos hombre / mujer, heterosexualidad / homosexualidad, sexualidad reproductiva / no-reproductiva, y avanzar más allá de los determinismos biológicos, iluminando muchas otras formas y matices vinculados con el ejercicio sexual y con el género.

La construcción social del género, bien establecida por el feminismo, tiene como una de sus aristas la elaboración conceptual e ideológica del conocimiento sobre las diferencias corporales y su conceptualización, elementos utilizados socialmente como legitimación de formas desiguales de tratamiento de los cuerpos y de la subjetividad según los sexos. En este sentido, la relación saber / poder *toma cuerpo* en las ciencias médicas tanto como en las ciencias sociales, en las políticas públicas y en el ámbito de la intimidad, la vida diaria, el trabajo y el entretenimiento. Las estrategias de control y disciplinamiento de los cuerpos, implementadas diferentemente en las distintas épocas y culturas, tienen uno de sus aspectos más prominentes en el manejo de los campos que conectan con la sexualidad: la reproducción, la maternidad, la familia, la prostitución, la afectividad y el ejercicio de la sexualidad no-reproductiva. Al separarse del criterio dominante de la heterosexualidad monogámica (lo que Monique Wittig llama «el contrato heterosexual»), que fuera considerado parte integral de los imaginarios occidentales y de sus formas de organización social, la relación sexualidad / género se despliega en una amplia gama de manifestaciones que, aunque se diferencian sustancialmente entre sí, tienen en común su carácter contranormativo. Las subjetividades que se inclinan hacia el concepto de lo *queer*, las prácticas homosexuales, bisexuales, transexuales y transgenéricas, entre otras, diversifican las formas de concebir la dimensión corporal y las relaciones entre biología, sexualidad y género. La relación determinante entre elementos biológicos y sexualidad se considera, en estos casos, flexible y no condicionante. Respecto a la noma heterosexual, otras modalidades son consideradas transgresivas, cuando no promiscuas y antinaturales.

La afirmación de Simone de Beauvoir, en *El segundo sexo* (1949), de que «la mujer no nace sino que se hace» resumió contundentemente la perspectiva revolucionaria del género como construcción social y política. Tal noción dio lugar a múltiples estudios prácticos y teóricos sobre los adiestramientos de género que se implementan desde el hogar y la escuela para la creación de hábitos y formas de conciencia orientados hacia la configuración de identidades de género y hacia la naturalización de la represión y la censura. De Beauvoir concibe la construcción del género como lo que podríamos llamar un *becoming*, es decir, como un proceso de *llegar a ser*, que no es ajeno a las presiones del medio. Como indica Judith Butler en *El género en disputa* (1990) es imposible separar el «género» de las condiciones políticas y culturales en las que se produce como elemento identitario. En este sentido, la polémica filosófica que desata *El segundo sexo* entre determinismo y libertad se prolonga hasta nuestros días.[1]

La tríada sexo / género / deseo, considerada tradicionalmente un «orden compulsivo», es reinterpretada por el feminismo como una discontinuidad entre el cuerpo sexuado y la construcción cultural del género, ya que no existe condicionamiento entre el sexo biológico, la direccionalidad del deseo y la construcción del género. Por lo mismo, se ha considerado crucial realizar una distinción clara entre sexo y género. Para Butler, «el género no es a la cultura lo que el sexo es a la naturaleza; el género también es el medio discursivo / cultural a través del cual la "naturaleza sexuada" o "un sexo natural" se forma y establece como "prediscursivo", anterior a la cultura, una superficie políticamente neutral sobre la cual actúa la cultura» (Butler, 1990, pp. 55-56).

Butler define el concepto de género como matriz de hábitos, gestos, costumbres y formas convencionales de socialización, es decir, como la forma consensuada a través de la cual se definió, en las distintas épocas, lo que significaba ser hombre o mujer, qué rasgos distinguían la masculinidad de la femineidad y qué roles sociales correspondían a cada uno de esos constructos. Frente a la materialidad de los cuerpos, se ha atribuido a la dimensión física (biológica) la importancia de una determinación natural, desatendiendo los procesos de construcción

---

1. Butler (1990, pp. 56-65) se refiere a lo que llama «las ruinas circulares del debate contemporáneo» y discute, entre otras, las posiciones de Simone de Beauvoir.

cultural de las identidades de género. Tal *naturalización* desautoriza cualquier desviación de la norma, condenando como antinatural, patológico, anómalo, extraño o malsano todo comportamiento que se oriente en una dirección diferente de las previstas socialmente. Las instituciones del Estado, incluyendo la escuela, la familia y los discursos médicos y legales, consolidan y diseminan los modelos de comportamiento, funcionando como mecanismos de control, vigilancia y punición. A través de estos, se tiende a identificar funciones destinadas a hombres y mujeres y formas de sexualidad que cumplen con las reglas establecidas en función de los valores de la familia, la reproducción, etc., instalando así una regulación estricta de los cuerpos y las conductas.

Una de las importantes aportaciones de Judith Butler a la discusión sobre el género se apoya en la noción de *performance* o teatralización del género, es decir, en la serie de comportamientos, gestos, actitudes, movimientos y expresiones que «constituyen» un modelo o paradigma que la sociedad reproduce.

> En este sentido, género no es un sustantivo, ni tampoco es un conjunto de atributos vagos, porque hemos visto que el efecto sustantivo del género se produce performativamente y es impuesto por las prácticas reguladoras de la coherencia de género. Así, dentro del discurso legado por la metafísica de la sustancia, el género resulta ser performativo, es decir, que conforma la identidad que se supone que es. [...] no existe una identidad de género detrás de las expresiones de género; esa identidad se construye performativamente por las mismas «expresiones» que, al parecer, son resultado de esta. (Butler, 1990, pp. 84-85)

> El género es la estilización repetida del cuerpo, una sucesión de acciones repetidas —dentro de un marco regulador muy estricto—, que se inmoviliza con el tiempo para crear la apariencia de sustancia, de una especie natural de ser. (Butler, 1990, p. 98)

Con la medicalización de los cuerpos, la representación diferenciada de los géneros se acentúa e institucionaliza. Asimismo, la idea de corporeización o materialización corporal no puede ser separada de la construcción de subjetividades.

> En la actualidad las normas de la diferencia sexual no se difunden desde la ley ni desde el Estado, ni desde la educación formal. Se forjan desde el mundo de la creación, en la música, los videoclips, el cine, las series, la publicidad... se difunden desde los medios de comunicación de masas y generan unas poderosas industrias que ofrecen un consumo diferenciado para chicas y chicos. Para ellas el culto a la imagen, al cotilleo y al amor romántico. Para ellos la tríada fútbol-motor-pornografía. (Puleo, 2015, p. 128)

El feminismo no ha sido indiferente a la distinta configuración de los cuerpos en cuanto a factores de raza y etnicidad, elementos que se agregan a la construcción del género y a las políticas de la sexualidad. Los llamados *feminismos interseccionales* —que articulan elementos de sexualidad, raza y proyectos descolonizadores— se plantean no solo como reacción contra la normativización heterosexual, sino también contra la hegemonía del hombre blanco como representante y detentador de poder político, cultural y epistémico, durante siglos, y contra las tendencias de ciertas corrientes del feminismo que consideran la situación de la mujer sin atención a su extracción etnocultural y a sus preferencias sexuales. Se resiste así la idea de que el feminismo puede englobar bajo una misma matriz conceptual y bajo una misma agenda de trabajo a sectores diversos, como si tales diferenciaciones no causaran distinciones sustanciales en el nivel de la subjetividad.

Teresa de Lauretis acuña el concepto de *queer theory* en 1990 para hacer referencia a prácticas y formas discursivas que funcionan como aproximaciones a la cuestión sexual que se apartan de los esquemas binarios y de las identidades de género ya existentes y normativizadas.[2] Desde la perspectiva *queer*, incluso las categorías de homosexual, lesbiana, gay, etc., indican clasificaciones y jerarquías que se imponen

---

2. De Lauretis abandona luego el concepto de *queer* por considerar que había sido cooptado por las mismas teorías que quería combatir. Cf. al respecto Halperin, 2003.

como regulaciones de la sexualidad, restringiendo la libertad sobre los cuerpos y construyendo nuevos modelos identitarios. Para otros, el énfasis en la *queerness* reduce o invisibiliza la importancia de otras formas de desigualdad o discriminación.

El trabajo sobre diversas formas de sexualidad, género y corporeidad intenta visibilizar y eventualmente modificar no solamente las estructuras sólidamente masculinistas del patriarcalismo, sino incluso teorías culturales que no han prestado suficiente atención a la especificidad social, política y cultural de la mujer a lo largo de la historia occidental. De Lauretis habla de las «tecnologías del género» como corrección del vacío que, a su juicio, deja Foucault en su obra, en la que no se refiere específicamente a las particularidades de la subjetividad y la sexualidad femeninas.

Asimismo, junto con los conceptos de femineidad y masculinidad como productos sociales e ideológicos vinculados a las políticas de la sexualidad, muchas sexualidades alternativas resultan inclasificables dentro de las compartimentaciones tradicionales. Las identidades y sexualidades transgénero, el travestismo, los estilos de vida (*poliamorosos*, por ejemplo) o de relación sexual que caen dentro del concepto de *queer* resisten las categorizaciones binarias y reclaman nuevos modelos de interpretación y nuevas formas de entender los procesos de (auto) reconocimiento social y las prácticas de la sexualidad.

Pierre Bourdieu analizó el proceso de «construcción social de los cuerpos», y en particular la masculinidad, como un sistema de poder que se afirma a partir de su naturalización como parte del *orden de las cosas*. Como indica el sociólogo:

La fuerza del orden masculino se descubre en el hecho de que prescinde de cualquier justificación. La visión androcéntrica se impone como neutra y no siente la necesidad de enunciarse en unos discursos capaces de legitimarla. El orden social funciona como una inmensa máquina simbólica que tiende a ratificar la dominación masculina en la que se apoya: es la división sexual del trabajo, distribución muy estricta de las actividades asignadas a cada uno de los dos sexos, de su espacio, su momento, sus instrumentos; es la estructura del espacio, con la oposición entre el lugar de reunión o el mercado, reservados a los hombres, y la casa, reservada a las mujeres o, en el interior de esta, entre la parte masculina, como el hogar, y la parte femenina, como el establo, el agua y los vegetales; es la estructura del tiempo, jornada, año agrario, o ciclo de vida, con los momentos de ruptura, masculinos, y los largos períodos de gestación, femeninos. (Bourdieu, 1998, p. 22)

Así se construye sexualmente la diferencia entre los sexos como una «visión mítica del mundo» que parece justificarse *anatómicamente*. La diferencia orgánica es interpretada como indicadora de distintos roles sociales vinculados al trabajo, la reproducción, la labor intelectual, la familia, etc. Esta supuesta distribución *natural* sería la base sobre la que se apoya el sistema de dominación masculina. Los principios de la virilidad (las ideas del honor, la valentía, la fuerza física, por ejemplo) son inseparables de la virilidad corporeizada, centrada en el falo como símbolo de fuerza fecundadora. Esta concepción del poder masculino se traduce en el nivel social, político y cognitivo, construyendo a la mujer como la contraparte débil del sistema: el *negativo* de la foto que representa al hombre como centro del universo.

La representación de la vagina como falo invertido, imagen que se encuentra ya en dibujos medievales (Bourdieu, 1998, p. 27), es un ejemplo que luego expanden los anatomistas y que se difunde en la psicología y en los imaginarios colectivos. Bourdieu analiza la identificación entre el falo y el logos y el modo en que esta asimilación simbólica lógica es reproducida en dualismos interiorizados en la cultura. Estos remiten al dominio del hombre y la sumisión de la mujer (alto / bajo, caliente / frío, arriba / abajo, activo / pasivo), con connotaciones valorativas que se registran en todos los niveles. La vagina es considerada un *vacío* que apunta a la misión del hombre como aquel que debe completar esa estructura, dando así significado a lo que existe. Se establecen de este modo relaciones de dominación que se extienden desde lo sexual hacia las redes complejas de lo social, creando asimetrías de poder que se van arraigando y de las que derivan profundas consecuencias sociales. Las distribuciones simbólicas, que se traducen en formas de poder real y simbólico, permean lo social y lo político:

Corresponde a los hombres, situados en el campo de lo exterior, de lo oficial, de lo público, del derecho, de lo seco, de lo alto, de lo discontinuo, realizar todos los actos a la vez breves, peligrosos y espectaculares que, como la decapitación del buey, la labranza o la siega, por no mencionar el homicidio o la guerra, marcan unas rupturas en el curso normal de la vida; por el contrario, a las mujeres, al estar situadas en el campo de lo interno, de lo húmedo, de abajo, de la curva y de lo continuo, se le adjudican todos los trabajos domésticos, es decir, privados y ocultos, prácticamente invisibles o vergonzosos, como el cuidado de los niños y de los animales, así como todas las tareas exteriores que le son asignadas por la razón mítica, o sea, las relacionadas con el agua, con la hierba, con lo verde (como la escardadura y la jardinería), con la leche, con la madera, y muy especialmente los más sucios, los más monótonos y los más humildes. (Bourdieu, 1998, p. 45)

De esto se deriva la relación estrecha entre lo femenino y lo empírico, vínculo que destina a la mujer al ámbito de la experiencia, lo sensorial, lo comunitario y lo íntimo, ya que el pensamiento femenino solo puede tener interés en círculos cerrados. Desde el punto de vista literario, se ha observado que durante mucho tiempo la mujer se expresa a través de los «géneros menores» como la autobiografía, las memorias y los diarios íntimos, ya que el ámbito de lo confesional, autorreflexivo y privado delimita un espacio seguro y protegido de expresión personal. Al mismo tiempo, la subjetividad masculina se expandió hacia los territorios de la imaginación y la creación de mundos simbólicos a los que se llega por abstracción conceptual y por medio de la fantasía. Mientras que la creación de la mujer puede tomar giros alucinatorios (como en los raptos místicos) o representar excesos emocionales y psicológicos (la volubilidad, la histeria) la imaginación del hombre vuela libremente construyendo universos paralelos de experimentación estética. La necesidad de superar esos esquemas ha llevado, sobre todo a partir del siglo XX, a procesos feministas de subversión del orden patriarcal y rechazo de los lugares asignados a la mujer, tanto social como epistemológicamente, en la sociedad occidental. Se han producido así edificios teóricos que deconstruyen binarismos y estereotipos de género. Convergentemente, se han encontrado textualidades ocultas y documentos que demuestran una historia invisible de socialización y de acción social de la mujer, cuya actuación, desarrollada a pesar de restricciones y prejuicios, ha quedado fuera de los radares de la historiografía patriarcal.

En América Latina, como en otras partes del mundo, la cuestión de género y la sexualidad ha estado fuertemente politizada, por ejemplo, cuando el derecho sobre el cuerpo propio, como se plantea en el caso del aborto, es tratado como un problema de salud pública y es ubicado dentro de agendas partidistas, o incluido en debates sectoriales que desnaturalizan la problemática de fondo. En muchos casos, el cuerpo maltratado sexualmente es clasificado de inmediato bajo la categoría de víctima, conceptualizando a la mujer como sujeto pasivo, que sufre agresiones que son registradas como *accidentes* sociales (violaciones, embarazos no deseados, violencia doméstica), lo cual la coloca, tanto en relación con ese tipo de ataques como en estudios generales sobre su situación social, como objeto de las acciones del otro, y no como sujeto de derecho a quien la sociedad debe garantizar el control sobre su propio cuerpo.

Como se ve, el cuerpo aparece entonces cosificado, politizado y convertido en «caso» que ilustra la defensa de políticas públicas, sin que la reflexión social penetre más sobre las causas profundas de la dominación y la desprotección de género, y sobre las dificultades que la mujer ha tenido que enfrentar para llegar a construir agendas de lucha.

Las intervenciones del poder político sobre el cuerpo individual y colectivo se han legitimado históricamente por la misión del Estado de velar por la constitución y el mantenimiento de un cuerpo saludable y funcional que fuera la base de la ciudadanía. La atención al cuerpo y a su sexualidad solo en las últimas décadas empieza a percibirse en estrecha articulación. Los factores de raza y etnicidad no quedan fuera de consideración cuando se trata de estudiar la posición de la corporeidad en los imaginarios y las prácticas contemporáneas. Este es un principio de fundamental importancia en sociedades multiculturales y multirraciales, como las de América Latina, donde la cuestión de la raza siempre fue un factor de conflicto y sojuzgamiento corporal. Como ha explicado Mara Viveros Vigoya, la preocupación por la mezcla racial, el mestizaje y sus efectos sobre la «salud» de la nación se hicieron sentir en las nuevas repúblicas tanto como en la época colonial:

> Desde la segunda mitad del siglo XIX las políticas de población y familia y las intervenciones sobre el cuerpo, la sexualidad y las conductas de la vida cotidiana encontraron su justificación en la preocupación por la protección de la pureza de la sangre y el porvenir de la especie, amenazadas supuestamente por la posibilidad de matrimonios y relaciones sexuales entre personas de distintos orígenes «raciales» (que en el siglo XIX hacía también alusión a diferencias de clase, nación y religión). (Viveros Vigoya, 2010, p. 3)

Es interesante notar cómo el control de la sexualidad contribuye tempranamente y de modo decisivo, sobre todo en algunos contextos culturales, a consolidar el poder de los criollos. Viveros Vigoya recuerda las aportaciones del libro de Verena Stolcke *Racismo y sexualidad en la Cuba colonial* (1974), en el cual se analiza la interrelación entre las jerarquías raciales, el patriarcalismo y el control de sexualidad y género en la Cuba del siglo XIX:

> [L]os hombres de la elite (de piel clara) buscaban afirmar su posición dominante mediante el estricto control de la sexualidad de las mujeres blancas y el fácil acceso a las mujeres de tez más oscura y estatus social más bajo. En estas relaciones de poder, la categoría del *honor* desempeñaba un papel fundamental: el dominio se ejercía por medio del control del honor (sexual) de las mujeres blancas, noción muy sensible a cualquier cuestionamiento del comportamiento sexual en función de su adecuación a las normas sociales; en sentido inverso, el honor masculino era casi inquebrantable y era una condición que no se perdía por tener relaciones extramaritales con mujeres de estatus más bajo al suyo. (Viveros Vigoya, 2010, p. 9)[3]

3. Cf. al respecto Stoler, 1995.

Este entrecruzamiento de raza, clase, sexualidad y poder ilustra claramente la entronización de estos elementos en los proyectos sociales y su utilización como dispositivos para la consolidación del lugar prominente del hombre en la sociedad. Como señala la antropóloga colombiana,

> [e]ste y otros trabajos de corte histórico mostraron que detrás del mestizaje se oculta siempre un dominio racial fundado en un control de la sexualidad construida en un marco de relaciones de género asimétricas, y que la experiencia del privilegio racial y del racismo varía según el género. (Viveros Vigoya, 2010, p. 9)

La vinculación del feminismo con los programas descolonizadores ha tenido la importancia de destacar la distancia que separa algunos discursos sobre la situación de la mujer elaborados en contextos muy diversos de los analizados. Este sería el caso, por ejemplo, de las elaboraciones feministas europeas, «blancas», o anglosajonas, las cuales suelen tener poco conocimiento de situaciones culturales y sociales propias de otras culturas, como las que pueden observarse en el caso de la sociedad criolla en América Latina, de las comunidades indígenas o de sectores que viven en condiciones económicas y sociales muy distintas de las que caracterizan a la sociedad norteamericana. En cada sociedad las posibilidades y condiciones materiales son muy diversas y condicionan la existencia de espacios de elaboración crítico-teórica y el planeamiento de políticas públicas que son imposibles de implementar en países menos desarrollados. De ahí que los feminismos deban pasar, como otras elaboraciones intelectuales, por revisiones que analicen el alcance de sus categorías y que tomen en cuenta en sus elaboraciones los valores culturales y las situaciones socioeconómicas concretas de los movimientos de mujeres en diversas partes del mundo. Señala al respecto Justa Montero (Asamblea Feminista de Madrid):

> El feminismo no puede ser por tanto ajeno al racismo en un doble sentido: en el de las mujeres negras y en el de las mujeres blancas. Su

propuesta de descolonizar el feminismo supone deshacernos del lastre etnocéntrico y eurocéntrico de muchos planteamientos y propuestas. La mayoría de las mujeres occidentales representan, en sus discursos y prácticas, a las mujeres «del Sur» de forma victimizante, como otras mujeres distintas por ser presas de férreos sistemas de dominación patriarcal, sobre las que se proyectan y proponen vías de emancipación que en realidad responden al modelo occidental entendido, y volvemos a lo dicho al inicio, como falsamente universal. En este sentido resulta significativo el planteamiento con el que se formulan y llevan a cabo muchos programas de cooperación al desarrollo dirigidos a mujeres. Sacudir ese etnocentrismo obliga a repensar conceptos de análisis clave como la familia, el trabajo, en los contextos históricos; a dialogar con procesos de resistencias diferentes de las que había «previsto» el feminista dominante. (Montero, 2010, p. 6)

Estas posiciones indican que las nociones de universalidad o de autoritarismo discursivo no tienen cabida en planteamientos emancipatorios en los que la raza, la clase, el género y las formas diversas de sexualidad están fuertemente ligados a las sociedades en las que los sujetos están inscritos. La singularidad de cada contexto social, político, económico, racial, etc., y la especificidad que se arraiga en las lenguas, tradiciones y creencias de las distintas culturas son el basamento concreto sobre el cual el feminismo debe definir sus posiciones, agendas y objetivos. Los enfoques interseccionales trabajan justamente la articulación entre factores de raza, género, clase y formas de sexualidad. Este término se asocia preferentemente con el feminismo de las mujeres negras, cuya problemática e historia cultural es bien diferenciada de las de las mujeres anglosajonas, asiáticas o indígenas. Pero la noción de interseccionalidad tiene también una larga tradición, como demuestra Ashley J. Bohrer en *Marxism and Inter-Sectionality. Race, Gender, Class, and Sexuality under Contemporary Capitalism* (2019), donde se estudian diversas vertientes y propuestas para analizar, articuladamente, la situación de cuerpos marcados por factores sociales, procesos políticos y formas de dominación convergentes y diferenciadas.

Cuerpo y ojo

«El ojo es como la lámpara del cuerpo. Si tu ojo está sano, todo tu cuerpo estará iluminado» (Mateo 6,22). La perspectiva bíblica señala, en múltiples momentos discursivos, la importancia de la visión como función primaria que conecta el adentro con el afuera, lo terrenal con lo divino. Al percibir el mundo, la visión revela lo grandioso de la Creación y, al mismo tiempo, posiciona al sujeto con respecto a sí mismo: su conciencia, su alma y su proyección trascendental. La imagen del cuerpo como lámpara es muy frecuente, porque sustenta al mismo tiempo la luz de los ojos y el cuerpo que la sostiene, dando como contraimagen el concepto de tinieblas u oscuridad, asimilable a la idea del no-conocimiento, la ignorancia y la falta de acceso a lo divino.

> Nadie enciende una lámpara y la pone en un lugar escondido o dentro de un armario, sino sobre el candelero, para que los que entren vean la luz. La lámpara del cuerpo es tu ojo. Cuando tu ojo está sano, también todo tu cuerpo está iluminado, pero cuando está enfermo, también tu cuerpo queda en tinieblas. Mira, pues, no sea que la luz que hay en ti sea tinieblas. Por consiguiente, si tu cuerpo entero es luminoso, sin que tenga parte alguna oscura, todo él resplandecerá, igual que cuando la lámpara te ilumina con su resplandor. (Lucas 11,33-36)

Se advierte que el ojo, aunque aparezca particularizado, es parte de un cuerpo al que la función visual potencia y ayuda a definir ontológicamente. La doctrina cristiana dará prominencia a la centralidad de la visión y a sus múltiples funciones cognitivas y orientadas hacia la captación de lo invisible.

La totalidad de la actividad sensorial, pero particularmente la visión, ocupó la reflexión filosófica en la Antigüedad griega. Entre los pensadores prearistotélicos se concebía la función óptica como una reacción física al objeto. Como explica Barbero Briones, lo que produce la imagen es

> [e]l contacto directo del órgano de la visión con cierto tipo de materia que emana de los objetos visibles en dirección a los ojos. Esta materia proveniente de los objetos —denominada *eidola* por Demócrito (*c.* 160 a. C.), o posteriormente *simulacra* por Lucrecio (*c.* 99 a. C. – *c.* 55 a. C.)— actúa sobre el órgano visual de manera análoga a como los objetos estimulan el sentido del tacto cuando los tocamos. La visión es, por tanto, un fenómeno netamente físico. (Barbero Briones, 2013, s/p)

Aristóteles se ocupa de reflexionar sobre esta función sensorial, sobre la causa de la agudeza visual y también acerca de las anomalías de la visión (presbicia, miopía). Asimismo, rebate la teoría platónica expresada en el *Timeo* de que «la visión se produce por la coalescencia del *fuego visual* proveniente del ojo con la luz del sol, formando un cuerpo único y homogéneo» (Barbero Briones, 2013, s/p).

Sin embargo, la reflexión sobre la relación entre conocimiento y sentidos no deja de advertir el engaño de las percepciones, que ya había señalado Platón alegóricamente y que mucho después orientaría el método cartesiano. A partir de percepciones inexactas no puede elaborarse un saber de valor científico, lo cual problematiza en gran medida la valorización de la vista como penetración en la naturaleza de lo real y en las certezas acerca del mundo que nos rodea. Durante la Edad Media el sentido del oído fue considerado más valioso que el de la vista, la cual pasa en esa época a un lugar secundario.[1] En el Renacimiento se retoma la relación entre visión y conocimiento y surgen el telescopio y el microscopio como instrumentos que expanden y refinan la función ocular. La imagen permite conocer lo real, sus formas y texturas, proporcionando al cuerpo una inmensa cantidad de datos e

---

1. Cf. al respecto Febvre, 1937.

impresiones que serán sintetizadas, complementadas e interpretadas a partir de la información que proveen otras percepciones y del trabajo de funciones mentales que racionalizan ese acopio perceptivo.

Desde el siglo XVII la distinción de los sentidos rejerarquiza las aportaciones de estos y la vista será considerada nuevamente el canal principal para llegar al mundo y para apropiárselo a través de la imagen. Como nos recuerda Le Breton, el propio Descartes incluye en *El discurso del método* un elogio del anteojo creado por Jacob Metius, y señala que la existencia depende de nuestros sentidos «entre los que el de la vista es el más universal y el más noble», aunque la percepción necesita de la racionalidad para llegar a conclusiones que superen el fragmentarismo sensorial y puedan ofrecer síntesis interpretativas fidedignas (Le Breton, 1990, p. 196).

El Barroco habría sido impensable sin la primacía de la mirada. La veneración de la visión es esencial en la cultura del siglo XVII, que se deleita con la celebración del matiz y el detalle. El estilo del Barroco se basa justamente en la fiesta de la forma, los juegos de luz y sombra, las superficies atiborradas de decoraciones, la tensión entre el adentro y el afuera, y el desafío que los pliegues y vericuetos plantean a la interpretación racional y a la apreciación estética. Como indica al respecto Martin Jay en *Ojos abatidos* (1993):

La visión barroca celebraba [...] la turbadora interacción de forma y caos, superficie y profundidad, transparencia y oscuridad. Sensible a la interpenetración de lo discursivo y lo figurativo —por ejemplo, en los libros de emblemas suntuosamente decorados— tenía una conciencia de las impurezas de ambos que estaba muy por delante de su época. (Jay, 1993, p. 44)

Aunque la cuestión corporal no se reduce, obviamente, a los sentidos, estos adquieren primacía porque constituyen los puentes más obvios hacia el conocimiento. El cuerpo como totalidad orgánica es más bien el dispositivo de socialización y el emisor de significados de raza, salud o enfermedad, sexualidad, etc., así como el espacio en el que tienen lugar los excesos, el pecado, el misticismo, el hedonismo y el castigo.

En épocas de autoritarismo doctrinal, la religión impone parámetros rígidos a las conductas, estableciendo formas de control y
persecución de aquellos cuerpos que escapan a estos lineamientos y se
orientan por el camino de la lujuria, la interracialidad, el libertinaje y
la disipación. A pesar de la censura inquisitorial y de su interiorización
en muchos niveles de la sociedad colonial, la transgresión es una de
las líneas dominantes de la sociedad barroca. La vida cotidiana es un
espacio de desbordamiento y tensiones constantes de entramados de
poder por cuyas fisuras los cuerpos manifiestan pulsiones y deseos, y
en los que las conductas hipertrofian las manifestaciones corporales
como respuesta a las compartimentaciones sociales y a las restricciones del dogma. Múltiples discursos sobre el cuerpo se entrecruzan y
desafían mutuamente en la sociedad barroca: los discursos médicos
y científicos en general, los de tipo religioso, moral y político, el
discurso legal, histórico y hermenéutico, las teorías sobre la relación
entre ciencia y teología, imaginación y creencia.

Al mismo tiempo, los avances de la técnica proporcionan un
instrumental que va cambiando la perspectiva sobre la potencialidad cognitiva y kinética del cuerpo. Los aparatos, procedimientos
y dispositivos científicos utilizados en los campos de la astronomía,
la medicina, la física, la química y la biología se hacen cada más vez
más complejos y se dirigen hacia la prescindencia relativa del ser
humano como sintetizador de los datos obtenidos acerca del mundo
material e intangible.

En la Modernidad, la dimensión de lo visible adquiere plena consa-
gración como el nivel más rico de acceso a *lo que es*. Cuerpo y mundo
existen para ser vistos; el cuerpo es al mismo tiempo el lugar de la
mirada que descubre ese mundo y el objeto que existe para ser mirado
(el punto *de vista* y el objeto percibido por el ojo). Según Le Breton, se
produce una rejerarquización de lo corporal, correlativa a las transformaciones culturales que van tomando forma desde el Renacimiento:

El cuerpo de la Modernidad deja de privilegiar la boca, órgano de la
avidez, de contacto con los otros por medio del habla, del grito o del
canto que la atraviesa, de la comida o de la bebida que ingiere. […] La

axiología corporal se modifica. Los ojos son los órganos que se benefician con la influencia creciente de la «cultura erudita». En ellos se concentra todo el interés del rostro. La mirada, sentido menor para los hombres de la Edad Media e incluso para los del Renacimiento, está llamada a tener cada vez más suerte en los siglos futuros. Sentido de la distancia, se convirtió en el sentido clave de la Modernidad, puesto que permite la comunicación bajo su juicio. (Le Breton, 1990, p. 41)

Modernamente, es imposible concebir la existencia social sin esta primacía de la visibilidad, aunque no todos los aspectos vinculados a lo real puedan ser captados sensorialmente. Pero incluso lo invisible puede ser perseguido, en muchos casos (intuitivamente, imaginativamente o con ayuda de la tecnología), a través de sus huellas, indicios o efectos sobre lo visible.

Sin embargo, esta supremacía de la visión pasará por instancias de relativización, en filósofos que reclaman una recentralización de lo corporal como el asiento de todos los sentidos, sugiriendo la necesidad de una visión holística del cuerpo y de las fuentes de conocimiento de lo real. Según indica Martin Jay, con Henri Bergson se asistirá a una reivindicación de la corporalidad total contra «la tiranía del ojo». En *Materia y memoria* (1896), Bergson se opone a la idea positivista de que el cuerpo debe ser analizado desde fuera, como una cosa del mundo exterior, enfatizando la importancia de las percepciones y el cuerpo como posición originaria, ya que este es el centro de referencia de la imagen del mundo que vamos componiendo. Según Bergson:

A medida que mi cuerpo se desplaza en el espacio, todas las otras imágenes varían; este, por el contrario, permanece invariable. Debo producir pues un centro, al cual ligaré todas las otras imágenes. (Bergson, 1896, pp. 60-61)[2]

Asimismo, la recentralización del cuerpo implica la revalorización de los otros sentidos que hacen parte de la experiencia del mundo, pero que el sentido de la vista integra en síntesis efectivas y confiables.

2. Jay (1993) señala esta posición de Bergson en las pp. 148-149.

Con la perspectiva transformadora que emerge de la obra de Merleau-Ponty, cuerpo y mundo son concebidos como entidades que existen en relación recíproca. De acuerdo con lo señalado en *Fenomenología de la percepción* (1945), el ser humano tiene conciencia del mundo por medio de su cuerpo. El filósofo escribe sobre las diferencias entre lo visible y lo invisible, señalando que, siendo el mundo esencialmente visual, el ser se relaciona con lo real a través de la percepción de lo visible. Esta es considerada la parte *positiva* de lo real, mientras que lo invisible apunta a lo negativo y solo puede ser alcanzado a partir de las señales que recibimos de su existencia, como huellas de una presencia que no nos es dado captar en su totalidad, ni de modo directo. Lo visible y lo visible son, en este sentido, cara y contracara de lo real.

> Merleau-Ponty desarrolla una fenomenología de la mirada, buscando los fundamentos de la experiencia del mirar y las configuraciones del mundo que posibilitan dicha experiencia. El ojo es un órgano privilegiado porque nos permite ver el mundo y detectar sus matices: distinguir colores, distancias, movimientos; a partir de la visión se me abre un horizonte mundano que se da, en primera instancia, como campo visual en potencia, como espacio donde se explicitan todas las percepciones de facto. Lo visible se dispone en torno a mi cuerpo que está ya situado e integrado en este horizonte, puesto que «el propio cuerpo está en el mundo como el corazón en el organismo: mantiene continuamente vivo el espectáculo visible, lo anima y nutre interiormente, forma con él un sistema» (Merleau-Ponty, *L'Œil et l'Esprit*, París, Gallimard, 1964, p. 234). (Fernández Guerrero, 2016, pp. 40-41)

Esta preeminencia de lo visual será aludida desde muchos ángulos y a través de una amplia terminología en el terreno de las artes, la filosofía, la estética, la psicología, la sociología y los estudios urbanos, todos los cuales entienden que el *ocularcentrismo* de la Modernidad tiene múltiples implicaciones en la construcción del esquema corporal, en la forma de relacionarse el individuo con el mundo, en los conceptos de armonía, belleza, equilibrio, proporción y perspectiva, de extensa aplicabilidad en la construcción de ciudades.

8. Cuerpo y ojo

Estrechamente vinculado al uso de la tecnología, lo visual es esencial para la construcción de los sistemas de control y vigilancia poblacional estudiados por Foucault, es decir, como mecanismo de poder. Christian Metz aplicará los estudios sobre semiología al estudio del cine (en *Lenguaje y cine* [1971], por ejemplo) impulsando el análisis de lo que llama «el régimen escópico» de la Modernidad. Su perspectiva para el estudio del cine combina la semiótica con el psicoanálisis, concentrándose no en lo que el cine «significa», sino en los mecanismos a partir de los cuales produce la relación con el espectador, de acuerdo con las distintas formas de *deseo* que orientan al público hacia la imagen cinematográfica. Para Metz, según explica en *El significante imaginario: Psicoanálisis y cine* (1977), las artes visuales tienen como uno de sus requisitos la distancia entre el cuerpo que observa y la imagen observada.

Martin Jay considera, por su parte, que el régimen escópico de la Modernidad debe ser estudiado a partir de la diferenciación de por lo menos tres *subculturas visuales:* 1) el modelo visual renacentista, basado en el perspectivismo y en el cartesianismo, particularmente en la idea de que la mente contiene *representaciones* de lo real y del espacio como una dimensión racionalizada y pensada a partir de conceptos geométricos; 2) el «arte de la descripción», tal como lo estudia Svetlana Alpers, el cual se ejemplifica en la pintura de los Países Bajos del siglo XVII, en la que se da prioridad al detalle, a la luz que emerge de los objetos, en composiciones que son indiferentes a la jerarquización y a las proporciones de los elementos que integran el cuadro, utilizando una modalidad que adelanta la fotografía; y 3) el modelo barroco, en el cual se problematiza la relación entre superficie y profundidad, dentro / fuera, arriba / abajo, y en el que la cualidad de la imagen es casi táctil (Jay, 1988, p. 17). El «espejo del arte», para usar una imagen propia de la crítica que enfoca estos temas, funciona en el Barroco como espejo anamórfico, que distorsiona lo que refleja, dando al elemento central de lo visual un carácter más relativo, que juega con el engaño y la ilusión óptica.[3] Jay observa el modo en que las

---

3. Cf. Jay, 1993.

imágenes y referencias a lo visual permean el lenguaje ordinario, haciendo del ver una de las bases indudables del conocimiento, la búsqueda de la verdad, el disfrute del mundo y la construcción de imaginarios colectivos. La tecnología (microscopio, telescopio, cámaras fotográficas, cine) han expandido las posibilidades de la visión. Los *estilos del ver* y el análisis de los campos visuales (su construcción, su manipulación, su artificiosidad) ocupan asimismo los estudios sobre sensorialidad y Modernidad y sobre la ciencia de la mirada y su instrumentalidad sociopolítica.

Colocado en la intersección de naturaleza y cultura, el ver marca una de las fronteras del ser y del conocer. El reconocimiento de múltiples regímenes escópicos permite penetrar en las distintas formas de exploración de lo real y de síntesis senso-conceptual a través de la historia. Asimismo, el desdoblamiento del ojo en órgano receptor de luz e imagen y en productor de expresividad y proyector de emocionalidad ha inspirado largos y apasionados debates. Fenómenos como la memoria visual, el «mal de ojo», la mirada como expresión de deseo, rencor o miedo, y otras cualidades atribuidas a la ocularidad, demuestran la mitificación a que este órgano ha dado lugar y la multiplicidad de funciones reales y simbólicas que se atribuyen al *poder* óptico.

Lo que Buci-Glucksmann caracterizara con respecto al Barroco como «la locura del ver» y como «los palimpsestos de lo invisible» llega a la Posmodernidad dando lugar a nuevos regímenes que exploran los aspectos fantasmales de la imagen pluralizada y complejizada por nuevos procedimientos y dispositivos tecnológicos (Jay, 1988, p. 19). En el caso del cine, el espectáculo teatral, la fotografía, etc., existe una zona que separa los dos momentos de la experiencia estética: el de la producción de la imagen y el de la recepción. En el cine, particularmente, la imagen se presenta como el objeto mismo, aunque en un espacio-tiempo diferente al del espectador, que se encuentra así doblemente separado de la instancia original que el cine re-presenta (es decir, separado del lugar donde la escena se filmó y del lugar desde donde se proyecta). Ya que la instancia originaria y el lugar mismo desde donde el filme es proyectado son inalcanzables, el régimen escópico funciona, según Metz, como una forma de *voyerismo* o *escopofilia*.

Lo que falta en el cine, lo que el distanciamiento hace inaccesible, da lugar al fetichismo escópico o fetichización de la imagen.

En *La sociedad del espectáculo* (1967), Guy Debord confirma la centralidad de esa espectacularización de la vida, que este autor concibe como un ensamblaje enajenante en el que se expresan relaciones de poder que representan falsamente lo real. Siendo el espectáculo la materialización de una visión del mundo, el *show* subsume a los individuos, los cuales son expuestos a representaciones de la realidad elaboradas y consumidas de acuerdo con las imposiciones del mercado. Para Debord, la imagen es la mediación a partir de la cual se controlan los cuerpos desde los mecanismos del poder, a través de los medios de comunicación, la publicidad, los videojuegos y muchas otras formas que son parte de la cultura popular. Los cuerpos están, así, sometidos constantemente al mensaje visual, que funciona como mecanismo de sujeción y disciplinamiento colectivo. Debord articula conceptos del marxismo sobre alienación y fetichización de la mercancía con conocimientos de semiótica, siguiendo a Barthes en cuanto a la identificación de la sociedad burguesa como espectáculo, como se ve en los estudios barthesianos sobre la moda y otras formas de espectacularización corporal. Asimismo, Debord dialoga con las ideas de la Escuela de Frankfurt acerca del papel del capitalismo y de los procesos de mercantilización y comunicación masiva y acerca de los efectos de estos sobre la subjetividad moderna.

Son muchos los autores que consideran que el predominio de la imagen crea subjetividades pasivas, meramente receptoras de mensajes prefabricados, o que requieren una mínima participación del sujeto. En su Introducción a *Modernity and Hegemony of Vision* (1993) David Michael Levin menciona algunas de las propuestas que intentan redefinir la receptividad visual con acciones participativas, como las que se elaboran respecto a la hermenéutica de la interpretación (Gadamer), y las que giran en torno a la ética de la acción comunicativa (Habermas). Se trata de liberar al sujeto del dilema de ser el observador dentro del paradigma ocularcentrista, o de tener el papel de objeto observado, como en el paradigma de la vigilancia panóptica. Finalmente, para Peter Sloterdijk:

Los ojos son los ejemplos orgánicos de la filosofía, su enigma estriba en que no solo pueden ver, sino que también son capaces de ver al ver. Esto les da una situación de superioridad entre los órganos de conocimiento del cuerpo. Una buena parte del pensar filosófico es, propiamente, mera reflexión visual, dialéctica visual, verse viendo. (Sloterdijk, 1983, Segunda parte, I, A, 6)

La alianza indisoluble entre la visión como cualidad corporal y la tecnología caracteriza el régimen escópico de la Modernidad. Para Derrida, en nuestro tiempo el predominio de la visión se ha entronizado en las *políticas de la cultura*. Lo que en la Ilustración estuvo centralizado en el pensamiento utópico y en la racionalidad, en el presente se manifiesta como la búsqueda de nuevas formas de ver, críticas y deconstructivas (Levin, 1993, p. 7).

No puede hablarse de la importancia de la visión en relación con la corporalidad sin tratar el tema de la mirada, cuya relevancia en la Modernidad es innegable, como punto de articulación de un mundo que es desplegado como espectáculo del progreso y que, a la vez, es escenario de la individualidad. El desarrollo del mercado, la superabundancia de la mercancía y sus formas irreverentes y aceleradas de diseminación en el mundo desarrollado revelan, como bien advirtiera Walter Benjamin, una cosmovisión centrada en la ocularidad.

Para muchos autores, es la sensibilidad de Baudelaire la primera que capta la estética lírica y visual de lo moderno y sus personajes típicos, entre los que se destaca el *dandy*, que detecta las transformaciones de lo social y sus formas visibles: las calles, la luz entre los edificios, las arcadas y las galerías. El paisaje urbano y el cuerpo mismo como protagonistas de la ciudad cosmopolita son el espacio del *dandy* y del *flâneur*, diletantes de un mundo creado para ser contemplado en su belleza y en sus contradicciones, para alojar cuerpos abiertos a la belleza y al goce de las formas. El *flâneur* es el paseante cuya percepción y desplazamiento corporal por las avenidas de la Modernidad testimonia una forma nueva de moverse por el espacio urbano y un nuevo *sensorium*, una forma de *juissance* vinculada al espacio y al cuerpo como componentes activos de la teatralización ciudadana.

Entre el *flâneur* y el *voyeur* hay diferencias, pero también convergencias, que destacan la importancia de la mirada como constructora de mundos, como productora y destinataria de mensajes dirigidos al cuerpo y, por su intermedio, a la afectividad, la racionalidad y la imaginación. La mirada del paseante construye la Modernidad como discurso, la registra; es su testigo y su destinatario, su productor y su receptor.

La mirada del paseante es, asimismo, una mirada nostálgica, ya que Modernidad es futilidad, temporalidad en fuga. Lo que se ve ya está dejando de ser, porque lo moderno escapa constantemente del lugar de la experiencia, se transforma en imagen de lo transitorio, de lo que nace para morir. Kirsten Seale observa que

> El movimiento del *flâneur* crea anacronismo: viaja por el espacio urbano, el espacio de la Modernidad, pero siempre mira al pasado. Se remite a su memoria de la ciudad y rechaza la autoridad autoenunciativa de cualquier imagen reproducida técnicamente. El compromiso del fotógrafo con la tecnología visual es similarmente ambivalente. El fotógrafo reitera la trayectoria del avance tecnológico a través de su aculturación respecto a nuevas tecnologías, sin embargo, la autoridad de esta trayectoria es desafiada por el producto fotográfico: la fotografía, una memoria material que solo se comprende desviando la mirada del futuro, leyendo retrospectivamente. (Seale, 2005, s/p)

La mirada de que habla Benjamin interioriza la materialidad de la cultura y la advierte, también, como fantasmagoría. Ese es el estatuto de la mercancía, su fugacidad, su constante desaparición, su rápida incorporación al pasado. En otras interpretaciones, el *flâneur* es también un símbolo de decadencia y de vida bohemia, un deambular sin propósito que se evade de la productividad y el trabajo, es decir, de la teleología de la Modernidad.

Pero la mirada de la Modernidad no es siempre desinteresadamente contemplativa, ni el cuerpo necesariamente está orientado hacia una utilización productivista de la fuerza y la energía (el cuerpo como instrumento de trabajo). El hedonismo constituye una pulsión de distinta naturaleza, que en relación con la mirada se traduce ya sea en la admiración estética y hasta nostálgica del paisaje ciudadano, o se orienta hacia una *lujuria del ver*, una sensualidad que tiende a expandirse y a convertirse en acto de apropiación simbólica del / lo otro. En este último caso se trata de la mirada que construye el objeto del deseo participando en el exhibicionismo y en la manipulación de la distancia que separa al sujeto del objeto deseado. Cuando el acto de la mostración se expresa como exceso y la corporalidad se revela como espectáculo impúdico, surge la *mirada pornográfica*. Esta construye al cuerpo *obscenamente*, como objeto de goce, de culto, de comercio, de uso y de sojuzgamiento.

Las opiniones en torno a la pornografía están muy divididas; es un tema de interés cultural, particularmente dentro de las corrientes feministas, en *gay studies* y el campo más amplio de las políticas de la sexualidad. Para algunos críticos, la pornografía se vincula con la desigualdad sexual y de género y contribuye a la cosificación del otro y a la incitación a la violencia (noción resumida en el eslogan «la pornografía es la teoría, la violación es la práctica») generalmente contra la mujer. Para otros autores, la pornografía destruye estereotipos y tiene un valor liberador, porque permite expresar abiertamente la sexualidad, teniendo asimismo un carácter polisémico que no se reduce a la incitación sexual. El tópico toca cuestiones vinculadas a los temas de agencia, relaciones de poder, patriarcalismo, religión, moral, mercado y formas de representación y de producción cultural, así como conceptualizaciones de la corporalidad y de lo sexual como práctica íntima y privada.

En «La imaginación pornográfica» (1967), Susan Sontag recupera una serie de textos considerados pornográficos para el campo de la literatura, estimando que existen varios tipos de pornografía, según la relación que se establezca entre sexualidad, obscenidad y muerte. Para Sontag, Bataille es el autor que mejor ha comprendido el sentido de la pornografía porque advirtió en el exceso mostrativo de lo obsceno un límite existencial y epistémico.[4] Al igual que los textos de Sade, las

---

4. Entre los textos recuperados por Sontag se cuentan: *Trois filles de leur mère* (1926)

obras de Bataille que siguen esta orientación no deben ser censuradas, según Sontag, por su carácter transgresivo. *The Sadeian Woman: And the Ideology of Pornography* (1979) de Angela Carter concede a Sade similar reconocimiento, porque, aunque lo considera un «pornógrafo moral», estima que abrió un campo para la mujer al mostrarla en situaciones extremas en la que generalmente no había sido vista.[5]

En «Body Images and the Pornography of Representation» (1991), Rosi Braidotti aproxima los temas de la visión (o visibilidad), la producción pornográfica y la verdad, a los procesos de representación de la sexualidad en el estilo excesivo y saturado de la exhibición pornográfica:

> En la pornografía, el sexo es representado a través del espectáculo de los órganos que se interpenetran, pero eso da una imagen muy poco satisfactoria del acto mismo. Hay siempre algo más en la experiencia de lo que la imagen puede mostrar. Y, sin embargo, el triunfo de la imagen es precisamente lo que marca la cultura científica. Como la naturaleza visual de la cultura pornográfica, ella hace trampas; expone una masa sanguinolenta de carne roja y dice: este es el origen de la vida. La pornografía muestra los órganos entrando y saliendo uno de otro, y dice: este es el placer sexual. Ambas descansan en la fantasía de que la visibilidad y la verdad funcionan juntas. Quiero afirmar que no es así, y que hay siempre más cosas de las que se ven. No hay un simulacro adecuado: ninguna imagen es representación de la verdad. (Braidotti, 1991, p. 25)

Como puede advertirse, tanto en el delicado voyerismo *à la* Benjamin como en el caso de la pornografía, la función del ojo parece dominar a la corporalidad: el cuerpo avanza por la ruta abierta por la mirada. La conexión entre visión y conocimiento es evidente. El

---

de Pierre Louÿ; *Histoire de l'oeil* (1928) y *Madame Edwarda* (1937) de Georges Bataille; *L'Histoire d'O* (1954) de Pauline Réage y *L'Image* (1956) de Catherine Robbe-Grillet.

5. Para una utilización de las posibilidades estéticas del sadomasoquismo visto desde la perspectiva femenina cf. Alejandra Pizarnik, *La condesa sangrienta* (1971), donde se relata parte de la historia de Erzsébet Báthory (1560-1614).

ojo proporciona no solamente una entrada exploratoria en el objeto, sino un *saber* sensorial que se traduce en contemplación y deseo. El régimen escópico de la Modernidad se confirma en estas experiencias de la mirada como dispositivo para la construcción de lo real y de lo imaginario.

Entre la mirada apacible, aunque deseosa y nostálgica del paseante y la mirada lujuriosa que inspira el exhibicionismo pornográfico se sitúa una práctica también relacionada con el cuerpo y la mirada que apasionó a los semióticos: la del *strip-tease*.

Considerada por Roland Barthes una forma de «relato», la práctica del *strip-tease* se basa, según este autor, en una contradicción: la mujer es desexualizada en el momento mismo de desnudarse. Para Barthes el sentimiento dominante en el *strip-tease* es el miedo, un «delicioso terror» que quiere ser conjurado.

> El público se constituye en *voyeur* únicamente por el tiempo que dura el desnudamiento. Pero en este caso, como en cualquier espectáculo mistificante, el decorado, los accesorios y los estereotipos sirven para contrariar la provocación del propósito inicial y terminan por sepultar todo en la insignificancia: se *muestra* el mal para perturbarlo con más facilidad y exorcizarlo. El *strip-tease* francés parece proceder de lo que en otra parte he llamado «operación *Astra*»; procedimiento de mistificación que consiste en vacunar al público con una pizca de mal para poder arrojarlo en seguida, con mayores posibilidades de éxito, inmunizado, a un Bien Moral: algunos átomos de erotismo, recortados por la propia situación del espectáculo, son absorbidos en un ritual tranquilizante que borra la carne de la misma manera que la vacuna o el tabú fijan y contienen la enfermedad o la falta. (Barthes, 1957, pp. 150-151)

Barthes atiende a los elementos que forman el decorado de los cuerpos, caracterizados por estereotipados implementos del *music hall* o por objetos y decoraciones cargados de exotismo, que muestran el cuerpo disfrazado en situaciones supuestamente románticas o sexualmente sugerentes. Sin embargo, la misma artificialidad que rodea al espectáculo lo des-erotiza. Para Barthes, la mujer se mueve ondulantemente, pero de manera mecánica y previsible, como temiendo la inmovilidad. Finalmente, esta práctica supuestamente erótica está «domesticada», según el mismo crítico, al ser asimilada a la lógica pequeñoburguesa, que la ha «institucionalizado» como un *deporte* (clubs, certámenes, premios), como una *vocación*, un *trabajo* o una *carrera*, con lo cual la práctica corporal supuestamente transgresiva se normaliza y se integra en la vida diaria.

También Baudrillard se ocupa del cuerpo como signo. En *El inter-cambio simbólico y la muerte* (1976) el crítico señala que las prácticas que toman como objeto el proceso de mostración del cuerpo y cuentan con la mirada que lo construye caen en presentaciones e intercam-bios repetitivos y monótonos que destruyen el efecto buscado. «Moda, publicidad, *nude-look*, teatro desnudo, *strip-tease:* en todas partes es el escenodrama de la erección y de la castración» (Baudrillard, 1976, p. 116). El autor analiza los elementos fálicos (la barra para el baile de la mujer, el lápiz labial), los cuales subrayan partes del cuerpo, funciones, movimientos y gestos, de modo predecible, para poner en marcha «la economía política del deseo».

> Lo mismo sucede con la mirada. Lo que realiza el mechón sobre el ojo (y cualquier otro artefacto erótico en los ojos) es la degeneración de la mirada como dimensión perpetua de la castración, al mismo tiempo que ofrenda amorosa. Ojos metamorfoseados por el maquillaje, es la reducción estática de esa amenaza, de la mirada del otro donde el sujeto puede verse en su propia carencia, pero en la que también puede abolirse vertiginosamente si se abren sobre él. Esos ojos sofisticados, medúsicos, no miran a nadie, no se abren sobre nada. Sometidos al trabajo del signo, tienen la redundancia del signo: se exaltan con su propia fascinación, y su seducción proviene de ese onanismo perverso. (Baudrillard, 1976, p. 120)

Baudrillard también ve en el supuesto «privilegio erótico de la mujer» una memoria histórica de la sujeción social de género, por lo cual el cuerpo y el ojo estarían reproduciendo simbólicamente relaciones de dominación ya no solo sexual, sino social e histórica que se actualizan en el simulacro del *strip-tease*.

Todo el material significante del orden erótico no está hecho más que de la panoplia de los esclavos (cadenas, collares, látigos, etc.), de los salvajes (negritud, bronceado, desnudez, tatuajes), de todos los signos de las clases y de las razas dominadas. Lo mismo con el cuerpo de la mujer, anexado a un orden fálico cuya expresión política la condena a la inexistencia. (Baudrillard, 1976, p. 121)

El cuerpo es re-presentado a través de una «desnudez diseñada» (apenas cubierta, consistente en prendas ceñidas, guantes y vestidos ajustados, que funcionan como «segunda piel») que cubre lo inaccesible. Se trata de «esquivar el deseo del otro (su propia carencia), y en cierta forma ver (verse) sin ser visto. La lógica del signo se une a la lógica de la perversión» (Baudrillard, 1976, p. 124). El *strip-tease* es parodia, mistificación apartada de lo real; la mujer se distancia del *otro* por capas de maquillaje, atuendos, adornos, simulacros. En realidad, opina Baudrillard, es la celebración que la mujer hace de su propio cuerpo, en la que la lentitud y la ingravidez son elementos principales.

Si todo lo anterior enfatiza e ilustra la importancia de la visión como constructora de realidades y puente sensorial hacia la otredad (el Otro humano, la otredad natural o cultural, la cosa), este sentido se manifiesta también para otros autores como una función engañosa y problemática. Por ejemplo, James Elkins, en *The Object Stares Back. On the Nature of Seeing* (1996), indica:

[…] ver es irracional, inconsistente y poco confiable. Es el primo inmensamente problemático de la ceguera y la sexualidad, cautivo entre los hilos del inconsciente. No podemos mandar a nuestros ojos; ellos van adonde quieren y luego nos dicen que han estado solo donde los mandamos. No importa cuánto miremos, vemos muy poco de lo que miramos. Si imaginamos a los ojos como un dispositivo de navegación, lo hacemos para no aceptar lo que ver realmente es. Ver es como cazar y como soñar, y hasta como enamorarse. Está enredado en pasiones, celos, violencia, posesión; y empapado en afecto, en placer y desplacer, y en dolor. (Elkins, 1996, pp. 11-12)

El estudio de Elkins se ocupa del fracaso del ver, de la complicidad entre visión y ceguera, de la parte inconsciente de la mirada, y al mismo tiempo del rostro que contiene los ojos como su rasgo más notorio e intrigante. Elkins define el rostro como un centro de poder, un espacio en el que se concentra el sentido. Asimismo, compara la cara con una máquina que produce efectos particulares, como si fuera la consola o el diagrama del cuerpo (Elkins, 1996, pp. 176-177), y con un mapa en el que muchas rutas están borradas. El rostro sería, entonces, como un *work-in-progress*, un proyecto incompleto que los rastros del tiempo van redefiniendo de manera constante.

Cuerpo y deporte

En las primeras décadas del siglo XX se difunde un movimiento conocido como «reforma de la vida» en Europa y América que abarca transformaciones que van desde el vestido y la nutrición hasta el incremento de actividades corporales como las competencias gimnásticas, el nudismo, el yoga y una variedad de deportes y técnicas para el mejoramiento del cuerpo. El interés multidisciplinario que acompaña esta orientación es notable y se registra sobre todo en el campo de la sociología y la antropología. El deporte comienza a ser estudiado en relación con la sociedad, el género, las razas y también en su valor simbólico, como un uso del cuerpo que canaliza pulsiones y emite mensajes múltiples en distintos niveles. A esta época pertenecen los primeros estudios culturales sobre la cuestión corporal, perspectiva que se prolonga hasta el presente.

En su fundacional y conocido estudio sobre técnicas corporales, el antropólogo francés Marcel Mauss define el cuerpo como un ensamblaje psicofísico y social, a partir del cual se realiza el adiestramiento del cuerpo. Para Mauss, una serie de técnicas corporales son interiorizadas por el individuo, mostrando diferencias de clase, edad, educación y otras variables. Esas técnicas van desde las formas de caminar hasta la práctica de deportes y los hábitos cotidianos. Mauss aclara esa noción indicando:

> Denomino técnica al acto *eficaz tradicional* (ven, pues, cómo este acto no se diferencia del acto mágico, del religioso o del simbólico). Es necesario que sea *tradicional* y sea *eficaz*. No hay técnica ni transmisión mientras no haya tradición. El hombre se distingue fundamentalmente de los animales por estas dos cosas, por la transmisión de sus técnicas

y probablemente por su transmisión oral. [...] El cuerpo es el primer instrumento del hombre y el más natural. (Mauss, 1935, p. 342)

La importancia de la cultura es fundamental en estos procesos, que incorporan tradiciones, creencias y hábitos colectivos en el rendimiento individual. Asimismo, el contexto político, que re-significa el cuerpo, es analizado prestando particular atención a la cultura del nazismo y a la importancia que el Estado da a lo corporal —poses, adiestramiento, alineación de los cuerpos— en formaciones militares, ceremonias y desfiles, como símbolo de poder, disciplina, propósito y, por supuesto, apuntando a la idea de la pureza y superioridad de la raza aria. El contraste de estas imágenes con la producción de cadáveres y con los cuerpos devastados en los campos de concentración habla por sí mismo acerca de la densa simbología de lo corporal y de la centralidad y el culto del cuerpo humano en el siglo XX como elemento icónico que encierra múltiples y contradictorias pulsiones sociales.

El deporte, a pesar de su larga inserción en la sociedad occidental como parte del culto al cuerpo y a su potencialidad para el adiestramiento y rendimiento físico, comienza a ser considerado un rasgo propio de la Modernidad en el momento en que conecta con dos variables de importancia: la individualidad y el mercado. Estos factores contribuyen a incrementar los aspectos de competitividad y de espectacularización que el deporte ya presentaba entre los griegos. El deporte se masifica, convirtiéndose para algunos sectores en un ideal de vida y para muchos en una forma preferida de entretenimiento, que parecía impulsar la unificación de lo humano no solamente por unir en las competencias a deportistas de distintas culturas, sino por promover formas de mantenimiento y mejoramiento corporal que unificaban los tradicionales dualismos en la organicidad física: «mente sana en cuerpo sano». El deporte aparece como una forma ideal de impulsar la superación de las limitaciones corporales y la conquista de nuevos horizontes de fuerza, habilidad y superación personal.

Como toda práctica social, el deporte está marcado por las relaciones de poder y por las diferencias de género, verificables en el modo en que se maneja la distinción biológica entre hombres y mujeres, la cual se traduce en índices «objetivos» de rendimiento diferencial según los sexos, reforzando estereotipos ya existentes. En cada deporte la historia de exclusiones y desigualdades es sin duda específica, aunque se repiten elementos comunes que van variando a través de las épocas, no solamente en cuanto a cuestiones de género, sino también en lo vinculado con elementos raciales, de edad, (dis)capacidad física, religiosidad, etc. De modo que la relación entre cuerpo y rendimiento deportivo está mediada por los mismos factores diferenciadores y excluyentes que pueden verificarse en otros registros. Se sabe que el modelo de la masculinidad blanca ha funcionado como paradigma en la ideología del deporte a lo largo de siglos. También se ha estudiado el hecho de que, a pesar de su racialización, el campo del deporte ha brindado oportunidades para que individuos de todas las razas demuestren sus capacidades y obtengan triunfos que se traducen en el reconocimiento de la igualdad entre los seres humanos.

Otro elemento discriminatorio tiene que ver con la afianzada concepción de que el deporte, principalmente masculino (fútbol, baloncesto, rugby, etc.) no admite más que la norma heterosexual, existiendo una censura explícita, pero también disimulada, de cualquier apartamiento de la sexualidad dominante. Existen estudios, sin embargo, que analizan el aspecto homoerótico de estos deportes, visible en el comportamiento físico entre jugadores, sobre todo durante las explosiones de entusiasmo por un partido ganado o incluso durante el desarrollo mismo de los partidos, como celebración de buenas jugadas. En tales momentos, las expresiones físicas de afecto y los contactos corporales que serían censurados en condiciones normales son considerados parte de la indudable masculinidad del encuentro deportivo.

A finales de los años setenta el antropólogo Alan Dundes publicó un influyente artículo titulado «Into the Endzone for a Touchdown: A Psychoanalytic Consideration of American Football» (1978), en el que ofreció una lectura de ese deporte como ritual homosocial (usando aquí la expresión que acuñaría Kosofsky Sedgwick). Este crítico alude a los antecedentes ancestrales que tienen los juegos de pelota como rituales vinculados a los ciclos solares, a la fertilidad e, indirectamente, a la sexualidad, aspecto ya señalado por otros autores en artículos publicados anteriormente.[1]

Dundes analiza sobre todo aspectos del juego mismo, el lenguaje utilizado y la vestimenta. Esta, en particular, sugiere una versión exagerada de la masculinidad, al exaltar el desarrollo del torso y la cabeza agrandada y reforzada por la protección reglamentaria. Cita al respecto el estudio de William Arens, en el que se señala que «[v]estidos de esa manera los jugadores pueden darse la mano, abrazarse y palmearse el trasero, lo cual sería desaprobado en cualquier otro contexto, aunque es aceptado en el campo de fútbol sin pensarlo dos veces» (Arens, 1975, p. 79, en Dundes, 1978, p. 77). Asimismo, Dundes se basa en el análisis del léxico y de giros coloquiales a partir de los cuales se describe el campo de juego y las estrategias de movimiento de los jugadores, así como en el habla utilizada por estos durante el juego. Observa que todos los movimientos y objetivos del juego se describen en términos de penetración sexual, como prueba de habilidad y masculinidad.

> El objetivo del juego, dicho simplemente, es llegar a la *zona final [endzone]* del oponente impidiendo que él llegue a la nuestra. Estructuralmente hablando, esto es precisamente lo que involucra el duelo verbal entre hombres. Uno desea someter al oponente, «joderlo» mientras se evita ser «jodido» por él. Ahora podemos comprender mejor lo apropiado de las «palmadas en el trasero» tan a menudo observadas entre jugadores de fútbol. Un buen juego ofensivo o defensivo merece una palmada en el trasero. El que la recibe ha protegido su trasero y, por lo tanto, ha ayudado a proteger el «trasero» colectivo de todo el equipo. Uno palmea el trasero de los jugadores, pero busca violar la zona final *[enzone]* del oponente. (Dundes, 1978, p. 81)

Dundes incluye declaraciones de David Kopay, un jugador de fútbol profesional que admitió sus preferencias homosexuales y se refirió de este modo al lenguaje utilizado en el planeamiento de los partidos.

---

1. Dundes cita el artículo de Branch Johnson y también una somera introducción a la perspectiva psicoanalítica sobre el fútbol, de Abraham A. Brill, ambos de 1929.

Todo el lenguaje del fútbol está lleno de alusiones sexuales. Nos dicen que salgamos y «jodamos a esos tipos»; tomen esa pelota y «métansela en el culo» o en la garganta. Los entrenadores gritan, «arránquenles el pene» o, más frecuentemente, «arránquenles los huevos». Dicen: «Salgan y denles todo lo que tengan, ciento diez por ciento, quemen hasta su último cartucho». Uno controla la línea de los oponentes y los obliga a someterse. A lo largo de los años he visto muchas veces a un entrenador excitarse emocionalmente mientras diagramaba una jugada en particular como un agujero imaginario en el pizarrón. Su cara roja, su voz alzándose, mostraba al que llevaba la pelota cómo debía «meterla en el hoyo». (Dundes, 1978, p. 84)[2]

El concepto de homosocialidad antes mencionado es útil para hacer referencia a situaciones sociales —no sexuales, no románticas— entre hombres, que puede consistir en una amistad, vínculo profesional, etc. y que indican un *bonding*, relación o camaradería especialmente estrechos, que se manifiesta como explícita confirmación de valores masculinos. Este lazo social suele expresarse como claro rechazo de la homosexualidad, aunque no esconde la atracción mutua y la preferencia que los participantes de ese vínculo tienen por los demás hombres que forman parte de ese círculo.

En relación con el rugby, del cual deriva el *football* americano, Adrian Stokes ya había señalado, en la década de 1950, que en este juego «ambos equipos luchan por poseer el falo del padre, es decir, la pelota, para meterla en la vagina arquetípica, el *in-goal* o zona de

---

2. Dundes no pierde la oportunidad de señalar, en relación con la sexualización masculinista del fútbol y la proliferación de metáforas de penetración homosexual, que el término «masculino» deriva del latín *mas = male*, y *culus = anus* (p. 87). Similar aproximación entre el aspecto deportivo y sexual se encuentra en el toreo, en el cual la acción consiste en la penetración de un cuerpo por otro. El que pierde (probablemente la vida) es el que es penetrado, todo lo cual continúa implícitamente una larga tradición de denigración de la mujer, quien por ser «penetrada» en el acto sexual se manifestaría como un ser inferior. Lo mismo se aplica al homosexual «pasivo». De ahí que insultar a un hombre llamándolo «mujer» haya sido, en todos los tiempos, una afrenta importante.

marca» (Stokes, 1954, p. 190, en Dundes, 1978, p. 79). Fuertemente arraigados en rituales, costumbres y principios infusos en la concepción de lo social, incluidas las formas dominantes de sexualidad, tales connotaciones han sido naturalizadas como un aspecto paródico del juego, pero no por ello su significado deja de tener relevancia en un análisis de estas prácticas desde el punto de vista del género y del tratamiento de la corporalidad.

El clásico libro de Norbert Elias *El proceso de la civilización* (1939) analiza, entre otras cosas, a partir de las ideas de Marx, Freud y Weber, prácticas corporales de la vida diaria desde la Edad Media, e incluye los deportes, en un enfoque que relaciona estos aspectos con las formas de consolidación del Estado y el fortalecimiento de las redes sociales. El libro adelanta aspectos, que serán reelaborados por Foucault, Bourdieu y otros, respecto a las relaciones entre poder, conocimiento, emoción y comportamientos sociales, así como sobre la noción de hábito o «segunda naturaleza», las relaciones entre lo público y lo privado, y aspectos del psicoanálisis, como la represión y los comportamientos simbólicos. Sus estudios sobre el cuerpo resultan de una perspectiva de «sociología figuracional» que alcanzaría gran reconocimiento.

Desde la primera posguerra tiene lugar el proceso de eclosión y diversificación de los modelos deportivos en distintos registros: atletismo, danza, natación, alpinismo, automovilismo, fútbol, baloncesto, ciclismo, boxeo y muchos otros. La espectacularización de estas prácticas se realiza en estrecha relación con el desarrollo de la industria cinematográfica y de los medios de comunicación masiva, que reproducen la imagen de estrellas de la pantalla, las cuales se convierten, como sucedería en el ámbito de los deportes, la música y otras formas de la cultura popular, en paradigmas en cuanto a imagen y habilidades corporales. Con el incremento de la publicidad, la divulgación del uso del maquillaje y la combinación del ideal hollywoodense con el deportivo (por ejemplo, Esther Williams), la exhibición del cuerpo llevado al máximo de sus posibilidades estéticas y de su adiestramiento físico modifica sustancialmente los imaginarios colectivos, creando horizontes de representación y consumo que convergen en lo corporal como objeto de deseo.

El fenómeno de emulación social se afinca en la apariencia de los cuerpos modélicos que quieren ser alcanzados por la imitación y la autodisciplina (dietas, ejercicios, consumo de vestuario de moda, maquillaje, peinados e intervenciones estéticas de modificación corporal), confundiendo las líneas divisorias entre lo aparencial y lo verdadero, lo propio y lo ajeno, lo natural y lo adquirido. Se trata de un sistema de apropiación de la imagen que también habla a las claras de transformaciones de la subjetividad individual y colectiva, del cambio de valores y de la comodificación del cuerpo, cosificado como mercancía que debe cotizarse en el mercado simbólico de la belleza y el reconocimiento social. Esto va unido a la idealización de la juventud como instancia que puede ser prolongada a través de intervenciones que a veces ponen en peligro la salud y la vida misma del sujeto que se obsesiona con detener el tiempo.

Individualismo, hedonismo, narcisismo, consumismo y exhibicionismo se incorporan tanto a los mensajes que circulan en la esfera pública como a las preocupaciones y actividades de la vida diaria y del espacio doméstico, afectando a veces de manera profunda y peligrosa la salud colectiva, cuando se generalizan afecciones como la bulimia, la anorexia, el abuso de las intervenciones quirúrgicas, el exceso de ejercitación y la adicción a ciertos fármacos que aceleran el adelgazamiento o que producen un incremento hormonal.

Aunque el cuerpo ocupa un lugar prominente en todo el siglo XX, se considera que es a partir de la década de 1970 que se produce una reaparición de lo corporal como motivo de estudio y representación. Este resurgimiento alcanza múltiples disciplinas e incluye el campo de los deportes. En los años sesenta y setenta la cultura *hippie*, como contrapartida a la guerra de Vietnam, a las devastaciones causadas por los bombardeos y por el uso de napalm, realiza una celebración del cuerpo gozoso, abandonado al ocio o a la fiesta, con frecuencia sometido a alucinógenos o drogas que producen sentimientos de evasión y/o mundos alternativos que estimulan los sentidos. Surgen en ese contexto críticas a los deportes como prácticas de excesivo disciplinamiento y utilización pragmática y competitiva del tiempo, es decir, como sacrificio del cuerpo en aras de la competitividad capitalista. En el campo de la sexualidad, el avance del feminismo, la popularización de métodos anticonceptivos, la crítica a la sociedad patriarcal y la apertura a formas alternativas a la heterosexualidad y a las definiciones de género crean un espacio social fuertemente centralizado en la fisicalidad, en direcciones muy diversificadas.

La Posmodernidad encontrará la llamada «cultura del cuerpo» ya consolidada como práctica social, aunque se produce un giro importante, desde las últimas décadas del siglo XX, que se intensifica con el cambio de siglo, hacia los temas de la salud, la nutrición y los productos orgánicos, así como hacia aspectos relacionados con la apariencia, la forma del cuerpo, su rendimiento deportivo y su decoración.

En su análisis de la cultura del cuerpo, Henning Eichberg señala cómo este giro ha potenciado el estudio de los deportes dentro de amplios campos de debate histórico y sociológico, en conexión con temas como la modernización, la civilización, la industrialización, etc., mostrando la convergencia entre el desarrollo deportivo y el cambio social. Para Elias, tal desarrollo muestra un proceso que va desde las formas más claras de violencia y agresión interpersonal hasta relaciones moderadas y reguladas entre sujetos cuya adaptación social y psicológica les permite absorber los intercambios de energía y la pasión deportiva. En esto ve Elias un proceso civilizatorio positivo, que los excesos de violencia, que con frecuencia tienen lugar contemporáneamente en torno a competencias deportivas, vuelven a poner en duda.

Aunque muchos autores ven en la Antigüedad griega los orígenes del espíritu olímpico, del culto al cuerpo y a los deportes, otros consideran que el modelo deportivo que se conoce actualmente no se remonta más allá de los siglos XVIII y XIX, ya que el tipo de ejercitación o juegos populares que se practicaban con anterioridad son de otra naturaleza. La Revolución Industrial habría tenido, en este sentido, una influencia decisiva al impulsar la modernización y las diversas formas de disciplinamiento moderno.[3]

3. Eichberg señala estas relaciones, así como la relación entre ideología y culto del

Como señala Eichberg, valores de la Modernidad como la aceleración y la velocidad encuentran representación en algunos deportes, como las carreras de automóviles, contribuyendo a la popularización de estas competencias, en las que la destreza corporal se une al control psicológico y a la admiración que causa la tecnología automovilística, la cual resume una cantidad de significaciones materiales y simbólicas. Los estudios que se han realizado sobre la identificación de las pulsiones masculinas con el automóvil (su potencial de fuerza, velocidad, apariencia, relación con el estatus, etc.) afirman que este deviene en muchos casos una extensión de la libido, es decir, adquiere el valor de un *dispositivo* que da una ilusión de poder y que posee, por lo mismo, una fuerte carga como capital simbólico.

En general, el deporte crea un espacio ideal para la exhibición del cuerpo y la exaltación de su estética y su erotismo. Los espacios al aire libre crean un «paisaje deportivo» y colocan al individuo en contacto y en competencia con la naturaleza, rasgo que se ha relacionado con el ecologismo, en el sentido de la forma positiva de relación (no depredadora) que se establece entre el cuerpo humano y el medio ambiente.

Eichberg hace también una puntualización pertinente en cuanto a ciertas interpretaciones de lo corporal que dejan fuera un elemento esencial para comprender su capacidad orgánica, su funcionamiento en sociedad y sus formas de rendimiento lúdico:

> El cuerpo no es solamente una cierta sustancia o materialidad, como fue y como es a menudo considerado por las ciencias naturales. Tampoco es solo un signo o construcción, como proponen recientes teorías constructivistas. Al reducir el cuerpo a discurso, significado, interpretación, expresión simbólica y modelos semióticos, el construccionismo lo trata como texto que puede ser «leído». La cultura del cuerpo, sin embargo, se refiere a una tercera categoría: práctica en movimiento. (Eichberg, 2009, p. 92)

---

cuerpo en Alemania antes del fascismo. Estudios sobre el tema demuestran, según Eichberg (2009, p. 87), la importancia del cuerpo y del género en la formación de la violencia fascista.

El elemento del movimiento es, en efecto, esencial y se refiere al nivel corporal tanto como al emocional y al social, ya que comprende actividades como danza, juegos, ejercicios físicos, coreografías acuáticas, etc., y las correlativas reacciones emocionales de entusiasmo, competitividad, celos o ira, que se traducen en movimientos y gestualidades. Ya que toda actividad social formal o informal supone movilización, interacciones y desplazamientos, el cuerpo no puede ser concebido como organismo estático, puesto que es a través del movimiento que alcanza algunas de sus más notorias formas de expresión y de realización personal.

Junto con las consideraciones anteriores, los deportes han sido estudiados en relación con el género, la raza y la dominación. Muchos autores han analizado, por ejemplo, la práctica del boxeo, rebatiendo la idea de que se trata de enfrentamientos corporales destructivos y brutales que manifiestan agresividad y machismo. Los aspectos de disciplinamiento, estricta regulación y control físico-emocional demostrarían que se trata de una práctica que encierra significados mucho más complejos que los que se advierten a primera vista. En *La dominación masculina* (1998), Pierre Bourdieu aplica los conceptos de *habitus* y capital simbólico para explicar cómo los movimientos repetitivos del boxeo se orientan hacia la voluntad de efectuar un cambio (disputar un título, por ejemplo) que implica *apropiación de capital simbólico* y, consecuentemente, la posibilidad de aumento de capital real. Como explica Brown, «el cuerpo deportivo ejemplifica muchos de los conceptos de Bourdieu sobre cómo el cuerpo actúa como entidad mediadora, conectando a los individuos con los más amplios procesos socioespaciales de poder, reproducción y cambio» (Brown, 2006, p. 163).

El sociólogo francés y algunos autores que aplican sus conceptos señalan cómo el boxeador, por ejemplo, interioriza a través de su cuerpo nuevos hábitos y va renegociando su identidad en una danza que oscila entre disciplina y ataque, respeto por el adversario y voluntad de vencerlo, pero dentro de reglas estrictas en que la dominación de uno sobre otro está en juego y se establece de manera siempre inestable y provisional. Se trata de un trabajo estratégico que implica no solamente fuerza sino estilo, espectacularidad y autocontrol.

A partir de sus estudios en *La distinción* sobre el *habitus* y los gustos propios de ciertas clases, razas e inclinaciones según el género, así como acerca de la noción de capital simbólico y la búsqueda de distinción y prestigio social, Bourdieu señaló que en Francia, por ejemplo, las actividades deportivas se diferenciaban claramente según el estrato social y el tipo de relación que esos sectores establecían con el cuerpo. Mientras que las clases más encumbradas practicaban deportes como el golf, la navegación a vela y el tenis, en los que los individuos están a distancia unos de otros y fuera de la multitud, la clase obrera se inclinaba más bien por deportes físicos como el boxeo y el rugby. En los sectores medios, el ciclismo es particularmente popular, mientras que los profesionales prefieren deportes caros como el esquí o actividades como el alpinismo, es decir, prácticas que se desarrollan en lugares exóticos, que muestran estatus y selectividad.

Los deportes populares no evaden el contacto físico e incluso favorecen la agresión corporal en el contexto de las competencias, ya que la relación con el cuerpo en las clases trabajadoras incluye la valoración de la fuerza física y un sentido de la masculinidad más expuesto que el que se manifiesta en otros sectores sociales, que tienden a mantener un vínculo más aséptico con la materialidad física, los golpes, la sangre, el sudor y el lenguaje coloquial y duro que suele acompañar estas actividades. De ahí la censura que se expresa hacia deportes como el boxeo, que enfrenta de manera directa cuerpos sudorosos y castigados, que luchan por el predominio sobre el otro, exponiendo los flujos corporales (sangre, sudor, saliva, etc.) como un muestrario crudo del sacrificio físico en aras de cierta forma de inserción social y reconocimiento público. Este carácter sacrificial del boxeo es lo que las clases más altas suelen considerar, con frecuencia, chocante y obsceno. Loïc Wacquant en «The Pugilistic Point of View» realiza una defensa de este deporte, señala los aspectos de disciplina corporal y mental, respeto a la autoridad y regulación y precisión de movimientos y niega que se trate de un deporte que incita a la violencia.

En el sentido que da Elias al término, el gimnasio constituye una máquina civilizatoria en pequeña escala, que simultáneamente impone tabúes estrictos sobre ciertas formas de violencia, baja los umbrales de aceptación de la mala conducta y promueve la internalización del control y la obediencia a la autoridad. De modo que la inmersión en la «comunidad personal» formada por la membresía al gimnasio y por la más amplia fraternidad del boxeo, tiende a reducir esa «lujuria del ataque» que la lucha por un premio parece ejemplificar y exacerbar (Wacquant, 1995, p. 499).

Se sabe que el boxeo cuenta con gran participación de pugilistas afroamericanos y latinos. Para algunos estudiosos de la relación entre deporte y racialización, es evidente la contradicción entre el hecho de que este deporte incluye elementos de racismo y, al mismo tiempo, de oportunidad. Restricción y exceso forman parte de la disciplina pugilística, en la que se produce un contraste mórbido de los cuerpos perfectamente formados y adiestrados, y la devastación de que van siendo objeto por la práctica a la que se someten. Esto conecta directamente con el tema de la masculinización y la racialización de ciertas formas de expresión pública que tienden a fortalecer estereotipos basados en la idea de que el ocio y los pasatiempos de las clases más altas se sustentan en el sacrificio de las minorías. En este sentido, el boxeo es una práctica particularmente polarizada, en la que se expone de manera simbólica la lucha por la supervivencia de ciertos sectores, casi siempre de clase baja, y el precio corporal que se paga por la oportunidad de triunfar en el espacio público.[4]

David Morris, en su libro sobre el dolor, menciona el escenario del boxeo como un espacio de tragedia moderna, donde se pone en práctica uno de los usos posibles del dolor, y cita la opinión de la novelista y crítica Joyce Carol Oates, quien al final de su libro *Del boxeo* (1987) señala que «el boxeo [...] se ha convertido en el teatro trágico de América» (Oates, 1987, p. 116, en Morris, 1991, p. 256). Oates fue criticada por este concepto, al considerarse que eximía a ese deporte de su crueldad intrínseca al encontrar glamur y aún valor estético en él. Oates señala, sin embargo, que en su opinión el boxeo debe ser

---

4. Cf. al respecto Bourdieu, 1998, así como Brown, 2006; Crews y Lennox, 2019; Woodward, 2007.

extraído de la vida cotidiana y juzgado como un acto ritualizado en el que cada boxeador actúa como un actor en la pantalla, en cuyos movimientos puede detectarse disciplina, gracia, coraje, velocidad, etc. El boxeo, para esta autora, es tan brutal como la tragedia; ambas acercan al espectador a la muerte, creando una experiencia límite. Oates habla de este enfrentamiento como de una confrontación con la sombra de uno mismo. Como explica Morris:

> El box también se parece a la tragedia porque la conclusión, en cierto momento, es ineludible. En la tragedia la muerte no es accidenta, sino, si se nos permite la metáfora, casi matemática. Sigue inevitablemente a una secuencia implacable de sucesos que se han puesto en marcha, como los sumandos de una suma. (Morris, 1991, p. 261)

Según Oates, ante la situación extrema en que se está jugando la carrera del boxeador, y su vida misma, el fracaso de uno es el triunfo del otro. Sin embargo, el espectador puede ver ese triunfo como «meramente temporario y provisorio, solo la derrota es permanente» (Oates, 1987, pp. 60-61, en Morris, 1991, p. 261).

Bourdieu atiende a los casos en que la mujer se integra en las lógicas deportivas dominadas por la lógica patriarcal, y entiende que a través del deporte esta relación de poder puede ser subvertida. Según Brown: «Para Bourdieu el cuerpo deportivo femenino tiene un considerable potencial para generar una subversión material y simbólica de la dominación masculina que desafía la mirada ortodoxa del género» (Brown, 2006, p. 164).

La relación entre poder, cuerpo y deporte se hace así evidente en muchos niveles, no solo porque existen deportes para práctica y consumo de diversos estratos de la población, sino porque en el interior mismo de la formación deportiva se alojan relaciones de dominación de tipo racial, de género, de clase, etc., que forman parte de la dinámica interna de cada universo deportivo. Estas relaciones producen valores específicos en cada campo: nociones de prestigio, superioridad física, habilidad personal, rapidez, valentía, resistencia, perseverancia, etc.

Mucho podría decirse, en este sentido, de las tensiones que atraviesan también deportes y artes en los que participan mayoritariamente mujeres, actividades en las cuales dietas, elementos de apariencia física y erotización del cuerpo tienen un lugar preponderante. Un caso claro es el del *ballet*, que cae dentro de las artes más que del deporte, aunque podría alegarse que tal clasificación es debatible. El sometimiento del cuerpo es, en este caso, severo, ya que se trata de una práctica que desafía a la gravedad y busca hacer «flotar» el cuerpo bajo la forma de giros, piruetas, saltos y deslizamientos, en los que se da al cuerpo un aspecto etéreo y se intensifica el elemento «espiritual» a través de la música y de la superación de la materialidad: el peso, el volumen y la sexualidad son abstraídos / extraídos de los bailarines para mostrarlos como prototipos descorporeizados y desexualizados. Contra estos elementos reacciona, en gran medida, el baile moderno, en el que las coreografías y movimientos son más contundentes y están basados en la fisicalidad y en la presencia y volumen de los cuerpos, principio subrayado por el tipo de música que los acompaña. Similar afirmación del cuerpo se ve en las danzas africanas y en algunos bailes folclóricos, cuando el despliegue de emblemas nacionales o regionales no acapara el espectáculo, haciendo del cuerpo un mero soporte de los símbolos patrios. En muchos de estos bailes aparecen referencias a la cosecha o al cuidado de animales, alusiones a la doma y el rodeo, exhibición de trajes típicos y escenificación ritualizada de posicionamientos sociales. Este tipo de espectáculos que no pueden ser considerados deportes da lugar a diversas formas de expresividad corporal, aunque en contextos de visualización no competitiva. El patinaje integra elementos de ambos dominios, el *ballet* y el deporte, el espectáculo y la competitividad, la destreza física y el aspecto estético, síntesis que es una de las razones de su popularidad.

El estudio de la llamada cultura del cuerpo *(body culture)* comprende todos estos aspectos y se vincula íntimamente con las relaciones de mercado, la publicidad, los medios de comunicación, etc. La relación entre deporte, corporalidad y sociedad civil adquiere en este dominio características particulares. Las interrelaciones grupales, es decir, la relación entre individuo y equipo, son aspectos fundamentales que contribuyen al alto grado de emocionalidad que acompaña a estas prácticas.

Finalmente, el deporte implica un proceso de cosificación del cuerpo que en casos de deportes profesionalizados incluye su utilización pragmática, con fines de comercialización y lucro. Muchos aspectos controvertidos tienen que ver con esta inserción de lo corporal en las lógicas del capitalismo, que promueve la (auto)explotación de la imagen, la energía, el tiempo individual. Esta mercantilización corporal contradice el «espíritu deportivo puro» que se atribuye a las prácticas deportivas premodernas, cuando incluso en escenarios competitivos no regían los conceptos de pragmatismo y de cotización que hoy funcionan como pilares de estas actividades. Finalmente, la gran cantidad de mercancía que se produce como parafernalia publicitaria en torno al deporte y a sus estrellas principales contribuye a la consolidación de estas prácticas como industria, sujeta a los avatares del mercado y a las manipulaciones de la espectacularización.

La simbiosis que se produce entre deporte y espectáculo hace que algunas expresiones corporales tengan una constitución esencialmente híbrida, apostando primariamente al espectáculo y al simulacro como formas de entretenimiento. Un ejemplo claro, tratado por Barthes en sus *Mitologías* (1957), es el del *wrestling* (llamado asimismo *catch* o lucha libre), en el que los contendientes, disfrazados con máscaras y otros accesorios destinados a construir una «identidad» ficcional, se convierten en superhéroes para el montaje de *matches* de lucha fraguada en términos hiperbólicos.[5] Los luchadores-actores escenifican peleas en apariencia violentas, en las que se «infringen» las normas que supuestamente las rigen, haciendo de la transgresión otro dispositivo que agrega emoción al espectáculo. La creación de estas teatralizaciones, que Carlos Monsiváis calificara de «fantasías desenfrenadas», tienen en México, por ejemplo, una gran popularidad; se considera que derivan de torneos cuyos antecedentes se remontan al circo romano y a actualizaciones posteriores, que alcanzan las Américas en el

---

5. Son ilustrativas al respecto las fotografías de Lourdes Grobet en *Espectacular de lucha libre*.

siglo XIX, adquiriendo sus formas actuales alrededor de la década de 1940.[6] Supuestas traiciones al adversario, ataques al árbitro, trampas, actitudes de provocación o de supuesto temor entre los contrincantes excitan el entusiasmo colectivo, que descansa en el choque violento y competitivo de cuerpos que estarían castigándose mutuamente para proporcionar diversión popular. El *show* se apoya así en la proposición de un «engaño» que es aceptado por todos como «verdad» provisional y lúdica. Se trata de un pacto implícito de complicidad entre los protagonistas y entre estos y el público en torno a los despliegues de los cuerpos y su significado dentro de la gramática del *show*. Como Monsiváis señala en «La hora de la máscara protagónica», incluido en *Los rituales del caos*, la derrota y el triunfo están estetizados, al igual que la violencia y los supuestos «motivos» de la lucha. Estos son planteados como un enfrentamiento de *buenos* contra *malos*, incorporando así un aspecto falsamente ético en el enfrentamiento físico. La destreza no es, en este sentido, «deportiva» en sentido lato, sino que ha sido desplazada al terreno de la farsa: «[L]o espectacular no es el dominio técnico sobre el *ring*, sino la perfección cronométrica de los encontronazos» (Monsiváis, 2005, p. 7).

La virtud del *catch* consiste en la coordinación y oportunidad de los movimientos en la escena de la lucha simulada, su valor de comicidad y su ajuste a la narrativa elemental que los cuerpos ilustran.[7] Al analizar el *wrestling*, Roland Barthes advierte el valor mítico de esta práctica en cuanto sistema de comunicación que genera significados a partir de la puesta en circulación de signos y personajes «maravillosos». Algunos de los más populares personajes del *catch* fueron los conocidos como Blue Demon, El Santo, Rey Misterio, Huracán Ramírez, El Rayo de Jalisco y Fray Tormenta, nombres pintorescos ilustrados en las máscaras que confieren al luchador una presencia casi mágica, que se confirma en sus acrobacias y trucos. Estos perso-

---

6. Cf. Jiménez Ruiz (2015, 2016) sobre antecedentes históricos del *catch* y sobre ritos y lenguaje de los luchadores.

7. Sobre el tema cf. también Monsiváis «De la lucha libre como Olimpo enmascarado» (2005), y Trapanese, 2017.

najes integran los imaginarios colectivos y se abren a la interpretación simbólica y alegórica.

El mito urbano, así concebido, funciona como un lenguaje que va configurando *relatos* que el receptor decodifica. En el *catch* el sentido paródico de la lucha es esencial y evidente. Barthes asocia esta práctica con la pantomima (repertorio estereotipado de gestos y expresiones por medio de los cuales se representan escenas que evocan situaciones reales, pero en forma ridícula). Es interesante ver esta forma de comportamiento corporal como alternativa a la práctica seria de la lucha libre, que, sin dejar de ser espectáculo, retiene el elemento disciplinado, serio y competitivo de otros deportes. El modo en que se articulan movimiento e intencionalidad es entonces esencial para marcar una diferencia fundamental en la interpretación de la corporalidad y de sus significados como formas de socialización, entretenimiento y exhibición de habilidades físicas, que van acompañadas por las correlativas manifestaciones emocionales.

Cuerpo y tecnología

La relación entre cuerpo y tecnología tiene muchas aristas, algunas de las cuales se inscriben dentro del dominio de los discursos y prácticas médicas. Con la intervención de y en los cuerpos para investigación biomédica comenzó un proceso de cosificación y manipulación corporal, y también de fetichización, que, según muchas opiniones, ha marcado fuertemente la teoría y la práctica de la curación y la concepción de la corporalidad hasta nuestros días.

Ya en *El nacimiento de la clínica* (1963), Foucault señala que la ciencia médica está «epistemológicamente ligada a la muerte», ya que la anatomía consiste desde sus inicios en la manipulación del cadáver, que parece esconder la verdad de la vida y los secretos de la naturaleza. La disección de cuerpos permitió traer a la superficie lo escondido y visibilizar lo invisible, para luego transferir esos conocimientos al cuerpo vivo, que, sin embargo, continuó siendo tratado en muchos aspectos como un cuerpo muerto. El enfermo siente la ajenidad de su cuerpo desde que entra como paciente (sujeto pasivo) en la órbita del trabajo médico y es sometido sin muchas explicaciones a procedimientos y discursos incomprensibles, realizados como si el cuerpo no fuera suyo. Similares conductas se despliegan en torno a la donación y trasplante de órganos, situaciones en las que partes del cuerpo son tratadas como elementos anónimos, intercambiables e indiferenciados. Otras rutinas, como la fertilización *in vitro*, fragmentan asimismo la continuidad del proceso biológico desasociando las ideas de origen, maternidad y vida, es decir, desvinculando el nuevo organismo de su más directa relación biológica. La fertilización *in vitro* se genera, en una de sus formas, a partir de la pluralización de la función materna: una madre ovular, otra madre uterina, otra madre social (Braidotti, 1991, p. 22). La intervención tecnológica realiza así el milagro de la vida al tiempo que desvitaliza, podría alegarse, el procedimiento que le da lugar.

De la misma manera, el trasplante de órganos, que ha propiciado un gran comercio clandestino transnacionalizado, muestra también un lado sombrío de la práctica médica y de las formas de supervivencia que esta ciencia ha logrado desarrollar hasta el presente. Situaciones de este tipo ofrecen material para una verdadera arqueología de los saberes médicos ya en parte realizada por Foucault, y también para reflexiones de tipo ético, cultural, religioso, etc., que, con distintas características, siempre han estado presentes en las culturas. En nuestro tiempo se advierte una intensificación notoria de debates en torno a estos temas, como consecuencia de la desigualdad socioeconómica y las posibilidades de intercambio transnacional, que dan posibilidades a los más pudientes de acceder a técnicas médicas inaccesibles para muchos. Nancy Scheper-Hughes ha hablado del «turismo de trasplante» para referirse a las prácticas de una verdadera industria clandestina que comercia con porciones de hígados, riñones, corazones, córneas, etc., a escala global.

La atención a la tecnología y a sus formas posibles y reales de interactuar con las capacidades humanas ha ocupado el pensamiento occidental desde la Antigüedad. La réplica mecánica de movimientos y acciones fue considerada, aún en sus formas elementales, un desafío a la naturaleza humana, a su origen divino y a sus habilidades innatas y adquiridas. Al mismo tiempo, se veía en ella una zona de misterio —cuando no una forma de parodia científica— que impulsaba a replantear nociones sobre el ser, lo humano y los límites de la corporeidad. Orientaciones como las representadas por la digitalización, internet, la robotización y la inteligencia artificial tienen en el mundo de hoy no solo un papel material en los intercambios reales y en las formas de producción y comunicación humana, sino también una funcionalidad simbólica que interactúa con la configuración corporal y con sus atributos. El cuerpo, estructurado como una cartografía biológica cuyas funciones se definen en una red de relaciones, reacciones químicas y desarrollos anatómicos, supone procesos transformadores que imponen variaciones a las constantes de la corporalidad individual. Algo permanece y algo cambia incesantemente en el cuerpo humano. El sujeto se reconoce a sí mismo —y es reconocido por otros— a pesar de esos cambios, pero estos varían, a veces dramáticamente, sus formas de ser y estar en el mundo. Tiempo y espacio, como coordenadas de estos procesos, determinan tales modificaciones y dan sentido a la existencia en cuanto instancia de producción permanente de significados.

Según Le Breton, el cuerpo es «un vector semántico» que despliega en torno de sí una serie de actividades y reacciones. Percepciones, conceptos, sentimientos, memorias, rituales, expresiones afectivas y desarrollos imaginativos crean un haz de energías que se combinan como elementos constitutivos del mundo del sujeto. El cuerpo es el punto neurálgico en el que convergen los estímulos de *lo real*, el campo de la imaginación y las interacciones sociales.

La relación de la corporalidad con la trascendencia también ha ocupado de manera constante el pensamiento humano, por el misterio del origen y del más allá que cada cultura ha conceptualizado en sus propios términos. Más allá de las orientaciones religiosas que vinculan ser humano y divinidad, cuerpo y espíritu, existencia corporal y alma, vida terrena y vida eterna, el tema de las limitaciones y potencialidades físicas ha sido objeto de especulación y prácticas exploratorias y experimentales en las que se inquiere sobre las posibilidades de expandir las capacidades humanas, e incluso la finitud, superando las fronteras marcadas por la configuración biológica e intelectual. La tecnología es uno de los instrumentos desplegados por el ser humano como expansión de sus limitaciones y como expresión imaginativa de las posibilidades del ser.

Aunque expresiones tecnológicas se registran desde tiempos remotos, en la Modernidad eclosionan los medios para ampliar y perfeccionar la acción de los sentidos y para multiplicar las acciones y el rendimiento corporal. La educación y el entrenamiento de los cuerpos, el adiestramiento en determinadas funciones y habilidades físicas y mentales, la preparación tecnologizada de atletas y la utilización de recursos biomédicos para el mejoramiento del rendimiento (fuerza, velocidad, precisión) han creado una alianza muy estrecha entre cuerpo y tecnología. Se trata de un afán de conquistar el mundo, controlar sus fuerzas y especular sobre un más allá de lo humano que satisfaga necesidades y deseos que se encuentran obstaculizados por los límites naturales. La cultura avanza, así, sobre el territorio de la naturaleza, desafiando la racionalidad y el conocimiento anteriores en busca de nuevas vías de acceso a lo posible y explorando nuevos dominios de lo humano, como en el caso de la tecnología espacial, el uso de inteligencia artificial, la manipulación genética, la clonación, etc.

En la obra de Marx, la reflexión sobre el impacto de la tecnologización (las maquinarias, la automatización) tuvo un lugar prominente en la crítica al capitalismo, integrada en un concepto intenso, casi poético de la vida como funcionamiento productivo, noción fundamental que aúna los cuerpos, el trabajo, los materiales y la condición natural como partes interrelacionadas del principio vital:

> La máquina que no funciona en el proceso de trabajo es inútil. Además, sucumbe a la victoria destructora del intercambio natural de la materia. El hierro se oxida, la madera se pudre. El hilado que no se teje en telar o con agujas es algodón estropeado. El trabajo vivo tiene que asir esas cosas, despertarlas de entre los muertos, pasarlas de valores de uso posibles a valores de uso reales y activos. (Marx, 1867, I, p. 199)

La energía corporal del obrero circula en la Modernidad como un flujo consumido por el monstruo del capitalismo. La sangre del trabajador, succionada por el vampiro de la producción capitalista, pasa a nutrir la mercancía; este sistema de circulación va cambiando la sangre de un cuerpo a otro. Por eso Marx ve la extracción de trabajo del cuerpo del obrero como un proceso de transustanciación, en el que la vida es apropiada y transformada en materialidad comercializable.[1] Para Marx, la crítica del capitalismo es inseparable del discurso sobre el cuerpo, ya que este es la base material de la producción y el

---

1. He trabajado estos aspectos en varios capítulos de mi libro *El monstruo como máquina de guerra* (2017).

consumo, de la explotación y la resistencia. De ahí las gráficas referencias a la materialidad del capital que aparecen en sus escritos y a la sangre que chorrea el cuerpo inmaterial de la mercancía. Al mismo tiempo, la reflexión marxista hace referencia al cuerpo monstruoso de la máquina moderna, que subsume la vida del obrero, en todos sus aspectos, al interés y a la fetichización de la mercancía.

En el «Fragmento sobre las máquinas» *(Grundrisse)* Marx realiza lo que ha sido visto como una verdadera antropomorfización de las máquinas, considerándolas como una especie de cerebro humano manufacturado y como objetivización del saber. Siguiendo por esa línea, pero desarrollándola dentro de su teoría general de los ensamblajes, para Deleuze y Guattari el paso de la herramienta a la máquina no es lineal; más bien, interpretan lo maquínico como combinación material y simbólica de lo humano y de lo tecnológico. Entre ambos componentes existe una relación fluida, cognitiva, afectiva y semiótica, ya advertida por Marx. La noción de *tecnología* sugiere las ideas de industria, manufactura, cultura material, objeto, artefacto, instrumento, aparato, dispositivo. En este sentido, parecería oponerse a lo humano, a pesar de que el cuerpo fue siempre comparado con una máquina por su complejidad y eficiencia. Sin embargo, el cuerpo humano nunca absorbió el sentido «duro» de la mecanicidad, el automatismo o la falta de alma.

En un sentido figurado, Foucault habla de tecnologías («tecnologías del yo») como formas o estrategias de acción, es decir, como técnicas que guían el entrenamiento del individuo a través de pasos o etapas precisas en un proceso de mejoramiento personal. Este proceso puede resultar en logros materiales o resolverse en un plano intangible, de adiestramiento y mejoramiento de la subjetividad. En el uso que le da Foucault, la palabra «tecnología» desplaza al campo de la subjetividad un concepto aplicado previamente a la industria o fabricación de herramientas o dispositivos de uso práctico, creados para fines determinados, como medios para el ensamblaje de un producto final. Hay en Foucault, evidentemente, un deslizamiento metafórico que quiere señalar que el perfeccionamiento del yo constituye un proceso deliberado y teleológico, ni natural, ni casual, ni espontáneo.

El concepto de tecnología (del griego, *techné* = arte o técnica, *logia* = destreza) que interesa a nuestros efectos, tiene que ver con la aplicación de conocimientos a la producción de implementos, artefactos o técnicas que se incorporan al cuerpo humano, ya sea como formas híbridas humano-maquínicas (robots), o bajo la forma de implantes, aditamentos, soportes o sustituciones de partes del cuerpo faltantes o disfuncionales. La utilización científica de la tecnología provoca muchos interrogantes acerca de sus límites: ¿cuánta tecnología puede llegar a admitir el cuerpo humano sin desnaturalizarse?, ¿cómo influye la inserción tecnológica en el psiquismo y en la afectividad de las personas?

Martin Heidegger, uno de los autores cuyas opiniones sobre la técnica han tenido más influencia en Occidente, sostiene que «la esencia de la técnica no es en manera alguna nada técnico» (Heidegger, 1953, p. 9), sino metafísico, ya que crea un sistema que excede al individuo y que se consolida más allá del sujeto. La técnica permite, según el filósofo, llegar a una verdad que no se percibe a simple vista, y contribuye a la redefinición de la naturaleza y del ser humano, como parte de ella. El mundo contemporáneo ya no venera a la naturaleza, sino que la explota, la cosifica y la agota en el afán por sacar de ella beneficios y recursos permanentemente, sin contemplar sus ciclos, por lo cual la tecnología es demonizada por algunos, como una forma de depredación del hábitat humano, sin distinguir en tales juicios entre el potencial tecnológico y sus formas de utilización.

La técnica es resultado de la acción humana, pero al mismo tiempo se impone al individuo, que debe adaptarse a ella, ya que es un instrumento que afecta e ilumina nuestro conocimiento, desencadenando transformaciones sustanciales. Tanto el aspecto corporal de lo humano como el mental y el afectivo se ven desafiados por la injerencia de la lógica productivista centrada en la mecanicidad tecnológica, que incluso se considera una fuerza amenazante que podría desplazar definitivamente a sus creadores, al perfeccionarse más allá de lo previsto. Estas son las posiciones a las que, *grosso modo*, responde la reflexión heideggeriana.

Las ideas de Heidegger sobre la tecnología aparecen en el texto de una conferencia pronunciada en 1953 en la Escuela Técnica Superior de Múnich como parte de un ciclo sobre «Las artes en la época de la ciencia». En la conferencia que se publica al año siguiente bajo el título «La pregunta por la técnica», donde el filósofo vuelve a ideas ya expresadas en ocasiones anteriores, Heidegger se concentra en la *esencia de la técnica*, particularmente en lo vinculado con la relación entre libertad y verdad. Considera que ver a la técnica como un mero instrumento contrario a la naturaleza es erróneo, ya que la naturaleza es similar a la ciencia en el sentido de que crea algo que antes no existía. Es el carácter desvelador de la ciencia, y no su sentido utilitario, lo que para Heidegger vale la pena explorar reflexivamente. Dicho de otro modo, es la ontología de la ciencia y la técnica lo que desafía al pensamiento moderno, no sus usos posibles. «La técnica no es pues un mero medio. La técnica es un modo del salir de lo oculto. Si prestamos atención a esto se nos abrirá una región totalmente distinta para la esencia de la técnica. Es la región del desocultamiento, es decir, de la verdad» (Heidegger, 1953, p. 15).

El concepto de desocultamiento es central en el pensamiento sobre la técnica en el autor de *Ser y tiempo*, ya que introduce una perspectiva específica para reflexionar sobre la naturaleza ontológica del ser y de sus relaciones con el mundo, así como acerca de la cuestión de los límites y de la temporalidad como plano sobre el que se desarrolla la búsqueda de la verdad sobre el ser. Heidegger indica:

> El hacer salir de lo oculto que domina por completo a la técnica moderna tiene el carácter del emplazar, en el sentido de la provocación. Este acontece así: la energía oculta en la Naturaleza es sacada a la luz, a lo sacado a la luz se lo transforma, lo transformado es almacenado, a lo almacenado a su vez se lo distribuye, y lo distribuido es nuevamente conmutado. Sacar a la luz, transformar, almacenar, distribuir, conmutar son maneras del hacer salir lo oculto. Sin embargo, esto no discurre de un modo simple. Tampoco se pierde en lo indeterminado. El hacer salir lo oculto desoculta para sí mismo sus propias rutas, imbricadas de un modo múltiple, y las desoculta dirigiéndolas. Por su parte, esta misma dirección viene asegurada por doquier. La dirección y el aseguramiento son incluso los rasgos fundamentales del salir a la luz que provoca. (Heidegger, 1953, pp. 18-19)

Mientras representemos la técnica como un instrumento, seguiremos pendientes de la voluntad de adueñarnos de ella. Pasamos de largo de la esencia de la técnica. (Heidegger, 1953, p. 34)

[...] cuanto mayor sea la actitud interrogativa con la que nos pongamos a pensar la esencia de la técnica, tanto más misteriosa se hará la esencia del arte. Cuanto más nos acerquemos al peligro, con mayor claridad empezarán a lucir los caminos que llevan a lo que salva, más intenso será nuestro preguntar. Porque el preguntar es la piedad del pensar. (Heidegger, 1953, p. 37)

En *Politiques de l'intimité* (traducido como *Necropolitics* o *Necropolítica*), Achille Mbembe retoma los argumentos de Heidegger en torno al problema de la doble esencia de la técnica, como instrumento, herramienta o medio para ciertos fines, y como una capacidad exclusivamente humana de crear nuevos acercamientos al medio, al cuerpo y a la naturaleza humana. Mbembe detecta dos formas de ansiedad que derivan de la intensificación tecnológica. La primera se refiere a la relación de los seres humanos entre sí, y la segunda a la relación de estos con el mundo de los objetos. Pueden concebirse formas tecnológicas a partir de las cuales estos dos regímenes del ser se entremezclen, haciendo que las cosas tomen el lugar de las personas y estas sean tratadas, a su vez, como objetos. Estos temores se expresarían, según este autor, en los siguientes interrogantes:

Ya que gran parte de la actividad humana toma forma a través del cuerpo humano, ¿cuánto de ese cuerpo debería ser reemplazado por objetos técnicos? ¿Hasta qué punto los objetos técnicos deberían ser hechos a imagen del ser humano y de su cuerpo? (Mbembe, 2016, p. 95)

Para Mbembe, los problemas planteados por la técnica crean, asimismo, la nostalgia por los tiempos en que los seres humanos actuaban directamente sobre el medio ambiente, de manera espontánea y sin mediación, manifestando una autosuficiencia que se va perdiendo en el mundo altamente industrializado de nuestros días.

Otro pensador del siglo XX que hizo su aportación al tema de la tecnología fue José Ortega y Gasset, para quien la técnica y el ser humano están también inseparablemente ligados. La idea de la circunstancia, que Ortega señala como espacio de contingencia y determinación del sujeto, incluye la acción creativa de este, y la técnica es uno de los campos en los que su actividad innovadora se comprueba. Sin embargo, dice Ortega en sus meditaciones sobre la tecnología, desde su posición vitalista:

> [L]a técnica, al aparecer por un lado como capacidad, en principio ilimitada, hace que al hombre, puesto a vivir con fe en la técnica y solo en ella, se le vacíe la vida. Porque ser técnico y solo técnico es poder serlo todo y consecuentemente no ser nada determinado. [...] Por eso estos años en que vivimos, los más intensamente técnicos que ha habido en la historia humana, son de los más vacíos. (Ortega y Gasset, 1933, p. 81)

Ortega parece referirse, al final de la cita, a lo que Heidegger llamara en *Ser y tiempo* «el olvido del ser», es decir, la pérdida del sentido de la existencia por la enajenación de la capacidad de crear.

Para Horkheimer y Adorno, representantes de la Teoría Crítica y defensores del proyecto racionalista de la Ilustración, la tecnología constituiría una negación de la acción humana y propiciaría una forma de dominación que excluye al sujeto en beneficio del objeto, desestimando sus potencialidades naturales. La tecnología puede convertirse en un medio para aumentar la explotación del ser humano y, en este sentido, obstaculizar su liberación.

Sánchez Martínez revisa diversos acercamientos al tema de la fragmentación del cuerpo en la Modernidad, refiriéndose a la pérdida de unificación del individuo consigo mismo y de su asimilación al medio, proceso que está marcado por experiencias de alienación y desidentidad. Al tiempo que se desarrolla esta segmentación, el elemento tecnológico viene a proveer una ilusión de *estar-ahí:* la presencia del otro, que en realidad está ausente, da lugar a la invención de nuevas formas de *experiencia.* En efecto, formas innovadoras de «realidad» (los *reality shows*), de «amistad» (en las redes sociales) y de «privacidad», la ilusión del desplazamiento infinito por los mundos virtuales desde la inmovilidad del sedentarismo electrónico, las proyecciones en tercera dimensión, los juegos virtuales, la posibilidad de inventar infinitas formas de identidad, rostros, personalidades y estilos, es decir, la pérdida de la noción de verdad y de la posibilidad de distinguirla de la virtualidad y la ficción, son algunas de las consecuencias más notorias de la revolución digital. Comenta al respecto Sánchez Martínez:

> El cuerpo es exterioridad, piel del espacio físico que contiene asimismo un interior que lo define en cuanto a la forma de absorber el mundo y relacionarse con los otros. Cuando se comunica a través de la pantalla, esa exterioridad entra en una interioridad, la interioridad que Gibson llamó en *Neuromante* «ciberespacio», o que Trejo Delarbre llama «red de redes». El cuerpo, nunca separado de su interioridad, entra en fluidez con el interior tecnológico, pero sigue siendo exterior y el ciberespacio es una exterioridad-interior que contiene muchos interiores donde el cuerpo también participa de la comunicación. Esta superposición de espacios es lo que algunos pensadores han llamado ruptura, separación del mundo físico con el virtual. [...] La virtualidad es parte integral del mundo físico, asimismo, parte integral de la realidad. La ruptura, y queremos que se entienda, tiene que ver con la integración del cuerpo a otras dinámicas y prácticas, lo mismo que en el quehacer griego o la Modernidad, la realidad virtual viene a proyectarlo y a redefinirlo. (Sánchez Martínez, 2010, p. 236)

Contemporáneamente, las teorías del antropólogo y sociólogo francés Bruno Latour han agregado nuevos planteamientos al debate sobre la relación entre humanidad y tecnología. Para Latour, la tecnología debe ser considerada en paridad con lo humano, ya que ambos constituyen *lo social* en cuanto red de interacciones e intercambios reales y simbólicos. La producción de conocimiento no es un proceso individual y solipsista, sino colaborativo, social y combinado, en el que, según Latour, no hay distinción entre lo humano y lo no-humano. Ambas entidades funcionan como *actantes* que comparten una misma forma de agencia y se orientan hacia los mismos objetivos, razón por la cual

Latour considera que se articulan a partir del principio de simetría. Estos son los elementos constitutivos de la teoría del actor-red, conocida en inglés como ANT *(Actor-Network Theory)*. Los equipamientos, financiamientos, formas de compartir información y de ejercer poder son fundamentales en estos procesos, que el sociólogo francés concibe como redes de actividad y recursos.

Los críticos de Latour han insistido en el hecho de que su teoría es excesivamente general y abstracta, y de difícil aplicación, pero principalmente han destacado el determinismo de esa aproximación, al considerar que la relación entre lo humano y lo no-humano es algo dado que condiciona lo social. Sin embargo, Latour se inclina más bien por la idea de que la tecnología es una construcción social que ha venido a llenar vacíos y deseos de la sociedad que no pueden satisfacerse de modo «natural». Los productos biotecnológicos pertenecen al mismo tiempo, para Latour, al mundo social y natural, ya que se basan en las capacidades corporales expandiéndolas, perfeccionándolas o suplementándolas, a veces de manera hiperbólica. Estas nociones llevan el concepto de hibridez a grados que hubieran resultado impensables hace algunas décadas.

Las combinaciones entre lo humano y lo maquínico remiten a la noción deleuzeana de ensamblaje y de *becoming* (volverse otro); en el ensamblaje, las partes pasan a integrarse en un artefacto que es más que la suma de los elementos que lo constituyen; en cuanto al *becoming*, alude al proceso de desenvolvimiento del ser que pasa por distintas instancias de transformación que lo resignifican y re-territorializan. La corporalidad va asimilando, por estos procesos, segmentos artificiales que pertenecen al campo de la tecnociencia, hasta convertirse en un sistema de signos que apuntan en diversas direcciones, pero que se orientan hacia una meta de funcionalidad y eficiencia que no excluye lo estético. Tal hibridación tiene connotaciones ontológicas y biopolíticas, en la medida en que constituye una manipulación de la vida y de sus formas naturales, en las cuales la corporalidad se rearticula de manera real y simbólica. Se habla asimismo de una maquinización del Estado, ya que la utilización biopolítica de la tecnología consolida un biocapitalismo que entra en colisión con los principios del humanismo y con la idea de la organicidad de lo nacional, nociones que guiaron los imaginarios de la Modernidad.

Como ensamblaje biotecnológico, el cuerpo no pasa a ser un objeto, o un signo, o un *collage*, es decir, un conjunto de cualidades, afectos, densidades y texturas a partir del cual debe redefinirse la noción de vida, poder y funcionalidad. Tanto individuos como instituciones interiorizan la manipulación tecnológica incorporando recursos cibernéticos, electrónicos e informáticos, que pasan a formar parte del cuerpo del individuo y del cuerpo del Estado, entendidos como máquinas de subjetivación que llevan a cabo las funciones de regulación de flujos de energía, comunicación, control, interacción y productividad.

Se ha hablado de las formas de despersonalización, hibridación, artificialidad y deshumanización que estos procesos conllevan, aunque cabe alegar que tales nociones pueden y quizá deben ser redefinidas. Nuevas formas de totalización rearticulan los fragmentos que constituyen la corporalidad y producen concepciones innovadoras de la organicidad y de lo humano. Nociones como las de vida y muerte, ser humano y ser maquínico, se someten a nuevos escrutinios y delimitaciones. Si en el cuerpo se implanta un órgano de un cuerpo muerto, ¿puede decirse que ese cuerpo vive, de alguna forma, en algún grado, en el organismo receptor? ¿Esto significa que el donante no murió «del todo»? Como se ve, este tipo de interrogantes, que se formulan también en los debates sobre clonación, tocan el campo de la ética y se prestan a polémicas sustanciales sobre la naturaleza misma del ser y el sentido final de la tecnologización.

El feminismo ha debatido asimismo cuestiones vinculadas al género y a los procesos de formación identitaria, sugiriendo preguntas sobre la aproximación de la especie a formas de existencia e (id)entidad posgenérica y poshumana. Son interesantes, en este sentido, las consideraciones de Donna Haraway, quien señala que la ciencia y el humanismo siempre han estado unidos, ya que sujetos y objetos se necesitan mutuamente. Su reflexión sobre los *cyborgs* apunta a una redefinición del cuerpo como organismo híbrido:

Existen varias consecuencias en considerar seriamente la imaginería de los *cyborgs* como algo más que nuestros enemigos. Los cuerpos (nuestros cuerpos, nosotros mismos) son mapas de poder e identidad y los *cyborgs* no son una excepción. Un cuerpo *cyborg* no es inocente, no nació en un jardín; no busca una identidad unitaria y, por lo tanto, genera dualismos antagónicos sin fin (o hasta que se acabe el mundo), se toma en serio la ironía. [...] La máquina no es una cosa que deba ser animada, trabajada y dominada, pues la máquina somos nosotros y, nuestros procesos, un aspecto de nuestra encarnación. Podemos ser responsables de máquinas, ellas no nos dominan, no nos amenazan. Somos responsables de los límites, somos ellas. (Haraway, 1991, p. 309)

Comentando la concepción de lo maquínico en Haraway, Roberto Esposito señala que para esta autora el cuerpo biológico ya no constituye algo *dado*, sino un complejo sociocultural representado por el hibridismo del *cyborg*, con lo cual propone un marco ontológico diferente al que ha regido hasta ahora, en el que debe reconocerse que la dirección de la tecnología ha cambiado y que ya no va de adentro hacia afuera, sino a la inversa, difuminando los límites entre esos espacios. La técnica ha sido interiorizada, en lo que se conoce como el «efecto Moebius», en el sentido literal de que está dentro de nosotros, impidiendo que la separación entre lo interior / exterior o lo privado / público siga teniendo sentido.

Cuerpo y capital(ismo)

Como se ha venido viendo, en la obra de Marx el cuerpo adquiere no solo presencia y dignidad, sino protagonismo histórico y político. El cuerpo del trabajador es esencialmente productivo, pieza de un mecanismo inmenso y dominante, pero pieza humana, dotada de sensibilidad, voluntad y potencia. Es un cuerpo en lucha, en el que la carne, la sangre, la energía vital y la conciencia forman un todo orgánico que la fuerza disolutiva del capital intenta doblegar y fragmentar. Pero la capacidad del sujeto marxiano no es solamente la productividad, sino también su creatividad y su capacidad transformadora, es decir, es un cuerpo dotado de agencia, que despliega sobre el medio natural y social una praxis teleológica, en la que acción y teoría se alían y complementan.

La relación entre cuerpo humano y cuerpo maquínico será fundamental en Marx, por la complejidad de los agenciamientos que resultan de las dinámicas entre ambos niveles de actividad y rendimiento. El cuerpo individual adquiere su sentido al inscribirse en el cuerpo de clase y en el cuerpo político de la sociedad en vías de transformación. La lucha de clases es el teatro en el que se desarrolla la agencia, donde la fuerza laboral se traduce en energía emancipatoria. Las metáforas de Marx sobre la relación entre ética y política poseen una encarnadura *(embodiment)* particularmente dramática, de intensidad retórica e ideológica.

Cuerpo y capital(ismo) constituyen uno de los ejes de la Modernidad, de la misma manera en que cuerpo, capital y trabajo señalan una entrada imprescindible para la comprensión de la sociedad burguesa y de las formas de resistencia que provoca. El cuerpo como asiento de la conciencia, del afecto, de la productividad, del consumo, y como elemento neurálgico para la formación de la familia, la concepción de la propiedad y la consolidación del Estado, da concreción y materialidad al pensamiento hegeliano. Como afirman las *Tesis sobre Feuerbach*, el cuerpo no solo es un dispositivo de cognición, sino también de transformación social. La vida misma, la supervivencia, las condiciones materiales de existencia y la vida cotidiana, adquieren así una relevancia que revela un cambio epistémico crucial en el pensamiento occidental. A través de la técnica y del trabajo, el sujeto ejerce su poder sobre el mundo objetivo, al cual no se doblega, y al que puede modificar sustancialmente.

En ese mismo sentido, en Engels aparece también la valorización de las habilidades corporales como el distintivo principal de lo humano, más aún que la racionalidad, como pensaba Aristóteles. Desde la perspectiva del materialismo histórico, es más bien la capacidad para el trabajo, es decir, la acción transformativa del entorno natural, lo que marca la evolución de las especies. Señala al respecto Margaret Lock:

> Para Engels, la mano era la metonimia del comienzo de la «libertad» del universo natural. Insistía en la idea de que en ese momento mítico los humanos entramos en la historia. No obstante, aún para Engels, la mano, aunque nos maraville, queda firmemente arraigada, y por lo tanto permanece similar a la de los primates: la mano no es solo un órgano para el trabajo, *es también el producto del trabajo.* Solo a través del trabajo, a través de la constante adaptación de las nuevas operaciones, a través de la herencia del desarrollo especial que adquieren los músculos, ligamentos y, sobre largos períodos, también los huesos [...] el ser humano ha logrado un alto grado de perfección que le ha permitido realizar las pinturas de un Rafael [...], la música de un Paganini (Engels, 1876, p. 281). (Lock, 1997, p. 276, énfasis en el original)

En corrientes filosóficas posteriores el cuerpo mantendrá su presencia, desatando reflexiones que lo asocian, siguiendo la tradición marxista, al tema del poder, que en la obra de Foucault se manifiesta de manera compleja en las redes sociales y políticas permeadas por las relaciones de dominación. El poder no se limita a funcionar a partir de las instituciones o de las diversas ramas del aparato estatal, sino que se aloja en todos los niveles de la organización social y en todos los espacios laborales, familiares, empresariales, culturales, etc. Para Foucault el cuerpo es el espacio sobre el cual el Poder se ejerce de manera visible y concreta, no solo por el control y el disciplinamiento que impone en el ámbito social (poblacional), individual y colectivo, sino también por las formas en las que el cuerpo y sus conductas son entrenados, canalizados, clasificados, distribuidos, sometidos y expuestos.

Inmerso en el campo político, donde las redes de la dominación y de la resistencia crean un entramado ineludible, el cuerpo es también controlado y dirigido por discursos, retóricas, prácticas culturales, hábitos, valores y legados. Puede afirmarse que la cuestión del cuerpo es uno de los ejes principales del pensamiento del filósofo francés, que aborda temas filosóficos profundos (la representación, las relaciones entre ética y política, los vínculos entre imagen y significado) a partir de ángulos específicos de expresión de la corporeidad (la sexualidad, la locura, el delito) y de las estrategias de control que se imponen para domesticar las manifestaciones contranormativas (la vigilancia, el castigo, la estigmatización, el encarcelamiento, el retiro, la proscripción, el ostracismo, la censura).

En un intento por establecer un paralelismo entre las diferentes formas de concebir el funcionamiento corporal y los distintos regímenes económicos, la antropóloga Emily Martin desarrolla varias explicaciones metafóricas sobre el cuerpo, relacionadas con distintos momentos histórico-culturales. Según Martin, al observar el desarrollo de las nociones sobre corporalidad se perciben profundas variaciones en el concepto de lo humano a partir de la Revolución Industrial, la cual instituye nuevas formas de poder y tratamiento del cuerpo, que adquiere protagonismo a partir de las nuevas formas de trabajo y utilización de la energía humana. Como Martin explica, los discursos normalizadores de la ciencia, particularmente la biología y la psiquiatría, intensifican la exploración del cuerpo y de la mente, al tiempo que nuevos regímenes de trabajo requieren disciplinamiento masificado para adaptarse a las formas modernas de producción. Martin considera que en los Estados Unidos se vive un proceso de transición desde lo que ella interpreta como el *cuerpo fordista* (conceptualizado en términos de la producción serializada) de comienzos del siglo XX, hacia el cuerpo correlativo a la era de acumulación flexible, en el presente. Para Martin, el *cuerpo fordista* sigue los lineamientos de la productividad organizada en torno a sistemas de control: la reproducción es vista como una actividad estandarizada que debe aprovechar la constante disponibilidad de esperma para la fabricación en gran escala de nuevos organismos mientras el cuerpo de la mujer se encuentre en su momento de mayor productividad. Martin sigue punto por punto el símil entre la producción fordista y la concepción de la sexualidad, señalando que tal paralelismo demuestra una nueva concepción de lo humano guiado por lo maquínico.

Aunque la explicación de Martin parece demasiado capturada por el rendimiento ilustrativo de las imágenes de la guerra, el trabajo serializado y el estado de sitio, la noción de que distintos regímenes de producción suscitan cambios en la concepción de lo corporal (la energía, el rendimiento humano, la relación entre trabajo y capital) tiene pleno sentido, ya que el cuerpo es el dispositivo primario de producción y de recepción de la acción humana y el elemento que cohesiona los distintos dominios de la vida: la productividad y el consumo, el trabajo y el ocio, la salud y la enfermedad.

La espectacularización de los cuerpos y de su aniquilamiento es otro de los fenómenos que cambia a través de las épocas. De ejecuciones públicas consideradas actos de valor ejemplarizante (linchamientos, ahorcamientos, muertes en la hoguera o mutilaciones) se pasa a métodos carcelarios en que los cuerpos delictivos son retirados de la escena pública, convertidos en objeto de castigo y supuestamente de rehabilitación. Foucault presta particular atención a la configuración de los espacios que alojan a los locos, los delincuentes, los enfermos, etc., para enfatizar a partir del estudio de la anomalía, la funcionalidad pedagógica y normativa de los conceptos de normalidad que se impusieron como modelos de contención y de civilidad.

En la sociología de Bourdieu el cuerpo materializa relaciones de clase, gustos que revelan nuestra forma y estilo personal de inserción en el «paraíso de la mercancía» y, en general, en los escenarios de la

Modernidad, dominados por los intercambios reales y simbólicos. Considerado como un dispositivo eminentemente incompleto, el cuerpo *moderno* debe ser *redefinido* por medio de manipulaciones y aditivos (el vestido, el maquillaje, el peinado, las modificaciones quirúrgicas, las dietas) que reinscriben el cuerpo en el espacio social y lo promueven como *capital simbólico*. Esto significa que el individuo ingresa al espacio performativo de lo social a partir de las marcas de su cuerpo (o de los cuerpos como marcas), las cuales revelan opciones, preferencias, posibilidades, limitaciones y proyectos. Como capital simbólico, lo corporal circula en el medio social, se cotiza, se devalúa, se incrementa o malgasta, según las funciones y usos a los que sea sometido. La noción de prestigio, fundamental en la economía de lo social, regula decisiones y comportamientos que influyen en la modelación del cuerpo como forma específica de patrimonio que, a partir de su estimación simbólica, puede ser reconvertido en capital económico, social, cultural y político. Un ejemplo es la explotación de ciertos prototipos de belleza que se traducen en popularidad y capturan el mercado de la moda generando ganancias económicas y reconocimiento social, y que ayudan a solidificar estereotipos y clasificaciones sociales según la apariencia corporal y los atributos que se enfaticen en cada caso.

Bourdieu presta especial atención a la noción de *habitus*, con la que designa las disposiciones a través de las cuales el individuo incorpora principios y categorías que determinan sus prácticas y conductas, es decir, sus relaciones con la realidad. Se trata de un proceso de subjetivización que parte de las estructuras socioculturales que el individuo interioriza y que marcan sus formas de vinculación y actuación dentro de sus campos de actividad. El *habitus* guía el funcionamiento del cuerpo tanto en el nivel físico como en el mental y el afectivo, influyendo en los comportamientos, decisiones y sentimientos que acompañan la acción social y que llegan a naturalizarse como disposiciones personales. Para Bourdieu, el cuerpo va incorporando la marca de lo social a través de un aprendizaje prolongado, ya que él mismo es un organismo social sometido a relaciones de poder y a saberes dominantes que se van asimilando como propios. Las jerarquías sociales están representadas en los distintos tipos de hábitos incorporados por los miembros de los sectores dominantes o dominados, y se manifiestan en el modo en que cada uno de esos grupos se mueve socialmente, opera a partir de su cuerpo, ocupa el espacio y distribuye el tiempo, con mayor o menor eficiencia, dependiendo del grado y del tipo de hábitos que ha interiorizado.

Las relaciones de poder que Foucault enfoca como parte de su perspectiva genealógica se traducen en la obra de Bourdieu en pragmatismo y negociación de rasgos y funciones; los intercambios materiales que tienen lugar en el ámbito de la familia, la sexualidad, los afectos, etc., son vistos por el sociólogo francés como transacciones simbólicas. En ambos autores la sexualidad es analizada como una de las formas específicas que asumen las relaciones de dominación, y se vincula a los roles sociales adjudicados a los sexos, a las modalidades de control social y a las formas de vigilancia de las conductas. Foucault enfatiza la relación entre la sexualidad y las instituciones (médicas, religiosas, educativas, jurídicas, etc.) que son fundamentales en la regulación de las normativas que se aplican a la conceptualización de las prácticas sexuales y a las preferencias de los sujetos.

Estas posiciones realizan un viraje fundamental en el estudio del cuerpo, al inscribirlo no ya en los campos tradicionales de la demografía, la fisiología, la historia o la biología, que consideran al organismo humano como espacio de necesidades y deseos, de procesos metabólicos y luchas contra la enfermedad, sino al conceptualizarlo como elemento esencial en las pugnas políticas a través de las épocas:

El cuerpo está también directamente inmerso en un campo político; las relaciones de poder operan sobre él una presa inmediata; lo cercan, lo marcan, lo doman, lo someten a suplicio, lo fuerzan a unos trabajos, lo obligan a ceremonias, exigen de él unos signos. Este cerco político del cuerpo va unido de acuerdo con unas relaciones complejas y recíprocas, a la utilización económica del cuerpo; el cuerpo, en una buena parte, está imbuido de relaciones de poder y de dominación, como fuerza de producción; pero en cambio su constitución como fuerza de trabajo solo es posible si se halla prendido en un sistema de sujeción (en el que la necesidad es también un instrumento político cuidadosamente dispuesto, calculado y utilizado). El cuerpo solo se convierte en fuerza útil cuando es a la vez cuerpo productivo y cuerpo sometido. (Foucault, 1975, pp. 32-33)

Foucault insiste en el hecho de que el proceso de sometimiento y adiestramiento del cuerpo no implica necesariamente violencia física, sino más bien el despliegue de estrategias que incorporan un «saber» del cuerpo, no sobre su funcionamiento, sino sobre sus posibilidades de autorregulación. Se trata, indica Foucault, de una «tecnología política del cuerpo» la cual, de modo fragmentario y difuminado en las redes de *lo social*, proporciona procedimientos y recursos de control y disciplinamiento de los cuerpos. A esto llama Foucault «microfísica del poder»: al conjunto de disposiciones, maniobras, tácticas y técnicas que, aunque no actúan primariamente desde el Estado ni a partir de la estratificación de clases, y sin apelar a prohibiciones ni a obligaciones expresas, se interiorizan en el sujeto como «saberes», y se incorporan a sus convicciones y conductas. Foucault habla de este proceso como de un «cerco político del cuerpo»: «Se trataría [...] del "cuerpo político" como conjunto de los elementos materiales y de las técnicas que sirven de armas, de relevos, de vías de comunicación y de puntos de apoyo a las relaciones de poder y de saber que cercan los cuerpos humanos y los dominan, haciendo de ellos unos objetos de saber» (Foucault, 1975, p. 35).

La noción de disciplina trabajada por Foucault ha sido de suma importancia para comprender la subjetividad regulada por el sistema institucional y el lugar variable que distintas corrientes otorgan a la corporeidad en relación con el impacto de las técnicas educativas, religiosas, de entrenamiento y adoctrinamiento de individuos, en distintos contextos. En *Vigilar y castigar* el concepto de *cuerpo dócil* se articula en Foucault con las nociones de disciplinamiento:

[A] través de esta técnica de sujeción, se está formando un nuevo objeto; lentamente, va ocupando el puesto de cuerpo mecánico, del cuerpo compuesto de sólidos y sometido a movimientos, cuya imagen había obsesionado durante tanto tiempo a los que soñaban con la perfección disciplinaria. [...] es el cuerpo natural, portador de fuerza y sede de una duración; es el cuerpo susceptible de operaciones específicas, que tienen su orden, su tiempo, sus condiciones internas, sus elementos constitutivos [...]. Cuerpo del ejercicio más que de la física especulativa; cuerpo manipulado por la autoridad [...]; cuerpo del encauzamiento útil y no de la mecánica racional [...]. (Foucault, 1975, p. 159)

Bourdieu, por su parte, al hacer referencia al *capital humano* alude a la forma en que el cuerpo circula en el ámbito social, político, económico y discursivo, es decir, a las formas que se introducen para cotizarlo socialmente, prescribirlo, cuestionarlo o ensalzarlo. Los criterios de cotización del capital humano van variando históricamente en relación con los complejos vínculos que lo corporal guarda con la economía, la política, la religión, etc. Por ejemplo, los modos en que se manejan socialmente los conceptos de culpa, obesidad, vejez, suicidio, endeudamiento, ateísmo, etc., se modifican y cambian de manera constante en la estimación colectiva, generando normativas que se imponen y regulan las conductas sociales, pero que también son inestables y relativas a los distintos contextos socioculturales e incluso a los diversos estratos de clase en una misma sociedad.

> Trasladarse de una figura a otra para desenganchar las redes de tácita complicidad que sujetan los distintos enunciados, implica que lo «femenino» se desplace con la mayor pluralidad de movimientos críticos para desmontar los engranajes de razones y poderes que buscan, entre otras cosas, amarrarnos a categorizaciones fijas de identidades homogéneas: la identidad femenina, la identidad latinoamericana, etc. (Richard, 1989, p. 88)

Baudrillard se ha referido elocuentemente a los vínculos que guarda el cuerpo con las relaciones de mercado. En ese sentido, ha definido al cuerpo como el mejor objeto de consumo, por las múltiples significaciones que es capaz de acumular. El cuerpo, dice, tiene más connotaciones simbólicas que el automóvil (lo cual es mucho decir). Después de un siglo de puritanismo, el cuerpo ha vuelto a imponerse como centro de la cultura física y la liberación sexual. La moda, la higiene, la dietética, las técnicas terapéuticas, los tratamientos, etc., lo han convertido en un «objeto de salvación», arrebatando las funciones antes atribuidas al alma humana (Baudrillard, 1998, p. 277). La corporalidad es hoy un *hecho cultural* en torno al cual se rearticula *lo social*. La representación del cuerpo lo incorpora como capital y como fetiche. El cuerpo es usado, señala este autor, como se usa un vestido, como una segunda piel. El cuerpo debe ser habitado narcisísticamente, para que su consumo, por parte del sujeto y de quienes lo miran, se realice plenamente. El cuerpo es capital simbólico, en términos de Bourdieu, porque significa, entre otras cosas, estatus social, al tiempo que es capital, en sentido estricto, en el cual se invierte para extraer de él la ganancia del reconocimiento y el prestigio social. En torno a él se despliegan relaciones de poder que lo potencian y promueven en distintos registros, a través de una inmensa industria al servicio de su promoción como mercancía: moda, peinado, maquillajes, etc. La producción y el consumo de la belleza, la salud, la flexibilidad, la estilización corporal, etc. constituyen uno de los pilares del capitalismo contemporáneo y de la formación de subjetividades, tanto femeninas como masculinas.

Con un sentido lúdico y hedonístico, el disfrute del cuerpo sigue la lógica del disfrute y la reproducción del capital, con su valor de uso (energía sexual, por ejemplo) y su valor de cambio (el cuerpo como productor de deseo y de placer). Según Baudrillard, el cuerpo de la mujer es abstraído, funcionalizado; más que un cuerpo es una *forma* en la que se sublima el deseo. En este sentido, el cuerpo es objeto, mercancía.

Un aspecto macabro de esta comercialización de los cuerpos está representado por el robo y mercantilización de órganos. Nancy Scheper-Hughes ha estudiado el tráfico global de órganos humanos o «bio-piratería» como una de las formas de lucro que forma parte de la economía global, reconociendo que además del aspecto simbólico que puede desarrollarse a partir de estas prácticas, o de las razones médicas que hagan necesaria la disponibilidad de estos «materiales orgánicos», se trata de un problema vinculado directamente con la bioética y que plantea dilemas de difícil resolución. Estas prácticas hablan a las claras de una nueva concepción del cuerpo como mercadería segmentada cuyo valor emerge con la muerte del supuesto «donante». Pero la situación obviamente se agrava cuando se considera que los órganos son extraídos y comercializados también de modo clandestino, siguiendo, como señala Scheper-Hughes, las modernas rutas del capital: de sur a norte, del Tercer al Primer Mundo, de pobres a ricos, de individuos negros o latinos a blancos, y de mujeres a hombres, reproduciendo así, en el nivel del cuerpo fragmentado y saqueado, la segmentación jerárquica que aqueja al cuerpo social en su conjunto. Como esta autora señala, esta situación apunta a las deficiencias de la economía global y a las lógicas del mercado, que han provocado, como analiza George Soros, una crisis de valores en la sociedad actual, como consecuencia de la intensificación e indiscriminación de los mercados.[1]

Órganos extraídos de morgues, hospitales, prisiones, laboratorios y lugares ocultos de la sociedad, señalan el deterioro de valores fundamentales en la sociedad global, pero también indican el grado de necesidad de amplios sectores a escala mundial, y la corrupción de las instituciones dedicadas a la curación y preservación de los cuerpos.

> Nociones culturales sobre la dignidad del cuerpo y los estados soberanos ponen barreras al mercado global de partes del cuerpo, pero estas ideas han demostrado ser frágiles. En Occidente, reservas teológicas y filosóficas han accedido bastante rápido a las demandas de la medicina avanzada y la biotecnología. (Scheper-Hughes, 2000, p. 209)

La tremenda paradoja de que la conservación de la vida puede depender del sacrificio y mutilación forzada o voluntaria de los cuerpos es un tema con múltiples ramificaciones en los planos de la economía, la política, la cultura, la ley, la ética, la medicina y los derechos humanos. El cuerpo ocupa el centro de estos debates, en su estrecha vinculación con el mercado y con formas de necesidad y deseo que

---

1. Cf. Soros, 1998.

tocan la esencia misma de lo humano, la concepción del cuerpo como unidad indivisible y la vulnerabilidad física de la persona, sometida a la cosificación y a la rapacidad.

El geógrafo David Harvey ha sugerido que nos encontramos en un período de acumulación primitiva similar al que creó las condiciones para la emergencia del capitalismo, y que consistiría en la acumulación de riqueza a través de la fuerza, con el uso de diversas formas de dominación, entre las que se cuenta el crimen organizado, el fraude financiero y las manipulaciones del mercado. Esto implica la ruptura de formas establecidas de trabajo y remuneración y el incremento de múltiples modalidades de explotación que instalan formas posmodernas de esclavitud y servidumbre a escala planetaria. La utilización de los cuerpos en la explotación laboral, el comercio de cuerpos para trabajo sexual, la venta —y robo— de órganos, el tráfico de niños y otras formas de coacción y violencia física y psicológica, como la manipulación de la migración ilegal por parte de empresas transnacionales, crean un sistema en que el biocapitalismo sobrepasa sus propias fronteras generando parámetros inéditos de apropiación de la vida y deshumanización de las interacciones sociales. La desigualdad socioeconómica produce, además, condiciones para que se incremente la venta de fluidos corporales (sangre, semen, leche materna) que se convierten en mercancías que permiten a individuos sin otros recursos sobrevivir a la marginación y el desempleo.

La comodificación de los cuerpos convertidos en mercancía tiene una de sus repercusiones culturales en la «*pornificación* de la cultura» pero también en la negociación con la apariencia física, la medicalización de la vida diaria y el fortalecimiento de mafias globales, haciendo disponibles elementos orgánicos como si se tratara de objetos aislados, anónimos y desprendidos de su origen y su significado. Tales formas de comercialización describen rutas que van de los países y sectores más desamparados a los de mayor desarrollo, reforzando el centralismo del gran capital y la perpetuación de las formas de vida que lo caracterizan y sustentan.

Cuerpo y (bio)política

El gobierno, en sus diversas formas históricas, siempre consistió en el control de los cuerpos y en su adiestramiento individual y colectivo con miras a ciertas formas de funcionamiento capaces de asegurar la convivencia y el avance hacia fines comunes, aunque la definición y la prosecución de tales objetivos han variado mucho a través de las épocas. Los conceptos de orden, comunidad y poder, y los métodos de disciplinamiento, liderazgo y organización social son muy dispares en distintas culturas y se traducen en políticas de muy diverso signo según el sistema en el que tales nociones son aplicadas.

Uno de los temas que puede considerarse *biopolítico*, incluso mucho antes de que el término fuera utilizado para hablar de la gubernamentalidad, es el de la seguridad pública, que ha incrementado desde la segunda mitad del siglo XX como consecuencia de la proliferación de situaciones de guerra interna, crimen organizado, terrorismo, inestabilidad económica, enfrentamientos políticos, conflicto por la desigualdad de clases, discriminación racial, étnica, religiosa, etc. Al tiempo que se registra el surgimiento y aumento de la privatización de la seguridad pública y la proliferación de la vigilancia estatal, se advierte la correlativa transformación de las formas de coexistencia social, de los procedimientos de vigilancia y de la definición de conceptos como los de peligro colectivo, enemigo, defensa y seguridad global. El control del movimiento de los cuerpos en territorios nacionales, fronterizos, transregionales, geoculturales, o incluso dentro de las zonas urbanas, materializó en múltiples niveles la noción de «inclusión diferencial». Este concepto se viene aplicando en las últimas décadas en relación con el tema migratorio y con los desplazamientos internos, para señalar la selectividad que se ejerce sobre los cuerpos con miras a la admisión de extranjeros en territorios nacionales. De la misma manera, las políticas de expulsión funcionan también de modo diferenciado, cuando determinados sectores se ven obligados a abandonar su tierra natal.

La corporalidad *(embodiment)* de los individuos constituye la base de la gubernamentalidad biopolítica. La apariencia, capacidad física y mental, costumbres, edad, género, raza, religión, etc., funcionan como criterios selectivos en distintos registros, ya que ponen en marcha criterios que se apoyan en estereotipos de inclusión / exclusión de sujetos. Los principios de orden y productividad han sido los ejes de políticas securitarias orientadas a la supuesta protección del Estado, a partir de modelos corporales que parecen revelar la *verdad* del sujeto, ya sea señalando que se trata de individuos confiables, «civilizados» y disciplinados o, contrariamente, de sujetos sospechosos, marginales o indeseables. Tales formas de discriminación son puestas en suspenso cuando determinada nación tiene necesidad de mano de obra reclutada entre esos mismos sectores, que funcionan como recursos laborales de bajo costo, cuya vulnerabilidad los hace particularmente explotables. Las políticas migratorias, así como la seguridad nacional, funcionan en buena medida sobre la base de este tipo de criterios arbitrarios y discriminatorios de interpretación de apariencias y rasgos físicos *(profiling)*.

El paso de la Modernidad a la Posmodernidad es esencial para comprender el proceso de transformación que sufre la relación entre Poder, cuerpo y mercado, así como el modo en que se altera la ontologización del sujeto, sometido ahora a categorizaciones diferentes. Foucault ha señalado que a partir del siglo XVIII se registra el surgimiento de la gubernamentalidad, la cual tiene como objeto ya no los pilares *modernos* de ciudadanía y soberanía, sino las *poblaciones* mismas, vista como una *masa* que debe ser contenida y administrada a partir de estrategias de control de la vida. Desde la década de 1970, el autor de *Vigilar y castigar* analiza la lógica del neoliberalismo y los modos en que esta ideología afecta a las que llama *tecnologías de subjetivación*, es decir, la relación del individuo con las normas sociales, que lejos de ser prescripciones fijas e inalterables, se desplazan en la trama social, refuncionalizando sus procedimientos y sus metas. En las conferencias dictadas por Foucault en la Universidad del Estado de Río de Janeiro en octubre de 1974, y luego en el Collège de France en 1976, el filósofo apela al concepto de biopolítica al referirse al racismo como ideología de Estado, desarrollando las ideas que pasarían a integrar el libro que llevaría el título de *Defender la sociedad*, publicado póstumamente en 1997.

Foucault entiende que el control de la sociedad no solo se realiza a través de la ideología diseminada desde el aparato estatal, sino también a partir del control de los cuerpos, imponiendo sobre ellos regulaciones y restricciones en aspectos que van desde el control de la natalidad a la eutanasia, desde las políticas de salud pública hasta la normativización de la sexualidad, desde la estigmatización de ciertas enfermedades y condiciones físicas hasta las formas de vigilancia, sujeción, tortura y encarcelamiento. En *El nacimiento de la biopolítica* (que fue el segundo de los cursos ofrecidos por Foucault en ese ciclo) indica que el cuerpo es una entidad biopolítica y que la medicina es la estrategia biopolítica que lo administra.

La persistente preocupación de Foucault con cuestiones vinculadas a la corporalidad lo llevan a analizar aspectos en que el cuerpo aparece ocupando posiciones antinormativas, en las que se perturba la regularidad de su integración social, de su aceptación y su funcionamiento. A partir de elementos *anómalos* y del trato que reciben en la sociedad (la criminalidad y la locura, por ejemplo) puede realizarse, según este autor, una crítica efectiva al concepto de normalidad que ya había avanzado Georges Canguilhem en *Essai sur quelques problèmes concernant le normal et le pathologique* (1943), estudio que luego expandiría en versiones posteriores de ese libro y que influiría en el pensamiento de Foucault y de otros pensadores de su época.

Foucault descubre los beneficios de realizar el desmontaje de los puntos neurálgicos del sistema a partir de ciertas perspectivas que permiten una entrada oblicua y productiva en la comprensión de los mecanismos sociopolíticos. La preocupación por las «patologías» o por las formas antinormativas condenadas socialmente permiten a este autor el emplazamiento de los conceptos de normalidad, salud, virtud, racionalidad, etc., y una penetración crítica en las lógicas de clasificación y de exclusión social. El estudio de las enfermedades mentales, dolencias estigmatizadas por el temor al contagio, como la lepra, la tuberculosis y el sida, al igual que los casos de manejo social del delito, de la monstruosidad o deformación física, y de ciertas prácticas sexuales calificadas de «desviaciones», posibilitan la comprensión de distintas modalidades de implementación del poder sobre la vida y de los intentos de ordenamiento y administración de la *diferencia* en la sociedad moderna.

Según Canguilhem había señalado, las regulaciones sociales no solo preservan la normalidad, sino que *la producen*, definiendo y promoviendo paradigmas de conducta que se consideran positivos y que se intentan reproducir en el ámbito colectivo. La «normalidad» es considerada, así, «natural» y, por tanto, portadora de una verdad que se asimila a la salud y bienestar del sujeto, de modo que todo apartamiento de la norma es considerado como una infracción al orden social y a sus fundamentos «científicos» y, por tanto, una conducta contraproducente y condenable.

Al ser mostrado como *normativo*, un comportamiento asume la forma de una garantía de inclusión que asegura la incorporación del sujeto en la sociedad, cuando en realidad lo que se está implementando es la exclusión de todo aquel que no se ajusta a los preceptos modélicos. Lo que Canguilhem presenta como una construcción social sujeta a las variaciones históricas, Foucault lo referirá al concepto de poder / saber, poniendo énfasis en el carácter político de la construcción discursiva, práctica e ideológica de «lo normal».

Para Foucault, el concepto de (norma)lidad será esencial porque otorga al poder una fuerza que aparece como legitimada, ya que se basa en la noción de que lo «natural» debe imponerse como protección de la población, es decir, como beneficio público que justifica la represión y exclusión de todo aquel que no se someta al «orden» social. En este panorama biopolítico, que se funda en el control sobre la vida, el cuerpo será el núcleo de los cruces y conflictos entre libre determinación y poder político, entre vida y Estado. Para Foucault, el individuo, su cuerpo y su energía vital son la argamasa con la que el poder político construye su lugar de autoridad y predominio, por lo cual, como materia prima de lo político, el cuerpo humano debe ser controlado y dirigido hacia formas de productividad que salvaguarden los intereses del Estado. Foucault ve en la biopolítica una estrategia masiva de control social (corporal y humano) vinculada a la dominación, mientras que otros autores consideran que la biopolítica también abarca la implementación de medidas que tienden al mejoramiento de la población (campañas de vacunación, higiene pública, programas de salud, etc.).

El poder político tiende a la interiorización de las regulaciones que afectan todos los aspectos de la vida humana, abarcando tanto el dominio de las identidades y del nacionalismo (la definición de los principios y valores que definen la nacionalidad y que deben guiar a la ciudadanía), como las conductas sexuales, las formas de integración interracial, la acción e impacto de las jerarquías sociales y los espacios que los distintos sectores (clases, etnias, géneros, grupos por edad, grados de salud, capacidades físicas, etc.) ocupan en la sociedad. Para la biopolítica, el cuerpo es la metáfora principal en la que se articula la política moderna como control primordial de la vida y de las formas y regulaciones que rigen su desarrollo. Muchos de los temas que muestran la intervención biopolítica tienen que ver con problemas como la xenofobia, el racismo, el sexismo y la perpetuación de conceptos retrógrados como los de pureza de sangre y mejoramiento de la especie, que resultaron, como es sabido, en purgas étnicas, genocidios y formas de violación de los derechos individuales y el derecho a la vida.

La distribución de la vida y la muerte se considera uno de los principales dominios del poder político, entendido como acción que se ejerce no ya sobre el individuo (el ciudadano), sino sobre un nuevo sujeto colectivo: *la población*. Tal concepto, identificado por Foucault y desarrollado por los filósofos biopolíticos posteriores, articula los cuerpos singulares en una totalidad abstracta, colectiva y anónima, que es regulada como si fuera un organismo cuya salud o enfermedad, florecimiento o deterioro pueden ser decididos a partir del Estado soberano. Como indica Foucault al resumir el giro biopolítico: «La soberanía hacía morir y dejaba vivir. Y resulta que ahora aparece un poder que yo llamaría de regularización y que consiste, al contrario, en hacer vivir y dejar morir» (Foucault, 1976b, p. 223). El cambio que se realiza es también de carácter cuantitativo, ya que el impacto de esas formas de gubernamentalidad pasa del nivel de individualización social y política al de la masificación. Según el mismo autor:

> [T]ras un primer ejercicio del poder sobre el cuerpo que se produce en el modo de la individualización, tenemos un segundo ejercicio que no es individualizador sino masificador, por decirlo así, que no se dirige al hombre / cuerpo sino al hombre-especie. Luego de la anatomopolítica del cuerpo humano, introducida durante el siglo XVIII, vemos aparecer, a finales de este, algo que ya no es esa anatomopolítica sino lo que yo llamaría una biopolítica de la especie humana. (Foucault, 1976b, p. 220)

Mientras que la anatomopolítica es de carácter individual y funciona dividiendo a los cuerpos, aislándolos para dominarlos, el biopoder extiende su acción en un radio mayor, colectivo, masivo, totalizador.

Junto al concepto de biopolítica, el de *biopoder* implica el control total de lo biológico, incluyendo la conceptualización misma de lo humano, la interacción entre la especie humana y otras especies, el sentido de la vida, la regulación de la muerte, la distribución de los recursos necesarios para la supervivencia, el manejo de la violencia, la relación entre lo humano y lo tecnológico, las prioridades gubernamentales sobre aspectos vinculados a las formas de vida, la supervivencia, la curación, etc. Asimismo, las estrategias de la biopolítica se dirigen hacia el control de los movimientos de los sujetos (migraciones, desplazamientos forzados, relocalizaciones ecológicas, etc.) y muchos otros planos relacionados con la inscripción de la vida en lo social, y la politización del cuerpo entendido como mercancía (entidad fetichizada), real y simbólica. La noción de biopoder es inseparable de los avances de las ciencias físico-naturales y particularmente de las prácticas y discursos médicos, legales, securitarios, etc. Como Foucault advierte, esta nueva forma de implementación del poder político emerge en convergencia con los cambios producidos por la

Revolución Industrial y con las redefinidas relaciones entre capitalismo y gobierno, así como entre vida, poder y tecnología. Los avances de la biología son fundamentales para estimular la intervención sistemática del poder político y del poder cultural en los campos de gestión de la salud, la natalidad, la agricultura y la ingeniería genética.[1]

En una de las conferencias dictadas en el Collège de France bajo el título de *Subjetividad y verdad* (1981), Foucault realiza la distinción entre *zōē* (la «mera vida» o vida natural que es común a todos los seres vivos) y *bios* (existencia o vida «cualificada» como atributo de un individuo o grupo particular), que Giorgio Agamben retoma en sus elaboraciones sobre la *nuda vida* y el *homo sacer*. A partir de estas nociones, el filósofo italiano ofrece una aproximación diferente al campo biopolítico, enfocando, sobre todo, el valor de la vida y su devaluación en situaciones de excepción (ya analizadas por Walter Benjamin), en las que el poder político actúa con suspensión del Estado de derecho. En los estados de excepción el Estado se sitúa por encima de la legalidad, siendo justamente la ley la que, paradójicamente, prevé esas situaciones y habilita al Estado para un funcionamiento de emergencia. En el caso de los campos de concentración la ley se suspende porque la prioridad es la eliminación de la anomalía y de la vida que la hace posible. Actualmente en los campamentos de refugiados, los individuos son retenidos indefinidamente, con desconocimiento de sus derechos, pasando por procesos de deshumanización. Los sujetos existen, así, en un limbo legal, y se encuentran a merced de la fuerza política que intenta detener los desbordamientos territoriales. El cuerpo humano aparece, en estos casos, desprovisto de los atributos que lo hacen reconocible como individuo protegido por el sistema legal. Sin territorio, nación ni Estado, muchas veces carente de documentación identificativa y alienado de su comunidad, su familia, su lengua, sus creencias y entorno conocido, el refugiado es tratado como un paria que existe en la exterioridad del sistema.

---

1. Sobre estos aspectos, cf. Ugarte Pérez (2006), quien resume los rasgos principales de la biopolítica y del biopoder en la obra de algunos autores representativos de esta orientación filosófica.

Agamben da como ejemplo los detenidos en Guantánamo, donde los individuos existen desterritorializados, en una forma de destierro que coloca al sujeto más allá de lo humano, en un estado de excepción normalizado que se prolonga de modo indeterminado. En *El poder soberano y la nuda vida* (1995) el autor de *Homo Sacer* se concentra en la necropolítica representada en la acción de la fuerza gubernamental que confiere a los Estados el derecho de condenar cuerpos, eliminar vidas y cosificar a los sujetos. Todas estas estrategias de control de la vida y conducción a la muerte se apoyan en la vulnerabilidad de los cuerpos, condición que se agudiza cuando estos pierden dimensión legal, territorialidad y ciudadanía, como si la condición humana dependiera de la inserción política y social.

En Agamben el problema del cuerpo está íntimamente ligado al tema de la ley que lo reconoce o desconoce, y que regula tanto la continuidad de la vida como —principalmente, para Agamben— su violenta eliminación. Se ha notado que el carácter más abstracto y menos aplicado a las contingencias de la política coloca a este pensador a cierta distancia del núcleo principal de la biopolítica, campo al que, sin embargo, Agamben se siente directamente vinculado. Pero su filosofía se orienta sobre todo a analizar las vertientes jurídicas y tradiciones de la legalidad occidental ya desde los griegos y el derecho romano, para percibir el estatus mismo de la persona jurídica y la forma en que ese reconocimiento legal afecta su lugar en la sociedad y su posición frente a la política y a la fuerza del Estado. De acuerdo con estos principios, Agamben señala que el verdadero par que explica lo social y lo político no es el propuesto por Hobbes entre amigo / enemigo, sino el que permite entender el valor de la vida en relación con la ley y el Estado. Según Agamben:

> La tesis foucaultiana debe, pues, ser corregida o, cuando menos, completada, en el sentido de que lo que caracteriza a la política moderna no es la inclusión de la *zōē* en la *polis*, en sí misma antiquísima, ni el simple hecho de que la vida como tal se convierta en objeto eminente de los cálculos y de las previsiones del poder estatal: lo decisivo es, más bien, el hecho de que [...] el espacio de la nuda vida que estaba situada

originariamente al margen del orden jurídico, va coincidiendo de manera progresiva con el espacio político, de forma que exclusión e inclusión, externo e interno, *bios* y *zōē*, derecho y hecho, entran en una zona de irreductible indiferenciación. (Agamben, 1995, pp. 18-19)

Para los griegos, la *zōē* no formaba parte del espacio público, sino del ámbito privado, del *oikos*. *Zōē* apunta al mero hecho de vivir, mientras que *bios* se refiere a la vida como parte de la comunidad, es decir, hecha *política*, integrada en la *polis*, la cual se orienta hacia la búsqueda del bienestar o «buen vivir» de los individuos. Por esta razón, aunque está excluida por principio, de hecho, la *zōē* forma parte de la *polis*, ya que en última instancia esta tiene como objetivo la preservación y mejoramiento de la vida natural. La *nuda vida* sería aquella en la que se anuda y complejiza el paradigma teórico *bios/zōē*, al hacer referencia a la vida fuera de todo contexto, abandonada por el derecho, el Estado y la soberanía, donde el cuerpo está a merced de la violencia.

Además de estas consideraciones que proponen un marco teórico y filosófico general para la comprensión de la condición biopolítica, Agamben reflexiona sobre la sexualidad como *dispositivo*, señalando que entiende por tal «cualquier cosa que de algún modo tenga la capacidad de capturar, orientar, determinar, interceptar, modelar, controlar y asegurar los gestos, las conductas, las opiniones y los discursos de los seres vivientes». A lo que agrega que son dispositivos

[n]o solo las prisiones, los manicomios, el Panóptico, las escuelas, la confesión, las fábricas, las disciplinas, las medidas jurídicas, etc., cuya conexión con el poder de algún modo es evidente, sino también la pluma, la escritura, la literatura, la filosofía, la agricultura, el cigarrillo, la navegación, las computadoras, los teléfonos portátiles y —por qué no—, el lenguaje mismo, que, quizás, es el más antiguo de los dispositivos [...]. (Agamben, 2006, p. 18)

Roberto Esposito es otro de los pensadores que, dentro del campo de la biopolítica, se retrotrae al derecho romano para aprehender una de las vertientes del concepto de *persona*, noción que, lejos de identificarse con la de individuo o ser humano, designa *una forma y un grado de ser* dentro de determinadas condiciones de dominación y en determinados contextos geoculturales. La noción de *persona* es así, también, un *dispositivo*, en el sentido foucaultiano, es decir, un punto nodal que sirve para organizar la implementación del poder político.

Desde la época del Imperio romano hasta el liberalismo, los fundamentos de la distinción entre individuo y persona han atravesado el pensamiento político y filosófico occidental, a veces de manera implícita, como parte de los debates sobre soberanía, ciudadanía y derechos humanos. El cuerpo como tal es relegado a un plano de des-conocimiento y es cosificado, es decir, es considerado y construido como objeto, operación que se realiza en gran medida a través del lenguaje, que relega a quien es calificado como no-persona a un lugar subalterno y deshumanizado.

Esposito se pregunta, basándose en reflexiones de Elias Canetti y otros, cómo definir *la cosa* por contraposición a la persona. La oposición sujeto / objeto ha resultado en una indefinición del lugar que ocupa la persona. ¿Se define esta por su cuerpo? ¿El cuerpo posee a la persona o la persona posee un cuerpo? ¿Es el cuerpo apenas el instrumento que utilizamos para llegar al mundo del objeto, es decir, lo define una función mediadora? Esposito opina que el «paradigma *persona*» debe ser redefinido, ya que las diferencias tajantes entre cuerpo humano y cosa se van adelgazando a medida que las biotecnologías operan modificaciones sustanciales de tipo corporal y mental, por el uso de prótesis, implantes, reguladores electrónicos y diversas aplicaciones de la inteligencia artificial, manipulación genética, etc. La integración de la persona con su dimensión cultural no se habría realizado, ya que lo humano fue concebido en términos de idea, valores, ideales, etc., tanto en el aspecto filosófico como en el político y el jurídico. La relación entre objeto y persona sería, indica Esposito, una relación de posesión, en la que ambos elementos de esa relación se definen mutuamente. La capacidad de *poseer* define a la persona que posee a la cosa (ya que lo inverso no es posible), pero la cosa *define* también, tácitamente, a quien la posee, revelando sus preferencias, valores, objetivos, etc.

Sin embargo, en lo que a este trabajo respecta, lo más importante en estas distinciones es el lugar del cuerpo, el cual también carece de definiciones claras a lo largo de la historia. El cuerpo no es, técnicamente, «persona», pero tampoco objeto, por lo cual el derecho no lo considera *per se*, destinándolo a un lugar intermedio e indefinido. El cuerpo es objetivable y cosificable, fetichizable y pasible de ser invisibilizado, y, al mismo tiempo, coincide con la idea de la persona-humana o, dicho de otro modo, se asimila a nuestra idea del sujeto-persona-cuerpo que constituiría el centro de *lo humano*. ¿Qué lugar ocupa el cuerpo entre objeto y persona? ¿Cuándo se asimila a una u otra categoría? ¿Es el robo de un embrión o de un cadáver similar al secuestro de un individuo? ¿Cuál es el límite, el momento, el requisito que el cuerpo debe cumplir para ser clasificado de una u otra manera? Esposito enfatiza el aspecto más importante de la cuestión, que es la consecuencia política que tiene el reconocimiento de lo humano en los escenarios actuales, la necesidad de comprender la especificidad de la existencia, de la conciencia, de la afectividad, como elementos que constituyen a la entidad / sujeto de una manera particular, que no comparte con el objeto ni con la calificación (retórica, política, jurídica) de persona.

La filosofía de Esposito se ha considerado «impersonal» por el tratamiento al que somete el concepto de persona y su construcción histórica y social. Así, por ejemplo, como indica Álvarez Solís:

En el proyecto teórico de Esposito lo impolítico es igual de importante que lo impersonal, en la medida que lo primero permite explicar la política desde su borde crítico, y lo segundo, redimensionar la ética en un terreno fuera del campo de la bioética liberal y la filosofía moral normativa [...]. Lo impersonal opera, entonces, como un tercer espacio que está en el borde entre la concepción teológica y el uso jurídico de la persona: una respuesta filosófica a la paradoja moderna de la persona [...]. Lo impersonal no abandona el paradigma de la persona: lo mantiene en un estatuto crítico al permanecer en el borde o linde entre lo personal y lo animal. Lo impersonal representa así una deconstrucción infrapolítica de los vocabularios normativos de la ética, la teología y el derecho, que admite a la persona como un sintagma detonante de pensamiento. (Álvarez Solís, 2014, p. 146)

Como se ve, el emplazamiento del concepto de persona tiene connotaciones directas en cuanto a la producción del sujeto / objeto de la política y de la ética, ya que crea un espacio conceptual e ideológico entre los legados de la vertiente cristiana y el cuerpo secular de la ley. Redefinir a la persona implica preguntarse por su posicionalidad y por su agencia, por su localización con respecto al poder y por su capacidad para transformarlo. Esposito aclara que «persona» no es un concepto sino un *dispositivo*, es decir, un elemento que cataliza la activación del campo del derecho y de los recursos de exclusión / inclusión utilizados desde el poder. Foucault se refirió a la noción de *dispositivo* ya desde *Vigilar y castigar* (1975), pero es concretamente a partir del curso sobre *Seguridad, territorio, población* (1978) cuando utiliza este concepto como una «práctica no discursiva» de carácter estratégico, empleada para intervenir y manipular las relaciones del saber / poder. El dispositivo incluye tanto discursos como instituciones, leyes, medidas administrativas, enunciados científicos, filosóficos y morales, todos los cuales configuran al dispositivo como *red*, es decir, como entramado eminentemente relacional e inestable. Concebido como un *juego* en el que se producen movimientos, cambios de posición y variantes, el dispositivo se sustenta en saberes, es decir, en elementos de información y de interpretación de lo real que apoyan y que son apoyados por el poder. De acuerdo con esto, la persona de Esposito no remite a una idea o abstracción ni tampoco a una identificación con el cuerpo como fisicalidad, sino a una multiplicidad de relaciones vinculadas con la microfísica del poder y con el saber que la sustenta.

Hoy en día, en el campo de la bioética, se considera que un ser puede ser considerado «persona» si cumple con los siguientes requisitos:

[U]n mínimo de inteligencia, de autoconciencia, de autocontrol, un cierto sentido del tiempo, un sentido del futuro, un sentido del pasado, la capacidad de relacionarse con otros, la preocupación por otros, la comunicación, el control de la existencia, la curiosidad, el cambio y la variabilidad, el equilibrio entre racionalidad y sentimiento, la idiosincrasia y el funcionamiento neo-cortical. (Francione, 1996, p. 315, en Puleo, 2015, p. 131).

Esposito elabora, dentro del campo de la biopolítica, el *paradigma inmunitario*, sin que la noción de inmunidad tenga, en su teorización, un sentido positivo (la resistencia que salva), ya que se refiere al sujeto o institución que es exonerado de la aplicación de ciertos deberes o derechos. Tener *inmunidad* diplomática, ser *inmune* frente a políticas de tasación o mantenerse inmune ante determinadas circunstancias implica un distanciamiento que exonera al sujeto de ciertas obligaciones, colocándolo en un espacio salvaguardado y de supuesta neutralidad, en el que se admite la excepción a las normas jurídicas. Esposito se preocupa de vincular vida y ley, concentrándose en la paradójica situación de que la misma legalidad incluye su cancelación en circunstancias de excepción. Asimismo, el concepto de inmunidad se nutre de acepciones médicas. Un grado controlado de inmunidad es lo que garantiza las defensas del cuerpo frente a los agentes patógenos que lo atacan, esquema que es transferible a las amenazas que recibe el cuerpo social al ser agredido por la enfermedad. También existen casos en que el sistema del organismo humano se ataca a sí mismo, identificando enemigos internos que provocan un estado de autodestrucción.

En otras vertientes de pensamiento sobre el tema del cuerpo la reflexión toma una forma más concentrada en aspectos culturales, para explorar el lugar que la corporalidad ocupa en el mundo como núcleo generador de significados. En su libro *Corpus* (1992), Jean-Luc Nancy realiza una aproximación filosófica al tema del cuerpo, enfatizando las estrategias físicas de teatralización que el individuo despliega a través de sus gestos, conductas, expresiones estéticas y emocionales. En un estilo enigmático y fragmentario, las ideas de Nancy sobre el *cuerpo/corpus* se orientan hacia el reposicionamiento de la corporalidad desde el punto de vista ontológico. Según este autor, el cuerpo moderno fue relegado a un segundo plano, haciéndose presente solo en situaciones de crisis, cuando ya es alcanzado por la muerte o por la enfermedad, por el dolor o la lascivia, o sea cuando la vulnerabilidad lo destaca como ruina. De ahí que las representaciones del cuerpo en el siglo XX hayan tenido como línea dominante, según Nancy, el tono funerario o siniestro, enfatizando aspectos de disolución o segmentación de la totalidad corporal.

Para Nancy, un momento de ruptura se produce con la imagen escultórica del «Hombre con la nariz rota» (1864) de Rodin, pieza en la que se renuncia a la organicidad y armonía de la figura corporal para mostrar más bien la realidad de su fragmentación y su fragilidad. Con el cuerpo fragmentado se deshace toda certeza y toda ambición totalizadora, ya que el cuerpo remite a la vida, la identidad, la unificación de afectos, instintos, racionalidad y deseos. Fragmentar el cuerpo significa disolver la idea de totalidad como horizonte de lo moderno y asumir que esa segmentación es mucho más profunda, estructural o civilizatoria, y que sus efectos afectan la subjetividad individual y colectiva.

El ideal de la salud, las habilidades corporales y la agudeza de los sentidos, la capacidad para el placer, la poesía y la moral deja lugar a la experiencia de la desagregación corporal, social y espiritual. El cuerpo manifiesta su debilidad frente al mundo y su inevitable finitud. Según Nancy, el cuerpo pierde su teleología, es algo dado que se nos impone: «No tenemos un cuerpo, sino que somos un cuerpo».

La reflexión de Nancy sobre el cuerpo debe ser entendida dentro del contexto general de su obra, en la que los temas de deconstrucción del cristianismo y del concepto de soberanía se vinculan también a sus ideas en torno a la globalización, particularmente contenidas en *La creación del mundo o la mundialización* (2002). En esta obra se intenta pensar el significado de la vida y la responsabilidad del ser humano en un mundo desacralizado, a partir de un pensamiento que se encuentra fuera ya de los parámetros de la metafísica, en el plano de una ontología que debe dar cuenta del mundo *ex nihilo*. Asimismo, las reflexiones de Nancy sobre el tema de la comunidad, en *La comunidad descalificada* (1986) son fundamentales para entender el modo en que el filósofo inscribe la cuestión del cuerpo individual en contextos mayores. Nancy ve la asociación comunitaria como una forma de contrarrestar el anonimato y la violencia de la sociedad actual, la decadencia de valores y la falta de cohesión social, considerando la «comunidad originaria» como la vía para restaurar lazos interpersonales. No obstante, el autor advierte los riesgos de caer en una nostalgia de formas comunitarias del pasado que pueden conducir a la endogamia y al extremismo. Nancy expresa, a través de su enigmático y segmentado estilo de escritura, su resistencia a pensar o expresar algo sobre el cuerpo que pueda sugerir que este genera significados coherentes y cohesivos. Analiza el efecto de la tecnología sobre la subjetividad para advertir que esta es afectada por las posibilidades que abre y que obstruye el avance tecnológico, al modificar radicalmente la «condición humana», las formas de (auto) reconocimiento social, las identidades e interrelaciones de los seres humanos con otras especies y elementos del medio.

Pero será en sus *58 indicios sobre el cuerpo* (2004) que Nancy ofrecerá una verdadera poética filosófica sobre el cuerpo. En el estilo recortado y conciso cuya energía deconstructiva recuerda a Derrida, Nancy realiza una polifacética y lírica entrada en la perspectiva anticartesiana que entiende el cuerpo como el encuentro estrecho y dinámico entre corporalidad, espíritu y alma, elementos que se van articulando en visiones / versiones en las que el significado es generado en enunciados paradójicos, sugerentes y reflexivos, a partir de los cuales puede interpretarse gran parte de la representación visual y literaria de los cuerpos en la producción simbólica contemporánea. Para Nancy, el cuerpo es a la vez material e inmaterial, sutil y denso, singular y relativo (relacional). Todo cuerpo contiene a otros y al mismo tiempo «está lleno de sí». El alma da forma a un cuerpo, lo organiza, dice Nancy siguiendo a Aristóteles, pero asimismo el cuerpo es la forma del alma, su prisión. Todo cuerpo es hablante, pensante e *imaginante* y, recíprocamente, el alma *siente* el cuerpo que la retiene y la contiene para que ella no se evapore en palabras. El cuerpo es, en este sentido, una envoltura que hay que desenvolver en un proceso infinito de des-encubrimiento. El cuerpo «es el en sí del para sí» y esconde hasta la muerte su secreto. Esencialmente imperfecto, el cuerpo es diferencia y exceso de sentido, de ahí su esencial irrepresentabilidad. El cuerpo no es propio, sino apropiable y apropiado, por lo cual debe marcar su ajenidad respecto al yo, que de otro modo no podría hacerlo suyo. El cuerpo me posee y lo poseo. Tengo posesión sobre él (como en una conquista territorial) pero no es de mi propiedad, ya que el cuerpo es *inasignable*. Es «oxímoron polimorfo»; un corpus o colección de piezas, funciones y partes desorganizadas que adquiere su sentido en el contacto con otros cuerpos y cosas, en la exploración de sus límites, en el *tacto o el toque*, que constituyen los principales actos de inteligibilidad que dan sentido a la existencia.

Cuerpo y representación

Como es sabido, el tema de la representación ha estado presente como problema en el pensamiento occidental desde la Antigüedad griega, aunque formas artísticas anteriores demuestran la voluntad de todas las culturas por aproximarse a aquello que se quiere re-presentar en un registro simbólico. La representación es un acto mostrativo en el que, por medio del lenguaje, la imagen, la *performance*, etc., se traducen contenidos que han sido interpretados y vertidos en clave simbólica. Re-presentar significa, estrictamente, volver presentar, dar presencia a un objeto, persona o concepto ausente o inmaterial, abstrayéndolo, simplificándolo o reelaborando imaginativamente, a través de las artes, sus rasgos, apariencia y sentidos.

Ateniéndonos a lo obvio y convencionalizado, la bandera representa la nación, la paloma blanca, la paz. Tal relación entre imagen y significado es, sin embargo, una fórmula, un acuerdo semiótico, y puede variar históricamente y en cada cultura. En la imagen artística y en la literatura, la noción de representación se refiere al acto de hacer presente (visible a la percepción y al entendimiento) algo que ya fue captado por la experiencia, en cualquiera de sus formas: algo ya percibido, imaginado, recordado, etc. En este sentido, el arte se aparta de la representación convencional, introduciendo elementos innovadores, síntesis imprevistas, métodos y estilos diversos en el proceso de revelación del objeto o del concepto representado.

La relación con el referente que se quiere representar y la imagen producida a esos efectos están lejos de ser directas y previsibles: los innumerables estilos en los que se ha representado el cuerpo humano, por ejemplo, así lo demuestran. Figuración, abstracción, fragmentación de la imagen, realismo, *collage*, fotografía, constituyen recursos de aproximación y de interpretación que pueden combinarse y variar de manera infinita. Por su presencia prominente en los imaginarios de todas las épocas, la representación corporal constituye un inagotable capítulo de la historia de los imaginarios colectivos y presenta abordajes distintivos de cada disciplina: las artes, la literatura, las ciencias médicas, la política, la química y la antropología abordan la tarea de representación de lo corporal a través de múltiples y variados procedimientos estético-ideológicos. Lo que interesa poner de relieve aquí es el tipo de conexiones que se establecen para captar el sentido empírico de la corporalidad en relación con algunos de los temas que nos interesa destacar: la cuestión del género, los aspectos etno-raciales, las variables de edad, la emocionalidad, la racionalidad, la tecnología, etc., elementos que adquieren sentido a partir de las articulaciones que se establecen y del proyecto total en el que tales representaciones se incluyen.

Toda representación es *política*, en el sentido de que manifiesta posicionamientos estético-ideológicos sobre lo representado. Al ser selectiva y jerarquizante por naturaleza, la representación elige unos aspectos sobre otros, da prioridad a ciertos rasgos y resalta unas facetas en desmedro de las demás, con lo cual realiza un recorte sustancial del referente que revela la perspectiva desde la que tal operación ha sido realizada. La representación del cuerpo, por la inmensa carga de significaciones que este conlleva, se ha prestado a incontables propuestas, que manifiestan, cada una en su registro, diversos modos de concebir la corporeidad y sus relaciones con la interioridad, los afectos, el medio social, la naturaleza y el poder.

Refiriéndose a diferentes tipos de «intercambio simbólico» en relación con la corporalidad y en particular en cuanto al tema de la muerte, Jean Baudrillard señaló:

> Toda la historia actual del cuerpo es la de su demarcación, de la red de marcas y de signos que lo cuadriculan, lo parcelan, lo niegan en su diferencia y su ambivalencia radical para organizarlo en un material estructural de intercambio/signo, al igual que la esfera de los objetos, y resolver su virtualidad de juego y de intercambio simbólico (que no

se confunde con la sexualidad) en una sexualidad tomada como instancia determinante; instancia fálica, toda ella organizada en torno al fetichismo del falo como equivalente general. Es en este sentido que el cuerpo es, bajo el signo de la sexualidad en su acepción actual, es decir, bajo el signo de su «liberación», considerado dentro de un proceso cuyo funcionamiento y estrategia son los mismos de la economía política. (Baudrillard, 1976, p. 119)

Preguntándose por el concepto de irrepresentabilidad, Jacques Rancière trata de definir, en *El destino de las imágenes* (2003), el sentido mismo del concepto de «representación», señalando que depende de dos operaciones convergentes, que se (con)funden una con la otra: la de *sustitución* (la imagen reemplaza aquello que no está o que se evoca) y la de *exhibición* (la representación *muestra* lo que antes permanecía oculto, o parecía ininteligible). La representación es así un procedimiento de mediación, en el que se parte de los datos de los sentidos y la cognición y se avanza hacia una imagen nueva. Representar involucra no solamente captación sensorial sino interpretación, es decir, supone la intervención de la subjetividad, tanto en la producción como en la recepción del tema re-presentado. Rancière indica que la representación implica un despliegue ordenado de significados, una relación de ajuste entre el referente (lo que se conoce) y lo creado. Asimismo, puede agregarse que la representación es un acto de *traducción:* el paso de un registro a otro (de lo real a lo simbólico), pero también un acto de *aproximación* (nunca la imagen reemplaza completamente al objeto, por más realista que pueda ser). Interesa considerar la distancia que la representación hace presente: la imagen producida (mental, visual, literaria) evidencia lo que falta, confirma su ausencia y la inaprehensibilidad de *lo otro*, el espacio que media entre la realidad que nos rodea y la actividad psíquica que trabaja para apropiarlo simbólicamente. Como aquello que nos es más inmediato y connatural y, al mismo tiempo, más misterioso e intrigante, la representación simbólica del cuerpo siempre ha implicado un desafío para la razón y la sensibilidad. Señala Le Breton al respecto:

El cuerpo parece algo evidente, pero nada es, finalmente, más inaprehensible que él. Nunca es un dato indiscutible sino el efecto de una construcción social y cultural. La concepción que se admite con mayor frecuencia en las sociedades occidentales encuentra su formulación en la anatomofisiología, es decir, en el saber que proviene de la biología y de la medicina. Está basado en una concepción particular de la persona, la misma que le permite decir al sujeto «mi cuerpo», utilizando como modelo el de la posesión. (Le Breton, 1990, p. 14)

Le Breton capta bien los elementos básicos de la construcción corporal: la inconmensurabilidad del cuerpo propio, la relación entre forma o estructura que provee la ciencia y el lugar fundamental del imaginario personal, que consolida la noción de propiedad o posesión del cuerpo propio, a partir de la cual se configura el Yo. Representar es, de alguna manera, apropiar, incorporar en el espacio del Yo lo que de otra manera ocuparía siempre su exterioridad.

Ya en los escritos de los pensadores griegos de la Antigüedad se revelaba la preocupación con el tema del cuerpo como conjunto unificado de fragmentos, la idea de totalidad corporal y los procesos de construcción de este concepto como base para el autorreconocimiento. La relación cuerpo-alma se encuentra en Homero, en el concepto de *thymos* como alma corporal que genera emociones y sentimientos. Las pinturas y esculturas de la época revelan la veneración de la armonía y la belleza hasta sus últimos detalles, al igual que muestran la forma corporal como la plataforma en la que se expresan pasiones intensas o estados contemplativos, así como la cualidad espiritual, que los seres humanos comparten con los dioses.

En épocas posteriores, la simbología tradicionalmente asociada a la mujer expone las marcas de las distribuciones patriarcales del género, las cuales pueden rastrearse desde la época clásica a la Posmodernidad, desde la mitología hasta el cristianismo, desde los aspectos físicos hasta los atributos espirituales, de carácter y de moralidad. Tradicionalmente, las mujeres son representadas como la contraparte del hombre de acción o de negocios, el cazador, el guerrero, el héroe, el humanista, el estadista. Se les atribuye la condición de ser pasionales hasta la irracionalidad, obsesionadas por la maternidad y mimetizadas al espacio doméstico. Se pueden encontrar múltiples representaciones que transgreden estos parámetros creando imágenes de mujeres con atributos «masculinos», que exaltan su erotismo y su excepcionalidad, pero son excepciones a la regla. La dominante en cuanto a la representación de la mujer es, como el feminismo ha notado, *el desplazamiento de esta fuera del espacio del logos*. Baudrillard recuerda que de la misma manera en que se discutió si los indígenas tenían alma también cabe preguntarse si la mujer poseyó realmente un alma según el cristianismo «clásico» y si, similarmente, los locos, los niños y los criminales (grupo al que la mujer era asociada) también la tuvieron (Baudrillard, 1976, p. 148).

Fundamental en esta ubicación marginal y/o intersticial de la mujer y de lo femenino será la cualidad que se atribuye en las distintas épocas al aspecto corporal, particularmente a lo que el cuerpo inspira, tanto física como mentalmente. La materialidad física de la mujer será vista predominantemente como incitadora del pecado y del descontrol, caracterizada por la lascivia y la histeria, cuando no por la pasividad, dada al sometimiento y a la servidumbre del varón y destinada mecánicamente a la reproducción de la especie.

En los imaginarios que corresponden al descubrimiento y conquista de América, la mujer tendrá los significados de la tierra, la productividad, la patria, la virtud, el pecado, la pureza o la lascivia, la lealtad, el sacrificio y la traición.

En particular, la relación territorio / cuerpo femenino es de larga data y se hace evidente ya desde la mitología griega. Las connotaciones de fertilidad, abundancia y vida fundamentan la noción de que el cuerpo territorial y el de la mujer comparten cualidades vinculadas a la preservación de la especie, a la maternidad y al sustento de la comunidad. Esto se verifica no solamente en las culturas occidentales, ya que el significado de la reproducción de la especie que tiene lugar en el cuerpo de la mujer inspira en muchas culturas similares asimilaciones.

La imagen de la mujer fue la representación dominante del Nuevo Mundo por parte de quienes, sin conocer América, elaboraban ideas y visualizaciones del territorio imaginado, sobre la base de relatos de conquistadores y misioneros. En el famoso grabado de Jan van der Straet (Stradanus), una mujer (la nueva tierra) aparece recostada en una hamaca rodeada de animales exóticos, siendo contemplada con lascivia por los conquistadores que bajan de sus carabelas. Al fondo, en un segundo plano, se desarrolla una escena de canibalismo, que articula abundancia y barbarie, deseo e irracionaliad.[1] Imágenes de la mujer como representación de América aparecen también prominentemente en los grabados de De Bry, que incluye en sus dibujos mujeres indígenas, amazonas o imágenes femeninas de la mitología. En todas esas representaciones se expone la desnudez de la mujer como riqueza disponible y como figura que es parte indistinguible de la naturaleza y de las ideas que asocian poder masculino y apropiación territorial.

En general, los cuerpos desnudos de indígenas americanos revelaban también la naturaleza indómita y el potencial del Nuevo Mundo, así como su condición precristiana y, por tanto, de dudosa «humanidad», carente de derechos y sentido moral. La impudicia, la sugerencia del pecado y la carencia de bienes representadas en la desnudez invitaban a la conquista y a la colonización, operaciones con las cuales se iniciaría el proceso civilizatorio. La desnudez constituía, por tanto, una marca semiótica polivalente, de sentido económico y erótico: invitaba a la penetración (territorial, sexual) y exponía «la ausencia de cultura» (la virginidad de la naturaleza y de las comunidades que la habitaban), lo cual facilitaría la colonización: cuerpos como *tabulae rasae* en las que los poderes imperiales inscribirían los valores y metas del occidentalismo.

Modernamente, estos elementos han sido reelaborados y analizados desde otras perspectivas, influidas por los cambios culturales, la combinación de tradiciones y los puntos de vista teóricos a partir de los cuales se comenzó a estudiar la representación del cuerpo como catalizador del discurso artístico, médico, social y psicológico. Tal viraje en la representación de lo corporal tiene que ver con el lugar

---

1. Para un análisis de esa y otras imágenes de la mujer en la colonia cf. Moraña, 2014b.

asignado al sujeto en visiones individualistas y antropocéntricas que adquieren primacía cuando el cuerpo se separa de la visión cristiana y se ve a sí mismo como microcosmos, es decir, como núcleo autocontenido productor de significados, y como plataforma para la construcción de identidades desacralizadas.

En nuestro tiempo, una serie de cambios reposicionan el cuerpo material y simbólicamente, al adscribirlo en dinámicas contemporáneas que lo vinculan al mundo urbanizado, cosmopolita y tecnificado. Sánchez Martínez destaca esta y otras transformaciones que influyen en la concepción del y la relación con el cuerpo, por ejemplo:

> [L]a dislocación de la vida rural para ingresar a una vida urbana, lo cual conlleva la pérdida referencial de un espacio mítico-cultural; el individualismo, que se refleja en las formas de vida extremosas para restituir la falta de cuerpo (drogas, deportes extremos), es decir, buscar el vínculo para encontrar lo que se tenía; la aparición del cuerpo-máquina que se postula a partir de la producción y, por supuesto, la aparición de la tecnología cibernética como rasgo distintivo de la Modernidad, y de la aparición de la comunicación mediada por computadora [...], último eslabón de la ruptura corporal. (Sánchez Martínez, 2010, p. 235)

El psicoanálisis ha estudiado exhaustivamente la fase del espejo, en la que el niño des-cubre su imagen y en la que explora su relación con las partes del cuerpo que reflejan sus propios movimientos. Es a partir de esa exploración del cuerpo segmentado que el niño comprende el concepto de totalidad y llega a ver el cuerpo como algo más que una suma de fragmentos, y como la articulación cuerpo-conciencia. La percepción del cuerpo se manifiesta como configuración exterior, ya que no puede captarse su interioridad. Progresivamente, la imaginación irá elaborando una idea de lo oculto. En estos procesos, la mirada propia y ajena son elementos fundamentales para la formación de la versión imaginaria de lo corporal, que complementa y da sentido a la imagen visual.

Lacan ha exaltado la función del lenguaje como ordenador y «productor» de la corporalidad, indicando que «el cuerpo es un obsequio del lenguaje». Considera, asimismo, que la relación de propiedad entre individuo y cuerpo es compleja y engañosa. El individuo, según el psicoanálisis, no *es* un cuerpo, sino que *tiene* un cuerpo. El cuerpo no se posee, ya que es, esencialmente, inapropiable, definitivamente ajeno, tanto el de uno mismo como el de los otros. Las interrelaciones demuestran que *el otro* está caracterizado justamente por una alteridad irreductible, que empieza por el cuerpo.

Es por el trabajo de la imaginación y de la ciencia que el cuerpo se va descomponiendo y revelando sus fragmentos, es decir, su vulnerabilidad y precariedad material. Asimismo, por su interrelación con lo social, el cuerpo manifiesta relaciones de continuidad o antagonismo, indiferencia o identificación con el medio y con los elementos de la realidad tal como esta se siente y se experimenta. El cuerpo de las vanguardias, que exponen el cataclismo emocional y psicológico de la guerra mundial, se desasocia de sí mismo. Sus partes se metamorfosean y se acoplan en *collages* insólitos con objetos de la realidad o la imaginación, creando alianzas que remiten a la enajenación de los afectos, a la destrucción y a la muerte. La Modernidad tiene ahí uno de sus momentos de mayor expresividad estética.

> El cuerpo de la Modernidad se convierte en un *melting pot* muy cercano a los *collages* surrealistas. Cada autor «construye» la representación, que él se hace del cuerpo, individualmente, de manera autónoma, aun cuando la busque en el aire de los tiempos, en el saber de divulgación de los medios masivos de comunicación, o en el azar de sus lecturas o encuentros personales. (Le Breton, 1990, p. 15)

Una de las vertientes más productivas para el estudio del cuerpo ha sido la marcada por los estudios semióticos y estructuralistas, que analizaron la imagen corporal como espacio de codificación sígnica y procesos de significación que permiten entender la función de la corporalidad en la sociedad de consumo más allá de las esferas estrictas del trabajo, muy analizadas desde la teoría marxista. El campo de la moda es particularmente propicio a esos análisis no solamente porque resignifica el cuerpo al refuncionalizarlo como soporte de atuendos y simulacro aséptico de una sexualidad desmaterializada, sino también porque promueve al cuerpo mismo como mercancía simbólica, es decir, como objeto vaciado de sentido vital, en el que se inscribe la lógica del capitalismo: «[B]ajo el signo de la moda es la propia relación del objeto la que desaparece, ventilada en una sexualidad *cool* y sin dificultades» (Baudrillard, 1976, p. 102).

Aunque en todas las culturas y en todas las épocas el arreglo del cuerpo y su decoración han sido de gran relevancia, el tema de la moda hace eclosión en la Modernidad, con la afirmación de la visualidad, la contemplación del *flâneur*, el espectáculo de la mercancía y los intercambios estéticos que se asocian con el progreso, el cosmopolitismo y el estatus. Con la moda, determinados paradigmas de belleza se popularizan y se hacen universales, ya que canalizan pulsiones del deseo (reproducción de la imagen corporal de moda, apropiación de la mercancía, búsqueda de la popularidad y voluntad de proyectar una imagen de éxito económico). Así, el cuerpo es *producido* tanto como las prendas que se modelan, todo forma parte de una teatralización del género, que luego se extiende a escenarios, mobiliarios, decoración de interiores, maquillajes y peinados.

En este sentido, las formas de representación corporal adquieren con la moda un sentido de futilidad y cambio permanente que es una alternativa con respecto a las identidades sociales, en las que el sujeto se define existencialmente a partir de sus formas de (auto)reconocimiento social. La moda constituye una forma de simulacro con la cual puede proyectarse una personalidad, un estatus y una inserción social ficticios pero verosímiles, al menos dentro de los parámetros del exhibicionismo moderno. La moda encarna lo superfluo, la dilapidación, lo prescindible, el exceso, es decir, lo que Bataille llama «la parte maldita»: la gratuidad, la extravagancia y el derroche. El apoyo crítico y teórico de autores como Marx, Freud y Benjamin es constante en las aproximaciones a la moda como práctica social de fuertes implicaciones político-económicas. Autores como Bourdieu, Foucault («tecnologías del yo»), Barthes y muchos otros analizaron la moda como forma de penetrar en las lógicas de la sensibilidad moderna y desentrañar el sistema de signos que se codifica en el vestido y el adorno, así como las poses y costumbres que se asocian al tema de la corporeidad en el aspecto particular de su presentación social. El tema se vincula, obviamente, a cuestiones de clase, raza y género, sexualidad, edad, funciones sociales y muchas otras variantes. Puede hablarse del valor convencionalizado y tradicional de la moda, o de su potencial subversivo, innovador y rupturista. Asimismo, la moda remite a los diversos espacios sociales y al «reparto de lo sensible» en la Modernidad. Finalmente, tiene que ver con el tema de las identidades, la construcción de la imagen y la manipulación de lo corporal como elemento comunicativo e interactivo, en todos los niveles sociales.

Según indica Elizabeth Wissinger, la industria de la moda y el modelaje emerge a finales del siglo XIX como parte del desarrollo de la fotografía comercial y se comienza a desarrollar ya en los inicios de la era del cine, en la década de 1920, aunque el auge de la industria de la moda tendría lugar en la segunda posguerra, siguiendo un proceso de creciente profesionalización. Todos estos desarrollos coordinados crean nuevas formas de producción del cuerpo y de circulación de los afectos relacionados con la dimensión corporal, dando lugar a una verdadera «economía de los afectos»:

> La economía del afecto se desarrolló a partir del crecimiento del sector de servicio y del cambio a una economía de consumo que ha caracterizado al capitalismo posindustrial. Pero la economía del afecto también está caracterizada por una tendencia a lo que Karl Marx se refirió como «subsunción real», en la que el capital cambia del dominio de acumulación a las fuerzas corporales pre-individuales, de modo que ese valor es producido a través de la animación, la capacitación y la modulación del afecto […]. (Wissinger, 2007, p. 234)

En *El sistema de la moda* (1967), Roland Barthes analiza el discurso de la moda a través del estudio de la semiótica del vestido y del modelaje utilizando la representación de los atuendos y accesorios para la mujer en revistas de finales de los años cincuenta y principios de los sesenta *(Elle, Le Jardin des Modes, Vogue)*. Innovador y altamente influyente, su estudio desentraña el sentido social de la industria de la moda como una forma de simulacro enmascarada bajo un vocabulario racionalista y naturalista que hace sentir la necesidad de ciertos atuendos y tendencias como si fueran imprescindibles para el desarrollo de la socialidad. Contrariamente, la moda despliega un sistema de signos abstractos, que poetizan y difuminan el cuerpo, imponiendo el lujo de lo superfluo y pasajero sobre la permanencia de la corporalidad y su concreta realidad. Se trata, dice Barthes, de un vacío que se autoconstruye como forma pura y generadora de sentido. A partir de su enfoque semiótico, Barthes analiza la moda como codificación, enfatizando su capacidad de constante transformación y de configuración de «gramáticas» que desfamiliarizan el cuerpo y lo resignifican desde fuera. La moda es vista, así, como un lenguaje que apunta a la representación colectiva y a la definición de una función social.[2] Para Barthes la moda establece una relación connotativa entre significante y significado, entre vestido y cuerpo, cuerpo y objeto, vestido y espacio.

En *The Fashioned Body* (2015), Joanne Entwistle destaca el problema de la corporeización en la industria de la moda, es decir, la necesidad de considerar distintos cuerpos y funciones sociales (edades, profesiones, estatus, idiosincrasia, etc.), que la autora llama «prácticas corporales situadas». Los distintos elementos propuestos por un determinado modelo guían el gusto y el consumo, por lo cual la relación entre subjetividad, cuerpo y vestuario es de suma importancia. «Esta forma de pensar implica que el vestido es siempre particular, contingente y específico con respecto al contexto» (Entwistle, 2015, p. XII).

En su análisis del cuerpo como capital simbólico, Baudrillard se detiene en la funcionalización de la fisicalidad que se hace evidente

---

2. *El sistema de la moda* es un texto que, además de fundar un área de estudios semióticos bien definida, vinculada tanto a lo social y económico como al tema de la corporalidad, tiene un alto valor metodológico, ya que enseña el manejo de elementos visuales y de los procesos de producción de significados en discursos visuales tanto como lingüísticos, mostrando asimismo la relación entre ambos. Barthes demuestra cómo cada modisto famoso ha logrado definir una versión propia del cuerpo y de su función social y desglosa una serie de funciones y espacios en los cuales el vestido constituye un elemento crucial de marcación de subjetividad.

en modelos en los que el cuerpo real está prácticamente ausente. Estos cuerpos permanecen solamente como soporte de la ilusión que los reconstruye imaginariamente, siendo justamente la abstracción lo que sustenta su valor simbólico, lo cual se manifiesta sobre todo en el vaciamiento de la mirada.

> La belleza [...] es plena en abstracción, en vaciamiento, en ausencia extática y transparencia. Su descorporalización es finalmente encapsulada por la mirada. Estos ojos fascinantes / fascinados, ojos hundidos, esta mirada sin objeto —tanto sobresignificación del deseo como ausencia total del deseo— son hermosos en su erección vacía, en la exaltación de su censura. Esta es su funcionalidad. Ojos de Medusa, ojos convertidos en piedra, signos puros. Por tanto, a lo largo del cuerpo develado, exaltado, en estos ojos espectaculares, delineados por la moda, no por el placer, está el verdadero significado del cuerpo, la verdad del cuerpo que se desvanece en un proceso hipnótico. [...] El *mannequin* de la moda constituye en sí mismo un objeto, es decir, el equivalente de los otros objetos asexuados y funcionales provistos por la publicidad. (Baudrillard, 1998, p. 281)

El cuerpo se muestra, así, desprovisto de materialidad, estereotipado en poses, actitudes y apariencias. La extrema delgadez de los / las modelos, la altura exagerada, la frialdad profesional del desfile, la fugacidad y la volubilidad de los intercambios se sostienen a partir de figuras de extrema estilización, mecanizadas y vaciadas de sexualidad. El cuerpo es un signo casi transparente, que no debe llamar la atención sobre sí mismo; solo debe ser visto como soporte de atuendos, adornos y mensajes semióticos.

> Librado a los signos de la moda, el cuerpo está sexualmente desencantado, se vuelve maniquí, término cuya indistinción sexual expresa muy bien lo que significa. El maniquí es todo sexo, pero sexo sin cualidades. La moda es su sexo. O más bien, es en la moda donde el sexo se pierde como diferencia, pero se generaliza como referencia (como simulación). Nada es ya sexuado, todo es sexualizado. (Baudrillard, 1976, p. 113)

La moda ha sido analizada también, en convergencia con los estudios semióticos, por la antropología, la sociología, la psicología y los estudios culturales, que han enfocado el fenómeno desde otros puntos de vista: como mensaje político, como elemento para el análisis económico, el estudio del cambio social, como sustento de la publicidad, el mercado, las dinámicas sociales, la profesionalización, en relación con el consumo, el trabajo manual de la mujer y el alto diseño. Como objeto estético y comunicacional, el diseño de modas ha sido objeto de muestras artísticas en importantes galerías de arte y museos internacionales.

Desde un punto de vista histórico y arqueológico, el vestido permite reconstruir aspectos importantes de sociedades perimidas, costumbres, estilos y aspectos económicos, por lo cual la moda, el atuendo y la decoración personal son elementos de fundamental importancia para los estudios de cultura material a través de las épocas.[3] Como resulta obvio, el estudio de la moda es también fundamental en el análisis de la construcción social del género, en particular para la definición de los conceptos de femineidad, masculinidad, transgénero, travestismo y otras nociones que involucran elementos de apariencia corporal como significantes identitarios. Entwistle destaca, asimismo, la relación entre moda, cuerpo y espacialidad en relación con la globalización, la transnacionalización de la moda y la comunicación como elemento de socialización e integración intercultural.

Ya que el cuerpo está ubicado en el vórtice mismo de las relaciones de dominación en todas las épocas, su representación manifiesta el modo en que se interioriza la posicionalidad de los sujetos, sus formas de integración en los proyectos dominantes, las jerarquizaciones y los sistemas de exclusión que se les aplican. La cuestión de la raza y el género son esenciales en la representación de lo humano, ya que ambos elementos señalan formas críticas y específicas del biopoder y de los discursos a partir de los cuales se legitiman tales disposiciones. Pero no se trata solo de ver el modo en que el cuerpo racializado o marcado por el género es representado desde fuera, exhibiendo las

---

3. Para una historia de la moda cf. Entwistle, 2015, y Breward, 2003.

marcas de la dominación como si fueran cicatrices. Se trata asimismo de ver cómo tales sujetos se ven y se interpretan a sí mismos, cómo registran la inserción de sus cuerpos en el mundo, su materialidad, la huella del afecto sobre la piel, la mirada, los gestos.

En «La crítica feminista en el desierto» (1981), Elaine Showalter se refiere al modo de autorrepresentación de la mujer en la literatura:

> Las maneras en que las mujeres conceptualizan sus cuerpos y sus funciones sexuales y reproductivas están estrechamente relacionadas con sus ambientes culturales. La psique femenina puede estudiarse como el producto o la construcción de fuerzas culturales. El lenguaje vuelve a formar parte del cuadro si tomamos en consideración las dimensiones sociales y los factores que determinan el uso del lenguaje, y los ideales culturales que dan forma a los comportamientos lingüísticos. Una teoría de la cultura reconoce que existen diferencias importantes entre las mujeres como escritoras: clase social, raza, nacionalidad e historia constituyen determinantes literarios tan significativos como el género. Sin embargo, la cultura femenina conforma una experiencia colectiva inmersa en la totalidad cultural, una experiencia que une a las escritoras a través del tiempo y el espacio. (Showalter, 1981, p. 100)

En la escritura de mujeres algunos críticos han creído ver los rastros del silenciamiento impuesto sobre ellas en las distintas épocas, y el alejamiento del lenguaje como un elemento vedado a sujetos en posición de subordinación. Sin embargo, se ha aprendido a leer también las marcas del género y de las identidades sociales en las escrituras «menores» de mujeres desde el período colonial, en el que la subjetividad femenina utilizaba los géneros privados, como las confesiones, las cartas, los diarios íntimos, el relato de raptos místicos o experiencias cotidianas, para expresar sus vivencias, impresiones y deseos. La posición marginal de la mujer, como la de los sujetos relegados e invisibilizados por su raza, suscitó, debido a esa misma localización excéntrica y potenciada por el espíritu de la resistencia, perspectivas agudas que deconstruyen los sistemas de dominación y proponen alternativas epistémicas y emocionales diferenciadas y significativas.

Como en otros aspectos de las interacciones sociales y políticas, en el campo de la representación se registra una lucha constante por el poder representacional. El control de los cuerpos tiene en el aspecto simbólico su contraparte y deja señales en el cuerpo del texto o de la obra visual que remiten mediatizadamente a las batallas que tienen lugar en el campo político. El desciframiento de esos signos no es, sin embargo, puntual y mecánico, sino complejo, tortuoso a veces, y en otros casos más accesible, debido al uso de imágenes y alegorías.

La crítica también se ha preguntado si la lengua, monopolizada por los sectores dominantes, no ha incorporado ya las marcas léxicas y semánticas de estos, y si al utilizar la lengua los sectores subalternos no reproducen, sin saberlo, paradigmas hegemónicos. En efecto, el uso de términos y giros lingüísticos y la utilización de modelos interpretativos, esquemas conceptuales y temáticas contienen ya en su carga semántica las marcas de las relaciones de poder y, en ese sentido, expresan más al sistema que a los sujetos que utilizan la lengua, sobre todo si estos pertenecen a sectores que carecen de privilegios y que ocupan posiciones marginales. Lecturas cuidadosas de textos femeninos o producidos por sujetos que han sufrido discriminación racial, sexual, etc., permiten detectar tradiciones patriarcales que revelan la supuesta superioridad de la raza blanca, aún en el discurso de quienes han sufrido esas formas de trato desigual. Y es que los registros simbólicos se han permeado del *habitus* de la lengua, de formas de pensamiento y modos de sentir que parecen naturalizados en la cultura y que bloquean el camino hacia formas de expresión personal profundas y singulares. Igualmente, toda representación del cuerpo está marcada por los signos de la historia, la política y la cultura. Tal sería el principio que define a la que Showalter llama *ginocrítica*:

La primera tarea de una crítica ginocéntrica debe ser la de delinear el lugar cultural preciso de la identidad literaria femenina, y la de describir las fuerzas que intersecan el campo cultural de la escritora. Una crítica ginocéntrica ubicará también a la mujer en relación con las variables de la cultura literaria, tales como los modos de producción y distribución, las relaciones entre la autora y el público, las relaciones entre la alta cultura y la popular, y las jerarquías de género literario. (Showalter, 1981, p. 107)

El cuerpo cambia, sufre alteraciones, ve modificada su realidad física e, indefectiblemente, el nivel de los afectos y deseos. En la medida en que todo cuerpo forma parte de un orden simbólico, su estudio no puede ser reducido a la naturaleza. Muchas aproximaciones convencionales al estudio del cuerpo tienden aún a verlo como parte de un adiestramiento social que consiste principalmente en reprimir sus deseos, anular o minimizar el placer y exaltar, por encima del goce, la productividad y los éxitos conseguidos por el cuerpo disciplinado en el ámbito militar, económico, empresarial, etc., hipertrofiando el aspecto utilitario sobre el lúdico o hedónico.

Entre las formas de representación del cuerpo se encuentran las propuestas realizadas por Mark Johnson en *El cuerpo en la mente* (1987), quien sugiere que una de las representaciones dominantes del cuerpo es la que lo concibe como un receptáculo *(container)* tridimensional, destinado a recibir lo que colocamos en él (alimentos, agua, aire) y a expulsar desperdicios. Christine Battersby cuestiona la imagen de Johnson, suponiendo que, a partir de su propuesta inicial, el autor parece considerar que el yo habita en el interior del cuerpo como en una casa, y que el aparato corporal serviría para protegernos de fuerzas exteriores e impedir la expulsión o dispersión de los órganos. De este modo, la diferencia entre los seres sería meramente superficial. Battersby interpreta la posición de Johnson como una concepción armada a partir de la noción de yo como unidad autocontenida, que se corresponde con la visión patriarcal. En opinión de Battersby:

> Lo que he estado queriendo enfatizar a través de este capítulo es que no todo discurso de identidad implica pensar el yo como unitario o contenido; ni necesita límites que se conciban de modos que hagan la identidad cerrada, autónoma o impermeable. Necesitamos pensar la individualidad de manera diferente, permitiendo que la potencialidad de la otredad exista dentro de ella, tanto como junto a ella. Necesitamos teorizar la agencia en término de patrones de potencialidad y flujo. Nues-

tros límites corporales no contienen el yo; ellos son el yo corporeizado. (Battersby, 1999, p. 355)

Otro de los importantes papeles que cumple la representación corporal es el de evocar / invocar al cuerpo ausente, como reclamo por las devastaciones que el poder causa en el ámbito social o poblacional ante circunstancias de choque político, represión, arrasamiento de territorios habitados, guerras, etc. donde el cuerpo es sacrificado, torturado o desaparecido. El cuerpo invocado adquiere en estos casos un valor de presencia simbólica que llama la atención sobre esa falta, insertando la imagen corporal fantasmática en los escenarios colectivos, como en el caso de las fotografías de los desaparecidos, las imágenes de genocidios y de cuerpos arrasados por la acción biopolítica. La representación de los cuerpos funciona en estos casos como la mediación o interfaz entre la esfera pública y la esfera privada. En estos casos el cuerpo representa injusticia, dolor, impunidad, y reclama reacciones de parte del poder, es decir, la representación del cuerpo tiene en estos contextos un valor interpelador.

En el campo de la representación artística, podría reflexionarse largamente sobre la historia del cuerpo tal como ha sido visto y trabajado estéticamente desde la Antigüedad, como parte de los procesos de construcción de conceptualizaciones diversas de lo humano, en las que se articulan, según las épocas, conceptos anatómicos, religiosos y políticos, así como cuestiones de clase, raza y género. Tal historia de la representación corporal puede rastrearse desde las esculturas griegas hasta los retratos del Renacimiento, desde las imágenes icónicas de los pintores flamencos hasta la descomposición vanguardista de los cuerpos vistos como fragmentos de lo social y de lo subjetivo en sociedades alienantes y deshumanizadas.

Un capítulo aparte es el que corresponde a artistas que han optado por convertir el cuerpo propio en el vehículo principal de representación estética, a través de transformaciones de la imagen física, en las que se canalizan conceptos en torno a los temas de las identidades, la violencia y el género. Los que se mencionan a continuación serían algunos de los artistas más representativos en esta línea:

Cindy Sherman (1954) ha utilizado durante décadas procedimientos de transformación corporal, jugando con la apariencia física, las prótesis y el simulacro para desafiar «la verdad de los cuerpos» y la autoridad de convenciones sobre género, sexualidad, raza, etc. Sus series fotográficas comienzan con *Complete Untitled Film Stills* (Fotografías completas sin título; 1977-1980), serie de 70 fotografías en blanco y negro que presentan imágenes de su cara con distintas caracterizaciones relacionadas con el cine, particularmente, en las que se muestran múltiples estereotipos de lo femenino, tal como era percibido en ese momento. Con posterioridad, muestras como *Fairy Tales* (Cuentos de hadas; 1985), *Disasters* (Desastres; 1986-1989) y *Sex Pictures* (Fotos sexuales; 1992) incorporan color y reafirman la importancia de los afectos a través de la expresión corporal, utilizando imágenes paródicas de la identidad y mostrando la futilidad de la apariencia y su fuerza expresiva. En algunos casos, como en las fotos en que Sherman utiliza muñecas, parece querer sublimar miedos culturales vinculados a lo corporal a través de su explicitación estética del cuerpo humano cosificado. Se ha observado que esta artista juega con el tema de la mirada, tanto desde el punto de vista del *voyeur* contemplativo como desde el lugar del objeto escudriñado. El juego entre realidad y artificio es evidente, y a veces se intensifica en la presentación de un simulacro dentro de otro, hasta el punto de que se pierde el sentido de la realidad y todo se convierte en una construcción ficcional. Según Escudero, las muestras de Sherman

> presentan un cuerpo que oscila entre lo natural y lo antropomórfico, lo orgánico y lo artificial, lo humano y lo poshumano, lo carnal y lo protésico. Todo un proceso de fragmentación del cuerpo que refleja la distorsión física, psicológica y simbólica del individuo [con reacción contra] el sexismo, la homofobia, el sida, la prostitución, la brutalidad social o los derechos de reproducción. El cuerpo es quebrantado, humillado y profanado. La artista nos presenta imágenes de residuos, restos, vestigios o temas (como vómitos de anoréxicas, sangre menstrual, jeringuillas, preservativos usados, prótesis, fragmentos de maniquís, posturas pornográficas o máscaras de látex) que la sociedad rechaza y trata de ocultar detrás de discurso de la opulencia y del bienestar. (Escudero, 2007, p. 152)

Barbara Kruger (1945), académica, feminista y artista visual, representa en sus muestras combinaciones de imágenes fotográficas y *collages* que incluyen prominentes textos que interpelan al espectador y transmiten mensajes que tienen en general como tópico temas de género y denuncia de la sociedad de consumo. Trabaja con murales y paneles de gran tamaño, haciendo que lo corporal sustente aspectos ideológicos que dan al arte un sentido social y crítico del *statu quo*. Kruger trabaja la interrelación de imagen y lenguaje y de significante y significado, distribuyendo su arte bajo la forma de artículos de cultura popular, a través de carteles, camisetas, bolsas y otros implementos de uso cotidiano, para desmitificar el arte de museo.

Petr Pavlenski (1984) es un artista ruso cuyas producciones visuales y performativas se orientan hacia una denuncia del poder como dispositivo de represión y anulación de la personalidad. Considera el cuerpo como una *tabula rasa* en la que pueden inscribirse conceptos relacionados con la sociedad y la política, como cuando se presenta con los labios cosidos con grandes puntadas que impiden la apertura de la boca (*Costura*, 2012). Utiliza el desnudo y la automutilación en actos públicos generalmente con fuerte vigilancia policial, haciendo que la represión se convierta en parte del espectáculo. En *Carcasa* (2013) se presenta desnudo envuelto en rollos de alambre de púas frente al Parlamento de San Petersburgo. Según indica Pavlenski en una comunicación radial: «El cuerpo humano desnudo es como una carcasa, no hay nada sobre él excepto el alambre de púas, el cual, por cierto, fue inventado para la protección del ganado. Esas leyes, al igual que el alambre, mantienen a las personas en sus jaulas individuales: toda esa persecución de activistas políticos, los "prisioneros del seis de mayo", las represiones gubernamentales, son la metáfora de una jaula rodeada de alambre de púas. Todo esto ha sido llevado a cabo para convertir a las personas en ganado sin entrañas y guardado bajo candado, el cual solo puede consumir, trabajar y reproducirse».[4]

---

4. Cf. Volchek, Dmitri (8 de mayo de 2013). «В Страстную пятницу» [En Viernes Santo]. *Radio Libertad* (en ruso): https://www.svoboda.org/a/24978110.html en

Orlan (1947) es una artista francesa que trabaja desde la década de 1960 con *performance*, poesía, escultura, diseño y fotografía. En su carrera ha apelado a los recursos de la cirugía estética para sugerir cambios de identidad y explorar formas de control de la carne, transgresiones de género y reinvenciones del cuerpo. Se la considera una artista pionera del llamado «arte carnal». Orlan describe su identidad como «mutante y nomádica» y utiliza el cuerpo como forma de fabricar y de representar esas mutaciones, afirmando el control sobre la fisicalidad, la rebelión ante *lo dado* y la incorporación de la tecnología como instrumento de autorreconocimiento. Sus formas de expresión son caracterizadas como paródicas, tendentes al exceso y al grotesco; encuentra en el Barroco uno de sus modelos estéticos principales. Su obra problematiza elementos de raza, religión, modelos estéticos y género. Uno de sus más conocidos trabajos es *Harlequin Coat*, que consiste en la fabricación de una tela compuesta con retazos creados *in vitro* de piel de colores en forma de diamante, como en el vestido del Arlequín, figura de la *commedia dell'arte*. El ensamblaje constituye un posicionamiento acerca de la hibridación cultural y fisiológica y de la colaboración biotecnológica. Se inspira en «Laicité», de Michel Serres, para quien la figura de Arlequín metaforiza el multiculturalismo. Orlan fue la autora del *Manifiesto de Arte Carnal*, en el que se establecen, entre otros, los siguientes puntos:

- El arte carnal es autorretrato en sentido clásico, pero realizado a través del uso de la tecnología. Se sitúa entre desfiguración y refiguración. El cuerpo se ha convertido en un *ready-made* modificado, no como el ideal de belleza y equilibrio que representara en muchas formas del arte tradicional.

- A diferencia del arte corporal, el arte carnal no concibe el dolor como redención o fuente de purificación, ni se interesa en los resultados de la cirugía estética sino en el proceso de esta, en el espectáculo y discurso de la modificación corporal.

Wikipedia, entrada: «Piotr Pavlenski»: https://es.wikipedia.org/wiki/Piotr_Pavlenski (consulta: 3-11-2020).

- El arte carnal no es heredero de la tradición cristiana, sino que la resiste, ya que ilumina la negación cristiana al placer corporal y expone la debilidad del cuerpo de cara a los descubrimientos científicos. Repudia la tradición de sufrimiento y martirio. El arte carnal no consiste en la automutilación.

Entre 1990 y 1993 Orlan tuvo nueve cirugías performativas en las que modificó su cara con rasgos de culturas no occidentales, como crítica a los estereotipos y modelos de belleza impuestos por la publicidad y el mercado. También en esa década se inicia el proyecto titulado *La Reencarnación de Santa Orlan*, el cual incluye una serie de cirugías plásticas con las que se intenta parodiar el ideal de belleza occidental tal como fue expresado por artistas del sexo masculino. Así, la imagen de Orlan quedará compuesta por los rasgos faciales de varios artistas consagrados: el mentón creado por Boticcelli para *Venus*, la nariz de *Psyche* creada por Jean-Léon Gérôme, los labios de la *Europa* de François Boucher, los ojos de Diana en la pintura del siglo XVI y la frente de *Mona Lisa*.

Stelious Arcadiou (Stelarc), nacido en Chipre en 1946, afirma que el cuerpo es un implemento obsoleto y trabaja sobre los límites mismos en que lo corporal se encuentra con la tecnología, como en el caso de la utilización de un brazo biónico o de la implantación de una oreja debajo de la piel de su brazo. Para Stelarc, la configuración morfológica del cuerpo humano constituye una estructura básica que puede ser modificada venciendo el determinismo de *lo natural* y amplificando sus capacidades. Su *performance* ha consistido en suspensiones de su cuerpo, uso de elementos robóticos, estímulo electrónico de los músculos y otros implementos que actúan como prótesis o mecanismos que permiten al cuerpo movimientos y reacciones no previsibles.

Otras artistas, como **Gina Pave**, por ejemplo, realizan actuaciones que incluyen heridas sobre su propio cuerpo como denuncia del modo en que el sujeto se ha vuelto insensible. En otros casos, como el de **Carolee Schneemann**, se utilizan los órganos genitales como despliegue de ideología feminista, rebelión contra las convenciones y llamado de atención sobre la cosificación corporal. Schneemann practica la inscripción de mensajes sobre el cuerpo desnudo, y escenas como la extracción de un manuscrito enrollado en su vagina.[5]

Estas formas de arte que apelan al cuerpo como instrumento comunicativo articulan fisicalidad, intelectualidad y emoción (con frecuencia asombro, rechazo o compasión) para producir mensajes visuales que denuncian la fetichización corporal, las convenciones y la mercantilización de la vida. Asimismo, constituyen una requisitoria contra la concepción de las identidades como constructos que fijan al sujeto a determinados valores que revelan las relaciones de poder y que han dejado de expresar la complejidad social y psicológica del sujeto en la época actual. Los mensajes de los medios comunicación, la publicidad y el cine son deconstruidos en sus elementos semióticos e ideológicos, en los que se muestra la corporalidad como un ensamblaje que responde a programas, visiones del mundo y funciones que ya se consideran obsoletas y que no representan la complejidad de la fisicalidad, que en el presente no puede desatender los desafíos e interrogantes presentados por la tecnología.

---

5. Sobre estas formas del arte corporal, cf. Guasch, 2000.

14

CUERPO Y ENFERMEDAD

Considerada originalmente un castigo divino, la enfermedad señalaba en general, en sociedades premodernas, a alguien que había caído de la gracia de los dioses, es decir, a un pecador o al heredero de vicios, abusos o delitos de sus antepasados. Se trataba de fenómenos sin explicación, que remitían a las fuerzas de la naturaleza, a desvíos de la conducta o de la creencia, o a culpas colectivas, por lo cual algunas enfermedades eran consideradas ejemplarizantes. En muchos casos, «brujos», curanderos, chamanes, exorcistas y representantes de otras formas de la sabiduría popular realizaban intervenciones en el cuerpo enfermo o en los estados de ánimo considerados como efectos demoníacos que se materializaban como «enfermedades» pero que remitían a causas difíciles de decodificar. Por estas razones la «curación» era considerada, en muchos casos, una forma de intervención mágica, purificación o purgación de pecados.

El significado simbólico de la enfermedad toma un carácter mítico en algunas culturas y períodos, y proyecta hasta hoy múltiples sentidos, que se intensifican cuando se generalizan en situaciones de contagio o epidemias. Los fenómenos naturales y las enfermedades resultaban, en esos contextos, difíciles de distinguir y analizar, ya que se suponía que provenían de un orden que existía fuera del control humano y que se imponía devastadoramente sobre los cuerpos. Así, los desequilibrios naturales, físicos o emocionales eran considerados desarreglos del orden de lo humano, a través de cuyas perturbaciones se canalizaba la disconformidad de fuerzas superiores (de los dioses o la Naturaleza), provocada por el comportamiento humano. De ahí que la cuestión de la salud y de la enfermedad sea no solamente un asunto histórico y social, sino también un tema cultural (antropológico) vinculado a creencias, formas de vida, concepciones del mundo y modos de entender la relación entre ser humano y el entorno. Todos estos aspectos influyen directamente en los imaginarios, los comportamientos y el reconocimiento del estado orgánico y, consecuentemente, condicionan la interpretación del mensaje corporal.

Cada época se ha enfrentado a la enfermedad y le ha atribuido significados en relación con el estado de las ciencias médicas, las supersticiones y las creencias religiosas. Las condiciones materiales vinculadas a la higiene, las costumbres comunitarias y las políticas públicas han influido también en aspectos vinculados a la salud y en los saberes relacionados con las enfermedades. El grado de saneamiento público, la disponibilidad de agua potable y el desarrollo de la asistencia médica han tenido, obviamente, influencia directa sobre el tratamiento de las dolencias, su diseminación y, eventualmente, su erradicación. En la época medieval, la falta de agua corriente y de asistencia médica fuera de las áreas más pobladas hacía estragos en la población. Las curaciones con hierbas medicinales y la intervención de curanderos o brujos locales tendían a reemplazar a la medicina en las zonas rurales o marginales. Se creía en la influencia de los humores corporales (bilis amarilla, bilis negra, sangre y flema), que, en correspondencia con los cuatro elementos del universo (fuego, tierra, aire y agua), influían sobre las defensas y debilidades corporales.

En *Una historia del cuerpo en la Edad Media* (1995), Jacques Le Goff se refiere a la multifacética realidad medieval y señala el carácter paradójico de sociedades reguladas por el poder de la doctrina cristiana y al mismo tiempo recorridas por el paganismo y las inclinaciones de la carne. El cuerpo gozoso del amor cortés y las danzas de la muerte, la liberalidad hedonística y los rigores del trabajo, la represión y el libertinaje, la abstinencia y la disipación crean tensiones y contrastes que se manifiestan de distinta manera según razas y clases, y que determinan también, según los géneros, las profesiones y las creencias, las formas en que el cuerpo es vivido, disfrutado y sufrido. Como se ha dicho, la enfermedad era considerada un castigo por culpas o pecados, y por lo tanto marcaba doblemente al enfermo, causando su ostracismo social, particularmente cuando el individuo era víctima de enfermedades como la peste negra, la lepra o la tuberculosis, que causaban pánico en las poblaciones. En el siglo XIII Theodoric Borgognoni escribe un tratado de varios tomos sobre cirugía e introduce el uso de la anestesia y los antisépticos en las intervenciones quirúrgicas. El cuerpo es aún enormemente vulnerable, sobre todo por la falta de comprensión de la importancia de la higiene en la aparición de enfermedades, los contagios y las infecciones. La esperanza de vida era muy corta y la muerte de niños y de madres durante el parto era frecuente.

Se considera que el cambio principal entre la Edad Media y el Renacimiento en cuanto a la concepción y tratamiento del cuerpo tiene que ver con la relación que se establece entre cuerpo y alma. Mientras que la Edad Media desconfía de las tendencias interiores que conducen al individuo al pecado y a la (auto)destrucción, considerando que el cuerpo es débil para resistir los impulsos del deseo, el Renacimiento desarrollará una visión más individualista y contemplativa, y menos dada al desbordamiento de los instintos y a los excesos de la carne. La noción cristiana de que el cuerpo materializa lo divino permite entender su perfección y valorarlo como elemento de estudio, objeto de la ciencia y el arte. El cuerpo es concebido como una máquina asombrosamente eficiente y como un microcosmos en el que se reproducen las fuerzas que animan al universo y dan lugar a la vida. Mientras que el dolor (el sacrificio de Cristo remedado por sus fieles) marca emblemáticamente el pensamiento medieval, los imaginarios renacentistas admirarán la proporción y la belleza, la singularidad de cada individuo y las constantes que constituyen la esencia de *lo humano*. La importancia del retrato muestra en el nivel representacional la centralización de la atención de la época en la singularidad de los individuos y en el detalle, por contraposición con las imágenes planas, eminentemente simbólicas e icónicas, del período anterior.

Virginia Woolf observó en el ensayo *Estar enfermo* (1925) que, dada la frecuencia y los devastadores efectos de las dolencias físicas, era sorprendente que este tema no ocupara con más asiduidad a la literatura, como los tópicos del amor, la guerra y los celos.

Si consideramos lo común que es la enfermedad, lo tremendo que es el cambio espiritual que conlleva, qué asombrosos los países desconocidos que entonces, cuando declinan las luces de la salud, se descubren, los páramos y desiertos del alma que un leve ataque de gripe desvela, los precipicios y praderas salpicadas de flores brillantes que nos revela una pequeña subida de la temperatura, los robles antiguos y obstinados que se desarraigan en nosotros por obra de la enfermedad, cómo descendemos al abismo de la muerte y sentimos las aguas de la aniquilación cerrarse sobre nuestra cabeza y despertamos creyendo encontrarnos en presencia de ángeles y arpistas cuando nos sacan una muela y salimos a la superficie en el sillón del dentista y confundimos su «enjuáguese la boca, enjuáguese la boca» con el saludo de la Divinidad que desde el suelo del Cielo se agacha para darnos la bienvenida; cuando pensamos en esto, como tantas veces nos vemos obligados a hacer, resulta de verdad extraño que la enfermedad no haya ocupado su lugar, con el amor, las batallas y los celos, entre los principales temas de la literatura. (Woolf, 1925, ed. digital)

Woolf parece valorar la reclusión y las atenciones que ocasionaban sus estados de enfermedad, así como la posibilidad de concentrarse en detalles de la vida ordinaria que la vida normal no permitía. Desde una concepción anticartesiana, la escritora enfoca cuerpo y emocionalidad como un todo que se trastorna por el sufrimiento orgánico, que en su propia vida la acosó con problemas físicos y mentales que la condujeron al suicidio.

En *La enfermedad y sus metáforas* (1978), Susan Sontag llamó la atención sobre la relación entre enfermedad y lenguaje, analizando el modo en que el uso de metáforas confiere no solo significado al fenómeno de la patología corporal o mental, sino que lo politiza, imponiéndole un valor ideológico. La relación entre conceptos vinculados al orden social y la enfermedad son prominentes en el discurso político, pero también en los imaginarios populares aplicados a situaciones de la vida diaria. La perturbación del orden por conductas antinormativas, las llamadas «ideologías foráneas», el pensamiento o la praxis revolucionaria y, en general, cualquier discurso contrario al sistema o a los principios dominantes es catalogado de «enfermedad» y es considerado un ataque a la salud del cuerpo social y una interrupción dañina e injustificada del funcionamiento colectivo. Sontag señala asimismo el uso frecuente de terminología militar para hacer referencia a la enfermedad. Nociones como las de lucha, guerra, batalla e invasión, mezclan los campos médico y bélico, mostrando los recursos de la ciencia como «armamento» con el cual se enfrenta un «enemigo invisible». El cuerpo es, en estos contextos, un elemento que cede o resiste, pero que parece existir al margen de las causas reales de la enfermedad. Estos recursos culturales y lingüísticos hacen comprensible y supuestamente «manejable» el fenómeno de la dolencia física, tanto práctica como emocionalmente.

Los estudios de Emily Martin se apoyan, ilustrando lo que señala Sontag, sobre una serie de metáforas que asimilan las distintas concepciones de lo corporal al sistema económico de ciertas épocas. En «The End of the Body?» (1992), Martin señala que, por efecto del industrialismo, el cuerpo es visto como un gran mecanismo de ingeniería comunicacional, en el cual se destaca el sistema inmunológico, que es conceptualizado como una especie de ejército de protección orgánica que, al igual que en la defensa de los territorios nacionales, debe resguardar al organismo humano de los invasores que lo atacan, es decir, de la enfermedad. Para Martin, el cuerpo en la actualidad se asimila al régimen de acumulación flexible que se concreta a partir de 1970.

La comparación del cuerpo con la nación-Estado organizada en torno a las nociones de género, clase y raza, y a los lugares asignados en la pirámide social para los distintos sectores, se presenta como una territorialidad de fronteras fijas que separa el yo del no-yo. El sistema inmunológico se pone en alerta cuando el cuerpo es «sitiado» por elementos exógenos y amenazantes, de modo que la lucha por restablecer la salud es presentada como una escena de guerra.

En otros casos la enfermedad es vista como epifenómeno que surge de las contradicciones y excesos de la civilización: la aglomeración y la polución de las ciudades, el cercenamiento de la naturaleza, la pérdida de contacto interhumano, el mestizaje, la migración, etc. Se considera que tales formas modernas de lo social atentan contra la salud corporal y mental, o que provocan reacciones del medio ambiente, que parece «vengarse» de los seres humanos que lo «agreden». En una variación de lo mismo, se atribuye a veces la enfermedad al contacto con especies animales, aunque la naturaleza también es considerada fuente de salud y sanación.

Sífilis, tuberculosis, cáncer y sida se cuentan entre las enfermedades cuyos estragos corporales han generado más representaciones. En los tiempos actuales, la pandemia del coronavirus está inspirando ya extensas reflexiones sobre la relación entre los estragos de esta enfermedad a escala global y la corrosión social en el capitalismo tardío. Tradicionalmente se estudiaron los efectos de las enfermedades como relaciones simbólicas en las que el cuerpo individual representa al cuerpo social. En algunos casos, como el de la tuberculosis, las características del avance del mal, que parece ir diluyendo a la persona poco a poco hasta hacerla desaparecer, se han prestado a versiones idealistas y románticas en las que el cuerpo se va haciendo transparente. Representados en refugios de altitud, donde supuestamente la pureza del aire ayuda a superar la enfermedad respiratoria, los personajes de *La montaña mágica* (1924) de Thomas Mann viven en una burbuja en la que se intensifica el sentimiento, el misterio y la reflexión.

La enfermedad ocupa un espacio particularmente intenso en los imaginarios populares, no solo porque pone en peligro la unidad y el funcionamiento orgánico del sujeto, sino también porque desata un cúmulo de emociones, sentimientos y pasiones vinculado con la ansiedad de la mortalidad, el miedo al sufrimiento y el descontrol afectivo. En algunos casos, como en los de la sífilis o el sida, la asociación del mal con la sexualidad convierte también a esas dolencias en dispositivos para reforzar los proyectos de control y disciplinamiento social. A partir del temor que se deriva de esas enfermedades se fortalece la estigmatización de las pasiones corporales y el ensalzamiento de la «normalidad» sexual, la abstinencia, la monogamia y la heterosexualidad, entendidas como formas de preservar el cuerpo al no «dilapidarlo» en prácticas riesgosas, no ya para los involucrados, sino para la sociedad en su totalidad.

Nociones de culpa, arrepentimiento, castigo y venganza son siempre asociadas al contagio, creando una serie paralela de males afectivos que se propagan con tanta fuerza y velocidad como la enfermedad misma. Aparte de los que son directamente afectados por la enfermedad, una serie de víctimas pasivas configuran otro de los círculos concéntricos que las enfermedades contagiosas generan en la comunidad. Los que adquieren deficiencia pulmonar por «humo de segunda mano», los que contraen sida por transfusiones de sangre, los que son contagiados por relaciones sexuales sin conocer el riesgo al que se exponen, los fetos que desarrollan enfermedades derivadas de los vicios de la madre (alcoholismo, drogas, promiscuidad sexual) forman un sector diferenciado que ha dado lugar a distinciones entre enfermos «inocentes» y «culpables», siendo estos últimos los que irresponsablemente causan daño a otros, a sabiendas o no. Estigmatizaciones, formas de exclusión y discriminación de los enfermos, que en casos como los de la lepra sufrieron rechazo y aislamiento social, abundan a lo largo de la historia. En todos estos casos, el cuerpo es el centro neurálgico de construcciones sociales e ideológicas, estereotipos y corrientes de opinión dinamizados por la noción de normalidad y salud, que responden también a construcciones ya integradas en los imaginarios colectivos.

Lo orgánico, lo moral y lo afectivo constituyen un espacio generador de significados que a su vez se vincula con otros focos intensos de sentido, como el poder, en cuanto supervisor y disciplinador de los cuerpos, y las formas de resistencia, que organizan el conflicto y sus formas de manifestación pública. El cuerpo está vinculado estrechamente a las formas establecidas de concebir el aspecto corporal y de definir sus funciones, sus ámbitos de libertad, sus constreñimientos y sus luchas. Entre estas coordenadas, la raza es un elemento fundamental, ya que su construcción como ideologema surge como derivación de los diversos sistemas de dominación y de los usos del cuerpo subalterno, destinado al trabajo, el servicio y otras formas de explotación de su energía vital, implementados por tales sistemas. El racismo se construye como un conglomerado de nociones, supuestos, estereotipos y distribuciones que asignan a ciertos sectores identificados a partir de la marca corporal (a la que se asocian rasgos afectivos, de conducta, carácter, capacidades, atribuidos por las ideologías dominantes). El cuerpo es también, en este caso, el nivel en el que se articulan prácticas y discursos, procedimientos y estrategias de dominación y clasificación social. Desde el poder político y a través de las diversas formas de gubernamentalidad, los cuerpos constituyen la plataforma sobre la cual se construye el discurso de las identidades y de las prácticas ciudadanas. El cuidado de los cuerpos (el higienismo, la eutanasia, la prevención sanitaria, la salud pública) es parte de una red que regula el funcionamiento de los cuerpos en sociedad y que sitúa en la salud del conjunto social el principio organizador de la nación moderna.

En este sentido, la enfermedad y el enfermo conectan de manera eficiente y *necesaria* al individuo y a la institución (médica, legal, estatal), y exponen el nexo entre teoría y praxis de la sanación, es decir, constituyen un estrato de experimentación biopolítica en el que el cuerpo es sometido a regulaciones, retóricas, procedimientos y sustancias curativas. La institución y los discursos médicos son puestos a prueba y reconfirmados en su misión regeneradora. El cuerpo dominado por la enfermedad y sujeto a la superioridad de quienes tienen a su cargo la tarea de renormalización (cura), rehabilitación (física, mental, emocional, social) y restablecimiento del equilibrio orgánico (individual y colectivo) es la piedra de toque de un sistema jerárquico. En efecto, unos cuerpos valen más que otros; las formas y grados de acceso a la ciencia médica dependen de las clases y razas; algunas enfermedades tienen más prestigio que otras; ciertas dolencias, por afectar más a determinados sectores de la población, son más investigadas y más curables. Así, por ejemplo, afecciones vinculadas al cuerpo de la mujer han contado históricamente con menos atención y recursos que las enfermedades «masculinas», de la misma manera en que enfermedades que atacan a la raza caucásica han tenido más recursos institucionales que las que afectan a afrodescendientes, indígenas, etc. Las enfermedades «de gente pobre», relacionadas con la malnutrición, la exposición a la intemperie, la falta de acceso a la medicina preventiva o a los tratamientos médicos, son consideradas mucho menos «importantes» y relevantes socialmente que las que son propias de los sectores más acomodados de la población. En este sentido, la enfermedad se vincula con criterios de clasificación social por clase, raza y género que coinciden con las formas de estratificación económica, social, racial, etc. desde el período colonial a la época moderna.

Lo que se ha llamado «medicina taxonómica» se basaba en la idea de que toda enfermedad forma parte de un orden clasificatorio que separa las afecciones orgánicas según familias o clases, como se hace en las ciencias de la naturaleza. De modo que lo importante en esta orientación médica que predomina hasta comienzos del siglo XIX no es tanto el organismo enfermo en sí mismo, sino la «clase» a la que pertenece su enfermedad.

En la época moderna surge «la mirada clínica», en la que se articulan discursos, instituciones y sujetos, y emergen las casas para enfermos mentales, tal como señala Foucault en *El nacimiento de la clínica: Una mirada de la arqueología médica* (1963). En esta obra el autor analiza los procesos de institucionalización del saber, particularmente en la práctica médica, y las transformaciones que se registran en el tratamiento del cuerpo. El surgimiento de la biomedicina ha sido considerado el elemento que marca el paso hacia el conocimiento de la vida y del funcionamiento corporal en el ser humano, desde una nueva perspectiva.[1] Según explican Castrillón y Pulido, esta nueva orientación, que parte de los trabajos del anatomista francés Marie François Xavier Bichat (1771-1802), permite articular tres aspectos que hasta entonces se habían mantenido separados: la nosografía o clasificación de enfermedades, su aplicación al caso del enfermo individual y los aspectos sociales de la salud pública (Castrillón y Pulido, 2004, p. 189). La profundización en las características de cada órgano, su estructura y ubicación corporal y sus posibles patologías permiten esclarecer aspectos vinculados a las dinámicas que producen la vida, contribuyen a la supervivencia y eventualmente conducen al enfermo a la muerte. La comprensión de estos procesos y de la función de los órganos, cuyo colapso puede ser causa directa

---

1. «No es un ver sin concepto [...]. Se trata con el surgimiento de la biomedicina de un cambio en el modo de organizar la relación entre la observación y el discurso, entre lo visible y lo enunciable. Según esta discontinuidad, se produce una alianza entre una manera de ver y una forma de decir. Una verbalización del cuerpo que es, a la vez, un nuevo estilo de mirada» (Castrillón y Pulido, 2004, p. 188).

de la muerte, permitió un avance insospechado en el tratamiento y prevención de enfermedades. Como gran parte del conocimiento se obtiene a través de la disección de cadáveres, puede afirmarse que se trabaja *desde la muerte* para comprender la vida, y se entiende que el cuerpo humano las contiene a ambas. Con esto cambian también los discursos médicos, ya que «el ojo biomédico habla acerca de lo que ve y enseña a ver y a hablar [...] para producir otros ojos que hablen». Se formaliza así la relación vida-muerte-enfermedad-verdad que conocemos hoy en día (Castrillón y Pulido, 2004, pp. 189-190).

Enfermos mentales, delincuentes, prostitutas, inmigrantes, no son vistos solamente, en mayor o menor grado, como «lacras sociales», sino sobre todo como desviaciones de la norma, cuerpos *fuera de lugar*, que ocupan espacios intersticiales y despliegan acciones indebidas e inasimilables para la moral burguesa y para los intereses del capitalismo.

En sus ensayos sobre los orígenes de la psiquiatría, Foucault sostiene que el loco pasa a ocupar el lugar del leproso. En el siglo XVIII, aparecen los primeros manicomios, cuya función es esencialmente represiva. No se busca curar, sino apartar, segregar, excluir. En el caso de los hospitales para enfermos mentales, Foucault observa que hasta el siglo XVIII tenían una función principalmente represiva que segregaba al individuo para que no «contaminara» o perturbara el orden social, tratando al loco como antes se trataba al leproso.

Con los procesos modernos de medicalización, el propósito es la normalización del individuo, es decir, el restablecimiento de la norma que se identifica con la salud y el funcionamiento orgánico. De ahí que Foucault preste tanta atención a las enseñanzas de Canguilhem, quien, como ya se indicó, establece los parámetros para distinguir entre normalidad y patología. La cosificación del enfermo (el loco, el enfermo contagioso o, incluso, el homosexual considerado como ser patológico) va dando paso a formas más racionalizadas y humanitarias de enfrentar la enfermedad y al sujeto enfermo, sin caer en la exclusión o la estigmatización. Se trata, sin embargo, de procesos lentos y desiguales, en los que están involucradas las formas de entender el poder, el individuo, la normalidad y los métodos más eficaces y sensibles de intervención.

Como bien indican Castrillón y Pulido, siguiendo los lineamientos de Foucault, los procesos de medicalización son expresión de la relación saber/poder. Esto se manifiesta claramente cuando la enfermedad es inscrita en el contexto amplio de la sociedad y de la salud pública (la calidad del agua y del aire, el control de la polución industrial, la medicina preventiva, la canalización de deshechos, las medidas de higiene, etc.), pasando así al diseño de políticas públicas de tipo biopolítico que refuerzan la relación estrecha entre el cuerpo individual y el cuerpo social. Ya el análisis del funcionamiento y las patologías orgánicas deja lugar al tema de la población como sujeto colectivo que debe ser regulado y sostenido en estado de salud. Pero si bien la cuestión del cuerpo y la salud entra expresamente en la órbita de la política, también manifiesta sus implicaciones económicas, por sus repercusiones en los presupuestos estatales, el sostenimiento de las redes de salud pública, subvenciones y seguros médicos.

La medicina adquiere ya desde el siglo XIX gran prestigio social, perpetuando el reconocimiento de los sanadores premodernos y fortaleciéndose con las ganancias que las profesiones liberales adquieren en el contexto del capitalismo. Las ramificaciones éticas del campo médico también contribuyen a instalar la ciencia de la salud en un lugar prominente, ya que está directamente vinculada a la perpetuación y mejoramiento de la vida, reforzando la relación saber/poder, que encontrará su punto más alto con la incorporación de la tecnología.

La doble connotación del cuerpo como organismo a la vez poderoso y vulnerable ha sido siempre fuente de aproximaciones a la condición corporal ambiguas y hasta contradictorias, sobre todo en el caso de la mujer, considerada más débil que el hombre tanto física como emocionalmente. La necesidad de contrarrestar la vulnerabilidad de los cuerpos y los intentos por llevar su rendimiento a niveles de excelencia y hasta de excepcionalidad han existido en todas las épocas, haciéndose evidente en los campos del deporte, la sexualidad, el trabajo intelectual y hasta en el ejercicio de las tareas y funciones propias de la vida doméstica. Se trata de una necesidad humana de vencer las limitaciones del cuerpo y de enfrentar la ansiedad que despierta la conciencia de la finitud y la mortalidad. Para muchos, es esta lucha contra el límite, esta constante necesidad de superación física, mental, espiritual y afectiva lo que define lo propiamente humano. Se trata de un emprendimiento que empuja hacia la conquista de nuevos territorios del saber y el hacer, que involucra el control y manejo de todas las formas que remiten a la apariencia y que pueden contribuir a proyectar una imagen «mejorada» del cuerpo, en supuesta correspondencia con una interioridad también llevada a los límites de sus posibilidades.

El cuerpo se entiende, así, como un constante *work-in-progress*, el cual, paradójicamente, coincide con el proceso natural de deterioro físico, que se intenta disimular y retardar lo más posible. El cuerpo, expuesto a factores depredadores de muy distinto origen (gérmenes, condiciones ambientales, enfermedades congénitas o adquiridas, contaminaciones y debilitamientos), es un objeto altamente fetichizado en la época contemporánea. Ocupa el centro mismo de la sociedad de consumo, ya que en torno a él se organiza la producción de objetos de uso real y simbólico, dispositivos, procedimientos y recursos que están encaminados a su preservación, curación, perfeccionamiento, disfrute y exhibición. Se trata, en este sentido, de una mercancía de alta cotización que genera un verdadero torbellino de ofertas y demandas, negociaciones, propuestas, posibilidades, deseos y necesidades reales y falsas que mueven la maquinaria dispendiosa del capitalismo. La vida y la muerte, la reproducción y la enfermedad, la belleza y la discapacidad, los deportes y el entretenimiento dan lugar a industrias globales que giran en torno a la corporalidad en todas sus manifestaciones públicas y privadas, en sus formas «normales» y patológicas, activas y pasivas, interiores y sociales. Como indican Moore y Kosut en *The Body Reader* (2010), todo se considera «medicalizable» (desde el alcoholismo hasta la obesidad, desde la impotencia hasta la hiperactividad, desde la calvicie hasta la homosexualidad), y por tanto da lugar a la intervención médica (Moore y Kosut, 2010, pp. 27-28).

Bajo constante vigilancia, el cuerpo es representado como un mecanismo cuyo mantenimiento es uno de los objetivos de la biopolítica. La labor de preservación y mejoramiento del cuerpo comprende los niveles físico, emocional y espiritual, tanto como la apariencia y la intelectualidad. Todo esto es particularmente cierto en el caso de las mujeres, consideradas clave para la continuidad de la especie y el funcionamiento social, incluso antes de su plena incorporación al mercado laboral. De ahí que gran cantidad de avances tecnológicos y de políticas sociales tengan aplicación en aspectos reproductivos, mejoramiento estético, atención a variaciones anímicas e impactos de la violencia sobre el cuerpo y/o la emocionalidad femeninos (violencia doméstica, abortos clandestinos, acoso sexual, violaciones, etc.). Aunque muchos de estos factores han sido visibilizados tardíamente como problemas sociales de primer orden, hoy forman parte de la agenda política en distintos niveles, aunque aún queda mucho por hacer en un campo que fue durante siglos invisible a los ojos del poder / saber en Occidente.

En «The Body's Problem with Illness» (2010), el sociólogo canadiense Arthur Frank se ha referido a la necesidad de «escuchar» al cuerpo enfermo y a la forma de relato que el enfermo construye con sus acciones y actitudes. Del mismo modo, el psicoanálisis se ha ocupado del síntoma, entendiendo que se trata de una expresión del inconsciente y, en este sentido, de un mensaje cifrado, que el sujeto interpreta como si se tratara de un elemento exógeno y agresivo, cuando en realidad se trata de un aviso psicosomático. Existe una comunicación evidente, aunque compleja y enigmática, entre el síntoma y la persona. El psicoanálisis reconoce que hay una forma de «goce» del sujeto en el síntoma, por lo cual, cuando el síntoma es reprimido, deja en su lugar un vacío depresivo y, sobre todo, mantiene la enfermedad —el problema estructural que causa el síntoma— sin detección posible. Frank propuso cuatro tipos de cuerpo, en una clasificación que apunta a identificar los diferentes tipos de «lenguaje» con los que *habla* el cuerpo en estados de enfermedad. Esta tipología distingue entre el *cuerpo disciplinado* (aquel basado en la necesidad de control y predicción, que se atiene a la disciplina terapéutica y reduce al máximo el deseo); el *cuerpo-espejo* (que se autodefine a través del consumo, en un intento por reflejar la imagen de cuerpos saludables y populares usados como modelo, a partir de una orientación primariamente visual); el *cuerpo dominador* (que expresa su fuerza en el modo en que enfrenta la enfermedad, a veces con agresividad, o con falta de aceptación y supresión del deseo); y el *cuerpo comunicativo* (aquel que se adapta a la contingencia de la enfermedad, *se asocia* estrechamente consigo mismo y se vuelca hacia los otros en un gesto de comunión y solidaridad). Estas características muestran modalidades, diversas y tipificadas, útiles a los efectos del análisis, de autopercepción y autorreconocimiento del cuerpo, las cuales dan lugar a narrativas diferentes acerca de la relación entre el yo y su corporalidad, así como entre la enfermedad y la persona.

Al reflexionar sobre la convergencia de cuerpo, dolor y representación simbólica podrían evocarse los cuerpos indígenas y mestizos del pintor ecuatoriano Oswaldo Guayasamín, cuyas figuras alargadas y escuálidas, manos hiperbólicas y rostros sufrientes transmiten el sufrimiento ancestral de su pueblo y la emocionalidad torturada que lo acompaña. Asimismo, viene a la mente la conmovedora e impactante obra de Ana Mendieta, artista cubano-estadounidense cuya producción visual y performativa abordó particularmente los temas de la violencia, la relación entre vida y naturaleza, la construcción de la identidad, la muerte y el problema de la pertenencia (el exilio, la dislocación social, la enajenación afectiva, etc.). En la serie *Siluetas* (1973-1980) Mendieta creó contornos del cuerpo femenino en la naturaleza usando barro, arena y pasto, así como sangre, para el dibujo corporal. En 1981 declaró que la persistencia que se advierte en su obra en la reconstrucción de la imagen propia tiene que ver con su exilio y su necesidad de restablecer lazos con la naturaleza. El uso de la sangre se hizo prominente en su obra, como denuncia del abuso contra el cuerpo femenino y representación de la vulnerabilidad de la vida y de la indiferencia pública ante el sufrimiento ajeno.[2] El dolor físico, emocional y psicológico habla de una subjetividad fragmentada por el alejamiento de su patria (Cuba) y por formas de alienación de género que marcaron su vida hasta su temprano y trágico final.

---

2. Sobre el arte de Ana Menditea cf. Szymanek, 2016; Raine, 1999. La trágica muerte de la artista, que pareció replicar algunas de sus obras, ha dejado dudas entre las posibilidades de suicidio, accidente o asesinato a manos de su esposo, el escultor Carl Andre.

Cuerpo y afecto

La importancia central del afecto como elemento constitutivo de las subjetividades y como organizador de las relaciones interpersonales se viene estudiando desde la filosofía clásica. Como es sabido, los antiguos griegos prestaron gran atención a las manifestaciones corporales provocadas por las emociones. Ya en Safo de Lesbos, Alceo y los autores trágicos el tema se aborda frecuentemente, incidiendo sobre las expresiones a partir de las cuales el sentimiento del amor, el odio, el miedo, etc. se hacen visibles, y las formas en que el dolor, el duelo y la melancolía, tienen su correlato en la corporeidad. Asimismo, se han estudiado ampliamente los efectos de la experiencia estética sobre el cuerpo del individuo: las formas en que repercute sobre el organismo, la mente y los sentidos, el potencial inspirador de la belleza y la influencia de la danza y la música en la psique humana. En la obra poética de los antiguos griegos y en la reflexión filosófica de la época se advierte la relación entre el aspecto cognitivo (sensorial, perceptivo) y los procesos de conceptualización en los que intervienen los modelos estéticos, el valor y definición de lo bello y su relación con la verdad (temas de extensa elaboración filosófica). La belleza corporal es una cuestión constante en la época; se estudian las *proporciones* como regla de oro para la determinación de la *armonía* de los cuerpos y de la arquitectura, así como las relaciones entre belleza y verdad como formas de acceso a aspectos trascendentes del ser que superan la mera apariencia física.

Interesa a los antiguos griegos y a la reflexión renacentista el modo en que el cuerpo se involucra, a través de las emociones, en el reconocimiento de *lo sublime* (que luego analizarían Kant, Spinoza y muchos otros filósofos posteriores) como experiencia emocional extrema ante espectáculos sobrecogedores que invaden la afectividad y cuyo impacto resulta imposible explicar racionalmente (una tormenta en el mar, por ejemplo). El cuerpo es superado por la percepción de lo sublime, llevado al límite de su comprensión y de la receptividad sensorial, por lo cual se atribuye a lo sublime una cualidad sobrehumana, trascendental.

Aparte de las fundamentales aportaciones de Marx y de Freud sobre la importancia del afecto en las interacciones humanas, la obra de Charles Darwin *La expresión de las emociones en los animales y en el hombre* (1872) marca otro hito en la exploración del modo en que el aspecto emocional se registra en distintos niveles en los seres vivos. Más modernamente, la reflexión filosófica tendrá algunas de sus instancias más influyentes en la obra de Henri Bergson, Gilles Deleuze, Félix Guattari, Slavoj Žižek y muchos otros, que desarrollarán las ideas de Spinoza y de Kant y diversificarán las rutas de reflexión estética.

En la segunda mitad del siglo XX, el regreso de la filosofía a temas como el afecto y la emocionalidad constituirá un intento de compensar el economicismo de períodos anteriores con una perspectiva destinada a recuperar los «dispositivos de subjetivación» (Guattari) que guían las relaciones entre individuo y mundo. Estos dispositivos se enfocan en aspectos reprimidos de la subjetividad colectiva, a partir de los cuales puede lograrse una repotenciación de lo político, que la caída del mundo socialista pone en crisis. Siguiendo por las vías abiertas por Foucault, la concentración en lo afectivo permite advertir la ya mencionada «microfísica del poder», es decir, las formas en que funcionan las redes sociales imponiendo estrategias invisibles, pero siempre presentes, de dominación y control.

En otras partes me he referido a los factores históricos, sociales y políticos que contribuyeron a la nueva ola de estudios sobre emociones después del fin de la Guerra Fría.[1] Los cambios que atraviesa el cuerpo humano, las formas de violencia y de transformación morfológica que sufre y los adelantos tecnológicos que intervienen en el mantenimiento y mejoramiento de la vida cambian en gran medida

---

1. Cf. mi *postscriptum* a *El lenguaje de las emociones* (Moraña, 2012).

los parámetros de relación entre lo corporal y lo emocional, lo físico y lo afectivo. La perspectiva sobre aspectos como los de la concepción de un nuevo ser, la maternidad, la familia y el cuidado de los niños se modifica sustancialmente, ocasionando cambios en las formas de interiorizar e integrar las nuevas modalidades que va asumiendo el afecto tanto en el ámbito público como en el privado.

Entre los intentos por complementar y/o descentrar los enfoques puramente racionalistas que sitúan en la capacidad perceptiva e intelectual la forma primaria y superior de conocimiento de lo real, el «giro afectivo» ha promovido, a partir de la década de 1980, la atención a emociones, sentimientos y pasiones como formas *otras* de captación del mundo, es decir, como vías previas y diferenciadas de lo racional. En efecto, la emocionalidad funciona tanto en el nivel cognitivo como en situaciones interactivas, y constituye una de las formas de captación y de relación con el medio. Según ha indicado Elizabeth Wissinger:

> El concepto de afecto resuelve algunas de las dificultades de tratar con fuerzas que solo son observables en los intersticios entre los cuerpos, entre cuerpos y tecnologías, o entre fuerzas corporales y conocimiento consciente. En el análisis del cuerpo, el afecto permite más que un análisis de los discursos, los sistemas de significado y la construcción social del cuerpo; también permite un análisis del dinamismo de la materia corporal, de modo que el cuerpo es pensado como centro de acción y reacción, un lugar de energía que fluye y cambia de intensidad. (Wissinger, 2007, p. 232)

En *La política cultural de las emociones* (2004), Sarah Ahmed enfatiza la importancia de la afectividad como elemento constructor de ideologías y prácticas culturales concretas, como la relación de sujetos a nivel comunitario, la integración institucional y las formas de inclusión y exclusión que se implementan en el ámbito político, en el económico y en el cultural. En todos estos niveles el afecto funciona como elemento cohesivo, organizativo y cognitivo, orientando las interacciones interhumanas y la definición de objetivos. Los procesos de otrificación y marginación de individuos tienen una base eminentemente emocional, que a menudo se intenta legitimar con argumentos que supuestamente aluden a la *racionalidad* de esas acciones. En todos estos casos, como Ahmed señala, los discursos desempeñan un papel fundamental. Es justamente a través del lenguaje que se naturalizan juicios y se diseminan significados, siendo el aspecto emocional tremendamente influyente en la forma en que se reproducen e interiorizan valores, formas de vida y proyectos colectivos. A partir de la emocionalidad los cuerpos se expresan y movilizan, se solidarizan o repelen, se crean alianzas o frentes organizados contra aquel que ha sido emocionalmente identificado como antagonista. Esto no significa reducirlo todo a los vaivenes de la emoción, considerada un conjunto de pulsiones inestables y en constante mutación, que no necesariamente tienen un correlato racional. Pero es indudable que en muchos casos se opera desde la emocionalidad, intentando adaptar *a posteriori* un cuerpo argumental que legitime decisiones previas, tomadas sobre la base de la afectividad. La emoción se expresa con frecuencia metafóricamente a través del lenguaje, los gestos y las acciones, aunque en muchos casos su manifestación puede ser también directa y contundente. En este sentido, los afectos constituyen una instancia socializada, que no se restringe al ámbito íntimo o privado.

Para Ahmed, las emociones dan forma a la *superficie* de los cuerpos individuales y colectivos. Los cuerpos se estructuran como tales a partir del contacto con otros cuerpos que circulan en el dominio público. El mundo de los objetos interactúa con los cuerpos y los moldea física y emocionalmente. En muchos casos, los objetos son fetichizados a partir de la carga emocional que conllevan, funcionando como focos de intensificación afectiva, en los que se concentran experiencias, memorias y sentimientos. Tanto los rituales cuanto la representación de imágenes o de artículos personales que representan sentimientos y relaciones afectivas, como sucede con los objetos de familia que se transmiten de generación en generación, unifican a los individuos en torno al valor asignado a estos elementos que se vuelen icónicos dentro de sus ámbitos de reconocimiento. Los objetos despiertan así, en estos casos, sentimientos de identificación afectiva o religiosa, reviven lazos familiares o vínculos con ciertos lugares o personas cargados de sentido personal (la patria lejana, la infancia, lugares de residencia, seres desaparecidos), operando como catalizadores de la memoria y fortaleciendo la continuidad temporal.

La pregunta que guía las reflexiones de Ahmed en *La política cultural de las emociones* no es tanto qué son las emociones, sino *qué hacen*, cómo circulan entre los cuerpos, qué políticas culturales se asocian con la producción de «valor afectivo» y cómo se instala esta «economía afectiva» en el ámbito social y en el político. En otras palabras, su análisis se orienta hacia la exploración de las formas en que las emociones crean las superficies y las fronteras que permiten delinear a los objetos. En este sentido, la emoción es considerada una fuerza dinámica, variable y poderosa. La palabra «emoción» nos recuerda la autora, proviene del latín *emovere*, que significa *moverse, mudarse* (Ahmed, 2004, p. 36). La emoción supone conexión, vínculo, así como el proceso de transformación del otro en objeto que provoca sentimientos. Más que un *estado* (una circunstancia que el sujeto *sufre* y que se soporta pasivamente) la emoción indica una *práctica social y cultural;* es más un *hacer* que un *estar;* es una forma de modificar el mundo, de intervenirlo.

El dolor hace al sujeto tomar conciencia de su cuerpo, que de otro modo pasa inadvertido, funciona como algo que está siempre afuera, involucrado en una serie de relaciones e interacciones que lo separan del sujeto (Ahmed, 2004, p. 56). La disfuncionalidad del cuerpo lo hace presente, convierte su superficie en frontera entre el adentro y el afuera, en un límite concreto y relevante. Una herida es, en este sentido, una huella dejada por otro cuerpo (humano, objetual), y el dolor es la concreción de la corporeidad. «El dolor involucra la violación o transgresión de la frontera entre el adentro y el afuera, y si siento la frontera se debe justo a esa transgresión» (Ahmed, 2004, p. 58).

En el prefacio a *The Affective Turn: Theorizing the Social* (2007), editado por Patricia Ticineto Clough y Jean O'Malley Halley, Michael Hardt se pregunta, ya desde el título de esas páginas preliminares, «¿para qué son buenos (para qué sirven) los afectos?» o, en otras palabras, qué aplicación tendría el «giro afectivo» en la comprensión de los escenarios actuales. En esta línea de pensamiento, la reflexión sobre el afecto surge, de hecho, con las pioneras elaboraciones de Baruch de Spinoza, quien destacó tempranamente ciertas cualidades convergentes del cuerpo y de la mente: el poder de la mente de pensar, y el poder del cuerpo de actuar, los cuales funcionan paralelamente, a pesar de la autonomía de cada uno de esos dominios respecto al otro. La potencialidad de afectar al mundo y de ser afectado por él, tanto mental como corporalmente, constituye un rasgo de los seres vivos. Aunque razón y pasión no son lo mismo, para Spinoza actúan como un *continuum*, como se ve en el campo de la política y en muchas situaciones de la vida diaria, en que se percibe el esfuerzo de pasar de la pasión a la acción. En nuestro tiempo tales planteamientos binarios sobreviven de manera atenuada, ya que el énfasis está puesto en las dinámicas fluidas que conectan los diversos niveles de la subjetividad, así como los ámbitos del individuo y la comunidad, de lo privado y de lo público, advirtiéndose que, a la manera de las redes de micropoderes iluminadas por Foucault, el afecto está diseminado en las diversas formas de socialización y de funcionamiento psíquico. Hardt propone incorporar a este tipo de reflexiones el concepto de «trabajo afectivo» *(affective labor)*, con el cual se pueden abarcar los aspectos tanto corporales como intelectuales que se presentan en nuevas formas de producción que comprometen tanto la inteligencia racional como las pasiones y sentimientos. Da como ejemplo el trabajo de quienes se ocupan de la asistencia médica, del servicio alimentario y del trabajo sexual (prostitución, espectáculos eróticos, etc.), actividades que producen afecto, ya que se dirigen de distinta manera al deseo y a las necesidades corporales, implicando, por tanto, aspectos físicos y afectivos que convergen en el nivel subjetivo. Estas formas de trabajo cruzan claramente del dominio de lo corporal al de lo afectivo, pudiendo ser consideradas formas de trabajo inmaterial, que en vez de estar marcadas por la intelectualización se producen bajo el signo de la emocionalidad. Hardt ve asimismo las posibilidades de aplicación de la teoría de los afectos al campo de la política, la tecnología, la guerra, la migración, etc.[2]

---

2. Debe aclararse que, aunque en este estudio se usan los términos «afecto», «emoción» y «sentimiento» como si fueran equivalentes, existen diferencias que un trabajo

En su introducción al mismo libro, Ticineto Clough señala, siguiendo a Hardt, Massumi y otros críticos, que el afecto se corresponde, en nuestro tiempo, con las transformaciones del capitalismo y con los nuevos intentos para llevar al cuerpo más allá de sus limitaciones naturales a través de la experimentación en los campos de la política, la economía, la tecnología y la cultura en general. El afecto es el medio por el cual salen a la superficie cuerpos fantasmales y restos traumatizados de historias borradas por procesos de control y disciplinamiento (Ticineto Clough y O'Malley Halley, 2007, p. 3). Pensar el cuerpo hoy desde la perspectiva del afecto significa tomar en consideración sus nuevas configuraciones, que resultan de la revolución comunicacional y por la tecnología, es decir, hacerse cargo de modificaciones sustanciales en la materia, el significado y la proyección corporal.

Debido a su multifacética presencia en todos los aspectos de la vida individual y colectiva, el elemento emocional ha sido siempre uno de los campos más prominentes de representación simbólica. No puede citarse ninguna obra visual, literaria o musical en la que la emoción no cumpla un papel fundamental, y en algunos casos dominante, como en la novela sentimental, el melodrama, los discursos nacionalistas, el tango, el bolero, la música caribeña y muchas otras formas de expresión cultural que apelan a la vinculación de lo corporal y lo emocional. Tales composiciones exponen las subjetividades marcadas por el conflicto social, la violencia, los sentimientos y los

---

más extenso debería desarrollar. Brevemente, puede decirse que «afecto» designa el campo más general de respuestas psicológicas y emocionales a determinados estímulos, mientras que, de modo más específico; «emociones» se refiere a reacciones afectivas cortas, intensas e inmediatas que generalmente se expresan en la corporalidad; «sentimientos» alude a estados afectivos profundos y duraderos; y «pasión» alude a un tipo de afición vehemente y perturbadora a algo o alguien que domina el estado emocional de la persona con su fuerza y capacidad desorganizadora de la afectividad. Elizabeth Wissinger señala al respecto que «afecto» puede entenderse «como una respuesta psicológica que da lugar a diversos efectos, los cuales pueden o no traducirse en emociones. El afecto, por tanto, precede a la emoción; el afecto no es consciente, pero tiene una dinámica, una socialidad o productividad social» (Wissinger, 2007, p. 232).

desencuentros con el otro, es decir, situaciones que desestabilizan al sujeto y comprometen su funcionamiento.

El énfasis en el afecto ha arraigado en el discurso feminista, *queer*, y en aproximaciones al biocapitalismo, al relacionar la materialidad de los cuerpos con otros niveles de la subjetivación que desempeñan un papel fundamental en relación con temas como la explotación, la enajenación, la discriminación de género, el racismo, la xenofobia, el terrorismo, la seguridad pública, la soberanía y muchos otros fenómenos sociales de nuestro tiempo. Asimismo, el llamado giro afectivo ha servido para analizar con nueva luz el discurso político, el populismo, las dictaduras, los genocidios, el terrorismo y la globalización, al hacer hincapié en el modo en que los cuerpos son concebidos dentro de esos parámetros y en el papel que tienen con respecto al poder. Los conceptos que han cristalizado en las figuras del mártir, la víctima, el agresor, el héroe, etc., funcionan como condensaciones afectivo-ideológicas que buscan nombrar un fenómeno (y personalizarlo) a partir de sus repercusiones, pero que, al hacerlo, con frecuencia simplifican en exceso las situaciones de fondo, traduciéndolas a modelos estereotipados de conducta que parecen desprenderse de las situaciones concretas.

En este sentido, el estudio del afecto se ha enfocado en la relación estrecha entre cuerpos y lazos familiares, sociales, comunitarios, etc., y también en los escenarios trágicos causados por la pérdida de vidas debido a la violencia, la tortura y otras situaciones extremas de aniquilación y violación de derechos. Los estudios sobre estos temas en general se vinculan también a espacios afines como la justicia social, la desigualdad, el duelo, los derechos humanos y la soberanía. Convergentemente, el tema de la memoria está asimismo vinculado al campo afectivo, como elemento inseparable de la reconstrucción y evaluación de la historia y del impacto de eventos y procesos en el ámbito comunitario.

Se ha hablado, siguiendo a Bourdieu, del *capital emocional* que se transmite a través de la relación familiar, la educación y el entrenamiento del ciudadano, demostrando así el carácter relacional de la afectividad y su utilidad como elemento de socialización. Al mismo tiempo, conviene recordar que la afectividad no precede a lo social, sino que se configura a partir de sus pautas. Las variantes que el medio incorpora en aspectos relacionados con la clase, la raza, la cultura, el tiempo histórico o el género son asimiladas por el sujeto e incorporadas en reacciones de resistencia, enfrentamiento o convergencia con las condiciones del medio social. Las emociones se manifiestan y expresan de acuerdo con modelos que rigen socialmente y que se interiorizan y naturalizan en el nivel individual y en el colectivo. De ahí que construcciones corporales y afectivas como las relacionadas con la masculinidad y la femineidad tengan estrecha relación con el medio, dentro del cual adquieren valor y significación.

En «La batalla de las ideas y las emociones» (2012), Roger Bartra se refirió a los diversos modelos de belleza que inspiraron querellas estético-filosóficas en el Renacimiento y en épocas posteriores, entre quienes privilegiaban el dibujo (la forma, la perspectiva y las proporciones), como en el caso de Miguel Ángel, y los que defendían el colorido como expresión del sentimiento, como en la obra de Ticiano, cuyos matices del color y claroscuros canalizaban la emoción. Similar enfrentamiento podría ejemplificarse, según Bartra, entre Pablo Picasso y Francis Bacon. El cuerpo da lugar en todos ellos a composiciones divergentes que canalizan la emoción a través de distintos registros, que se adaptan de manera realista a sus modelos o que los transfiguran como si la corporalidad fuera transparente y maleable y a través de la carne pudiera percibirse el torbellino interior, o como si la abstracción fuera la fórmula para llegar a la esencia de la individualidad y de su conflicto con el mundo. Lo importante es que tal polarización ha sido tema de disputas en todas las épocas, encubriendo visiones opuestas sobre la naturaleza de lo real y la inclusión del cuerpo en escenarios socioculturales diversos. En América Latina, Bartra destaca el amplio espectro de manifestaciones culturales centradas en la representación de la emoción y sus estragos sobre los cuerpos y almas de los sujetos, estereotipados en torno a sentimientos dominantes: «gauchos tristes, poesía amarga, indios deprimidos, saudades urbanas, boleros quejumbrosos, tedios campesinos, andinos tristes, tangos nostálgicos y muchos otros más» (Bartra, 2012, p. 20).

En la representación de la racialización de los cuerpos sucede algo similar. Desde la pintura de Guayasamín (artista ya mencionado) hasta la de Botero, la figura humana, indígena o mestiza, es aprehendida a partir de rasgos estereotipados que se concretan en estilos casi formulaicos que, aparte de su valor estético, a veces se reducen a una sola lectura: el dolor humano en las figuras macilentas del ecuatoriano, el volumen corporal autocelebratorio en el colombiano, como formas de mirar críticamente a la Modernidad a través de materializaciones corporales que se corresponden con mentalidades, afectos y posicionamientos sociales.

En el plano político económico, el deseo ha sido visto como la pulsión que conecta individuo y mercado a través de las redes del afecto, que se transfigura en la voluntad de adquisición de mercancía. Tanto en el nivel real como en el simbólico, esta satisface la voluntad de apropiación y se extiende como gratificación afectiva inmediata, redefiniendo el sentido de los intercambios entre el mundo material y espiritual, objetual y abstracto, individual y colectivo. El sujeto está empeñado en la construcción de una imagen que él mismo y los demás consumen como reemplazo o re-presentación de lo corporal, y como encubrimiento de lo emocional. El deseo canaliza sentimientos que arraigan en funciones y en necesidades —reales o falsas— que se traducen en el nivel corporal. El objeto llena precariamente el vacío existencial, al traducirse en formas de (auto)valoración que confirman al cuerpo como capital simbólico y ayudan a su circulación y aceptación pública. El afecto es, así, el puente entre la individualidad y lo colectivo, pero también entre lo individual y el *sí mismo* que lo constituye. Por eso el objeto tiene su sombra simbólica, que se proyecta sobre el escenario social, donde el propio sujeto se despliega, oscilando entre el fervor de la posesión de la mercancía y el vacío que crea su posesión.

Una importante contribución al estudio de las emociones fue la realizada por Jean-Paul Sartre con la publicación de su *Bosquejo de una teoría de las emociones* (1939), texto de carácter fenomenológico que conecta percepciones afectivas y reacciones corporales, intentando demostrar que la conciencia tiene una bidireccionalidad que le permite ser modificada por la experiencia y a la vez modificar el mundo a través de los comportamientos simbólicos de la expresividad emocional. Dado que la conciencia tiene, para Sartre, siempre una direccionalidad dirigida hacia algo, la relación sujeto / objeto está siempre presente, así como la necesidad del ser humano de comprender sus circunstancias y actuar sobre la realidad que lo rodea. Ya Husserl había hablado de la intencionalidad de la conciencia, noción que Sartre desarrolla al definir la conciencia por el lugar que ocupa respecto al mundo, es decir, por sus formas de pertenencia o ajenidad, y por los modos de relacionarse con el espacio, el tiempo y los demás sujetos.

Toda emoción se manifiesta, para Sartre, como reacción ante un estímulo del medio que modifica no solamente nuestro estado de ánimo, sino nuestra misma fisicalidad. Amor, miedo, ira, tristeza, etc., se manifiestan de manera muy distinta, de modo que podemos reconocer los sentimientos que catalizan las emociones a partir de su exteriorización corporal. Tal exteriorización es espontánea, no racional, y cuando es excesiva, no escapa a la censura del medio, que rechaza ciertas expresiones públicas, considerándose que la discreción obliga a que la mayor parte de estas expresiones se realice de manera privada, o al menos contenida. Para Sartre, la intensidad del estado emocional tiene la cualidad de desorganizar el equilibrio corporal. Al sentirse superado por determinada vivencia, el cuerpo pone en funcionamiento de modo no consciente un repertorio de reacciones que intentan contrarrestar ese desequilibrio y aún «cambiar el mundo» que lo ha provocado. Así, un desmayo ante una noticia devastadora constituye, para Sartre, una reacción que tiene como intencionalidad tácita la eliminación del mundo en el que ese suceso tiene lugar. Se trata, en este sentido, no solo de un mecanismo de adaptación, sino de la negación simbólica del evento que hiere nuestra emocionalidad. De este modo, por medio de las emociones el individuo «cambia sus relaciones con el mundo para que este cambie sus cualidades» (cf. Sartre, 1939). Este es el efecto «mágico» de las emociones: el intento de transformar la realidad a partir de la transformación de la afectividad / corporalidad que la registra.

La distinción entre el afecto y otras formas de relación intersubjetiva es difícil de lograr, ya que la emocionalidad se filtra en todas las expresiones individuales. Ya desde la última década del siglo pasado la teoría de los afectos comenzó a difundirse como respuesta a los diagnósticos realizados por el posestructuralismo y la deconstrucción sobre la muerte del sujeto, el fin de la historia y la caída de los «grandes relatos» que parecían explicar y dar coherencia al mundo moderno. La teoría de los afectos viene a hacerse cargo del vacío que sobreviene con el descaecimiento de tales discursos, permitiendo detectar otros aspectos de lo real, lo social y lo político que la lógica racionalista y pragmática de la Modernidad no llegaba a captar.

El tema de los afectos encuentra aplicación en campos diversos: el estudio del trauma, la guerra, la tortura, la masacre, el terrorismo, la violencia doméstica, la desigualdad, la discriminación y muchas otras situaciones desestabilizantes que amenazan a los cuerpos y a la emocionalidad de las personas. El afecto tiene la capacidad de influir sobre el nivel orgánico y corporal de modo general, manifestándose en los niveles de energía y en la capacidad del sujeto de conectar con otros y consigo mismo. Se trata de una transmisión de intensidades de cuerpo a cuerpo, que puede involucrar solo seres humanos, así como también otras formas de «vida», como elementos de la naturaleza, seres de otras especies y construcciones paracorporales que pertenecen al campo de la biotecnología. El afecto da lugar, en este sentido, a un *devenir* en el que el cuerpo atraviesa distintas instancias que lo van modificando para los demás y para sí mismo.

El estudio del afecto se ha vinculado también a la crítica a la Ilustración y a la Modernidad, sistemas que privilegiaron una forma de racionalidad que minimiza la importancia de las pasiones en la construcción de lo social y consolidaron una visión teleológica de la historia basada en gran medida en la represión de impulsos y la exclusión de sujetos. Esto no quiere decir que los afectos no estuvieran presentes en estas concepciones de lo social y lo político, sino que tales sistemas de pensamiento funcionaron sobre la base de la ya mencionada «distribución de lo sensible», que privilegiaba a ciertos sectores por encima de otros. Asimismo, se entendía que, en un mundo desacralizado, la construcción social dependía de la aplicación de diseños racionales y que el conocimiento derivaba de una aproximación científica a lo real.

Por supuesto, el desarrollo de la teoría de los afectos es imposible sin el psicoanálisis y sin las elaboraciones lacanianas, que conceden fundamental importancia al lenguaje, es decir, a la elaboración simbólica del conflicto interior a través del discurso. Fue por la atención que presta Lacan al lenguaje que se consideró, críticamente, que su teorización había dejado de lado el tema del afecto. Aunque no puede afirmarse que haya desarrollado una teoría de los afectos, Lacan hace, sin embargo, múltiples alusiones a la angustia, el dolor, la impotencia, el duelo, la tristeza, la alegría, la felicidad, el tedio, el mal humor, la cólera, el pudor, la vergüenza y el entusiasmo, como destaca Colette Soler en su libro *Afectos lacanianos* (2011).[3] Valga agregar, asimismo, que el mismo Lacan reconoce que el psicoanálisis no aportó mucho al estudio del cuerpo en sí, o a algunos aspectos físicos de la sexualidad, por su énfasis en el trauma y en el nivel del significante (Soler, 1983). En el mismo sentido, los afectos son vistos como manifestación del trauma y como formas sublimadas del «daño» que lo real causa en la subjetividad, aunque las nociones de afecto, realidad, subjetividad y daño deban ser clarificadas dentro de los sistemas conceptuales freudiano y lacaniano, que no siempre coinciden.

En otras aplicaciones de la teoría psicoanalítica, el tema de los afectos resulta efectivo para la comprensión de la inserción de los sujetos en escenarios actuales marcados por la aceleración de la vida, la mercantilización y el consumo. En *Intimidades congeladas: Las emociones en el capitalismo* (2007), Eva Illouz analiza el manejo que hace el capitalismo de los afectos («capitalismo emocional») como manipulación de las conductas, particularmente de las clases medias:

> El capitalismo emocional es una cultura en la que las prácticas y los discursos emocionales y económicos se configuran mutuamente y producen lo que considero un amplio movimiento en el que el afecto se convierte en un aspecto esencial del comportamiento económico y en el que la vida emocional —sobre todo la de la clase media— sigue la lógica del intercambio y las relaciones económicas. (Illouz, 2007, pp. 19-20)[4]

---

3. Para ahondar sobre el tratamiento del cuerpo en la teoría de Lacan, cf. Soler, 1983.
4. En esta misma dirección cf. Nigel Thrift, quien señala que las pulsiones del deseo y las pasiones atraviesan el mundo de la mercancía. Según Thrift, los procesos de

Illouz explica el modo particular en que se difundió el psicoanálisis en la sociedad estadounidense y las formas en que fue adoptado y adaptado a las relaciones de mercado, las lógicas empresariales y la sensibilidad del sujeto en una sociedad marcada por la orientación hacia el consumo, la noción de ganancia y la cosificación de las relaciones.

En *Mil mesetas: Capitalismo y esquizofrenia*, publicado en 1980, Deleuze y Guattari, autores fundamentales en la línea de pensamiento que seguimos, definen el afecto distinguiéndolo del sentimiento y a través del procedimiento metafórico, que es dominante cuando se habla de este tipo de manifestaciones emocionales.

> El afecto es la descarga rápida de la emoción, la respuesta, mientras que el sentimiento siempre es una emoción desplazada, retardada, resistente. Los afectos son proyectiles, tanto como las armas, mientras que los sentimientos son introceptivos como las herramientas. (Deleuze y Guattari, 1980, p. 402)

En su enfoque sobre el giro afectivo, Laura Podalsky (2018) señala la perspectiva fuertemente afectiva de estudios como el de Jean Franco, *Una modernidad cruel* (2013), donde el análisis de la conexión Modernidad / violencia se realiza a partir del afecto, es decir, de las pasiones y sentimientos que despiertan las alternativas de la historia latinoamericana, cuyas raíces Franco rastrea desde el período colonial. Otros libros, como *Lágrimas andinas* (2005), de Ana Peluffo, también interpretan la emoción como eje organizador de los imaginarios colectivos hacia finales del siglo XIX, etapa particularmente importante en la construcción del género y de la nación.[5]

El afecto va revelando así, en distintos estudios teóricos y aplicaciones críticas, su capacidad de desmontar, por vías alternativas a las de la razón instrumental, la conflictividad social, y de expresar la

---

producción e intercambio económico reciben el impacto de las pasiones, que influyen a su vez en los procesos de publicidad y promoción estética de la mercancía. Sobre afecto y economía, y afecto y tecnología, cf. asimismo Massumi, 2000.

5.   A propósito del tema del afecto en el cine latinoamericano, cf. Podalsky, 2011.

experiencia del trauma, la exclusión y la violencia en formas conceptuales y discursivas que apelan desde otros ángulos a la hermenéutica colectiva. El afecto es, por supuesto, inseparable del cuerpo, a través del cual se expresa, haciendo que *lo que se siente* sea visible y socializable. En otros ámbitos, como los de la memoria, la emocionalidad se une con frecuencia a la imagen mental para hacer presente el cuerpo ausente, como en las movilizaciones por los desaparecidos en períodos dictatoriales, guerra interna, genocidios, etc., en que la reclamación de los cuerpos ausentes se realiza a través de mediaciones cargadas de emocionalidad, que generan empatía a través de imágenes, consignas y manifestaciones públicas que socializan los sentimientos de duelo y resistencia popular.

Los estudios sobre el afecto se han extendido de lo individual a lo colectivo y de lo subjetivo a lo objetual. Nigel Thrift señala, por ejemplo, en «Intensities of Feeling: Toward a Spatial Politics of Affect» (2004), que el estudio de los afectos debe alcanzar el dominio del análisis urbano, ya que las ciudades constituyen espacios altamente emocionalizados. Por la alta concentración humana, la aglomeración de los cuerpos y el aumento de las actividades y la velocidad, los individuos están constantemente sujetos a presiones y choques que exacerban los sentidos, aumentan los reflejos y desatan reacciones no necesariamente racionales:

> Las ciudades pueden ser vistas como turbias vorágines de afecto. Efectos particulares como la rabia, el miedo, la felicidad y la alegría están continuamente en ebullición, elevándose aquí, reduciéndose allá, y estos afectos continuamente se manifiestan en eventos que pueden tener lugar ya sea a gran escala o simplemente como parte del *continuum* de la vida cotidiana. (Thrift, 2004, p. 57)

En estos casos el cuerpo social expresa emociones derivadas de las interacciones humanas, la movilidad y los intercambios a los que da lugar la tecnificación ciudadana. Pero asimismo la urbe expresa también su propia naturaleza sensible y su carácter de producto humano en cuyas formas y distribuciones se alojan los cuerpos que circulan, trabajan y disfrutan en el espacio urbano. Como enseñara Walter Benjamin, en la percepción de la ciudad moderna lo humano (intelectual, cognitivo, emocional) constituye el material primario. La ciudad transmite orden y caos, inclusión y exclusión, orientación hacia el objeto y hacia el sujeto, respeto por la historia e impulsos de progreso. De este modo, la armonía y dureza de sus formas, su monumentalidad o dimensión humana, le confieren expresividad, emocionalidad y dinamismo. Asimismo, la interpretación de la naturaleza puede sentirse cargada de afectividad: paisajes tristes, tormentas aterradoras, noches plácidas, tardes alegres son sin duda proyecciones de la subjetividad, pero permean al objeto mismo fundiendo interioridad y exterioridad en un flujo afectivo en el que los límites entre el sujeto y el objeto observado parecen diluirse. Toda experiencia humana, entonces, está atravesada por el elemento afectivo que conecta individuo y espacio de manera significativa.

Thrift explora el afecto desde múltiples perspectivas, señalando que, en las nuevas aproximaciones, el afecto es visto como una forma de *pensamiento*, es decir, como una re-acción a lo real de inmediatas repercusiones físicas.

> El afecto es entendido como una forma de pensamiento, a menudo indirecto y no reflexivo, es cierto, pero pensamiento de todos modos. Y, similarmente, todas las formas de espacio que genera pueden ser pensadas de la misma manera, como medios para el pensamiento y como pensamiento en acción. El afecto es una forma diferente de inteligencia sobre el mundo, pero es inteligencia de todos modos, e intentos previos que relegaron el afecto a lo irracional o lo elevaron al nivel de lo sublime están ambos mal orientados. (Thrift, 2004, p. 60)

Thrift se enfoca en el análisis del impacto afectivo en la vida diaria y de su interiorización espacial, por lo cual rechaza la idea de abordar ese tema a partir de sus formas espectaculares, que superan la experiencia común. Enfatiza, entonces, el hecho de que se trata de manifestaciones corporeizadas en las que el contexto es siempre fundamental. Tales manifestaciones pueden ser evidentes y superar los límites de los comportamientos «normales» y controlados, construyendo así una ruptura clara de las interrelaciones, es decir, una interrupción emocional en el sujeto que es afectado por algún elemento contextual que lo perturba. Thrift se basa en los trabajos sociológicos de Jack Katz, particularmente en el libro *How Emotions Work* (1999), ampliamente respaldado en material empírico y experimental. Atendiendo a las manifestaciones corporales de la emoción, este sociólogo señala:

> Rubores, risas, llantos y rabia emergen en los rostros y en los encubrimientos que generalmente esconden el substrato visceral. Lo que hacen las emociones es romper las barreras corporales, derramar lágrimas, hacer que la rabia irrumpa y la risa explote, la participación empática de las vísceras como fuente designada de este involucramiento. (Katz, 1999, p. 322)

El rostro, y particularmente la piel, constituye la plataforma principal de la expresión afectiva, ya que allí se manifiestan las repercusiones de los estados de ánimo en la corporalidad. Muchos autores se han ocupado del rostro, en la psicología, en la filosofía y particularmente en la ética, refiriéndose a él en un sentido metafórico o simbólico, que desplaza algunos de sus significados a la órbita del pensamiento especulativo. Emmanuel Levinas, en *Totalidad e infinito: Ensayo sobre la exterioridad* (1961), señala la importancia del rostro como la parte más desnuda del ser, donde otras cualidades desaparecen ante la inmediatez de ese despojamiento. El rostro se expone, parece provocar reacciones, interpela y emite el mandato «No matarás» como principal mensaje. El rostro constituye, así, una significación sin contexto, ya que vale por sí mismo, más allá de lo que se percibe. Según este filósofo, la relación con el rostro del otro es, desde el primer momento, ética, porque nos enfrenta a la vida misma, aquella que no se puede destruir. El rostro del otro expone *lo auténtico*, pero debemos entender que su significado rebasa la percepción, lo que vemos, es decir, los rasgos o gestos que la vista presenta: la verdad del rostro se encuentra en el discurso, en lo que el rostro dice, más que en lo que muestra.

> En su función de expresión, el lenguaje mantiene precisamente al otro al que se dirige, a quien interpela o invoca. Ciertamente, el lenguaje no

consiste en invocarlo como ser representado y pensado. Pero por esto el lenguaje instaura una relación irreductible a la relación sujeto-objeto: la revelación del otro. (Levinas, 1961, p. 96)

Para Levinas, el rostro es el signo de la alteridad y, como indica en su título, de la exterioridad, porque es todo lo que no es aquel que lo mira, es decir, es el mundo. La piel del rostro se mantiene más desprotegida y más desnuda, aunque con una desnudez recatada. Hay en el rostro, según este filósofo, una pobreza esencial. Prueba de ello es que intentamos enmascarar esa pobreza asumiendo actitudes y complementando su valor a la vez profundo y elemental con gestos y expresiones. El rostro está expuesto, amenazado, como invitándonos a un acto de violencia. Al mismo tiempo, el rostro es lo que nos prohíbe matar. El «cara a cara» del que habla Levinas como forma de ilustrar el des(en)cubrimiento de la alteridad es un estadio prelingüístico, posicional, ético, a partir del cual se establece el compromiso de la responsabilidad total hacia el otro.

En otra aplicación de los aspectos simbólicos y filosóficos del rostro, Judith Butler analiza en *Vida precaria: El poder del duelo y la violencia* (2006) la relación entre representación y humanidad, resaltando el valor icónico del rostro en las relaciones de comunicación, particularmente en situaciones políticas. Para Butler, el rostro del otro comunica su vulnerabilidad y la precariedad de la vida, que es el foco de sus reflexiones. Los medios de comunicación evitan mostrar el verdadero rostro de la guerra, por lo cual no puede reaccionarse contra su horror con la fuerza que sería necesaria. Por eso el rostro no debe ser escatimado. El caso de la guerra puede ser extendido a muchos otros en que el horror de la muerte y la emocionalidad que despierta deben ser revelados, como en los campos de concentración, campamentos de deportados, cárceles, etc. Por su misma expresividad e iconicidad, el rostro es un elemento esencial de denuncia de la necropolítica y de defensa de la vida.

Katz indica, en el citado *How Emotions Work*, que las cuestiones relacionadas con la descontextualización y representación de las emociones han sido analizadas dentro el campo de estudios del afecto, ya que la dependencia de la emocionalidad con respecto a los factores que la conmueven es fundamental, siendo tales estados de ánimo resistentes a la verbalización. En este sentido, las expresiones de emoción vienen a sustituir la comunicación por medio del lenguaje y a demostrar la impotencia de este para canalizar el flujo de reacciones que desata un evento.

> Los estudios casi siempre terminan por analizar cómo habla la gente de sus emociones. Si hay algo que distingue a las emociones es que, aún si ocurren comúnmente mientras se habla, no son discurso, ni siquiera formas de expresión, siempre expresan algo que está sucediendo que el lenguaje no puede captar. Los estudios históricos y culturales eluden de modo similar el desafío de entender la experiencia emocional cuando analizan textos, símbolos, objetos materiales y formas de vida como representaciones de emociones. (Katz, 1999, p. 4)

Por su parte, la perspectiva psicoanalítica ve en la afectividad una manifestación de pulsiones inconscientes: «Las emociones son primariamente vehículos o manifestaciones de impulsos libidinales profundos; variaciones del tema del "deseo"» (Thrift, 2004, p. 61). Las emociones pueden aparecer encadenadas unas a otras: la rabia puede provocar disgusto, la ira puede causar miedo, etc., lo cual complica la relación del estado afectivo con el contexto, considerado como el elemento exterior que ocasiona perturbación en el sujeto. Finalmente, Thrift considera el ya mencionado aspecto del *becoming* analizado por Deleuze y otros autores, partiendo de la idea de Spinoza de que los múltiples encuentros entre el individuo y las cosas del mundo provocan modificaciones que se expresan bajo la forma del afecto, reacción en la que cuerpo y mente se aúnan.

> Por *afectos* [emociones] entiendo las afecciones del cuerpo por las cuales la potencia de obrar del cuerpo mismo es aumentada o disminuida, favorecida o reprimida, y al mismo tiempo las ideas de estas afecciones. (Spinoza, 1677, III, 3 [p. 103])

Así, el filósofo explica que las emociones son como fuerzas de la naturaleza. Compara así la ira, el odio, la envidia y el amor con el calor y el frío, con el trueno y la tormenta, algo que *sucede* y transforma brevemente la experiencia del mundo. La emoción puede funcionar como una interrupción de la conectividad del sujeto, o como un telón de fondo que se prolonga y contra el cual la experiencia sigue desplegándose.

Deleuze señala en su libro sobre Spinoza que son las nociones de longitud y latitud las que mejor sirven para definir los cuerpos desde la perspectiva spinozista:

> Un cuerpo puede ser cualquier cosa, un animal, un cuerpo sonoro, un alma o una idea, un corpus lingüístico, un cuerpo social, una colectividad. Llamamos longitud de un cuerpo cualquiera al conjunto de relaciones de velocidad y de lentitud, de reposo y de movimiento entre partículas que lo componen desde este punto de vista, es decir, entre *elementos no formados*. Llamamos latitud al conjunto de los afectos que satisfacen un cuerpo en cada momento, esto es, los estados intensivos de una *fuerza anónima* (fuerza de existir, poder de afección). De este modo, establecemos la cartografía de un cuerpo. (Deleuze, 1981, p. 155)

En *Parables for the Virtual: Movement, Affect, Sensation* (2000) Brian Massumi interpreta la posición deleuzeana enfatizando la apertura de los afectos al mundo, su autonomía:

> La autonomía del afecto es [...] su apertura. El afecto es autónomo hasta el punto en que escapa del confinamiento en el cuerpo particular en el cual la vitalidad, o el potencial de interacción, reside. Percepciones formadas, cualificadas, situadas, y cogniciones que realizan funciones de real conexión o de bloqueo son la captura y el cierre del afecto [...] toda emoción es más o menos desorientadora, y [...] es clásicamente descrita como si estuviera fuera de sí misma, en el mismo punto en el que uno está más íntima e incompatiblemente en contacto consigo mismo y con su propia vitalidad. (Massumi, 2000, p. 34, en Thrift, 2004, p. 63)

El cuerpo puede ser entrenado en técnicas eficaces para controlar la afectividad (en el ejército, por ejemplo) o para expresarla; para reprimir o sublimar unas emociones en otras, o para fingirlas convincentemente (en la actuación teatral, en el discurso político, o incluso en situaciones de la vida cotidiana). De este modo, como señala Thrift, actualmente muchos investigadores consideran a las emociones una forma de conocimiento corpóreo. Por lo mismo, dada la aplicabilidad de la afectividad como forma de comunicación social y de conexión masiva, se realizan adecuaciones de espacio y tiempo para aumentar y asegurar la efectividad de la respuesta emocional, por ejemplo, en espectáculos públicos, discursos y presentaciones de variado tenor. Aunque estas técnicas se han utilizado desde la Antigüedad, se han intensificado y sofisticado mucho más en la Modernidad y sobre todo las últimas décadas con la utilización de medios electrónicos, inteligencia artificial y formas múltiples de amplificación de las sensaciones (visuales y auditivas, principalmente), creando una atmósfera propicia para la transmisión de ciertos mensajes a escala masiva. Lo que es propio del cuerpo individual y de la espontaneidad de la expresividad corporal es reapropiado por el cuerpo social y tecnologizado para fines diversos. Lo natural es controlado y disciplinado cultural y políticamente para la producción de ciertos efectos y la prosecución de ciertos fines. Asimismo, el afecto tiene gran impacto a nivel económico, así como en las formas en que se ejerce el poder en la Posmodernidad. Señala Massumi:

> El afecto es la llave para repensar el poder posmoderno después de la ideología. Porque aunque la ideología está aún con nosotros, a menudo en sus formas más virulentas, ya no es incluyente. Ya no define el funcionamiento global del poder. Ahora es una forma de poder en un gran campo que no está definido totalmente por la ideología. (Massumi, 2000, p. 42)

> La habilidad del afecto para producir un efecto económico más rápidamente y con más seguridad que la economía misma significa que el afecto es una condición real, una variable intrínseca del sistema tardocapitalista, tan infraestructural como una fábrica. De hecho, está más allá de lo infraestructural, está en todas partes. Su habilidad para venir

en segundo lugar, para cambiar de campo y producir efectos a través de todos los dominios le da una ubicuidad meta-factorial. Está más allá de lo infraestructural. Es transversal. (Massumi, 2000, p. 45)

Thrift opina que los aspectos transindividuales que el afecto conecta provienen de elementos precognitivos y preverbales de la subjetividad, por lo cual moviliza formas *otras* de conocimiento y de concepción de lo real.

En el *postscriptum* a *El lenguaje de las emociones,* donde se presentan algunas de las ideas incluidas en este apartado, señalé que se han hecho múltiples aplicaciones al estudio de aspectos emocionales en la cultura latinoamericana, desde las representaciones literarias (novela sentimental, melodrama, lírica, etc.), aunque con mucho menos teorización de la que el «giro afectivo» ha posibilitado en otras latitudes. Lo mismo puede decirse del análisis del discurso político, la violencia, el duelo y otras experiencias y prácticas culturales en las que el elemento emocional desempeña un papel obviamente estructurante de los significados. Esta apertura hacia lo teórico es importante, porque posibilita la comprensión de una categoría de análisis que rebasa las materializaciones que recibe en textos o texturas culturales particulares. El «giro emocional» demuestra que se abre por esa vía una forma de conocimiento y de interpretación de lo real en la que lo corporal tiene un papel protagónico, aunque desde un ángulo de actuación diferente a los que se le han atribuido con anterioridad, en los que los cuerpos son interpretados como parte de un repertorio simbólico dentro del cual funcionan como significantes vacíos que se van llenado de sentido por la acción del contexto. Puede pensarse en el afecto, más bien, como «intensidad impersonal», es decir, como un *saber* y como una *energía* que no es ni objetiva ni subjetiva, sino eminentemente relacional (entre individuos, entre seres y cosas, entre ser humano y medio ambiente, etc.). Se trata de una pulsión abierta, indeterminada, inestable e interactiva, que permite explorar los fenómenos de la globalización, el biocapitalismo, el poder, la transnacionalización y otros fenómenos socio-político-económicos de nuestro tiempo, desde nuevos puntos de vista y a partir de nuevas categorías.

Cuerpo y violencia

La vinculación de corporalidad y violencia, por las obvias interrelaciones entre ambos niveles, ha sido siempre objeto de reflexión tanto en el ámbito político como en los campos de la antropología, la sociología, la psicología y las ciencias médicas. En el ámbito del pensamiento religioso, tal relación tiene también un lugar prominente. La Biblia, por ejemplo, pero también libros sagrados de otras religiones, contienen pasajes dedicados particularmente a la violencia, donde se demuestran sus múltiples niveles físicos y morales, afectivos y sociales, individuales y colectivos. El fenómeno de la agresión corporal tiene que ver no solamente con impulsos innatos y problemas de control y disciplinamiento del cuerpo y del sistema emocional, sino también con la naturaleza misma de lo social y lo político. Las interacciones humanas siempre han incluido la violencia no solo como problema de civilidad y convivencia, sino como manifestación provocada por la desigualdad, los excesos de poder y las tensiones de la vida diaria. Se distinguen múltiples formas de violencia, en función de los estratos sociales en los que se registra y de los programas en los que se inscribe como forma de acción e intervención social. La violencia revolucionaria, por ejemplo, y en general toda violencia que se vincula al cambio social, se considera legitimada por las ideas que supuestamente representa, y es ensalzada como parte de los procesos emancipatorios en todas las culturas. La violencia estructural, la violencia innata y la violencia doméstica apuntan a otros dominios y deben ser analizadas en sus propios contextos.

El término «violencia» deriva del latín *vis*, que significa *fuerza*, *vigor*. El sufijo *lentus*, por su parte, intensifica el sentido de la raíz agregando el significado de *continuidad* y *persistencia*. El término «violencia» comienza a ser usado en el siglo XIII para aludir a la iracundia o a la brutalidad del ser humano, así como a la fuerza que un individuo ejerce sobre otro para someterlo y obligarlo a realizar acciones contra su voluntad. Implica, entonces, el deseo de dominar y la ejecución de una serie deliberada de actos coactivos con miras a alcanzar una finalidad concreta, que tiene como metas la depredación, la transgresión, el daño o la ruptura de las tramas individuales y/o comunitarias y, con frecuencia, el desbaratamiento de la integridad corporal de individuos o comunidades.

Hay un inocultable aspecto performativo en la violencia, que siempre tiende a inscribirse en el dominio público, y que se manifiesta a partir de una expresividad ampulosa e hiperbólica, que escenifica la tormenta interior y la perturbación del entorno. Semejantes manifestaciones se presentan también en la violencia de la naturaleza: tormentas, huracanes, tsunamis, erupciones volcánicas, inundaciones, desprendimientos de tierra, aludes, etc., dan a la violencia, en contextos naturales, un sentido de sublimidad y un carácter sobrehumano, que sociedades premodernas interpretaron como mensajes de los dioses, castigos o presagios. Sin embargo, la violencia también se manifiesta en contextos privados, donde la economía afectiva se vuelve tumultuosa e incontrolable.

El fenómeno de la violencia proviene de una intensificación de la interioridad como el espacio oculto en el que se repliega lo social y en el que las pulsiones del sujeto liberan energía, la cual se expresa bajo la forma de agresión. El tema de la memoria se asocia estrechamente a la violencia, porque perpetúa sus efectos en el nivel emocional y psicológico, dejando una impronta traumática, a menudo imborrable, en la subjetividad de los individuos y de la sociedad. Como Elaine Scarry indica, «lo que "recuerda" el cuerpo es bien recordado» (Scarry, 1985, p. 109). Por esta razón, aunque los actos de violencia son puntuales, la temporalidad de la violencia suele ser duradera y, en gran medida, indeterminada. Como huella social, en los cuerpos y en los imaginarios, los efectos de la violencia pueden atenuarse con el tiempo, pero siempre resurgen, a veces de manera virulenta, en la superficie cotidiana, dando lugar a reacciones retardadas y a la acumulación de rencores y resentimientos que vuelven a manifestarse, en distintas ocasiones, como retorno de lo reprimido.

Se ha discutido mucho sobre la naturaleza misma de la violencia, su carácter innato o adquirido, su relación con los medios de comunicación y el *glamour* con que se la representa en las artes visuales y la literatura. En los estudios de la violencia se analiza su valor simbólico, su sentido de denuncia social o su relación con situaciones de promiscuidad, afectadas por la precariedad y la marginación. Se ha analizado su importancia como elemento vinculado a la supervivencia, presente en todas las especies como parte de su constitución natural y su instinto de conservación. Asimismo, se ha estudiado la relación que guarda la violencia con la ley, la educación, el deporte, la sexualidad, el miedo y otros factores que constituyen lo social y que funcionan en relación directa con los cuerpos, a nivel físico, intelectual, emocional, etc.

En todos estos escenarios, la concepción y representación del cuerpo adquiere una significación fundamental. El cuerpo es visto, alternativamente, como vulnerable y resistente, cualidades que son puestas a prueba en las situaciones concretas en las que la violencia se presenta. La polivalencia de este fenómeno se manifiesta en su capacidad para emitir múltiples significados afectivos e ideológicos, que pueden considerarse contradictorios o paradójicos, dependiendo del modo en que se emitan y reciban las señales corporales, y de los modos en que estas sean socializadas e interpretadas en contextos colectivos. El cuerpo constituye el *locus* de la sexualidad, así como el objeto de la agresión, el vehículo que conduce al dolor y al placer, el blanco del ataque y la materialidad resistente que se empeña en durar y trascender. A través de lo corporal (y de lo espiritual, afectivo, intelectual, que se le asocian), se marca la diferencia entre la subjetividad y la sociedad que la contiene. El cuerpo es el espacio primordial de la existencia, *la casa del yo*, y por tanto el lugar privilegiado de todas las operaciones interpersonales que la violencia desquicia y exaspera.

Tanto en sus manifestaciones cotidianas como en sus representaciones simbólicas, la violencia tiene la capacidad de propagarse aceleradamente, en todos los niveles y registros de la vida social, como si funcionara por contagio, sobre todo ante hechos que encienden una reacción colectiva. Los cuerpos tienden a funcionar, en estos casos, como una sola (id)entidad colectiva. Al mismo tiempo que la violencia inspira reacciones defensivas y condena social, se trata de una práctica no solamente generalizada sino amparada por el poder. La guerra, la represión policial, la persecución de migrantes indocumentados, etc., son algunas instancias en las que la violencia de Estado aparece legitimada por discursos que la naturalizan y celebran. La violencia siempre aparece acompañada por narrativas que intentan justificarla y otorgarle un sentido que trasciende a la acción concreta y a su costo social.

La «producción social del miedo» convierte la posibilidad de daño corporal en instrumento de control poblacional, amedrentando a los individuos ante la posibilidad de represiones que puedan atentar contra su seguridad personal. En el prefacio de *The Politics of Everyday Fear*, Brian Massumi (1993, p. IX) se refiere al terror cotidiano o, en sus palabras, «[a]l espacio social saturado por el miedo» que caracteriza muchos escenarios de nuestro tiempo. Massumi plantea, entre otras, las siguientes preguntas: «¿Los mecanismos que producen el miedo se han vuelto tan persistentes e invasivos que ya no podemos separar nuestro ser de nuestro miedo? Si es así, ¿es aún el miedo fundamentalmente una emoción, una experiencia personal, o es parte de lo que constituye la base colectiva de toda experiencia posible?». Y, lo que es más importante: «Si no podemos separar nuestro ser de nuestro miedo, y si el miedo es un mecanismo de poder para la perpetuación del poder, ¿es nuestra participación en la cultura capitalista del miedo una complicidad con nuestra propia opresión y la de los "otros"?» (Massumi, 1993, p. IX). ¿Cómo circula el capital del miedo en la sociedad actual? Según Massumi, parece necesario reinventar formas de resistencia que nos ayuden a vencer la identificación de nuestro *ser* con emociones paralizantes, como la del terror cotidiano a que *algo* catastrófico acontezca, ya que ese miedo tiene un efecto enajenante, impide nuestro análisis y reduce nuestras defensas. En el intento por aproximarse a una «ontología política del miedo», Brian Massumi reconoce la importancia de «la materialidad corporal como el objeto esencial de las tecnologías del miedo, entendidas como aparatos de poder dirigidos a corroer los hábitos de la carne y las predisposiciones y emociones asociadas —particularmente el odio— que llevan a establecer fronteras sociales, a erigir y preservar jerarquías y a perpetuar la dominación» (Massumi, 1993, p. VIII).

En efecto, el paradigma de terror se expande a nivel social como amenaza y prevención de actos que puedan amenazar el *statu quo*. A través del cuerpo la violencia destruye al yo, lo abre a la experiencia límite de la abyección, que como Julia Kristeva ha estudiado, desafía radicalmente al ser, lo «atrae hacia allí donde el sentido se desploma» (Kristeva, 1980, p. 8). Las narrativas de la violencia juegan incansablemente con el límite, colocando al sujeto ante el peligro de la disolución: el individuo frente a la potencialidad de su cadáver. Formas extremas del cuerpo (vida / muerte), entre las cuales se sitúan todas las modalidades intermedias (cuerpo herido, sufriente, torturado, mutilado, desmembrado, enajenado, transustanciado), crean un espectro de posibilidades que quiebran la estabilidad del sistema emocional y amenazan la salud afectiva de la comunidad.

> La explicación «terapéutica» dominante de la fascinación con la muerte violenta en la cultura contemporánea surge de la idea de que vivimos en una sociedad que niega la muerte, en la cual las representaciones de la muerte en los medios de comunicación, el cine y la ficción sustituye la experiencia ausente de observar la muerte real en nuestras vidas. La sociedad que niega la muerte nos hace desear algún grado de información y comprensión acerca de esta, y alimentamos ese deseo a través de las representaciones de la cultura popular de la muerte y del proceso de morir. (Khapaeva, 2017, p. 9)

El cuerpo es la arena en la que se dirimen las pasiones, el territorio en el que vida y muerte convergen y luchan por prevalecer. Es la *tabula rasa* en la que se inscribe la cultura y el artefacto que manipula la política: la identidad, el género, la raza tienen en el cuerpo, al menos parcialmente, su plataforma más concreta. En ella, lo subjetivo y lo objetivo convergen con lo simbólico, para citar aquí solo algunas de las coordenadas que se articulan en el nivel somático. Dada la gran cantidad de significaciones que se anudan en las distintas formas de concebir y ficcionalizar la dimensión corporal, la literatura de la violencia hará de este elemento una verdadera caja de Pandora, al explorar las ilimitadas modalidades de ritualización, sacrificio, mutilación y martirio que se asocian a las prácticas aplicadas al cuerpo individual y, a través de este, al cuerpo social.

La diferenciación y la discriminación de los cuerpos adquieren pleno sentido frente a la violencia. Diferencias de raza y género, de sexualidad, de edad y capacidad física son factores que cualifican la violencia, la cual, aunque no se justifica en ningún contexto, alcanza particular dimensión en tiempos de paz, cuando se ejecuta sobre seres débiles y cuando persiste como castigo a razas victimizadas desde el colonialismo. El aspecto político de la violencia —como ataque a la polis, pero también como práctica de carácter ideológico, explícito o implícito— se manifiesta en toda su extensión.

El fenómeno del miedo como experiencia social mantiene una estrecha correlación con los espacios, tanto con los espacios materiales (públicos o privados) como con el espacio intangible de la libertad. Sara Ahmed señala que el miedo funciona asimismo como un mecanismo de adaptación que tiene que ver con el movimiento del cuerpo en distintos espacios, públicos o privados, que imponen a los sujetos diferencias según los géneros (y también según las clases, edades, capacidades físicas, etc.).

El miedo al «mundo» como el escenario de un daño futuro funciona como una forma de violencia en el presente, que encoge los cuerpos y los coloca en un estado de temerosidad, un encogimiento que puede involucrar una negativa a salir de los espacios acotados de la casa o una negativa a habitar lo que está afuera de maneras que anticipan el daño (caminar sola, caminar de noche y así sucesivamente). Dichos sentimientos de vulnerabilidad y miedo moldean los cuerpos de las mujeres, así como la manera en que esos cuerpos ocupan el espacio. La vulnerabilidad no es una característica inherente a los cuerpos de las mujeres; más bien, es un efecto que funciona para asegurar la feminidad como una delimitación del movimiento en público y una sobre-habitación de lo privado. De esta manera, el miedo funciona para alinear el espacio corporal y social: funciona para permitir que algunos cuerpos habiten y se muevan en el espacio público mediante la restricción de la movilidad de otros cuerpos a espacios que están acotados o contenidos. Los espacios extienden la movilidad de ciertos cuerpos; su libertad para moverse moldea la superficie de los espacios, mientras que estos emergen como tales a través de la movilidad de dichos cuerpos. (Ahmed, 2004, p. 117)

El feminismo ha trabajado particularmente el tema de la violencia contra la mujer, la violencia sexual, de género, cotidiana y oculta, la cual constituye uno de los problemas más prominentes en la sociedad contemporánea. Se ha subrayado que el cuerpo femenino se identifica en muchos contextos con la soberanía territorial (la tierra, la fertilidad, la reproducción, el origen). Este sentido simbólico ha sido utilizado para explicar actos de agresión como las violaciones a las mujeres durante las conquistas bélicas, las invasiones o los enfrentamientos políticos, étnicos o religiosos, en los que penetrar a la mujer y al territorio aparecen como actos de sentido equivalente. El tema de la violencia contra la mujer ha debido enfrentar también el problema del vacío de la ley, ya que la mujer ha sido vista como un tipo de sujeto «anómalo», sin estatus jurídico, a quien no se aplican los criterios que rigen para los hombres en la misma sociedad.

Siguiendo el concepto foucaultiano de los micropoderes que articulan las relaciones de dominación en todos los niveles, desde la perspectiva de una teoría de la práctica Pierre Bourdieu se ha referido a las formas simbólicas a partir de las cuales la violencia permea lo social de una manera «casi mágica», infiltrándose subrepticiamente en el entramado comunitario. Su concepto de «violencia simbólica» ha tenido mucha difusión y aplicaciones en diversos campos de estudio, porque captura formas sutiles, menos visibles, de agresión y control. Como señala el autor de *Razones prácticas* (1994):

La violencia simbólica es esa violencia que arranca sumisiones que ni siquiera se perciben como tales, apoyándose en unas «expectativas colectivas», en unas creencias socialmente inculcadas. Como la teoría de la magia, la teoría de la violencia simbólica se basa en una teoría de la creencia o, mejor dicho, en una teoría de la producción de la creencia, de la labor de socialización necesaria para producir unos agentes dotados de esquemas de percepción y de valoración que les permitirán percibir las conminaciones inscritas en una situación o en un discurso y obedecerlas. (Bourdieu, 1994, p. 173)

Bourdieu aclara que la violencia simbólica no se traduce en creencias explícitas o necesariamente conscientes, sino que constituye una «adhesión inmediata, una sumisión dóxica» a normas, conceptos o valores que imponen y naturalizan ciertas prácticas sociales que, como la dominación masculina, se encuentran en la organización política y social en diferentes épocas y contextos culturales. Es la violencia simbólica de la que se encuentra imbuido el sistema jurídico la que sustenta, de una manera u otra, la estructura de la familia patriarcal, el abuso doméstico, la explotación laboral, la condena a la homosexualidad y otras formas de discriminación, y es ella la que, más ampliamente, rebasando los espacios de la ley, se filtra con la fuerza afectiva de una *creencia*, en la estructuración jerárquica de la sociedad.

Esta es, entonces, una de las más prominentes y perversas consecuencias de la violencia: su capacidad de interiorizarse en el individuo y en la trama social hasta dejar de ser percibida como tal. Es vista, de este modo, como continuidad, y no como ruptura. La naturalización de la violencia alcanza todos los niveles de lo humano, tanto en estratos privados como públicos, individuales y colectivos, físicos y emocionales, intelectuales y morales. De modo que es imposible concebir el cuerpo fuera de los variados efectos de la violencia socialmente construida, que se suma a lo que muchos autores señalan como elementos siempre presentes: la tendencia a la violencia que se asocia con la supervivencia, el cambio social y la autodefensa.

Los investigadores y filósofos que han trabajado desde distintas perspectivas disciplinarias el fenómeno de la violencia coinciden en señalar su aumento exponencial desde las últimas décadas del siglo XX. El fin de la Guerra Fría marcó el comienzo de nuevas formas de concebir el conflicto social, lo humano y los horizontes político-económicos, perspectiva que se consolida con el ataque a las Torres Gemelas y las guerras contra el terrorismo. El cuerpo social se manifiesta como particularmente vulnerable y expuesto a las alternativas de una vorágine de factores que desestabilizan el panorama internacional ya impactado por la pérdida de las certezas y la cancelación del precario equilibrio de fuerzas que caracterizó el período anterior. El aumento de la frecuencia e intensidad de la violencia, los efectos de su espectacularización, reproducidos por los medios de comunicación de masas, y las formas multifacéticas que asume se convierten en el negativo de la imagen de la Modernidad, conceptualizada en el siglo XIX y buena parte del siglo XX como el proyecto de evolución social que permitiría consolidar el paso, en algunos contextos, de la barbarie a la civilización, y en otros, la elevación a condiciones de progreso y orden social. El desencanto que acompaña la frustración de este programa en muchos de sus aspectos principales (exclusión social, crisis político-económicas, violación de derechos humanos, desarrollo desigual, marginación, autoritarismo, decadencia de valores, incremento del consumo y del valor concedido a la mercancía por encima del valor del sujeto, descaecimiento del humanismo, etc.) crea una atmósfera social en la cual los cuerpos mismos pasan a ser objeto de estrategias de sometimiento biopolítico para la contención de los efectos de tales desequilibrios y la perpetuación del sistema.

En muchos escenarios, la violencia se convierte en un medio para la expresión de las frustraciones y reclamaciones de amplios sectores excluidos de los regímenes institucionalizados de poder y productividad. La aparición de economías paralelas, como la que despliega el narcotráfico, por ejemplo, muestra la activación de nuevos agentes sociales que, al margen de las regulaciones y normas del sistema, persiguen los mismos fines de la economía capitalista, pero a través de modalidades clandestinas, individualistas y perversas, en las que la utilización de la violencia se expande e intensifica. En el ámbito doméstico, la violencia prolifera como canalización de tensiones sociales y desestabilización de los vínculos familiares y comunitarios. La confusión de valores y la falta de oportunidades para amplios sectores de la población exacerban las tensiones y enfrentamientos intersectoriales. Los cuerpos son los que sufren el resultado de las políticas de exclusión y del desquicio social, y al mismo tiempo son los emisores de acciones que interfieren en el desarrollo de la vida, utilizando a veces la violencia como medio para llamar la atención sobre sus agendas y para expresar beligerancia contra el sistema que los oprime. La desaparición progresiva de los sistemas de bienestar social deja a los cuerpos, sobre todo en el ámbito popular, desprotegidos en cuanto a los programas de salud pública y previsión social. La caída del sindicalismo evidencia la deriva y casi desaparición del movimiento obrero, que deja a los trabajadores desprotegidos ante la explotación laboral y a merced de las condiciones que van imponiendo los sistemas flexibles de trabajo, el *outsourcing* (subcontratación, tercerización, externalización) y otras formas de control productivo. De modo que los cuerpos pasan a ser engranajes de una maquinaria mucho más perversa y desarticulada que la que inspirara las reflexiones de Marx acerca del vampirismo del capital en el siglo XIX. Las maquiladoras ejemplifican uno de los peores modelos de control biocapitalista, que coloca a los individuos en regímenes de trabajo deshumanizados y excluidos de toda forma de regulación que pueda proteger sus condiciones de vida, producción y derechos. En el ámbito social se asiste al incremento de lo que John Keane llamara, en sus *Reflexiones sobre la violencia* (1996), «sociedad incivil».

Las múltiples formas que asume la violencia muestran la omnipresencia del fenómeno, cuyos diversos estratos históricos y sociales se superponen como en un palimpsesto: macro-violencia del colonialismo, violencia estructural o violencia sistémica a escala nacional y transnacional, violencia epistemológica por imposición de modelos creados para otras realidades culturales, violencia «salvaje» del delito común (el narcotráfico, las pandillas, etc.), violencia de Estado, violencia doméstica, violencia sexual, violencia simbólica (expresada en los medios de comunicación, la publicidad, el cine, la literatura, los videojuegos).

En el dominio del pensamiento político, el tema de la violencia vinculado a la acción y los derechos del Estado, la defensa de la soberanía, la seguridad nacional, el orden público, las situaciones de pobreza, marginación, falta de recursos e inaccesibilidad a servicios primarios, que remite a la *violencia estructural o sistémica*, ha dado lugar a múltiples estudios interdisciplinarios, pero también a una larga reflexión filosófica que se remonta a los textos griegos. Se sabe que en las sociedades grecorromanas la violencia era una de las constantes culturales, que se manifestaba tanto hacia el interior de la polis (confrontaciones, disputas, rivalidades internas) como en su proyección regional (guerras, invasiones). Incluso entre los dioses, la violencia tiene un papel central. Aparece claramente articulada en textos literarios, como las tragedias de Sófocles, Esquilo y Eurípides, en las que el cuerpo desempeña un papel prominente como depositario de pasiones y acciones radicales que se producen siempre dentro de un haz de debates en torno a valores sociales y a la naturaleza misma de lo humano.

En *La Grecia antigua contra la violencia* (2000), la conocida historiadora Jacqueline de Romilly avanza una serie de argumentos polémicos sobre ese tema, que deja en claro que el problema era prominente, pero obviamente, no asimilable a los valores que sostenemos en la actualidad, ya que, como toda estimación axiológica, los contextos socioculturales son fundamentales y, al mismo tiempo, difíciles de captar en toda su complejidad. Puede afirmarse, sin embargo, que, dada la presencia constante del tema de la justicia en los filósofos griegos, la relación entre violencia y polis fue uno de los más persistentes problemas en debate, tanto en lo tocante a la concepción de la República, el Estado y la acción de los súbditos, el ejército y la ley, como en las elaboraciones sobre la guerra, el heroísmo y la justicia. Pero es quizá en la tragedia donde mejor se expresa el tormento moral y la profundidad de los estratos que el tema de la violencia desataba, involucrando aspectos religiosos, éticos y políticos, y manifestándose en la esfera individual y comunitaria.

La cuestión de la violencia atraviesa la historia, unida a los debates sobre la naturaleza del Estado, la soberanía, el control popular, la violencia de Estado, el estado de excepción y muchos otros temas en los que se articulan cuestiones sociales, políticas y jurídicas. A partir de la concepción del Estado y la soberanía expresada en el

Leviatán de Hobbes, donde el ser humano es concebido como un ser violento por naturaleza («el hombre es lobo del hombre»), la teoría política no dejará de analizar las formas posibles de coexistencia pacífica por medio de los recursos de la democracia, el consenso, la división de poderes, las estrategias de seguridad pública y otros aspectos a partir de los cuales el Poder debía supuestamente organizarse para funcionar como institución protectora de derechos y garantía de bienestar para los ciudadanos. Queda pendiente el tema de las clases, las razas, la competencia económica, los excesos del poder, las guerras, la criminalidad, las luchas religiosas y tantas otras cuestiones que harían proliferar los actos de violencia en todos los niveles. A eso se sumará modernamente la violencia de las ciudades, de los medios de comunicación y de los regímenes autoritarios.

En su libro *Sobre la violencia* (2008) Slavoj Žižek desglosa muchas de estas modalidades, así como el efecto des-sensibilizante que la saturación mediática causa a nivel colectivo. Por la vía abierta por Walter Benjamin, aunque con derivaciones diferentes, Slavoj Žižek reconoce tres formas de violencia: subjetiva, objetiva y simbólica. La primera de estas es la más visible. Es perpetrada por agentes claramente identificables que llevan a cabo acciones puntuales, tales como crímenes, formas diversas de subversión del orden, conflictos internacionales, etc. Según el crítico esloveno, debemos adquirir la perspectiva suficiente como para percibir, en el trasfondo de estas manifestaciones claras de subversión y ataque, la violencia estructural que sustenta estos arranques «irracionales» y ayuda a comprenderlos. La violencia objetiva o sistémica sería justamente la que ocupa ese telón de fondo sobre el cual las manifestaciones puntuales de violencia se destacan en su particularismo. El fanatismo, el extremismo, la agresión doméstica o el delito son algunas de las formas más comunes de violencia subjetiva. La violencia objetiva, por su parte, es inherente a lo que identificamos como «normalidad»: es la estructura misma en la que se sostiene un estado de cosas que hemos llegado a considerar «no-violento» (una especie de «grado cero» de la violencia, según Žižek), contra el cual resaltan las acciones individuales que desgarran la red social con su personalizada especificidad, destruyendo el equilibrio comunitario.

Finalmente, en un tercer nivel se encontraría la violencia simbólica, aquella entronizada en el lenguaje y en los universos de significado que se imponen en el ámbito colectivo. Para Žižek la sociedad actual existe en la encrucijada de todas estas formas de agresión, sistémicas e individuales, algunas de las cuales son consideradas propias de la naturaleza misma del individuo y de su vida en comunidad. Nuevas formas parecen surgir en el presente, en correspondencia con el estado actual de la cultura, exacerbado por las imposiciones del capitalismo tardío y por las nuevas formas de conciencia social que este genera. La violencia virtual debe sin duda ir agregándose al repertorio conocido, en directa vinculación con el progreso y la difusión tecnológica.

Como elemento que se expresa con manifestaciones contraculturales, la violencia despierta en muchas personas admiración y deseo, y constituye una forma de mercancía de alta cotización en el mercado de los bienes simbólicos. En su carácter de *cultural commodity* o *mercancía simbólica* la representación de la violencia integra los discursos de la moda, el espectáculo y la publicidad. Como *fetiche*, convoca a un público que reconoce sus representaciones como signo de un tiempo en el que ha cambiado definitivamente la relación del individuo con su cuerpo, con la comunidad y con las instituciones. Asimismo, se han modificado sustancialmente las nociones de intimidad, espacio público, información, familia, tiempo libre y demás coordenadas *modernas* de socialización, transformando el horizonte de expectativas del individuo y sus umbrales de tolerancia emocional y perceptiva. Los cuerpos afrentados, mutilados, desbaratados, ocupan las innumerables pantallas de la Posmodernidad y constituyen ya un elemento obligado para el éxito de películas, obras literarias, avisos publicitarios y otras formas que basan su mensaje en la elocuencia de la imagen, la cual exhibe pornográficamente la fragmentación corporal, como si en lo visual se sublimara la perturbación social frente a la muerte. En tales representaciones, se trata siempre del cuerpo del Otro; tal teatralización parece confirmar el lugar del yo, su espacio de seguridad y permanencia.

Con todo esto, la violencia se ha distanciado de lo que en momentos clave de la historia fuera considerado elemento legítimo de protesta y dispositivo necesario para el cambio social. Cooptada por los poderes dominantes, la violencia despolitizada termina por reforzar el *establishment* y constituye una energía social gratuita e inconducente, con un tremendo coste social. De esta manera, al no llegar a cristalizar como una alternativa a las deficiencias o a las perversiones del *statu quo*, la violencia que se piensa a sí misma como *ideológica* termina agotándose en su pura y perversamente gozosa performatividad, fortaleciendo la nostalgia por un «orden» que alivie la tensión cotidiana, así sea uno basado en el equilibrio inestable de fuerzas que se apoyan en la desigualdad y el despotismo, considerados entonces como males «necesarios». Así, la violencia no solo se ha naturalizado en nuestras sociedades, sino que se ha convertido en un dispositivo imprescindible para justificar los valores del orden burgués, la resistencia al cambio y la hostilidad hacia lo *diferente*. En este sentido, la violencia se manifiesta como una práctica monológica, autorreferencial, que al desplegarse e invadir lo social deja tras de sí, como un reguero de pólvora, el desmantelamiento de estructuras y proyectos que testimonian el descaecimiento de los modelos de gobernabilidad que guiaron la constitución de los Estados nacionales y la consolidación del orden mundial en su etapa moderna de desarrollo histórico.

La sórdida materialidad de la violencia es así reconfigurada como una fascinante y atípica forma de pertenencia a espacios alternativos, contraculturales, que desafían casi lúdicamente la hegemonía triunfalista de un mundo pretendidamente poshistórico y posideológico, sin llegar realmente a amenazarlo. Al permitir acotar y definir la *otredad* como un espacio hostil, ignoto e irreductible, y al reafirmar la legitimidad de *lo mismo* como el lugar del *ser* y del *tener* en un mundo presentista y dominantemente posutópico, la cooptación simbólica de la violencia domestica su *ethos*, familiariza a la sociedad con su sombra, con ese lado oscuro que existe en los aledaños de los cauces dominantes y aceptados de existencia y de organización social. Podría afirmarse entonces que, desde esta perspectiva, la violencia incorpora, incluso, un *glamour* gótico y decadentista al escenario *light*, carnavalesco, de la Posmodernidad. La violencia hace desear, entonces, una linealidad histórica progresiva que permita soportar —ya que no superar— las contradicciones sociales, y que ayude a evitar los excesos colectivos, las luchas, resistencias o disturbios que amenazan la estabilidad del orden existente. Dentro de estos desarrollos sociales previsibles en los que a veces parece querer refugiarse la sensibilidad colectiva, la violencia que se declara como una forma de expresión de carácter contracultural y rebelde ante las condiciones existentes imprime solamente transformaciones ínfimas a la realidad, las cuales perturban el orden existente aunque, en última instancia, lo confirmen, permitiendo perpetuar sin grandes sobresaltos la (des)organización conocida, la cual toma la forma de un retorno a la normalidad. Al mismo tiempo, no debe desestimarse el uso que los poderes dominantes hacen de la violencia y de los sentimientos que esta genera tanto individual como colectivamente. Una sociedad atemorizada, convencida de la precariedad de sus lazos internos y de su vulnerabilidad es un organismo que se siente indefenso y que por lo mismo es propenso a comprometer sus libertades a cambio de su seguridad. La idea de la violencia es también, entonces, una estrategia desplegada por el neoliberalismo con miras al mantenimiento del control social y de las múltiples tecnologías de disciplinamiento que caracterizaran a la Modernidad desde el surgimiento de la nación-Estado. Por estas razones, es imprescindible contextualizar los discursos de legitimación y demonización de la violencia que constituyen piezas ideológicas esenciales del discurso del poder y que siempre se elaboran filosófica o políticamente como posicionamientos parciales, subjetivos y marcados por una fuerte emocionalidad.

Cuerpo y frontera

La migración, los desplazamientos forzados, exilios, diásporas y otras formas de relocalización poblacional han puesto sobre el tapete otra articulación fundamental que involucra el tema de los cuerpos, esta vez en relación con los espacios. Cuerpos humanos, cuerpos sociales, cuerpos territoriales, cuerpos de agua, cuerpos de ley son conceptos a partir de los cuales puede enfocarse el problema del movimiento que individuos y comunidades emprenden a través de fronteras, por motivos que abarcan un amplio espectro social, político y económico. Las principales causas de abandono de la tierra de origen suelen estar vinculadas con la violencia político-económica, que obstaculiza a veces radicalmente las posibilidades de supervivencia. La precariedad de las condiciones de vida, la inseguridad física, la ocupación de tierras, así como distintas formas de intervención estatal y cambios del medio ambiente obligan con frecuencia a amplios sectores de la población a dejar sus lugares de residencia. El proceso que así se inicia constituye una especie de vía crucis cuyas diversas etapas colocan a los cuerpos en situaciones extremas de inseguridad y deshumanización. Tránsitos azarosos por mar y tierra, a través de espacios inhóspitos y peligrosos, cruces fronterizos marcados por prohibiciones, hostilidad, discriminación y abuso, inserciones precarias en sociedades resistentes al extranjero y defensivas respecto a los derechos otorgados por la ciudadanía constituyen instancias traumáticas del desplazamiento migratorio.

Las fronteras se imponen al migrante «irregular» (sin documentos migratorios) en muy diversas formas: muros, alambrados, vallas, torres de vigilancia, tecnologías de identificación y detección de cuerpos y controles marítimos crean una red implacable de detección, persecución y expulsión. Igualmente proliferante es el entramado de documentación que se requiere a los posibles candidatos a la admisión migratoria: pasaportes, visas, permisos de trabajo, certificados de nacimiento, pruebas de residencia y propiedad, certificados de salud y de estado civil son algunos de los requisitos que acorralan a los sectores sociales más desvalidos provenientes de áreas rurales, con poca experiencia en los vericuetos burocráticos, carentes de solvencia económica y urgidos por la necesidad de relocalización social.

Los cuerpos tampoco se mueven en estas condiciones sin múltiples y complejas mediaciones que afectan el recorrido que los separa de los puntos de llegada (desvíos territoriales construidos para acorralar y desorientar a los individuos, o redirecciones marítimas que cumplen la misma función, construcción de «embudos» y corredores que dirigen el tránsito hacia zonas de captura), a los que se agregan las mediaciones humanas (coyotes, polleros y otros tipos de «gestores») que prometen posibilitar y guiar el desplazamiento, el cual con gran frecuencia termina en fraudes, abusos, secuestros y otras formas de victimización.

El sistema de «inclusión diferencial» constituye el mecanismo principal en el sistema de admisión fronteriza y se encuentra en buena medida determinado por la apariencia, etnicidad y rasgos personales del migrante. No es que la frontera exista para excluir, sino que existe para *incluir diferencialmente*, es decir, para posibilitar el acceso de aquellos cuyo trabajo o condición puede beneficiar los intereses de los empleadores del otro lado de la frontera.[1]

Cuando el proceso migratorio se encuentra más avanzado, nuevas instancias presentan renovados desafíos y peligros. Las deportaciones representan un nuevo desafío para los sujetos detenidos en campos de refugiados, prisiones o centros improvisados de detención. En estos espacios de confinamiento, los individuos son inmovilizados en tiempo y espacio, mantenidos durante larguísimos períodos en estado de espera e incertidumbre, en condiciones físicas deficientes y en muchos casos sin asistencia médica adecuada, separados de sus familias y sin posibilidades de vislumbrar un futuro seguro. Las ope-

---

1. Respecto al tema de la frontera y al concepto de «inclusión diferencial», cf. Mezzadra y Neilson, 2013.

raciones de vigilancia, control, castigo, disciplinamiento, privación de libertad y suspensión de derechos infligen al cuerpo, tanto física como mental y afectivamente, un impacto traumático que por supuesto afecta en mayor grado a los sectores más vulnerables: mujeres, niños, enfermos y ancianos. El cuerpo humano se encuentra situado, en esas condiciones, en una zona de indiferenciación social, cultural, política, económica, legal, moral, etc., es decir, en una situación de excepcionalidad que tiende a prolongarse y agravarse. Los sujetos pasan a existir en suspenso, en un entre-lugar física y simbólicamente neutro, que se corresponde con un vacío legal frente al cual los individuos pierden su condición de tales, quedando atrapados en una especie de fisura entre dos territorios que devora sus derechos humanos, sus aspiraciones, capacidades y circunstancias personales. Al abuso físico se suman el tormento emocional, los sentimientos de culpa, miedo, ansiedad, pérdida y extrañamiento, y las presiones de la memoria de la tierra y de los seres queridos que han quedado atrás.

Respecto al tránsito mismo que supone la transnacionalización, muchos estudios etnográficos han recogido datos y testimonios sobre asaltos, violaciones, secuestro de familiares, en muchos casos niños, así como frecuentes robos, accidentes, violaciones y ataques de variado origen, muchos de ellos provenientes de las mismas «fuerzas del orden» que tienen como misión proteger a los migrantes y atender a sus situaciones particulares de manera eficiente y humanitaria. El cuerpo migrante es, en estas condiciones, un cuerpo aislado del cuerpo social, desprotegido y precarizado, sin un Estado que ponga a su disposición los mecanismos que hacen falta para regularizar su situación.

Libros como *The Land of Open Graves: Living and Dying on the Migrant Trail* (2015), del antropólogo Jason De León, muestran justamente el recorrido de individuos por los desiertos de Arizona, tratando de soportar las temperaturas extremas, las alimañas, el hambre y la sed, así como las persecuciones y ataques de oficiales de aduana y otros sujetos activos en las áreas fronterizas, como modo de lograr el cruce hacia territorios que puedan presentar oportunidades de trabajo y de supervivencia. De León ofrece una narrativa etnográfica emocializada del sufrimiento físico del migrante que enfrenta, generalmente solo, los rigores de la naturaleza y la no menos rigurosa hostilidad del sistema político. Cuerpos acorralados, «Estados amurallados», como señala en el libro homónimo Wendy Brown (2010), experiencias de expulsión poblacional, como analiza Saskia Sassen, crean situaciones extremas de deshumanización que dan evidencia de una crisis sistémica que ha puesto el capital económico y financiero por encima de las necesidades y derechos de los individuos, despreciando el capital humano no integrado en el programa productivista del biocapitalismo.

En la relación etnográfica de Jason de León el cuerpo es el principal protagonista, un cuerpo victimizado por el Poder, sometido a los rigores de la necropolítica y utilizado para ilustrar el destino que espera a los infractores. «El desierto es una herramienta de control de fronteras y un verdugo estratégico de los transgresores» (De León, 2015, p. 67). La utilización de los rigores de la naturaleza es de una crueldad grotesca, propia de un mundo sin principios de ética ni valores humanitarios. En el medio natural de los desiertos fronterizos se mata exponiendo a las personas a temperaturas extremas, a la sed y el hambre, a las alimañas, a la distancia, al silencio, a la soledad, a la desorientación, al abandono y a la persecución implacable. Luego de la muerte, los cuerpos desaparecen licuados por el calor extremo y atacados por aves de rapiña y otros animales de la región, como documenta De León. El desmembramiento del cadáver, su exposición a un mundo vacío y sin testigos, es una última afrenta que alcanza, obviamente, a los deudos, expandiendo el ejemplo y estimulando la idea de «disuasión». El Estado es la autoridad invisible que gestiona estos crímenes, que parecen ejecutarse por sí solos. En este sentido, prácticas represivas, discursos oficiales y argumentos securitarios de legitimación forman una constelación tanática que tiene en el cuerpo de los individuos y en el cuerpo social su espacio de experimentación necropolítica. Como indica el mismo autor, «La prevención mediante la disuasión es el necropoder puesto en práctica» (De León, 2015, p. 68).

La relación entre cuerpo y frontera plantea siempre, en estas condiciones, una situación extrema en la que el individuo es colocado, literal y simbólicamente, en el límite de los territorios y de sus recursos vitales. Todo cruce de la línea internacional significa, en estas condiciones, un desgarramiento de la afectividad, la memoria, las redes familiares, los recursos y la vida anterior. A esto se suma el detrimento del cuerpo mismo, el deterioro de la salud física y mental, así como la fragmentación de las comunidades. El sentido de pertenencia, que es elemento esencial en la construcción de identidades, se desarticula, haciendo que el *entre-lugar* geocultural se reproduzca en términos de identificación con el medio y de posibilidades de integración. El problema de la disparidad de lenguas suele agregarse como elemento de enajenación, dando por resultado subjetividades alteradas por el trauma de la alienación, los sentimientos de pérdida y la vivencia corporal y afectiva del abuso y la deshumanización.

Achille Mbembe, autor de *Politiques de l'intimité* (2016, traducido como *Necropolitics* o *Necropolítica*), señala que la lógica de la supervivencia y la lógica del mártir pertenecen al dominio de los mundos de la muerte que la necropolítica administra. En ellos el cuerpo es apenas una mediación transitoria y sufriente entre la existencia y la desaparición. La materia corporal se carga de nuevos simbolismos y funciones, convirtiéndose en arma, trinchera, escudo y fortín. Sirve no solo para resistir y agredir, sino para dar testimonio, con su capacidad de resistencia, de la fuerza de las creencias que guían al sujeto, de su capacidad de sacrificio, de valor, de amor a la vida, y para resaltar la importancia de la comunidad, la familia y el instinto de supervivencia.

Más que de fronteras, debería hablarse, señala Mbembe, de *fronterización* o *borderización*, para señalar que se trata de un proliferante proceso de demarcación que excluye por todos los medios posibles a ciertos sectores de la población, aunque tal exclusión signifique una condena a muerte para esos sujetos. Se trata de una política de privatización de los espacios a los que los indeseables migrantes no tienen acceso, aunque de ello dependan sus vidas. Es una guerra, indica Mbembe, contra las ideas mismas de movilidad, circulación y velocidad, en una época en que justamente tales prácticas resultan esenciales.

Mbembe describe con imágenes vívidas el ataque a los cuerpos, que sufren en las persecuciones fronterizas agresiones que ya se registraron en el contexto de la guerra, ya que se trata la migración como un ataque al enemigo, cuyo cuerpo debe ser debilitado, fragmentado, borrado sin dejar rastro, como se hace en el campo de batalla. Tanto en la lucha contra la migración como en la guerra misma, la necropolítica consiste en la destrucción de los cuerpos:

> [...] los objetivos de este tipo de guerra no son de ningún modo los cuerpos singulares, sino más bien los grandes enjambres de seres humanos considerados sin valor y superfluos, cuyos órganos deben ser específicamente incapacitados de modo que afecten a las generaciones futuras —ojos, narices, bocas, orejas, lenguas, piel, huesos, pulmones, intestinos, sangre, manos, piernas—, todas estas personas mutiladas, paralíticos y sobrevivientes, todas esas enfermedades pulmonares como la neumoconiosis, todos esos rastros de uranio en su pelo, los miles de casos de cáncer, abortos, malformaciones fetales, defectos de nacimiento, tórax quebrados, disfunción del sistema nervioso, todos atestiguan una terrible devastación. (Mbembe, 2016, p. 100)

Migrantes y refugiados constituyen, en este contexto, entidades vacías de significado, redundantes, excesivas, inconvenientes. Los migrantes han sido convertidos en figuras anónimas y cosificadas, aglomeradas y promiscuas, una especie de residuo o excreción que debería permanecer invisible, sin voz ni cuerpo que permita registrar, materializar y singularizar su presencia. Como forma de contrarrestar esta deshumanización, Mbembe se refiere a esos sujetos con pormenorizadas descripciones corporales, hablando de sus miembros, sus órganos y sus enfermedades. Esta tremenda e ineludible materialidad de lo humano se destaca en un siglo que se caracteriza, según Mbembe, por la fragilidad, la futilidad y el vaciamiento progresivo de la noción misma de democracia.

El elemento racial, sin ser privativo del problema migratorio, tiene un papel principal en los procesos de tránsito y cruce de fronteras, ya que los estereotipos etno-raciales proveen parámetros que son utilizados en las decisiones arbitrarias sobre el mérito de las solicitudes de ingreso y las garantías que el sujeto puede ofrecer para el mantenimiento de la legalidad nacional. En el proceso de cruce fronterizo, las marcas de identidad se convierten en elementos determinantes que se prestan a diversos tipos de manipulación. La frontera es, en este sentido, zona de simulacros, a partir de los cuales el migrante intenta controlar de algún modo la imagen que proyecta, temiendo que esta influya negativamente sobre los procesos de admisión migratoria. Marcas de raza, género, sexualidad, capacidad física, clase, etc., pueden determinar el destino de las gestiones y el trato que reciben los individuos. En este sentido, la mujer es identificada como el sujeto más vulnerable y, por lo tanto, es objeto de abusos corporales y psicológicos. De este modo, el trauma se instala como uno de los componentes ineludibles de las relocalizaciones humanas, sumándose a las dificultades de asimilación cultural, laboral, etc.

Los deseos de *volverse otro* (los *becoming* fronterizos) y de hacerse imperceptible acompañan estos trámites haciendo que el sujeto disimule su procedencia, ocultando o mimetizando aspectos de su lengua (acentos, léxicos), de su sexualidad (homosexualidad, travestismo, situaciones transgénero), discapacidades, etc., que pueden resultar adversos y condenatorios. El individuo renuncia así a su misma presencia visible, a las marcas de su existencia (de su *ser-en-el-mundo* y de su *estar-ahí*), a la revelación de aspectos concretos de su circunstancia personal, familiar, comunitaria, de sus medios o metas, intentando mimetizarse y desaparecer en el trasfondo anómalo de la frontera. Su cuerpo puede denunciarlo, comprometerlo, condenarlo, y por lo tanto el sujeto renuncia a sí mismo para poder penetrar el *espacio del otro*, cruzar la línea, reterritorializarse.

La frontera promueve binarismos espacio-temporales que pasan a regir la existencia del migrante y los imaginarios nacionales: adentro / afuera, aquí / allá, nosotros / ellos, términos que se convierten en campos antagónicos entre los cuales oscila la peripecia migrante y la existencia misma de los cuerpos y de los afectos involucrados en el proceso de desplazamiento. Este es presentado por el discurso político y por los medios de comunicación como una amenaza contra la soberanía, concepto de arraigado prestigio que despierta reacciones defensivas en la población nacional. Los derechos del hombre y del ciudadano, considerados una unidad cohesiva e indivisible, han llegado a escindirse en dos campos opuestos; la ciudadanía desconoce las necesidades mínimas de todo aquel cuya existencia no está ratificada por la nación-

Estado, como si el derecho del otro a defender su vida y asegurar su subsistencia fuera menos importante que el estatus legal que lo distingue.

Como se sabe, las fronteras, que proliferan en el presente, sobre todo a partir de las últimas décadas del siglo XX, no existieron siempre como demarcaciones oficiales, aunque las notaciones territoriales tiene un remoto origen como marcas entre culturas, etnias o religiones, sin que ellas implicaran líneas fijas de exclusión y repudio del otro. La idea y la práctica del señalamiento de límites nacionales surgen principalmente, en la forma en que las conocemos en nuestro tiempo, a raíz de la Paz de Westfalia, en 1648, en la cual comienza a definirse el concepto de soberanía nacional, que pocos años después elaborará Hobbes como parte de su teoría política en el *Leviatán* (1651).[2] Con los acuerdos de paz se inicia un nuevo orden político que tiene como centro neurálgico el principio de soberanía y como materialización geopolítica la determinación de los regímenes de integridad territorial, que desbaratan la concepción de la tierra como propiedad de los señores feudales y de la Iglesia, y como patrimonio que puede ser transmitido por herencia, permitiendo así la perpetuación de privilegios de clase y la acumulación de riquezas.

A partir de entonces, las delimitaciones territoriales se establecen como líneas imaginarias que van tomando forma con el avance de las reformas aduaneras y el control de los tráficos comerciales. Las fronteras siempre fueron permeables a los tránsitos laborales, dependientes de las oscilaciones de la producción y el comercio, pero se van haciendo cada vez más rígidas y sofisticadas por el uso de múltiples formas electrónicas de control, detección y registro de personas. La proliferación de dispositivos fronterizos en el presente tiene que ver con el avance de la globalización y de las políticas neoliberales, así como con el aumento de las desigualdades y de la violencia en

---

2. Los acuerdos firmados en la Paz de Westfalia pusieron fin a la guerra de los Treinta Años en Alemania y a la guerra de los Ochenta Años entre España y los Países Bajos, creando las condiciones necesarias para el surgimiento de los Estados nacionales y el establecimiento de un nuevo orden político en Europa Central, basado en las naciones como unidades políticas y culturales. Estas medidas revocan el antiguo régimen de propiedad de la tierra.

regiones poscoloniales, que aumentan el volumen de los flujos migratorios hasta poner a prueba la permeabilidad de los Estados nacionales en muchos puntos del planeta. Poblaciones de áreas periféricas respecto a los centros del capitalismo comenzaron tránsitos transregionales en busca de espacios capaces de brindar oportunidades de trabajo. Incrementan asimismo las movilizaciones regionales en el interior de las naciones, así como los desplazamientos forzados que obligan a pobladores de zonas rurales a relocalizarse en razón de la apropiación de tierras por parte del Estado, la puesta en práctica de planes de explotación extractiva, o la aparición de cambios ecológicos que ponen en suspenso las condiciones necesarias para la producción o suministro de alimentos, habitación y servicios de asistencia médica, educación, etc. En otros casos, las guerras internas, la acción de grupos armados o del narcotráfico han ocasionado también el abandono de tierras y cultivos. Los sujetos desplazados se ven obligados a reubicarse en regiones desconocidas, donde hábitos culturales, lenguas o regímenes de trabajo diferentes dificultan su adaptación. La subjetividad del migrante está marcada por el trauma del desarraigo, la incertidumbre, la precariedad, el miedo y la pérdida de redes comunitarias.

La situación de abandono de la tierra natal y de duelo por lo perdido produce efectos tanto físicos como emocionales. Nuevas vivencias espacio-temporales contribuyen a aumentar el sentido de desorientación, marcado por los recuerdos de un pasado perdido, un presente incierto y un futuro imposible de imaginar. El sujeto migrante, principalmente si es «ilegal» o «irregular», como suele denominárselo, es no solo cosificado, sino masificado y despersonalizado en su calidad de persona considerada *a priori* como indeseable. Al ser percibido como sujeto colectivo, como una especie de personaje al mismo tiempo unificado y multitudinario, cuyo carácter *masivo* está marcado por la indistinción y el anonimato, su historia personal se convierte en datos sin relevancia. Los migrantes que habitan en los campos de refugiados, que integran las caravanas migratorias y sufren deportaciones masivas, son representados en la prensa como una horda proliferante que escala muros y empalizadas, presa de la desesperación por avanzar, sobrevivir y cruzar fronteras nacionales.

Numerosos ejemplos de violencia simbólica se registran en torno a la zona fronteriza, región de tránsitos legales e ilegales, intercambios, negociaciones, corrupción, aunque también de formas variadas de solidaridad y de humanitarismo. Las formas de agresión simbólica se manifiestan en el trato y el lenguaje, en la circulación de estereotipos, en las formas de abuso corporal y psicológico, en el sistema mismo de vigilancia, registro físico, detención, interrogación, asedio tecnológico a los cuerpos y a los movimientos que se despliegan en torno a las zonas de cruce.

Otros y no menores desafíos debe enfrentar el migrante marítimo, que atraviesa grandes cuerpos de agua como primera instancia antes de alcanzar en tierra, si es que llega a la costa, los nuevos dispositivos del poder. En Europa, los naufragios y el abandono de migrantes perdidos o a punto de hundirse en mares que circundan el mundo desarrollado se han vuelto cotidianos. Las sofisticadas tecnologías de detección y captura crean cercos insalvables para obstaculizar el paso a los desesperados migrantes africanos, árabes o surasiáticos que buscan llegar a tierra en embarcaciones precarias y atestadas de gente. El Mediterráneo, convertido en cementerio marino, aloja multitud de cuerpos que fracasaron en el intento y que se hundieron en las aguas del *Mare Nostrum* después de días de esperar ayuda, mientras las naciones europeas discutían a qué país correspondía qué grado de responsabilidad ante esas personas que transgredían las regulaciones y buscaban entronizarse en los Estados soberanos.

La semiótica de la frontera terrestre o marítima, es decir, la articulación de imágenes, sonidos, sabores y mensajes que se activa en la producción de significados, crea una red comunicacional compleja en la que se acumulan muy diversos registros sígnicos, lingüísticos, performativos y perceptivos que forman una intricada red de relaciones en la que los cuerpos deben aprender a circular. El migrante aparece siempre como un cuerpo «fuera de lugar», a veces acusado de ser contrario a toda consideración sanitaria o de vivir hacinado en espacios inadecuados que lo han contaminado, factores que lo convierten en un posible portador de enfermedades que amenazarían a la sociedad por los riesgos de contagio. El sentido simbólico de estas construcciones resulta evidente. El migrante es un *cuerpo excesivo y desconfiable* que perturba el orden y revela, en su apariencia, en sus actitudes y en su condición civil, la no-pertenencia a la nación-Estado y los peligros de la disolución social.

Asimismo, la migración pone en circulación nuevas categorías y conceptos que adquieren sentido en el contexto inestable y sinuoso de la frontera, pero que funcionan sobre todo en el interior de las sociedades de adopción, como conceptos que contraponen los cuerpos considerados «exógenos» a las identidades nacionales. Nociones como las de extranjero, forastero, desconocido y recién llegado son algunas de las nominaciones que recibe el Otro: migrante legal o irregular, refugiado, solicitante de asilo, situaciones todas que denotan desamparo, exterioridad y vulnerabilidad.

En este sentido, la migración se afirma como instancia transicional, transnacional, translocalizada, transregional, transoceánica, *en tránsito*, fijando en el prefijo *trans-* su condición móvil, *desde-hacia*, en la que la subjetividad, es decir, el cuerpo, la cognición sensible e intelectual, los afectos, la creencia, la socialidad (familia, inserción comunitaria), la memoria y la imaginación son los elementos a partir de los cuales se materializa el avance, el cruce y la reinstalación del sujeto en nuevos territorios existenciales.

También se ha hablado del cuerpo mismo como frontera, es decir, como lugar de límite entre la interioridad y la exterioridad, entre ser y mundo. Como es sabido, la polivalencia del término «frontera» incluye muchos sentidos que apuntan a la condición límite (borde, orilla, margen, delimitación, perímetro) con aplicación a muchas situaciones que plantean el encuentro tenso entre territorialidades reales o simbólicas. Como territorio vital, el cuerpo es un haz de producción de sentidos que recibe y emite significaciones en relación con un afuera recibido y construido desde la subjetividad, a su vez conformada por las relaciones sociales. El cuerpo como frontera apunta a la delimitación entre dentro y fuera, yo / ellos, propio / ajeno, y también a los flujos que unen de manera compleja e inestable estos dominios. Los conceptos de otredad y alteridad se configuran a partir de esta noción de frontera que sirve para ordenar en una espacialidad imaginaria el tema de las identidades. Como lugar de producción de representaciones, el cuerpo es considerado un punto crucial de encuentros, convergencias, choques, alianzas, continuidades y disparidades. Se ubica, simbólicamente, como instancia semiótica de unión / separación, en aspectos como la sexualidad, la violencia, la solidaridad y la construcción de comunidades.

Los muros que se erigen en áreas fronterizas, las torres de control y los dispositivos electrónicos de vigilancia pueden ser trasladados, por su función real y simbólica, al espacio del yo y de la corporalidad, que levanta sus defensas contra elementos considerados exógenos y posiblemente agresivos o desnaturalizantes. Dicho de otro modo, el cuerpo construye sus fortificaciones como las ciudades o las naciones construyen las suyas. Pero toda defensa implica una noción de trauma, ataque, peligro; revela redes emocionales dominadas por el miedo, la ansiedad y la desconfianza; implica vulnerabilidad ante el poder del Otro. El cuerpo revela el sedimento de experiencias recientes y de miedos atávicos, de la memoria personal y la memoria histórica, y los sentidos son sus torres de control para advertir la posibilidad de que las defensas sean insuficientes y el cuerpo (individual, social) quede desguarnecido. Pero por sobre la tajante división de la línea fronteriza (y también por debajo, por sus fisuras y sus porosidades) se filtran los flujos de las interacciones, las transgresiones y las negociaciones que hacen de los obstáculos dispositivos precarios e inestables. Por eso la hibridación es considerada la característica más notoria en áreas limítrofes. El cuerpo es también un espacio sujeto a hibridaciones: contaminaciones, mimetizaciones, contagios y *becomings*. Los estudios migratorios demuestran que la frontera nunca es solamente exterior, sino que tiende a interiorizarse o, mejor, es interior antes de materializarse en dispositivos y métodos de vigilancia y filtración. El cuerpo está también constituido, junto con sus múltiples capacidades, por sus limitaciones interiores, físicas, psicológicas, emocionales e intelectuales, que lo posicionan frente a los estímulos exteriores. Sus prejuicios, temores y deseos operan como fronteras interiores, haciendo de su «territorialidad» afectiva un dominio inestable y dinámico, amedrentado y seducido por la Otredad que lo rodea y que lo habita.

18

Cuerpo y dolor

El estudio del dolor y las interpretaciones a las que este fenómeno da lugar atraviesan las épocas. Asimismo, su representación asume múltiples formas, generalmente teatralizadas, ya que la naturaleza misma del dolor es esencialmente irrepresentable. Metáforas, símbolos, alegorías, imágenes visuales que aspiran a la mímesis o que abstraen el sentido hasta convertirlo en equivalente al grito o al silencio del moribundo pueblan la historia del arte en todos sus registros. En uno de los más completos e interesantes libros escritos sobre el tema, *Historia cultural del dolor* (2011), el historiador y filósofo de la ciencia Javier Moscoso analiza múltiples aspectos de este tópico imperecedero desde una perspectiva interdisciplinaria, señalando que existen cinco esferas en las que el dolor comenzó a ser analizado en la temprana Modernidad europea: el dominio vinculado a las técnicas de castigo corporal, el espacio discursivo y visual de la teología, el contexto militar, la anatomía y los discursos médicos. En cada uno de ellos el dolor es predominante o, por lo menos, desempeña un papel principal en la constitución de las lógicas de cada campo, prestándose a formas representacionales diversas y a análisis que abordan el tema según diferentes aproximaciones.

Desde la Edad Media, la presencia del dolor como parte del discurso doctrinal de la Iglesia y de las técnicas evangelizadoras fue un *leitmotiv* de gran influencia e intrigantes significados. Visualizaciones del martirio de Cristo, la Pasión y el calvario, su figura sufriente en la cruz, de la que goteaba la sangre en los altares, las imágenes dolorosas de quienes lo rodeaban, en murales, esculturas y frescos, constituyeron un paisaje estético y pedagógico destinado a enfatizar el sacrificio y la futilidad de los placeres terrenales. El dolor era en general representado en contextos semicelestiales, sin referencias fijas, en los que las imágenes de rostros descompuestos por el dolor físico y moral no estaban, como indica Moscoso, «ni vivas ni muertas», sino situadas en un espacio intermedio, suspendidas en el dolor, más allá del lenguaje. Moscoso destaca a su vez el hecho de que Foucault elige como figura emblemática para la entrada al tema del dolor la figura enjuta y melancólica de don Quijote, en quien está igualmente representado «el drama interior y la tragedia exterior» (Moscoso, 2011), haciendo así justicia a la condición ubicua del sufrimiento, que hace indistinguible la corporalidad y el alma, la materialidad de la carne y la abstraída esencia de la interioridad que la sostiene.[1]

Desde las perspectivas de la fenomenología, el existencialismo y la ética, el dolor es uno de los temas más relevantes de reflexión filosófica en el siglo XX. La importancia del cuerpo se reafirma como elemento central en muchos campos de estudio, en los que se van agregando aristas hasta entonces no incorporadas en el discurso médico. La noción husserliana de «cuerpo vivido» es de gran importancia porque enfatiza el cuerpo atravesado por la experiencia, la cual influye directamente sobre la corporalidad, la afectividad y la psicología de los individuos.

El tema del dolor es fundamental en muchos dominios disciplinarios, ya que es una vivencia directa e ineludible, que afecta tanto al cuerpo que sufre como a los que com-padecen al doliente. Se trata de un fenómeno que es sensación, sentimiento y forma de conciencia, y que puede manifestarse incluso como una técnica de conocimiento del yo y del mundo que lo rodea. En la medida en que el dolor «altera» al individuo en múltiples niveles, se lo ha considerado una forma de «alteridad» o «alterización», es decir, un elemento de relación entre los cuerpos que excede el ámbito de lo subjetivo y permea todos los aspectos de la vida diaria. En el dolor el cuerpo se siente *otrificado*, convertido en un objeto que se desconoce a sí mismo, ya que en

---

1. Cf. en este sentido también los ensayos recogidos por Gouk y Hills (2005) en *Representing Emotions*, donde se estudia el tema en la convergencia de la estética y los discursos médicos.

su exasperación la fisicalidad parece traicionar al sujeto. Al mismo tiempo, el dolor intensifica la conciencia de sí, marca la carne y la afectividad, exponiendo su vulnerabilidad. En este sentido, el dolor constituye una interrupción y una intervención en el curso de la vida, un elemento exógeno que modifica las relaciones intersubjetivas, la relación entre el yo y el mundo de las cosas, y del yo consigo mismo.

Merleau-Ponty, Sartre, Levinas y otros autores reflexionan sobre el dolor en la medida en que permite una penetración en la vida en cuanto forma de existencia relacionada con la carne («encarnada»), noción que introduce el tema de la debilidad humana, la mortalidad y la socialización de los cuerpos. Las nociones de curación, com-padecimiento y asistencia al que sufre tocan aspectos de la ética (la solidaridad, el reconocimiento de la otredad y el sentido de comunidad). La fenomenología también analiza las manifestaciones físicas del dolor, su impacto psíquico, los gestos y usos del lenguaje que acompañan la experiencia del sufrimiento físico, es decir, las palabras, quejas, exclamaciones y actitudes que ayudan a tolerar el padecimiento personal. También se enfatiza el hecho de que el dolor tiende a independizarse de su origen y a persistir como un sentimiento oceánico, que lo abarca todo y que difumina lo corporal en lo afectivo y psicológico, y viceversa.

Se sabe que la enfermedad, sobre todo el dolor intenso, físico o emocional, cambia al sujeto, lo modifica. El sufrimiento físico o emocional es vivido como advenimiento, «desgracia» o «castigo», es decir, algo irracionalmente impuesto y superpuesto a lo orgánico. Si el individuo no tiene una plena conciencia de su cuerpo cuando este no presenta anomalías, el cuerpo se hace presente a la conciencia cuando el dolor o la disfuncionalidad aparecen, convirtiéndolo en algo opaco y conspicuo, que reclama atención sobre sí mismo.

En una serie de escritos tardíos publicados en *Sobre el dolor del mundo, el suicidio y la voluntad de vivir* (1850), Schopenhauer sostiene una posición pesimista sobre la vida que consiste en considerarla como una experiencia basada en el dolor y en la vana voluntad de evitarlo. Según este filósofo, el sufrimiento sería el precio que se paga por la oportunidad de vivir, la cual, después de todo, no es más que futilidad. El dolor puede neutralizarse y desaparecer, pero regresará, ya que es energía que se recicla tanto orgánica como emocionalmente, y el ser humano está sujeto a constantes desequilibrios entre estados de relativo bienestar y estados de sufrimiento intenso. El tema de la melancolía o «humor negro», muy estudiado como estado misterioso que hunde al sujeto en profundidades inaccesibles, se relaciona con la estrecha vinculación psicosomática, que sume al individuo en una muerte en vida.

El dolor se alterna con el tedio, que consume al individuo y le quita propósito a la vida. Con el dolor se define un horizonte de sentido y una meta: evitarlo. Para Schopenhauer, como para Hobbes, la vida consiste en la lucha de todos contra todos, un estado de guerra permanente que para Schopenhauer se dirime también en la interioridad del sujeto. Como «voluntad objetivada», el cuerpo se orienta hacia dos finalidades principales: la autoconservación y la propagación de la especie. Pero durante su tránsito terrenal, el individuo debe tratar de mantener la voluntad y de luchar contra la incertidumbre.

La vida es, para Schopenhauer, esencialmente trágica. La estética es un atenuante intenso, pero transitorio, de esta verdad fundamental. De estas convicciones emergen sus ideas sobre el suicidio, ya que para el filósofo destruir el cuerpo, que es materialización de lo volitivo, es «un acto completamente infructuoso e insensato» y esencialmente paradójico, ya que está en realidad expresando el amor a la vida. El que acaba con su vida no rechaza la vida, sino las condiciones que esta le impone. De modo que el suicidio, para Schopenhauer, demuestra, paradójicamente, la voluntad de autoconservación. El problema es que el suicidio no acaba con la voluntad de vivir, sino con la vida particular y singular, que es la que interfiere en el disfrute de la vida deseada. El suicida no puede suspender su voluntad de lograr la vida plena, por eso acaba con la vida.

Como momento límite de intensificación y finalización de la vida, en el suicidio convergen una serie de fuerzas que lo convierten en un acto emblemático y particularmente polémico. En efecto, en la decisión de acabar con la propia vida se articulan discursos médicos y morales, espirituales y filosóficos, psicológicos y afectivos. Se trata de la confluencia de una crisis orgánica, psicológica y emocional, que funciona como una compleja intensificación afectiva, que desequilibra a la persona como entramado espiritual, físico y social. Se ha visto el suicidio, filosóficamente, como un acto situado en la encrucijada de libertad y determinismo, voluntad y claudicación. Sandra Baquedano indica en «¿Voluntad de vivir o voluntad de morir?» (2007):

> El acto de darse muerte a sí mismo es resultado de afirmar en la adversidad las *ganas* de haber llevado una vida más afortunada, sin tormentos, sin embargo, al no haber podido *satisfacer* en esencia ya «nada» en ella, el suicida suprime el fenómeno, en este tiempo y en este lugar, dejando la cosa en sí intacta. El suicida detesta el sufrimiento, a diferencia del renunciante que detesta los *goces* de la vida. El primero afirma la voluntad de vivir suprimiendo el fenómeno de la vida. El segundo, en cambio, niega la esencia de ella, es decir, niega el *querer* vivir [...]. Un dolor que se torna intolerable, un sufrimiento que se vivencia como lo absoluto, no puede dejar de generar una necesidad imperiosa de descanso o alivio. Como antítesis del dolor ilimitado sobreviene la avidez vital de la nada. (Baquedano, 2007, p. 117)

El clásico estudio de Elaine Scarry sobre cuerpo y dolor, *The Body in Pain. The Making and Unmaking of the World* (1985), supuso una duradera contribución al estudio de este tema, en el que se entrecruzan aspectos psicosomáticos, objetivo-subjetivos, culturales y médicos. La autora afirma que la nota característica del dolor es la imposibilidad de compartirlo, ya que la experiencia del padecimiento físico resiste ser aprehendida por el lenguaje. El dolor es una experiencia íntima, aunque común a todos, individual y universal. Nada produce más certeza acerca de la fragilidad y resistencia de *lo humano* que sentir el dolor, ni más ajenidad que oír hablar de él, ya que se trata de vivencias intransferibles e irrepresentables. La identificación que podemos sentir hacia el que sufre solo implica una empatía intelectual y afectiva, pero no alcanza a ser una comprensión profunda o introspectiva de lo que el dolor está significando para el otro, ni de sus repercusiones orgánicas y emocionales. La incomunicabilidad del dolor lo convierte en una experiencia solitaria e intraducible.

El dolor físico no resiste simplemente el lenguaje, sino que activamente lo destruye, ocasionando una inmediata reversión al estado anterior al lenguaje, a los sonidos y gritos que un ser humano emite antes de que se aprenda el lenguaje. (Scarry, 1985, p. 324)

La autora señala que es constante en la civilización la voluntad de trascender las limitaciones del cuerpo, lo cual se hace frecuentemente a través de la tecnología. El teléfono y el avión son dos formas evidentes en las cuales el cuerpo alcanza lo que le está vedado a sus propias capacidades naturales. Lo mismo sucede con los intentos de vencer el dolor y relativizar sus efectos utilizando adelantos de la medicina y de las técnicas de curación. Scarry recorre las diversas formas del dolor entendiendo esta vivencia como una matriz cultural que se registra en todos los niveles (la enfermedad, la tortura, la guerra, los ataques terroristas). Sin embargo, el dolor continúa constituyendo un misterio, justamente por resistirse a la verbalización e incluso a la racionalización, a pesar de constituir el tema de los discursos y tecnologías médicos y pese a presentarse diariamente como un desafío para la ciencia. Se trata de una experiencia de la interioridad y de la subjetividad, íntima e ignota, con mucho de misterio y trascendencia:

Cuando uno escucha sobre el dolor de otra persona, puede parecer que lo que pasa dentro del cuerpo de esa persona tiene el carácter remoto de algún hecho subterráneo [...] puede parecer tan distante como los eventos interestelares de que hablan los científicos. (Scarry, 1985, p. 3)

Como Scarry señala, el dolor existe en un vacío lingüístico que aísla al que sufre, intensificando su propia corporalidad. En casos como la tortura, cuyo propósito es justamente causar dolor, el objetivo de las acciones que se le infligen al sujeto sufriente es manipular las limitaciones humanas, extremando el poder sobre el cuerpo y haciendo que el sujeto se traicione a sí mismo. El dolor intenso, invisible, intransferible e incomunicable, se manifiesta como un círculo cerrado en el que se siente que el propio cuerpo agrede al individuo y lo traiciona:

Sin importar el lugar en el que la persona sufre (hogar, hospital o cuarto de tortura) y sin importar la causa de su sufrimiento (enfermedad, quemaduras, tortura o malfuncionamiento de las mismas redes del dolor), el individuo que sufre gran dolor experimenta su cuerpo como el agente de su agonía. La señal incesante y autoanunciadora del cuerpo que sufre dolor, al mismo tiempo tan vacío e indiferenciado y tan lleno de estridente adversidad, contiene no solo el sentimiento de «mi cuerpo duele», sino el sentimiento de «mi cuerpo me hace daño». (Scarry, 1985, p. 326)

El acto de tortura dramatiza la oposición al otro y la manipulación del dolor, produciendo una relación de dominación perversa del cuerpo del prisionero, que aparece desarticulado, desensamblado por la violencia, que simultáneamente des-corporaliza e hiper-corporaliza:

Aunque el torturador domina al prisionero tanto en los actos físicos como en los verbales, la dominación final requiere que el prisionero sea cada vez más físico y el torturador cada vez más verbal, que el prisionero se convierta en un cuerpo colosal sin voz y el torturador en una voz colosal (una voz compuesta de dos voces) sin cuerpo, que eventualmente el prisionero se experimente a sí mismo en términos de sensibilidad y el torturador en términos de autoextensión. Todas las maneras en que el torturador dramatiza su oposición y su distancia del prisionero son formas de dramatizar su distancia del cuerpo. (Scarry, 1985, p. 326)[2]

Este elemento de manipulación de la distancia entre los cuerpos, así como la descomposición de las respuestas físicas en funciones separadas, aunque conectadas por el dolor (voz, fisicalidad, inflexión del dolor, gestos, resistencia) muestran la situación límite en la que

2. Morris cita en su libro sobre el dolor la opinión de Amnistía Internacional en el libro *Torture in the Eighties* (1984) sobre el valor metafórico de la tortura: «La tortura no ocurre simplemente porque los torturadores son individualmente sádicos, aunque haya testimonios que verifican que a menudo lo son. La tortura es habitualmente parte de la maquinaria controlada por el Estado para suprimir el disenso. Concentrado en el electrodo o en la jeringa del torturador está el poder y la responsabilidad del Estado» (Morris, 1991, p. 4).

el cuerpo es colocado. La fuerza de la experiencia del sufrimiento físico o afectivo impedirá al sujeto, si es que puede recordar la tortura, referirse a esas vivencias, ya que las palabras son insuficientes para evocar lo vivido. La experiencia queda así bloqueada, incluso para quien pasó por ella, permaneciendo en un espacio de represión que daña el sistema emocional y psíquico en su totalidad, tanto como el cuerpo fue dañado por el padecimiento.

En la entrevista realizada por Elizabeth Irene Smith, Scarry reafirma el hecho de que el dolor, más que otras vivencias intensas, paraliza el lenguaje, razón por la cual existen muchas más narrativas acerca del placer, al menos intentos por comunicar metafóricamente sus efectos orgánicos, mentales y afectivos. El dolor sigue siendo reacio a la expresión y sume al sujeto en un estado de introspección y solipsismo atravesado por la frustración y la impotencia. Según Scarry, el placer «construye el lenguaje»; al ser de naturaleza enervante, provoca la necesidad de expresar verbalmente su impacto sobre el cuerpo.

Por su parte, en *La cultura del dolor* (1991), David B. Morris emprende un análisis de los discursos médicos, y también de los no científicos, sobre el tema del dolor, volviendo sobre un punto de debate que siempre es abordado en relación con este tema: la comparación entre dolor mental (psicológico, afectivo) y dolor físico. Para Scarry, el dolor emocional que causa, por ejemplo, la pérdida de un ser querido o alguna desgracia similar, se siente como la destrucción misma del mundo y tiene una potencia arrasadora de consecuencias también físicas. No obstante, el dolor corporal tiene características propias que parecen aún más difíciles de manejar, ya que llegan a inhabilitar al sujeto en todos los sentidos. En muchos casos, sin embargo, debido a los procesos de somatización, es difícil distinguir entre un nivel y otro, y es frecuente que el dolor emocional intenso se sienta también físicamente, y viceversa.

En todo caso, es claro que el dolor es una experiencia sociocultural, que rebasa los parámetros de la interioridad individual y que está ligada a prácticas, creencias y formas de expresión que condicionan las respuestas individuales y aún los umbrales de tolerancia. Los estudiosos de este tema enfatizan la importancia de factores históricos y culturales en la conceptualización e incluso en la experiencia del dolor, en su interpretación y en las formas posibles de combatirlo. Los científicos han estudiado largamente las relaciones entre raza, cuerpo y dolor, debido a que se ha comprobado que el sufrimiento físico afecta de manera diferente a los sujetos, no solo dependiendo de su raza, sino también de su cultura, historia, creencias y tradiciones, ya que cada vertiente incorpora conductas y formas de concebir la resistencia al dolor, de imaginar sus causas y de entender los valores que se asignan al cuerpo y a la sanación. La expresión del dolor varía culturalmente, por el impacto que tienen sobre el cuerpo factores como la fe en la curación, las expectativas y percepciones del sistema médico y las prácticas y receptividad a las intervenciones curativas. La emocionalidad, la fe y las conductas, así como la relación personal con el médico, influyen en el efecto de las terapias y hasta en sus resultados finales. Hay estudios que demuestran que individuos afrodescendientes sienten mayor repercusión emocional ante el dolor, se prestan menos a la intervención tecnológica y alcanzan mayor grado de depresión y de incapacitación física. Asimismo, estos sectores son los más desprotegidos por los sistemas médicos, al considerarse, al menos de hecho, que sus cuerpos tienen menos valor que el de etnicidades dominantes. Todo esto enfatiza una vez más que el tratamiento de lo corporal es un área fuertemente politizada, en la que sectores históricamente subalternizados sufren *en carne propia* los efectos de la discriminación racial y de las estrategias biopolíticas.[3]

Se considera que la persona cambia radicalmente con el dolor, y que descubre estratos impensados de su interioridad, su capacidad de resistencia y las formas que asume la esperanza. A pesar de las dificultades que existen para la comunicación del dolor, la relación intersubjetiva es un aspecto fundamental, ya que permite al sujeto socializar su situación en algún grado y brindarle una perspectiva menos solitaria de la crisis orgánica. Asimismo, se ha observado que el discurso aséptico de la medicina despersonaliza el dolor y al sujeto que sufre, convirtiéndolos en fenómenos de observación e intervención científica.

3. Cf. al respecto la opinión médica de Campbell y Edwards (2012).

Otro aspecto vinculado a la reflexión sobre el dolor es el de las relaciones entre dolor y placer, y particularmente entre dolor y sexualidad. La referencia a Sade (Donatien Alphonse François, Marqués de Sade) es imprescindible en este punto, ya que este autor sustenta una noción de dolor que involucra también el concepto de *verdad*.[4] El dolor, al ser una experiencia intensa, debilitante y trascendente (en el sentido de que pone al sujeto en contacto con su mortalidad), constituye para el cuerpo una certeza inapelable de su existencia y vulnerabilidad.[5] Para Sade, el dolor es una forma de conocimiento y un valor de *autenticidad* que va en contra de la concepción médica y, por supuesto, de la doctrina cristiana, aunque esta valora el sacrificio del cuerpo y el autocastigo como formas de elevación mística.

En las obras de Sade los personajes se orientan hacia lo patológico sobre todo en relación con el erotismo, poniendo en cuestión el con-

---

4. El Marqués de Sade es probablemente la figura más controvertida del pensamiento occidental. La teoría y práctica de una sexualidad extremadamente violenta, marcada por numerosísimos episodios de violación, agresión física, tortura, etc., causaron sus múltiples encarcelamientos y la reclusión en asilos para enfermos mentales. Sade pasó más de treinta años de su vida en la cárcel, buena parte de ellos en la Bastilla, y escribió muchos de sus textos en prisión. Ha sido objeto de múltiples estudios, y sus extremadas ideas han influido fuertemente en el psicoanálisis y la filosofía. Algunos autores lo consideran un defensor excéntrico de la libertad absoluta, mientras que otros ven en él la expresión de un intelecto exaltado por la patología sexual y el placer de causar dolor en sus semejantes. Simone de Beauvoir (en el artículo titulado «Faut-il brûler Sade?», publicado en *Les Temps Modernes*, en 1951) lo considera representante radical de un existencialismo *avant la lettre*. A pesar de que Freud no menciona a Sade en sus trabajos, resulta evidente que recibió la influencia de este y la incorporó en sus ideas sobre placer y dolor. Los autores surrealistas alabaron la iconoclasia de Sade, interpretada como una ferviente denuncia de la hipocresía del sistema burgués y del hiperracionalismo de la Ilustración. Otros autores lo ven como precursor del nihilismo y como opositor a los valores del cristianismo y del materialismo. Los representantes principales de la *Teoría Crítica* (Horkheimer y Adorno) también lo consideran un exponente de la filosofía ilustrada. En *Kant avec Sade,* Jacques Lacan verá ambos pensamientos como complementarios.

5. Sobre Sade, cf. Morris, 1991, pp. 224-243. Se retoman aquí algunas de los rasgos del sadismo presentados por Morris.

cepto de normalidad y de anomalía. El sadismo, teoría de intensas connotaciones corporales, afectivas y psicológicas, es considerado hoy dentro de las enfermedades mentales como una desviación que expresa trauma, demencia sexual, miedo a la impotencia y desequilibrios afectivos. En Sade, el rechazo a la función reproductiva, la preferencia por la sodomía y el repudio de la genitalidad femenina, así como la construcción de escenarios sangrientos que conducen a la aniquilación corporal, construyen una noción antiburguesa, antirreligiosa y anticientífica de la sexualidad, abriendo un inmenso espacio para el debate sobre los «usos» legítimos del cuerpo.

Se habla del «horror erótico» que representan las obras de Sade, y de su sentido claramente desafiante de los valores de la Ilustración, cuyo énfasis en el conocimiento científico y la racionalidad crean una norma dominante que excluye lo instintivo, irracional y contranormativo. Este énfasis en la ciencia crea corrientes alternativas y contrarias a los principios de la medicina, la biología, etc., que propugnan una exploración de lo corporal que se aparta de los objetivos de la experimentación científica (la disección de cuerpos, las autopsias, las intervenciones quirúrgicas) para llevar adelante incursiones gratuitas y hedonísticamente orientadas sobre los cuerpos, vistos como espacios de placer (erótico, visual, estético, mórbido, etc.), en las instancias extremas de enfermedad y muerte. Elementos de magia, sacrificios humanos y exorcismos, así como las escenas de coreografiada pornografía que acompañan sus escritos, se combinan con las posibilidades abiertas por la medicina y la ciencia forense, dando por resultado un *collage* ideológico-discursivo que celebra la fijación perversa en la corporalidad asociada con el placer sexual y en la mirada que la registra.

Si en otros escenarios el dolor se considera una forma de penetración en la verdad de la existencia humana, en las propuestas sádicas el dolor es el fin mismo que se persigue como preparación y complemento de la sexualidad. Como Morris señala, Sade devuelve al terreno de la especulación filosófica los temas que parecían ya apropiados y consagrados por el prestigio de las ciencias médicas:

El prestigio científico de la medicina ofrece a Sade los medios para silenciar o ignorar otros sistemas tradicionalmente vinculados al sufrimiento humano. Por tanto, en su incansable apelación a los hechos anatómicos y fisiológicos, la medicina, tal como Sade la utiliza, ampliamente domina y desplaza el razonamiento especulativo de los filósofos antiguos y modernos. El libertino de Sade finalmente despoja al vicio y a la virtud de su estatus familiar en la filosofía, donde por siglos nuestra aparentemente natural aversión al dolor y atracción por el placer proveyeron una base sólida para el pensamiento ético. En la arrasadora redefinición de Sade, vicio y virtud emergen solo como nombres sin sentido que damos a cualquier estímulo que demuestra tener mayor o menor poder para excitar el sistema nervioso. (Morris, 1991, p. 230)

Para Sade, el cuerpo mismo —no Dios, no la cultura, no la construcción social del género— es el origen y el punto de llegada del placer erótico. La «verdad del cuerpo» reside, para Sade, en la supremacía del cuerpo, que engloba mente, afectividad y pensamiento. No concibe al ser como fragmentado en alma, cuerpo y mente, o en otras formas posibles de segmentación de lo humano: se trata de una sola unidad material en la que sensaciones, conceptos, deseos y reacciones orgánicas interactúan y convergen en el placer / dolor que proporciona el cuerpo propio y el cuerpo del otro, sometido a esta misma teleología. En su exhaustivo análisis de la obra de Sade, Morris destaca la importancia y extensión de la discursividad desplegada por el excéntrico autor como explicación y legitimación de sus prácticas, como si del desarrollo intelectual emanara una sensualidad incitante para la libido, la cual se impone más allá de las restricciones de la conciencia o del superyó. «Sade, un siglo antes que Freud, demostró que el ego no es el amo de su propia casa» (Morris, 1991, p. 235).

Con el complemento del masoquismo, la teoría de Sade sobre la unificación de placer y dolor ha sido asociada con la libertad absoluta y ha sido vista, en este sentido, como una crítica profunda y profética sobre las restricciones de la Modernidad. La eliminación del estado de anarquía y de caos que Sade encuentra productivo para la libre expresión y satisfacción del deseo solo pudo lograrse por medio de la represión y el autoritarismo del poder político, que reemplaza la apertura del sujeto hacia el mundo por el dictado de la ley. El sadomasoquismo propone una versión perversamente igualitaria del mundo que naturaliza la mutua sumisión al deseo y que tendría su origen en una crítica radical al estado de desigualdad que la ley ratifica. Aunque las posiciones que explican el sadismo como radicalización y exceso del afán libertario (libertino) no justifican ni los métodos ni las premisas de sus propuestas y menos aún de sus prácticas, la obra de Sade ha sido leída como una perversa metaforización de las reacciones que causa el «exceso de civilización» y de la rebelión de los sentidos que indirectamente provoca. En todo caso, la obra de este polémico autor implica un espacio perturbador para la reflexión sobre las nociones de cuerpo, libertad, placer y dolor, y para la revisión del impacto que los procesos civilizatorios tienen, en casos extremos, sobre la concepción del cuerpo y sobre los «usos» de la corporalidad.

La noción de carne, estrechamente conectada a la corporalidad y, por cierto, al dolor, recibe atención en los trabajos tardíos de Merleau-Ponty, en relación con las ideas de percepción visual y táctil. La noción de carne nombra en este filósofo un denominador común que define lo humano, es decir, una noción de carácter ontológico que ha sido aludida como «carne del mundo», es decir, como la *sustancia* constitutiva de todo lo que existe, vista en su continuidad, la cual vincula todo *lo que es* de una manera física, palpable, que se revela a los sentidos como cualidad de captación de *lo real*. Merleau-Ponty lo expresa diciendo que

> [l]a carne de que hablamos no es la materia. Es el recubrimiento de lo visible sobre el cuerpo vidente, de lo tangible sobre el cuerpo tocante, que se percibe sobre todo cuando el cuerpo se ve y se toca en el acto de ver y de tocar las cosas. (*Le visible et l'invisible*, París, Gallimard, 1964, pp. 191-192 en Fernández Guerrero, 2016, p. 49)[6]

6. El tema de lo visible y lo invisible conduce al problema del quiasmo o pliegue entre ambos, asunto que excede los límites de este trabajo. Valga señalar por ahora que, de acuerdo con Firenze (2016, p. 108): «Según la nueva ontología esbozada

Desde una perspectiva materialista, basada en las teorías marxista y psicoanalítica, Sara Ahmed realiza una pregunta fundamental que organiza el estudio del dolor como experiencia de socialización: «¿Cómo se introduce el dolor en la política?» (Ahmed, 2004, pp. 47, 65). Al ser el dolor una vivencia personal, es claro que, asimismo, trasciende lo privado, adquiriendo una dimensión pública que forma parte del discurso público y de las estrategias biopolíticas implementadas desde las instituciones del Estado. El dolor se integra así en la esfera pública a través de una serie de signos, prácticas y relatos. La paradójica relación entre dolor y lenguaje consiste en que, mientras que, por un lado, el dolor parece fragmentar la comunicación lingüística al mostrarla como completamente insuficiente para canalizar experiencias y sentimientos relacionados con el sufrimiento físico y/o emocional, por otro lado, esa misma incomunicabilidad provoca un exceso de representación, una evocación repetitiva, letánica y siempre insuficiente de narrativas que intentan describirlo, una proliferación de imágenes que saturan el espacio público exhibiendo cuerpos sufrientes, heridos, mutilados, agobiados por la guerra, los desastres naturales o la violencia doméstica. Esta inserción de la privacidad del dolor en la vida pública tiene un carácter mostrativo y performativo, cuyo efecto es la insensibilización de los sujetos ante un espectáculo que hace del dolor ajeno un paisaje social habitual y naturalizado, como si fuera parte necesaria de la vida en sociedad. Estos aspectos del sufrimiento físico y emocional que llamamos dolor tienen, entonces, su lado contingente, personal y privado, y su aspecto de socialización, que se vincula a una ética que nos vincula al Otro, al que sufre y cuyo dolor podemos compartir empáticamente y aliviar de manera concreta y material, traduciendo el dolor del otro en una experiencia socializada que nos alcanza y que nos compromete.

---

en *Le visible et l'invisible*, el cuerpo ya no se puede pensar, como todavía parecía suceder en la *Phénoménologie de la perception*, a partir de la rehabilitación de su estatuto "trascendental". Considerado a partir de esta generatividad ontológica, el pensamiento que emerge del cuerpo hablante del sujeto se revela como un deseo de expresión que excede los límites del *cogito* tácito para hallar finalmente sus raíces en el principio de productividad inmanente a la trascendencia propia del Ser en cuanto carne del mundo».

Vinculado con lo anterior, el problema de la *construcción de la víctima* tiene amplias consecuencias políticas y morales. El tema de la victimización se ha convertido en un tópico que tiende a producir un discurso en el que el foco está puesto en sujetos que padecen pasivamente y cuya *herida* o cuyo *trauma* son fetichizados y convertidos en un signo de identidad. Esta es, indica Ahmed, otra de las formas en que el dolor entra en la política, al convertirse en parte de una maquinaria de demandas, reclamaciones, compensaciones y manipulaciones legales que tienden a convertir el sufrimiento en un capital simbólico y en un signo de identidad. La mujer golpeada, la mujer que sufre violación, las que soportan mutilaciones o represión cultural o religiosa, etc. son fetichizadas muchas veces como elementos de valor político-ideológico que explota la contingencia del dolor en relación con agendas y estrategias de control del espacio público y de la opinión colectiva o con fines más concretos y sectoriales. Esto despersonaliza los casos particulares y distrae de las circunstancias políticas, históricas y sociales que subyacen a estas situaciones, generando una proliferación de víctimas que termina naturalizando el dolor como parte inherente a la diversidad y a las dinámicas sociales.

Cuerpo y cadáver

Ningún estudio exhaustivo sobre el cuerpo puede prescindir de la instancia final en la que el cuerpo pierde la vida y se constituye en un objeto de culto. El cuerpo muerto funciona en todas las culturas, con importantes variaciones, como centro de rituales que incluyen desde los procedimientos de pasaje de la vida a la muerte, hasta las formas en las que se dispone del cuerpo difunto en distintas sociedades. Lo que interesa aquí a nuestros efectos es la relación entre vida y cadáver y las políticas representacionales que dan cuenta de esta transformación, que forma parte de un proceso vital de constantes modificaciones corporales, emocionales e intelectuales, en el individuo y las comunidades.

La complejidad del tema tiene que ver, como se ha visto en otros aspectos vinculados con la corporalidad, con el hecho de que el cadáver pertenece por igual a la vida y a la muerte, y se encuentra situado en un *entre-lugar* desde el cual esta nueva «condición» o estado de la materialidad física es tematizada como pérdida, es decir, como evento que inaugura la ausencia definitiva de la persona. El cadáver se ubica así en una órbita a la vez privada (íntima) y colectiva, cuya dialéctica se observa claramente en funerales y entierros o en los momentos de dispersión de las cenizas. El cuerpo muerto cataliza, asimismo, una serie de emociones en la que predomina la idea de la muerte como excepcionalidad. En efecto, la muerte siempre es inesperada y catastrófica, y conlleva detalles particulares que la convierten en un acontecimiento único y paradigmático. Tal excepcionalidad es subrayada a través de las reacciones que acompañan al duelo (descripción de las circunstancias del deceso, recogimiento familiar, ceremonias recordatorias, etc.).

La carga social y simbólica de la muerte es inmensa en la sociedad occidental, y está marcada por la ambigua consideración de que el cuerpo muerto señala un final y, al mismo tiempo, para muchos, un comienzo eterno. La muerte permanece en el dominio de la fantasía y la imaginación ordinaria y científica, que llena con posibilidades los vacíos del saber. De ahí que sea una fuente inagotable de interés y de representación estética, ya que permite anudar aspectos físicos, emocionales y metafísicos, políticos, sociales y culturales, públicos y privados, científicos y religiosos, morales y performativos.

Para Baudrillard, la muerte, en una versión cercana a la que conocemos, nació luego de la desintegración de comunidades tradicionales cristianas y feudales, cuando comienza el proceso de interiorización del fin de la vida como instancia máxima de angustia existencial. La muerte, en la versión que recibe la Modernidad,

> [h]a perdido su hoz y su reloj, ha perdido los Jinetes del Apocalipsis, y los juegos grotescos y macabros de la Edad Media. Todo eso era aún folklore y fiesta, mediante lo cual la muerte se intercambia aún, claro está [que] no con la «eficacia simbólica» de los primitivos, pero al menos como fantasma *colectivo* en el frontispicio de las catedrales o en los juegos compartidos del infierno. (Baudrillard, 1976, p. 169)

Con la consolidación del capitalismo y del mercado, la valorización de la vida en un mundo desacralizado impulsa a la acumulación de vida y devalúa la muerte, que es considerada como fracaso del proyecto vital, como desvalor. Cada corriente de pensamiento abordará el tema de la muerte en distintos registros: «Del cristianismo al marxismo y al existencialismo, o bien la muerte es francamente negada y sublimada, o bien es dialectizada» (Baudrillard, 1976, p. 172).

En la época moderna, junto a las posiciones dominantes frente a la muerte, la de Marx (la economía política como economía de muerte porque absorbe la vida y «la entierra» en el discurso) y la de Freud (el impulso de muerte como finalidad última e insuperable), Baudrillard trae a colación la concepción de Georges Bataille, quien considera la muerte «como paroxismo de los intercambios, superabundancia y exceso» (Baudrillard, 1976, p. 180). Según Bataille: «No hay diferencia entre la muerte y la sexualidad. No son sino los momentos agudos de una fiesta que la naturaleza celebra con la multitud inagotable de los seres, una y otra tienen el sentido del derroche ilimitado al cual procede la naturaleza en contra del deseo de permanecer, que es propio de cada ser» (Bataille, en Baudrillard, 1976, p. 180). Esta noción de la muerte como exceso, como «antieconomía» le confiere el sentido de algo suntuario, lujoso, «la parte maldita», expresión con la que Bataille se refiere a todo aquello que constituye un resto, un excedente, algo dilapidado o derrochado, o cuyo uso excede las funciones primarias.

La «parte maldita» como noción de exceso y dispendio tiene que ver con el concepto de gasto.[1] Por ejemplo, cuando un animal crece y alcanza su máximo de crecimiento lo que come para mantener la vida deja un resto que debe ser invertido gratuitamente en movimiento, energía, juegos, etc. El sol, dice Bataille, da sin esperar nada a cambio y da en exceso, ya que de sus rayos se utiliza solo una parte mínima para el mantenimiento de la vida. En el mismo sentido, el erotismo es el exceso que se agrega a la sexualidad reproductora, aquel excedente o *surplus* que se invierte por placer. En el caso de la muerte, esta funciona como una forma de hacer lugar para la vida, pero segando la vida, por lo cual constituye, indica Baudrillard, un «desafío simbólico». Bataille utiliza el concepto de continuidad / discontinuidad indicando que la muerte, igual que el Eros, hacen posible la continuidad; la muerte permite que la vida siga produciéndose, aún a costa de la discontinuidad de la vida.

Sobre el cadáver, Bataille opina que este causa terror porque expone la muerte, que es el mayor gasto de energía y desperdicio orgánico. El cuerpo muerto obliga al silencio por la gran repulsión que comunica, ya que es gasto excesivo, dilapidación, derroche, nociones que escapan a la lógica del gasto razonable y de lo que se invierte en la vida.

La dificultad de la psicología y la afectividad humanas para aprehender e interiorizar la idea de la muerte ha sido objeto de muchos

1. Cf. al respecto «La noción de gasto», en Bataille, 1949, pp. 23-43.

estudios y no es este el lugar para revisitarla. Lo que interesa es percibir el procesamiento real y simbólico del cuerpo, objeto de este estudio, en las instancias en las que se convierte en definitivamente inaprehensible y, por lo tanto, en objeto de numerosas elaboraciones simbólicas. Procesos de abstracción; pérdida gradual de materialidad en el recuerdo; olvido progresivo de los rasgos faciales, la voz y otros detalles de la persona fallecida; idealización o, a veces, vilipendio de quien se ha ido, son parte de una atmósfera inquietante que se va estabilizando cuando individual o colectivamente se alcanzan ciertos acuerdos sobre el modo de situar esa pérdida en los imaginarios de los deudos y la manera de estar en paz con la nueva situación existencial.

Aunque en torno al cuerpo muerto proliferan prácticas y rituales, el proceso de incorporación social del cadáver es, en gran medida, ideológico y discursivo. La serie de documentos que marcan el pasaje (certificado de defunción, testamento, panegíricos *[eulogies]*) es complementada con narrativas que se transmiten cotidianamente sobre las cualidades del difunto, anécdotas que marcan algunos rasgos de su vida, legados y contribuciones realizadas a la comunidad. También se considera que ciertas formas de *verdad* acompañan el tránsito a la «otra vida». El que ha muerto *sabe* algo que nos está vedado conocer a los vivos (qué hay en el más allá, en qué consiste la muerte, etc.). Al mismo tiempo, siempre se piensa que la persona que murió *sabía* cosas que intentó transmitir durante su vida y que probablemente desoímos, pero que en su ausencia se cargan de significación y potencialidad. En este sentido, el cadáver establece una relación frustrada con la *verdad*. Tales consideraciones son parte del homenaje que los vivos rinden a la persona desaparecida, como reconocimiento de sus contribuciones al desarrollo de la vida.

Al margen de este aspecto emocional y ritualístico en el tratamiento de la memoria de la persona fallecida, numerosas prácticas con el cuerpo muerto se han desarrollado a través de las épocas, demostrando la atracción que causa el misterio de lo desconocido y la voluntad de penetrarlo. Como se ha visto antes en este estudio, para llegar a «la verdad del cuerpo» la ciencia ha debido pasar por el cadáver, haciendo del cuerpo muerto un preciado material de conocimiento e intervención. Tanto desde el punto de vista científico como desde el estético, el cuerpo ha sido diseccionado por medio de autopsias y análisis de los cadáveres, en una transgresión de los límites corporales de fuerte significado tanto real como simbólico. Uno de los antecedentes de estos procesos de experimentación con cadáveres se sitúa en la obra de Andreas Vesalius, anatomista del siglo XVI de origen flamenco que produjo el primer libro de anatomía *(De humani corporis fabrica)* y que incursionó en el trabajo forense como base de sus investigaciones. Asimismo, son fundamentales las obras de Leonardo da Vinci y de Miguel Ángel, quienes hicieron de lo corporal un motivo principal de exploración estética que incluyó las aportaciones de la ciencia. La generalización de las autopsias, disecciones y otras formas de experimentación condujo a una comercialización de los cadáveres, que fueron objeto de tráfico clandestino, lo que promovió una valorización utilitaria de los despojos humanos, que fueron utilizados para el avance de la investigación.

Los usos de la electricidad, muy presentes en el siglo XIX en procedimientos en los que se intentaba estimular a los cadáveres para causar en ellos movimiento y, eventualmente, «devolver la vida» al difunto, inspiraron, entre otras obras, la concepción de *Frankenstein*. Se sabe que Mary Shelley presenció en el laboratorio de Andrew Crosse, científico conocido en su tiempo por sus intentos por revivir cadáveres, la utilización de los medios eléctricos que luego incluiría en su novela, dando el paso definitivo de la humanidad a la monstruosidad. He estudiado en *El monstruo como máquina de guerra* (2017) las narrativas que tematizan las intensas relaciones entre la corporalidad y el horror, así como los campos simbólicos que abre la figura del monstruo, advirtiendo que esa ficción se sustenta en una extrema representación del cuerpo en un mundo desacralizado, que ha renunciado a la trascendencia. Tanto *Frankenstein* como *Drácula*, *Dr. Jekyll y Mr. Hyde*, *Godzilla*, *King Kong* y muchos textos más de este registro constituyen una incisiva crítica a la Modernidad, al exceso de racionalización y a las pretensiones salvacionistas de la ciencia y la tecnología. En ese corpus se problematiza la idea del cuerpo humano como unidad totalizada y se anuncian los procesos de fragmentación de la imagen corporal que serían prominentes décadas después, y que se convertirían en el correlato material de las ideas de alienación y enajenación que se asocian con la modernidad capitalista.

La mostración del cadáver, la fascinación por los procesos de descomposición, los ambientes claustrofóbicos y siniestros que reproducen el espacio cerrado de la tumba y las imágenes truculentas de cuerpos descompuestos, cadáveres y fragmentos humanos son la base de la estética gótica de otrificación y cosificación del cuerpo. Esta tiene su correlato en espacios tenebrosos y da lugar a situaciones en las que los afectos y la razón se movilizan en condiciones anómalas que ponen a prueba las posibilidades de respuesta que cabe dar al misterio del ser. Como crítica social, el gótico funciona como *exposé* de situaciones y formas de subjetividad que la sociedad oculta o niega, desvelando lo oculto y misterioso. Este estilo juega con la indeterminación (¿ser humano o monstruo?, ¿vivo o muerto?) en la que Freud reconoce una de las fuentes del horror. *Lo ominoso* consiste, según Freud, en la desfamiliarización de apariencias que constituyen certezas en la vida ordinaria y que aparecen de pronto insufladas de una función extraña, tenebrosa y fuera de lugar, que destruye aquella familiaridad. Los mismos principios de truculencia e indeterminación se encuentran en la imagen del zombi, figura intermedia entre la vida y la muerte que atraviesa los escenarios de la Posmodernidad. El zombi es una figura eminentemente performativa, que dramatiza su posicionamiento intersticial y teatraliza una versión terrorífica del afán de inmortalidad que siempre ha sido uno de los horizontes de sentido de la ciencia.

En *El intercambio simbólico y la muerte* (1976), refiriéndose a los méritos de la historia cultural realizada por Foucault y a las formas de exclusión social a través de las épocas, Baudrillard señala que, junto con las formas de expulsión a las que se condenó a los locos y anormales, y a individuos pertenecientes a razas consideradas inferiores, otra forma de «expulsión» de los imaginarios colectivos es la que tiene como objeto a los muertos y la muerte misma, los cuales son «arrojados fuera de la circulación simbólica» de la sociedad:

De las sociedades salvajes a las sociedades modernas, la evolución es irreversible: poco a poco *los muertos dejan de existir*. [...] No son seres protagonistas, compañeros dignos del intercambio, y se les hace verlo muy bien al proscribirlos cada vez más lejos del grupo de los vivos, de la intimidad doméstica al cementerio, primer reagrupamiento todavía en el corazón del pueblo o de la ciudad, arrojados cada vez más lejos del centro hacia la periferia, y finalmente a ninguna parte, como en las ciudades nuevas o en las metrópolis contemporáneas, donde nada ha sido previsto para los muertos, ni el espacio físico ni en el mental. Incluso los locos, los delincuentes, los anómalos, pueden encontrar una estructura que los acoja en las ciudades nuevas, es decir, en la racionalidad de una sociedad moderna; solo la función-muerte no puede ser programada allí, ni localizada. (Baudrillard, 1976, p. 145)

Según este autor, la muerte ha perdido «normalidad» y «estar muerto es una anomalía impensable. [...] La muerte es una delincuencia, un extravío incurable» (Baudrillard, 1976, p. 145). El que los muertos no tengan un lugar definido y claro en la estructuración social demuestra la diseminación de la muerte en la sociedad toda, que el filósofo considera una sociedad de sobrevivientes. La desigualdad ante la muerte (quiénes mueren, cuándo, de qué, a qué edad, etc.) se corresponde con la desigualdad social de clases, razas, etc., o sea que depende de estrategias biopolíticas (aunque Baudrillard no usa esa expresión) que se apoyan en la idea de que los poderosos son, en la sociedad, los únicos que tienen derecho a mejor vida y mejor muerte (más tardía, más controlada).

Este tipo de tratamiento de la vida y la muerte como zonas a veces indistinguibles, a veces como formas de lo humano que se acechan la una a la otra, conecta con el concepto de lo abyecto. Una serie de pulsiones y miedos conscientes e inconscientes se agita en torno a esta experiencia de la indeterminación y la indecibilidad. La suspensión de la normalidad de la vida y de la familiaridad con los signos a partir de los cuales esta se manifiesta instala un régimen antinormativo que suspende las nociones de orden, regulación y naturalidad, enajenando la subjetividad, que ya no descansa sobre la percepción de lo real. La mencionada noción freudiana de lo ominoso *(Unheimlich, uncanny)* se vincula con estos sentimientos de enajenación y pérdida de la certeza que predominan ante situaciones que connotan lo siniestro. Freud insiste en el carácter repulsivo de este estado de la conciencia, que se encuentra situada ante una forma nueva e inmanejable de *diferencia*. La corporalidad es el elemento central de estas construcciones, que, como Julia Kristeva advierte en *Poderes de la perversión* (1980), pone al cuerpo en contacto con el inconsciente.

La disolución de la frontera entre vida y muerte que se produce en torno al cadáver encamina la subjetividad hacia la idea de lo siniestro y de lo abyecto, por lo cual el cuerpo muerto constituye una perturbación radical del orden de lo real, entendiendo por tal el que corresponde al desarrollo de la vida, concebida como perpetuación permanente de *lo que es*.

El cadáver es eminentemente impuro y transgresivo. Siendo lo más previsible para el ser humano, siempre es concebido como excepcionalidad, como evento. La abyección del cadáver viene del hecho de que perturba radicalmente el orden de lo que socialmente se concibe como lo vital y productivo, afirmando contundentemente la vulnerabilidad y la futilidad del cuerpo y de la vida. El cadáver *(cadere=*caer), nos recuerda Kristeva, es el hundimiento final: «el cadáver, el más repugnante de los desechos, es un límite que lo ha invadido todo. [...] El cadáver [...] es el colmo de la abyección» (Kristeva, 1980, pp. 10-11). Y esto no solo porque el cuerpo muerto implica la disolución de la materialidad, sino también porque la violencia que conduce a esta disolución (a la pérdida total del límite sin el cual la subjetividad no puede sustentarse) desarticula el sistema de derecho y hace de esta destrucción un espectáculo, creando una estética sobre las ruinas y sobre los desechos del ser social.

En *Pureza y peligro* (1966), Mary Douglas analiza el sentido de lo monstruoso, que siempre se asocia con el tema del cadáver, advirtiendo que la impureza tiene el significado de peligro o amenaza, nociones que desatan intensas reacciones emocionales. El cadáver, siendo parte del ciclo vital, es visto como una anomalía difícil de asimilar al orden de lo real. Este dominio de la abyección es «el lugar donde colapsa el significado», donde la experiencia de la muerte y del cadáver adquiere una importancia a nivel epistémico, porque transgrede las categorías del conocimiento, centrado en la experiencia de la vida y en la idea de la permanencia del ser. El cadáver es el despojo del cuerpo y sin embargo es visto como radicalmente ajeno a él, como una materialización decadente de lo que queda ante la suspensión de la identidad. El cadáver inspira terror porque representa una otredad ya irreductible, el fracaso de todo intento de aprehensión, apropiación o significación. El cadáver es *el Otro del Ser*, y no hay categorías ni lenguaje que puedan contenerlo. Puede aplicarse aquí lo que Baudrillard señala en *La transparencia del mal* (1990) sobre la otredad radical del monstruo:

> La Alteridad radical resiste a todo: a la conquista, al racismo, al exterminio, al virus de la diferencia, al psicodrama de la alienación. De una parte, el Otro siempre está muerto; de la otra, es indestructible. Así es el Gran Juego. (Baudrillard, 1990, p. 156)

Obviamente, la figura del zombi concentra todas estas significaciones, porque entraña las cualidades de lo vivo y lo muerto; en su oscilante verticalidad recorre los espacios sociales, asolándolos. Se trata de una forma perversa de invadir los espacios del yo, la conciencia burguesa, los imaginarios de la vida, el poder y el consumo, como un recordatorio ineludible de que la vida, y no su fragmentada materialidad, son un espectáculo pasajero e inútil, vaciado de sentido. El zombi desestabiliza, ya desde su desgarrada figura, la relación entre individualidad y subjetividad, existencia y sujeto, al modificar el vínculo entre la vida y la muerte y mostrar a esta última como una forma de valor que no puede ser destruido. El capital simbólico de la muerte es explotado en la figura del muerto-vivo, quien además tiene la condición de que se reproduce de manera infinita. Lo que esto dice sobre el capitalismo y la Modernidad ha sido objeto de un exhaustivo trabajo y no necesita ser repetido aquí, pero es importante recordar que el cadáver (su conceptualización, sus representaciones visuales, literarias, etc. y su inserción en los imaginarios colectivos) constituye un *shifter* ineludible para el estudio de la historia del cuerpo y de sus formas de inserción en la historia cultural de Occidente.[2]

En la época actual se ha estudiado la intensificación de los aspectos emocionales y políticos que desata la espectacularización del cadáver producida por los medios de comunicación, y la explotación de lo que ha dado en llamarse el «capital humanitario» de los cuerpos. La producción de este tipo de capital descansa —como analiza Heike Härting en «Global Humanitarianism, Race, and the Spectacle of the African Corps» (2008)— en formas discursivas y estructurales de violencia que generan reacciones de afecto y empatía y legitiman la necesidad de ayuda institucional a ciertas poblaciones, que son reificadas como víctimas inermes de un sistema anónimo de marginación radical. Härting habla de la utilización de una necropoética, que representa despolitizadamente la violencia sistémica, apuntando a los sentimientos de humanitarismo, pero negando un análisis de las causas estructurales de las situaciones extremas que se viven en la región subsahariana.

Si en este caso la visión del cadáver es manipulada políticamente, en el caso de su espectacularización por parte de los medios de comunicación, la literatura, las artes plásticas, la *performance*, el cine, los videojuegos, etc., su utilización como mercancía simbólica es indudable y, sin duda, comercialmente efectiva. La proliferación de despojos humanos satisface la curiosidad mórbida del individuo ante esa forma exteriorizada y estéticamente controlada de la muerte, que así pierde dimensión personal, tragedia, solemnidad y trascendencia.

Entre los estudios sobre la representación de la muerte destaca «The Pornography of Death» (1955), del sociólogo británico Geoffrey Gorer, quien se refiere al tratamiento de los temas vinculados con el deterioro físico, la agonía y las etapas finales de la vida como tópicos considerados tabú en Occidente, sobre todo en la época victoriana. Modernamente, el tratamiento del tema se ha popularizado debido a la influencia de los medios de comunicación, en los que la aproxima-

---

2. Sobre el significado político y filosófico del zombi, y los múltiples usos que se han dado a su figura, cf. mi libro *El monstruo como máquina de guerra* (2017).

ción al tema de la finalización de la vida es similar, según Gorer, a las formas de abordar al tema del sexo en el siglo XIX. Son tópicos que no se tratan frente a los niños pequeños y de los que se habla de manera figurada, indirecta o eufemística, como parte de las formas represivas que imponen decoro en la discusión de cuestiones consideradas biológicamente reveladoras y perturbadoras para ciertas sensibilidades.

Todo lo que alude de manera demasiado explícita a situaciones que requieren privacidad y discreción es objeto de un tratamiento autocensurado que termina marginando esos temas de los intercambios habituales. En ambos casos —sexo y muerte— el protagonismo del cuerpo es extremo, y revela aspectos de la fisicalidad usualmente invisibilizados por la sociedad. Sobre ambos temas la sociedad impone la supresión de detalles y un mundo de reticencias y disimulos. Según Gorer, en la primera mitad del siglo XX las agonías y muertes en el seno de la casa familiar se hicieron ya mucho más inusuales, por el desarrollo de la institución médica y las medidas de prevención de la salud y asistencia a los enfermos. Al mismo tiempo, paradójicamente, la gente ha estado expuesta a la muerte violenta de manera masiva:

> Guerras y revoluciones, campos de concentración y peleas entre pandillas fueron las causas más publicitadas de estas muertes violentas, pero la difusión del automóvil, con su constante e ignorado costo de accidentes fatales, puede muy bien haber influido en la introducción de la posibilidad de la muerte violenta como probabilidad para la gente que obedece a la ley en tiempos de paz. Mientras la muerte natural se fue rodeando más y más pudor, la muerte violenta ha desempeñado un papel creciente en las fantasías que se ofrecen a audiencias masivas —historias de detectives, de acción o del Oeste, historias de guerra, de espías, de ciencia ficción, y finalmente cómics de horror—. (Gorer, 1955, p. 51)

En la actualidad se registra una popularización prácticamente pornográfica de la muerte que responde a las expectativas de un público deseoso de satisfacer su curiosidad y de compartir el placer morboso de los cuerpos que se deterioran, fragmentan o colapsan frente a la cámara. La ciencia forense se ha convertido, coincidentemente, en

un área de interés y de aplicación en el campo de la producción cinematográfica, televisiva, etc., y el espectáculo de la muerte, en general,
es un tema recurrente en la pintura, la literatura, la fotografía y la
performance. Jacque Lynn Foltyn indica:

> Noticias, cultura popular e industrias de información y entretenimiento,
> exportadas globalmente, ponen principalmente el foco en los asesinatos,
> los cuerpos desaparecidos y presumiblemente muertos, el voyerismo de
> las inspecciones de cuerpos mutilados, en descomposición y degrada-
> dos, tanto de gente ordinaria como famosa. Así, hay un creciente culto
> a las celebridades muertas que «resucitan» por propósitos comerciales,
> borrando las fronteras entre vivos y muertos. En nuestra cultura ob-
> sesionada por la juventud y la belleza, las celebridades muertas son
> más populares que las vivas, y cualquier historia acerca de un asesinato
> grotesco o de una hermosa víctima es una obsesión nacional. (Foltyn,
> 2008a, p. 99)

Lo que Gorer llama *corpse porn* ofrece una verdadera *pornografía del
cadáver*, que hace referencia a la predilección por asuntos macabros y
explícitamente mórbidos. Para este autor, la muerte se ha convertido
en *the new sex* a partir de la explotación visual y la *glamurización*
mediática de las instancias finales de la vida y de las circunstancias
que las ocasionaron. Gorer compara el interés que producen ambos
tópicos y observa que tanto en el caso de la muerte como en el de
la experiencia sexual, el lenguaje resulta insuficiente para transmitir
sensaciones y sentimientos. Las vivencias corporales tienden en ambos casos a imponerse sobre las emociones asociadas con el amor y el
duelo. Ya que ambas experiencias son en gran medida incomunicables,
despiertan amplias elaboraciones de la imaginación. En el plano del
lenguaje, prolifera el uso de metáforas, comparaciones y construcciones alegóricas, así como la descripción de acciones y reacciones
a partir de las cuales se intenta construir un significado aproximado a
las vivencias corporales.

Gorer menciona *El retrato de Dorian Gray* (1890), de Oscar Wilde,
como ejemplo de una obra en la que se describe centralmente el

proceso de deterioro físico del personaje que se va registrando no en la realidad corporal, sino en el cuadro que lo representa. Al tiempo que se abordan los temas de la eterna juventud, la corporalidad, la belleza, el vicio y la vanidad, la obra fue juzgada por el elemento de homoerotismo que se concentra en la figura de Dorian y en las miradas ficcionales que lo construyen a lo largo de la narración, creando varios niveles representacionales superpuestos e interactuantes. Considerada una decadente utilización del mito de Narciso, la obra fue juzgada por algunos críticos como un descarado testimonio del hedonismo de su autor y de las costumbres disipadas, que aparecen descritas con delectación.

En *The Celebration of Death in Contemporary Culture* (2017), Dina Khapaeva indica que la reinvención del culto a la muerte por parte de la industria del espectáculo comunica el desencanto con los valores de lo humano, tal como fuera definido por la tradición humanística. Khapaeva realiza un análisis histórico y cultural del culto a la muerte, que tiene remotos antecedentes en las culturas clásicas, en representaciones populares como las danzas medievales de la muerte y en recreaciones contemporáneas el *Día de muertos*, folclorizadas en Halloween. El tema de la muerte es también objeto de rituales en subculturas como las del narcotráfico (devoción a la Santa Muerte) y en grupos que practican magia negra y formas de sacrificio de origen ancestral, recreadas de modo clandestino en espacios acotados de la sociedad:

> El culto a la muerte significa un rechazo de la idea del excepcionalismo humano y está basado en la larga tradición de la crítica al humanismo. Las ideas filosóficas penetraron la cultura popular, perdieron su potencial crítico y fueron transformadas en mercancía. El culto a la muerte dice más acerca de las actitudes hacia los seres humanos que sobre las actitudes hacia la muerte. (Khapaeva, 2017, p. 1)

En cualquiera de sus formas el culto a la muerte dice mucho sobre la sociedad que lo practica, sobre la relación entre cuerpo y comunidad, cuerpo y poder, vida y muerte, y acerca de los vínculos entre corporalidad, prácticas funerarias, esteticismo y religión. Ya que estas formas de culto están inscritas en la sociedad, se manifiestan en múltiples niveles relacionados con las disposiciones respecto al cadáver, los rituales y el lenguaje que acompaña las notificaciones de los fallecimientos, los velorios y períodos de duelo. Asimismo, son también evidentes las diferencias que se producen en el tratamiento de la muerte y del cadáver según los sexos, clases, razas, culturas y religiones, lo que muestra matices de gran importancia en cuanto al significado real y simbólico del cadáver y la supervivencia.

> El culto a la Muerte se manifiesta en una constelación de cambios en la cultura popular junto a los cambios en las prácticas sociales: entierros rituales, días festivos, cultos, lenguaje, educación y proyectos comerciales. [...] Los cambios de actitud hacia los humanos que se reflejan en la ficción popular y en las películas ayudan a comprender el significado y la naturaleza de los cambios en estas prácticas sociales. (Khapaeva, 2017, p. 16)

La corporalidad da lugar así no solamente a múltiples prácticas culturalmente diferenciadas, sino a un gran espectro de reflexiones que incluye aspectos relacionados con la creencia, las orientaciones filosóficas, las formas de vida y la desigualdad de clases y posicionamiento social. El tema de la representación del cadáver tiene clara relación con el esquema corporal predominante en cada época y con las formas de integrar estas nociones en la vida cotidiana. Tópicos como la banalidad de la vida, la futilidad del placer, la búsqueda de la inmortalidad y la interiorización de la muerte en los imaginarios colectivos son tratados como temas tabúes en muchas sociedades. Tales cuestiones, aunque reprimidas, no dejan de integrar el inconsciente colectivo. Por esta razón, muchas veces se manifiestan de manera indirecta y encubierta, en el ámbito privado o en el público, bajo la forma de acciones violentas que no tienen explicación aparente y que remiten, a través de múltiples mediaciones, al problema de la finitud en un mundo desacralizado.

Retomando algunos de los puntos analizados hasta ahora, Drew Leder avanza la idea de que la gran influencia cartesiana sobre la filosofía y sobre la medicina modernas no puede ser desestimada. Según Leder (1998, p. 120), el mecanicismo cartesiano informa aún el tratamiento médico, que funciona básicamente a partir del paradigma del cuerpo muerto, considerado el centro de un escenario de revelaciones. La idea del cuerpo como una máquina que funciona a través de relaciones de causa-efecto condujo, a partir de Descartes, a la construcción de una verdadera «ontología de la muerte» que en el siglo XVIII consideraba la enfermedad como un epifenómeno que se manifestaba en un cuerpo concreto. Con la tecnología, a partir del siglo XIX, de los rayos X, los estetoscopios y otras formas de auscultación y análisis clínico, fue posible «anatomizar» el cuerpo del paciente *en vida*, como antes se hacía con el cadáver, al diseccionarlo. Pero el paradigma del cuerpo muerto, según Leder, continúa rigiendo. El paciente yace en silencio ante el médico, sin poder penetrar en sus pensamientos ni atreverse a intervenir para no interrumpir sus procedimientos. El cuerpo es tratado como una máquina de funcionamiento defectuoso. Aunque se mencionen elementos holísticos e interacciones psicosomáticas, la integración de los diversos aspectos vinculados a la enfermedad es insuficiente. Leder señala que la medicina sigue en esto el modelo del automatismo, que la teoría del *cuerpo vivido* permite superar, ya que enfatiza las interacciones del individuo con el medio. En este sentido, «[e]l cuerpo vivido no es solo una cosa en el mundo, sino una manera en la que el mundo llega a ser» (Leder, 1998, p. 123).

En cuanto a la representación de la muerte, según Sander Gilman (2015), esta puede asumir en literatura una de estas dos formas dominantes: la primera, judeocristiana, en la que se trata la muerte como centro de un campo simbólico o alegórico, es decir, estetizado, que tiende a reprimir la realidad del fallecimiento, como en el período victoriano; la segunda modalidad se resuelve en formas desestetizadas y realistas, en las que se describe el proceso de terminación de la vida como reacción ante la negación de esta, que se realiza a nivel cultural. Pero entre ambos polos existe un amplio espectro que ficcionaliza la muerte sin estetizarla en exceso, permitiendo que la imaginación la presente como espectáculo, forma de redención, castigo, afirmación de la importancia de la vida o de su futilidad y falta de propósito. La presentación misma del cadáver y la importancia concedida a los rituales funerarios, al duelo y a las ceremonias recordatorias introducen importantes elementos para el estudio de la socialización de la muerte y de su sentido contingente y trascendente.[3]

---

3. Un interesante giro es presentado en *La amortajada* (1938), de la escritora chilena María Luisa Bombal (1910-1980), obra en la que la conciencia del personaje muerto crea una interesante contraposición con el mundo que lo rodea, con la memoria y con los rituales que acompañan a su cuerpo.

Cuerpo y poshumanidad

En su exhaustivo estudio *Ser humano: Cuestión de dignidad en todas las culturas* (2019), José Antonio Pérez Tapias recorre, desde la perspectiva de la antropología filosófica y la filosofía de la cultura, las múltiples inflexiones a través de las cuales se ha ido conceptualizando, en las distintas épocas, la condición de lo humano: *homo sapiens, homo loquens, homo œconomicus, homo socialis…* y otros, hasta culminar con el *homo digitalis*, propio de nuestro tiempo. Este nuevo avatar de lo humano sería el punto de convergencia de nuevas formas de intencionalidad y significación, orientadas hacia las posibilidades de una transformación cualitativa capaz de llevar al ser humano a formas supuestamente superiores de existencia o de *ser-en-el-mundo*.

> La supuesta evolución hacia una especie humana superior, de la mano de la biotecnología y con la inteligencia artificial como apoyo, más los cíborgs como parientes próximos, conllevaría no solo acrecentar los potenciales cognitivos de la especie, sino resolver cuestiones tales como el aseguramiento de un exitoso cuidado de la salud, llegando incluso a disponer de medios tales de rejuvenecimiento que la edad de los individuos se vería llevada a cotas más que centenarias, permitiendo pensar, en el extremo, en una suerte de inmortalidad. (Pérez Tapias, 2019, p. 363)

En esta visión utópica, que Pérez Tapias relaciona con las ideas expuestas por Yuval Noah Harari en *Homo Deus: Breve historia del mañana* (2015) sobre transhumanismo, el elemento que cataliza las transformaciones del individuo y su acceso al estadio superior que supera a la mortalidad es de naturaleza tecnológica. El filósofo español llama *dataísmo* a la adhesión al dato, al algoritmo, a las cartas genéticas como fuentes de información y, más aún, como codificaciones que encerrarían la verdad del ser y de la vida. Es paradójico que tal penetración en el misterio del ser empiece —¿o termine?— por cosificarlo, es decir, por reducirlo a una serie de ecuaciones que permiten la manipulación de su cuerpo y, consecuentemente, de su psicología, sus afectos, su racionalidad y su espíritu, proceso que va dejando atrás lo propiamente *humano*, o —concedámoslo— lo que solíamos identificar como tal.

El transhumanismo es una de las formas en las que se materializan estas nuevas visiones que se avizoran como posibilidades de lo poshumano. El concepto de lo «transhumano» se refiere a un estadio intermedio entre lo humano y lo poshumano, siendo lo poshumano un concepto más abarcador, y lo transhumano una designación más acotada y puntual. El término se refiere a la idea de *transitional human*, atribuida a uno de los precursores del transhumanismo, F. M. Estfandiary (quien cambiara su nombre a FM-2030). Pero el comienzo formal del transhumanismo se asocia a la divulgación de los *Principles of Extropy* (1990), donde Max More (cuyo nombre original era Max O'Connor) explicó las metas y valores de ese movimiento, que se define en torno a la idea de que un ser vivo tiene la capacidad (inteligencia, vitalidad, funcionalidad, etc.) de optimizar cualitativamente sus atributos.[1] El transhumanismo sería

> el movimiento intelectual y cultural que afirma la posibilidad y el atractivo de mejorar fundamentalmente la condición humana a través de la razón aplicada, especialmente en el desarrollo y la amplia accesibilidad de tecnologías para eliminar el envejecimiento y mejorar en gran medida las capacidades intelectuales, físicas y psicológicas. [Asimismo, implica] el análisis de las ramificaciones, promesas y peligros potenciales de las

---

1. *Extropy* es un término que fue acuñado por T. O. Morrow en 1988 para hacer referencia a la capacidad de excelencia que puede alcanzar un sistema en cuanto a inteligencia, información, orden y vitalidad. La filosofía extrópica fue definida por Max More en 1998. More y Morrow fundaron el *Extropy Institute* (1992) y la revista *Extropy* (1998). Cf. VV. AA., «What is Transhumanism»?», https://whatistranshumanism.org/#what-is-a-posthuman.

tecnologías que nos permiten superar las fundamentales limitaciones humanas, y el estudio relacionado con los asuntos éticos relacionados con el desarrollo y uso de tales tecnologías. (VV. AA., «What is Transhumanism»?», https://whatistranshumanism.org/#what-is-a-posthuman)

En «The Philosophy of Transhumanism» (2013), Max More define el transhumanismo de acuerdo con los conceptos señalados, y lo vincula con la *eupraxsofía (eupraxsophy)*, concebida por Paul Kurtz como una religión secular o filosofía de la vida que rechaza las religiones tradicionales (la fe, la doctrina y la adoración de imágenes), sosteniendo más bien la idea de una existencia afirmada en los valores de la ética, la ciencia, el progreso y la racionalidad. Según More, la humanidad ya ha alcanzado dos de los tres sueños de los alquimistas: ha logrado la transmutación de la materia y ha conseguido volar. Lo próximo es la inmortalidad (More, 1994). De acuerdo con los principios del movimiento transhumanista, la muerte es una limitación que el ser humano ya no tiene por qué aceptar.

Entre los propósitos del transhumanismo, que reconocen vínculos con la filosofía nietzscheana del superhombre, se cuenta la expansión del espacio vital por medio de la colonización espacial y la proliferación de mundos virtuales. Así, ser poshumano ha sido definido como el estadio evolutivo que permite alcanzar alturas intelectuales por encima de la genialidad humana, sostener una energía constante, resistir a la enfermedad y el envejecimiento, ser capaz de controlar deseos, cambios de humor y emociones perturbadoras y de acrecentar sentimientos de placer, amor y serenidad, así como de llegar a estados de conciencia superiores.[2]

Englobando, pero también rebasando la propuesta transhumanista, el concepto de lo poshumano, que designa el estado que sobrevendría cuando la transición desde lo humano-clásico hacia el estadio superior se produjera, tiene muchísimas aristas y contiene diversos movimientos que no pueden ser abarcados en el marco del presente trabajo.

2. Cf. al respecto VV. AA., «What is transhumanism?», https://whatistranshumanism.org/#what-is-a-posthuman.

Valga indicar que cuando se estudia el fenómeno de lo humano desde perspectivas actuales, es necesario considerar este horizonte utópico, ya que muchos de los pasos que conducirían en la dirección anotada están siendo dados, como puede observarse en la comunicación por redes, la construcción de espacios virtuales y la biotecnología.

La noción de poshumanidad ha sido puesta en circulación como parte del diagnóstico apocalíptico que, desde algunas perspectivas, se ha desarrollado en relación con el concepto de Posmodernidad: descaecimiento de los grandes relatos, debilitamiento del Estado y de las identidades nacionales, procesos de globalización que crean un vértigo espacio-temporal que descentra al sujeto, crisis del sistema ecológico, etc. Agregado a estos desequilibrios estructurales y sistémicos, muchos autores han detectado asimismo en el incremento de la tecnología un factor que parece anunciar el rebasamiento de las limitaciones y también de los rasgos intelectuales, afectivos y racionales propios del ser humano y, consecuentemente, del concepto de humanidad y de humanismo clásico y moderno.

Las variadas vertientes de lo poshumano presentan diversos grados de radicalidad y diferentes apoyos empírico-ideológicos, a partir de los cuales se imagina el futuro como superación de las limitaciones del presente y se caracteriza la sociedad que correspondería a tal transformación. La crítica a la excluyente racionalidad ilustrada, el cuestionamiento de lo que el pensamiento liberal considera los logros de la Modernidad, el descreimiento en los principios del universalismo y la búsqueda de horizontes filosóficos y sociales alternativos a los dominantes apuntan a formas nuevas de conocimiento del mundo y de conceptualización de las relaciones entre individuo, Estado y sociedad, así como de la relación del sujeto consigo mismo, anunciando nuevas formas de conciencia social y de subjetividad.

La redefinición de la siempre indagada relación entre naturaleza y cultura que acompaña los interrogantes que se van configurando desde las últimas décadas del siglo XX incluye el tema de la tecnología, de largo arraigo en el pensamiento occidental, y lo incorpora a una reflexión sobre la redefinición de lo humano y sobre el tema de la *diferencia* (física, intelectual, racial, de género y clase, según edades, formas de sexualidad, capacidades corporales, etc.), aspecto central en la Posmodernidad. Como señala Donna Haraway, a partir de la segunda posguerra, «el cuerpo cesó de ser un estable mapa espacial de funciones normalizadas, y emergió como un campo móvil de diferencias estratégicas» (Haraway, 2005, p. 242).

¿Cómo incorporar lo *diferente* en lo id-éntico? ¿En qué momento cesa la celebración de la diversidad y comienza la defensa de las supuestas *esencias* que definen al ser humano? ¿Hasta qué punto la tecnología desnaturaliza lo humano y lo convierte en el núcleo de nuevas formas de existencia? ¿En qué medida puede la tecnología llevar el cuerpo a niveles de rendimiento y excelencia que serían inalcanzables sin esta intervención, y qué precio paga el ser humano por este mejoramiento sobrenatural?

Iain Chambers es uno de los autores que en *La cultura después del humanismo* (2001) reflexiona sobre estas cuestiones, principalmente sobre las nuevas formas de producción de subjetividad en un mundo donde la tecnología parece invadir el espacio vital. Si lo propiamente humano se encuentra intervenido por la tecnología, ¿no está anunciando ya el advenimiento de un horizonte poshumano capaz de contener la hibridación creciente de nuestra realidad corporal (mental, psicológica, afectiva, intelectual)? ¿Qué correlación existe entre estos cambios y las transformaciones de la sociedad total, de la cultura y del destino histórico de la humanidad?

Para autores como Neil Badmington, el poshumanismo es una práctica que tiene lugar dentro del dominio del humanismo, de la misma manera que la Posmodernidad parte de la Modernidad, que la contiene, es decir, no es pensada como cancelación de la Modernidad ni como su superación, sino como la forma que *lo moderno* asume en la época actual, como resultado de las transformaciones sociales, políticas y económicas que sustentan nuestro presente. Para otros, la Posmodernidad no puede ser explicada como avatar de la Modernidad ni como su contracara o estadio superior, sino como una instancia cualitativamente diferente de concebir la racionalidad, lo social y lo político. Lo mismo puede predicarse de lo poshumano. Lo que comenzó siendo un problema relacionado con los procesos de hibridación es considerado hoy, en muchos casos, como una experiencia de mutación que va dejando atrás los rasgos propios de lo humano entendido como matriz original de la existencia.

En *Embodiment and Experience* (1994), Thomas Csordas usa el concepto de *embodiment* (corporeización) para referirse a la incorporación que el cuerpo humano realiza de técnicas y dispositivos que lo modifican sustancialmente. Su preocupación tiene que ver con el cuerpo tanto en la dimensión subjetiva como intersubjetiva, y con las formas de resistencia y las codificaciones que se le imponen. El cuerpo es, entonces, tanto presencia como proyecto; es la producción de un sistema de signos, es decir, una especie de texto codificado, que debemos aprender a «leer».

Si el tema de la tecnología es esencial para pensar los horizontes de lo poshumano, el mercado constituye, a su vez, un desafío ineludible para los valores del humanismo, al modificar la concepción de lo social orientada hacia el sujeto, y reemplazarla por una teleología objetual, consumista e inmediatista, basada en el hedonismo de la mercancía. Cuerpo y mercado se vinculan así estrechamente en la medida en que no solo el cuerpo es el destinatario de la mercancía sino también mercancía *él mismo*, al estar identificado con un valor de uso que lo hacer circular en un nivel maquínico, objetual: es el dispositivo que debe ser *mantenido* para asegurar su funcionamiento, alimentando los niveles corporales, los del deseo, la afectividad y las necesidades intelectuales, a nivel comunicacional, intersubjetivo, trascendente, etc. Según Terence Turner (1995) esta mercantilización del cuerpo no es otra cosa que el reflejo del individualismo consumista del capitalismo tardío, que ha tendido a localizar en una nueva entidad antiguamente *sagrada* —el cuerpo— un conjunto de construcciones culturales (como la identidad) y de fenómenos sociales (como las relaciones de producción).

Csordas relaciona la primacía del cuerpo con la cultura del consumo, pero agrega un uso conceptual más preciso: no deberíamos hablar solo de cuerpos en cuanto entidades materiales, sino también de corporalidades y procesos de incorporación cultural *(embodiment)*, ya que la corporeización permite aprehender la forma de ser del sujeto en cuanto cuerpo material (carne, procesos orgánicos, características morfológicas, etc.). *Embodiment*, así utilizado, es un concepto-matriz y uno de los paradigmas de la antropología cultural.

Si el cuerpo, sus capacidades y relaciones con el mundo han sido considerados tradicionalmente el núcleo del saber humanístico y de la concepción antropocéntrica del universo, no resulta difícil concebir que, con los cambios sustanciales que se han venido registrando en Occidente desde la segunda mitad del siglo XX, el punto neurálgico de las preocupaciones culturales, políticas y sociales se ha desplazado fuera del dominio de los saberes totalizadores. Las tensiones de la Modernidad permiten advertir fisuras profundas y contradicciones inocultables en el proyecto cultural del liberalismo y en la concepción burguesa de la «alta cultura». Tales rupturas se registran primariamente por el régimen de exclusiones que implementó el humanismo con respecto a expresiones culturales de sectores no dominantes, producidas en lenguas vernáculas u originadas en sujetos subalternizados desde la dominación colonialista, que quedaron fuera del radar de la historiografía, la crítica y las políticas culturales. La exclusión de clase, raza y género fue *de hecho*, y generalmente de manera tácita, un *principio de orden* del humanismo, que definió como su principal ámbito de acción el de las que fueran consideradas *altas manifestaciones del espíritu*, provenientes de los sectores más acaudalados y con acceso a las mejores formas de educación institucionalizada o autodidacta. Con ellos, los valores de belleza, armonía y verdad se colocan en el centro de la estimación cultural, y se concentran y transmiten en modelos de pensamiento y de expresión humana que son propagados y propugnados como *universales*.

Aunque la órbita del humanismo cultural abarca, sobre todo en su variante secular, el trabajo de recuperación y análisis de las más selectas expresiones de la cultura, poco a poco el concepto mismo de humanismo irá revelando su carácter *ideológico*, en la medida en que los sectores poderosos y cultos se identifican, en no pocos casos, con la opresión política, la discriminación y la falta de sensibilidad frente a problemas esencialmente *humanos*. La segunda mitad del siglo XX constituirá un espacio histórico de impugnación de los valores del humanismo y de debate en torno a los lineamientos que habían definido esta orientación cultural durante siglos. Como respuesta a *El existencialismo es un humanismo* (1946) de Jean-Paul Sartre, la *Carta sobre el humanismo* (1947) escrita por Heidegger remueve las bases del clasicismo burgués y de la ideología del progreso que ya había recibido un golpe mortal con las guerras mundiales. En el contexto de los debates sobre el humanismo, el tema de la técnica aparece con frecuencia como disparador para reflexiones acerca del efecto de elementos maquínicos sobre la subjetividad, las relaciones sociales y el concepto mismo de lo humano.

En «La pregunta por la técnica» Heidegger reconoce en esta la posibilidad de crear cambios cognitivos sustanciales y trascendentes, que van mucho más allá de su mera instrumentalidad. Muchas de sus reflexiones serán retomadas más tarde, entre otros por Peter Sloterdijk, quien, en un polémico texto, *Normas para el parque humano* (1999), responde a los conceptos vertidos por Heidegger medio siglo antes. Sloterdijk vuelve a la idea de la selección biopolítica que, a partir de los adelantos de la ciencia, pudiera permitir una implementación antropotecnológica destinada a superar el fatalismo del nacimiento con formas de «selección prenatal» destinadas al mejoramiento de la especie. Como es obvio, las propuestas del filósofo causaron en Alemania un revulsivo ejercicio de memoria histórica, y encendieron polémicas en torno al totalitarismo y la «ingeniería social», idea que recuerda las «limpiezas» humanas del nazismo. La fundamentación de Sloterdijk, desafiada principalmente por Habermas, involucra un emplazamiento del humanismo que vale la pena atender.[3] Para Sloterdijk, el humanismo fue una de las principales tecnologías para la domesticación del ser humano y para su integración selectiva a la nación, utilizando la escritura y los textos considerados clásicos para el adiestramiento y programación de una clase y la marginación de los sectores considerados como representantes de la «barbarie». El poderoso desmontaje realizado por Sloterdijk de las técnicas del hu-

3. Cf. a propósito mi análisis de este texto en *Filosofía y crítica en América Latina* (Moraña, 2018). Cf. asimismo Vásquez Rocca, 2009.

manismo como formas represivas y doctrinarias de adiestramiento del «rebaño» humano, contrapuestas a las abiertas y sin duda peligrosas posibilidades expuestas por la antropotecnología, muestran un pensamiento iconoclasta que, por las vías de Heidegger, Kant y Nietzsche, percibe transformaciones sustanciales en el mundo posmoderno y poshumanístico que desafían el sistema de valores y las categorías de la Modernidad.

> Frente al miedo a que las máquinas terminen sustituyendo a los humanos, el poshumanismo recupera la actitud xenolátrica y se plantea la necesidad de desarrollar un pensamiento ecológico (en su sentido más amplio) que tenga en cuenta no solo el entorno natural sino también el tecnológico (e incorpore, entre otras cosas, los derechos cívicos de las máquinas). Según Sloterdijk, hay que prescindir de la interpretación (humanista) del mundo estructurada sobre la dicotomía sujeto-objeto, porque «los hombres necesitan relacionarse entre ellos, pero también con las máquinas, los animales, las plantas…, y deben aprender a tener una relación polivalente con el entorno». (Vásquez Rocca, 2009, s/p)[4]

El cuerpo humano, aniquilado en los enfrentamientos bélicos, relegado por regímenes de exclusión y de expulsión social, y desprovisto en muchas regiones de las condiciones mínimas para su supervivencia, no se somete ya a los paradigmas del humanitarismo. Luego de la catástrofe social de las guerras mundiales y el fascismo, el mundo asume de otro modo la relación con el cuerpo y sus formas de representación. Las vanguardias muestran cuerpos fragmentados, fisonomías alteradas por líneas discontinuas y atravesadas por coloraciones que revelan dimensiones impensadas de la corporalidad y de sus formas de inserción en entornos marcados por la destrucción de la imagen. La biotecnología impulsa nuevas conceptualizaciones del cuerpo y de la mente. Sujetos *fuera de lugar* atraviesan los espacios sociales: refugiados, migrantes, desplazados, comunidades en diáspora, grupos

---

4. La cita de Sloterdijk incluida por Vásquez Rocca pertenece a «El posthumanismo: sus fuentes teológicas, sus medios técnicos» (Sloterdijk, 2005).

nomádicos que evidencian las modificaciones profundas que ya empieza a sufrir la nación-Estado y el concepto mismo de ciudadanía.

El surrealismo, el dadaísmo, el cubismo, el futurismo, etc. incorporaron ya versiones radicales de la figura humana en correspondencia con las transformaciones de la sensibilidad y de los imaginarios colectivos. Los adelantos de la biotecnología pueblan los escenarios híbridos de la Modernidad, imbuidos de un dinamismo caótico. En muchos casos el cuerpo humano, considerado como un *work-in-progress*, es llevado a sus límites y sometido a drogas y alucinógenos que ponen al individuo en contacto con mundos virtuales que estimulan su percepción y sus habilidades creativas, dando lugar a representaciones que subvierten el orden de lo real liberando pulsiones y abriendo paso a la experimentación y a la iconoclasia. Con estímulos o sin ellos, para los surrealistas, a través de la liberación del inconsciente, de los sueños y de los impulsos reprimidos, el cuerpo genera mundos alternativos donde los regímenes de la «racionalidad» que había causado el paroxismo de la guerra daban paso a una radicalizada emocionalidad, que buscaba nuevos cauces de expresión. Esta lección acerca de la expansión de horizontes sensibles es asimilada en varias vertientes de lo poshumano.

Lo poshumano concentra en su amplio espectro de significaciones la idea de una otredad trasformativa que solo puede alcanzarse incorporando a la materia viviente elementos exógenos que son luego asimilados al funcionamiento orgánico. Esta *impureza* esencial de lo poshumano constituye un inmenso desafío a la religión y a la ciencia. Las teorías sobre el origen del ser humano, sobre el carácter singular de la materia orgánica y sobre el valor de las nociones de totalidad, unidad y organicidad se ven desafiadas por el carácter radicalmente heterogéneo de la entidad humano-tecnológica que proponen algunas versiones de modificación corporal.

En algunas de sus versiones, el poshumanismo parte de una crítica a la condición humana por algunos de los rasgos de su desarrollo histórico como la destrucción del medio ambiente, la depredación de la naturaleza y de otras especies, las tendencias destructivas a nivel social y político-económico, el abandono de normas morales y del sentido comunitario, etc. El avance de los movimientos de defensa de los animales y el desarrollo de los derechos de la naturaleza son algunos ejemplos de estas nuevas dimensiones que *lo vital* asume en tiempos actuales, más allá de lo humano.

Es común que se incluya la discusión del antropocentrismo como práctica de la hegemonía, por lo cual el discurso poshumanista tiene en algunos casos una torsión utópica, redencionista. En otros casos, el poshumanismo se orienta, como se ha venido indicando, por la vía de la hibridación y la mutación tecnológica. Para algunos autores, el progreso tecnológico ha dejado atrás concepciones de lo humano basadas en lo que se consideraban las capacidades propias del cuerpo y de la mente humana, pero actualmente tales umbrales han sido rebasados, exigiendo la utilización de categorías diferentes a las que regían durante el cartesianismo o la Ilustración, y que dieron base a la configuración de proyectos y horizontes de sentido que difieren mucho de los actuales, a los que se ha llegado con ayuda de la electrónica, la computación, la creación de mundos virtuales y el uso de inteligencia artificial. Evidentemente, tales desarrollos rebasan los límites de la corporalidad, y el cuerpo es concebido en atención a la transformación que las funciones orgánicas, las capacidades y la materia misma van desarrollando a medida que se innova sobre los materiales y las formas de organización que componen la corporalidad. Las fronteras de lo humano y de lo subjetivo deben ser, en este contexto, rediseñadas. Como consecuencia de estas redefiniciones, la noción y la delimitación de las estructuras sociales también van modificándose, para alojar formas de conciencia y de comunicación que se están concibiendo descorporeizadas, es decir, situadas fuera de los límites de la corporalidad. El concepto mismo de experiencia va cambiando, y con él los lenguajes, las nociones de creación y sensibilidad, los procesos de simbolización y la definición de metas y utopías.

Mientras que algunas formas de lo poshumano presentan al cuerpo humano como un organismo que puede retroceder hasta alcanzar formas más primitivas y elementales que las presentes a partir de procesos de degeneración y declive evolutivo, otras vertientes de lo que se ha denominado «poshumanismo tecnológico» exploran por las vías del arte y la literatura transformaciones radicales que tienden al mejoramiento de las capacidades corporales por medio de integración de elementos cibernéticos. Paul Sheehan trae a colación en su estudio sobre «Posthuman Bodies» el hecho de que el robot fue concebido inicialmente como un posible esclavo para el ser humano. Señala que en los años cuarenta el matemático y filósofo Norbert Wiener percibió esta torsión de la tecnología, que está ya ejemplificada en Víctor Frankenstein, quien, impulsado por su deseo de convertirse en amo de su creatura, fabrica al monstruo a quien dará su nombre. Otra variante de estas teorías y prácticas que intentan sobrepasar las limitaciones de lo humano caen dentro del dominio de lo «transhumano», que abarcaría los intentos por ir eliminando las huellas del envejecimiento y prolongar la vida hasta lograr la inmortalidad.

Donna Haraway, en su *Manifiesto para cyborgs* (1985) se refiere a esta creación dentro del marco de las políticas culturales.

> Para ella, la figuración no es tanto una maravilla tecnocientífica como el medio para deconstruir la valorización científica de la racionalidad abstracta e instrumental y las varias jerarquías logocéntricas que la sostienen (humano-maquínico, humano-animal, animado-inanimado, etc.). (Sheehan, 2015, p. 252)

Desde el punto de vista filosófico, otros conceptos son convocados por la idea de lo poshumano y la alianza de lo humano y lo maquínico, como por ejemplo las nociones de artificialidad y simulacro, que permiten reflexionar sobre la convergencia de ciencia y religión, y de ciencia y naturaleza. Ya en el siglo XVIII David Hume (1711-1776) plantea que el mundo es realmente un artefacto, una obra de ingeniería, que solo conocemos por sus efectos. Todo artefacto, señala, es prisionero de su ser, de su facticidad, pero el ser humano habría sofisticado estas máquinas hasta liberarlas, en diferentes grados, de sus restricciones materiales. Aunque hay extensas elaboraciones y una nutrida producción literaria acerca del carácter monstruoso de las máquinas, también estas han pasado a concentrar las significaciones de rendimiento, disciplina, precisión y *racionalidad* instrumental. Al mismo tiempo, la modificación que provoca lo maquínico como propuesta poshumana crea múltiples prevenciones en la medida en que constituye una alteración radical de la subjetividad y una interferencia irreversible en la construcción de identidades y en las funciones de la memoria, la afectividad y la interacción social, tal como las conocemos. Otros autores destacan el hecho de que la perspectiva desde la que se ejerce hoy este tipo de críticas ya se encuentra afectada por el cambio y por el impacto de las tecnologías, que han modificado sustancialmente no solo la constitución misma de la corporalidad sino las nociones de amistad, realidad, privacidad, tiempo libre, trabajo y esfera pública.

El interés del cíborg estriba no solamente en la constitución «corporal» y en las funciones «mentales» que lo caracterizan, sino en su condición de ser de frontera, situado entre los territorios de la tecnología y la ficción, lo orgánico y lo maquínico, lo natural y lo cultural. Al tiempo que redefine las fronteras entre lo vivo y lo inanimado, modifica las nociones de «pensamiento», «saber» y «trabajo», poniendo en crisis aspectos epistémicos, éticos e ideológicos relacionados con la definición misma del ser.

A nivel simbólico, visto desde el psicoanálisis, por ejemplo, la figura del cíborg y la noción de lo poshumano canalizan una serie de ansiedades relacionadas con la disolución de las identidades colectivas, la cooptación de la memoria por parte del autoritarismo del discurso oficial, la falta de horizontes de solidaridad, la desaparición de las comunidades y la arrasadora fuerza del mercado, que cultiva la insatisfacción del deseo y la fetichización de las mercancías, entre las que se encuentra el cuerpo humano. El cíborg representa el proceso de deshumanización y automatización del mundo desarrollado, utilitario e instrumental, y, en este sentido, simboliza la enajenación de la conciencia individual y colectiva. En otros contextos, puede ser asociado con la emancipación, con nuevas formas de ser que logran eludir el poder y compensar la vulnerabilidad corporal (física, psicológica y emocional). Haraway lo considera el contramodelo de la noción de lo humano, pensada desde la matriz cristiana y reforzada por el liberalismo y el psicoanálisis, y describe así su horizonte «existencial»:

A la inversa de las esperanzas del monstruo de Frankenstein, el *cyborg* no espera que su padre lo salve con un arreglo del jardín, es decir, mediante la fabricación de una pareja heterosexual, mediante su complemento en una totalidad, en una ciudad y en un cosmos. El *cyborg* no sueña con una comunidad que siga el modelo de la familia orgánica aunque sin proyecto edípico. El *cyborg* no reconocería el Jardín del Edén, no está hecho de barro y no puede soñar con volver a convertirse en polvo. [...] Su problema principal, por supuesto, es que son los hijos ilegítimos del militarismo y del capitalismo patriarcal, por no mencionar el socialismo de Estado. Pero los bastardos son a menudo infieles a sus orígenes. Sus padres, después de todo, no son esenciales. (Haraway, 1991, p. 256)

Otro movimiento radical que surge en los años ochenta en relación con la corporeidad, la mortalidad y la configuración física es el que se conoce como «New Flesh» («Nueva carne»), el cual tiene como representantes principales a los ya mencionados artistas Orlan, Stelarc, Carolee Schneemann, Cindy Sherman y otros, así como al director de cine David Cronenberg (*Videocrome*, 1983; *La mosca*, 1986; *Crash*, 1996) y el escritor y cineasta británico Clive Barker (*Hellraiser*, 1987; *El juego de las maldiciones*, 1985). También se considera a David Lynch cercano al movimiento, por la estética que despliega en *El hombre elefante* (1980). La estética de lo transhumano, abordada en este libro en el capítulo 13 («Cuerpo y representación»), incluye múltiples propuestas que enfocan el tema de la transformación radical del ser humano como forma de superar sus condicionantes fisiológicos, morfológicos, etc. por medio de la hibridación maquínica.

El programa del movimiento «Nueva carne» incluye el trabajo con imágenes fotográficas, películas, *performances*, escultura y diversas formas de arte corporal para representar la abolición de la identidad física y psíquica y la rebelión contra los modelos de conceptualización de lo humano. Respondiendo a lo que los miembros de ese movimiento consideran la descomposición de las redes sociales, la pérdida total de valores y la necesidad de incorporar los adelantos de la tecnología para dar un salto cualitativo contra la contingencia y las limitaciones corporales, «Nueva carne» explora recursos como la manipulación genética, la modificación quirúrgica del cuerpo y la incorporación de lo inorgánico como potenciación de la materialidad humana. Los límites entre lo orgánico y lo inorgánico, lo vital y lo inanimado, lo muerto y lo vivo son transgredidos a través de la (con) fusión de racionalidad y alucinación, virtualidad y realidad. Se trata no solo de un rechazo a lo natural como determinación limitadora de la libertad, sino de una búsqueda de emancipación y autonomía del deseo con respecto a las restricciones, prejuicios y valores de la cultura dominante. Según indica Jesús Adrián Escudero:

> Esta actitud de protesta se agudiza en el ámbito de los movimientos *queer* y de la llamada «nueva carne» de manera que nos encontramos con propuestas de desmitificación del orgullo fálico, de intercambio de roles sexuales, de transformismo, de mutación del cuerpo humano, de cirugía radical, de tatuaje, de *piercing*, etc. Todo un ramillete de variopintas manifestaciones artísticas muy vinculadas a la protesta social, a la denuncia contra los abusos y a los privilegios de la mayoría heterosexual, […] el cuerpo se convierte en una plataforma de protesta, en un soporte material de la práctica artística. Deja de ser un elemento pasivo para dar expresión a diversas experiencias ligadas al dolor, al placer, al sexo, a la cosmética y a la cirugía. (Escudero, 2007, p. 150)

Inserta en un discurso apocalíptico, la experimentación de formas y estructuras apunta a cambios de sustancia y contenido, modificando el modelo de lo humano, su pensamiento, sus formas de captar sensorialmente el mundo y de elaborarlo y «poseerlo» intelectualmente. Según Stelarc:

> Considerar obsoleto el cuerpo en la forma y en la función podría parecer el colmo de la bestialidad tecnológica, pero también podría convertirse en la mayor realización humana. Porque solo cuando el cuerpo es consciente de su propia condición puede planificar sus propias estrategias posevolutivas. No se trata ya de perpetuar la especie humana mediante la reproducción, sino de perfeccionar al individuo mediante la reproyección. Lo más significativo no es la relación macho-hembra, sino la

interfaz hombre-máquina. El cuerpo está obsoleto. Estamos al final de la filosofía y de la fisiología humana. El pensamiento humano corresponde al pasado humano. (Stelarc, 1996, p. 238, en Pedraza, 2004, p. 37, nota 2)

Lo monstruoso ya no viene del mundo exterior para asolar a la sociedad y desbaratar al ser humano, sino que este contiene en sí mismo los gérmenes de la destrucción de la materialidad tradicional y del surgimiento de formas aterradoras y regenerativas de vida poshumana.[5] A través de la teatralización de lo grotesco, lo excesivo, diabólico o repugnante, se busca revertir las convenciones del arte y crear mutaciones sobre el cuerpo, base de la identidad y de la relación con el mundo, insertando formas ficcionales en lo real hasta destruir las fronteras del reconocimiento social y de la tolerancia colectiva. El resultado termina siendo un agotamiento de esa estética que al autosaturarse, sutura el proceso de producción de significados, habiendo generado un nuevo ensamblaje de estereotipos que hacen su aparición sin haber logrado desplazar a los anteriores, creando así una turbia y promiscua coexistencia simbólica.

5. Sobre «nueva carne», cf. Navarro, 2002.

Referencias bibliográficas

La traducción de las citas que no han sido tomadas de ediciones en español son mías.

Adorno, Rolena (1988), «El sujeto colonial y la construcción cultural de la alteridad», *Revista de Crítica Literaria Latinoamericana* 28, pp. 55-68.

Agamben, Giorgio (1995), *Homo sacer: El poder soberano y la nuda vida*, Valencia, Pre-Textos, 1998.

— (2006), *Qué es un dispositivo: Seguido de El amigo y La Iglesia y el Reino*, trad. de M. Ruvituso, Buenos Aires, Adriana Hidalgo, 2014.

— (2009), *Desnudez*, trad. de M. Ruvituso y M. T. D'Meza, Buenos Aires, Adriana Hidalgo, 2011.

Ahmed, Sara (2004), *La política cultural de las emociones*, México, UNAM, 2015.

Álvarez Solís, Ángel Octavio (2014), «Ética de lo impersonal y gestión de la vida en Roberto Esposito», *Metafísica y Persona: Filosofía, conocimiento y vida*, 6, 12 (2014), pp. 145-161.

Amnistía Internacional (1984), *Torture in the Eighties*, Londres, Amnesty International Publications.

Arens, William (1975), «The Great American Football Ritual», *Natural History* 84, pp. 72-80.

Aristóteles (2004), *Problemas*, Madrid, Gredos.

Ashcroft, Bill, Gareth Griffiths y Helen Tiffin (eds.) (1995), *The Postcolonial Studies Reader*, Londres / Nueva York, Routledge.

Augé, Marc (1994), *El sentido de los otros: Actualidad de la antropología*, trad. de R. Lacalle y J. L. Fecé, Barcelona, Paidós, 1996.

— (2013), *El antropólogo y el mundo global*, trad. de A. Dilon, Buenos Aires, Siglo XXI, 2014.

BACHELARD, GASTON (1957), *La poética del espacio*, trad. de E. de Champourcin, México, FCE, 2000.

BAJTÍN, MIJAIL (1970), *La cultura popular en la Edad Media y el Renacimiento: El contexto de François Rabelais*, trad. de J. Forcat y C. Conroy, Madrid, Alianza, 2005.

BANERJEE, SIKATA (2012), *Muscular Nationalism. Gender, Violence, and Empire in India and Ireland, 1914-2004*, Nueva York, New York University Press.

BAQUEDANO, SANDRA (2007), «¿Voluntad de vivir o voluntad de morir? El suicidio en Schopenhauer y Mainlander», *Revista de Filosofía* 63, pp. 117-126.

BARBERO BRIONES, SERGIO (2013), «Los defectos ópticos de la visión explicados por Aristóteles», *Asclepio*, 65, 1, pp. 1-10. http://asclepio.revistas.csic.es/index.php/asclepio/article/view/540/550.

BARTHES, ROLAND (1957), *Mitologías*, trad. de H. Schmucler, México, Siglo XXI, 2005.

— (1957), «Strip-tease», en *Mitologías*, trad. de H. Schmucler, Madrid, Siglo XXI, 2005, pp. 150-154.

— (1967), *El sistema de la moda y otros escritos*, trad. de E. Folch González, Barcelona, Paidós, 2003.

BARTRA, ROGER (2012), «La batalla de las ideas y de las emociones», en Mabel Moraña (ed.), *El lenguaje de las emociones*, Madrid, Iberoamericana/Vervuert, pp.17-36.

BATAILLE, GEORGES (1949), *La parte maldita*, trad. de F. Muñoz de Escalona, Barcelona, Icaria, 1987.

— (1957), *El erotismo*, trad. de A. Vicens y M. P. Sarazin, Barcelona, Tusquets, 1985.

BATTERSBY, CHRISTINE (1999), «Her Body/Her Boundaries», en Janet Price y Margrit Shildrick (eds.), *Feminist Theory and the Body: A Reader*, Nueva York, Routledge, pp. 341-358.

BAUDRILLARD, JEAN (1976), *El intercambio simbólico y la muerte*, trad. de C. Rada, Caracas, Monte Ávila, 1980.

— (1990), *La transparencia del mal: Ensayos sobre los fenómenos extremos*, trad. de J. Jordá, Barcelona, Anagrama, 1991.

— (1998), «The finest consumer object: the body», en Miriam Fraser y Monica Greco (eds.), *The Body: A Reader*, Nueva York, Routledge, 2005, pp. 277-282.

BAUMAN, ZYGMUNT (2004), *Vidas desperdiciadas: La Modernidad y sus parias*, trad. de P. Hermida Lazcano, Barcelona, Paidós, 2012.

— (2006), *Miedo líquido: La sociedad contemporánea y sus temores*, trad. de A. Santos Mosquera, Paidós, Barcelona, 2007.

BHABHA, HOMI (ed.) (1990), *Nation and Narration*, Nueva York, Routledge.

— (1994), *El lugar de la cultura*, Buenos Aires, Manantial, 2002.

BERGER, PETER L. y THOMAS LUCKMANN (1966), *La construcción social de la realidad*, trad. de S. Zuleta, Buenos Aires, Amorrortu, 1968 (^{17}2001).

BERGSON, HENRI (1889), *Ensayo sobre los datos inmediatos de la conciencia*, trad. de J. M. Palacios, Salamanca, Sígueme, 2006.

— (1896), *Materia y memoria: Ensayo sobre la relación del cuerpo con el espíritu*, trad. de P. Ires, Buenos Aires, Cactus, 2006.

BIGWOOD, CAROL (1998), «Renaturalizing the body (with the help of Merleau-Ponty)», en Donn Welton, (ed.), *Body and Flesh: A Philosophical Reader*, Malden, Blackwell, 1998, pp. 99-112.

BOHRER, ASHLEY (2019), *Marxism and Inter-Sectionality: Race, Gender, Class, and Sexuality under Contemporary Capitalism*, Bielefeld, Transcript-Verlag, 2019.

BORGES, JORGE LUIS (1957), *El Hacedor*, en *Obras completas: Edición crítica*, vol. II (1952-1972), Buenos Aires, Emecé, 2010, p. 299.

BORJA, JAIME H. (2002), «Cuerpos barrocos y vidas ejemplares: la teatralidad de la autobiografía», *Fronteras de la Historia* 7, pp. 99-115. https://www. redalyc.org/pdf/833/83307003.pdf.

BOURDIEU, PIERRE (1979), *La distinción: Criterios y bases sociales del gusto*, trad. de M. C. Ruiz de Elvira, Madrid, Taurus, 1988.

— (1994), *Razones prácticas: Sobre la teoría de la acción*, trad. de Th. Kauf, Barcelona, Anagrama, 1997.

— (1998), *La dominación masculina*, trad. de J. Jordá, Barcelona, Anagrama, 2000.

BRADBURY, MARY (1999), *Representations of Death: A Social Psychological Perspective*, Nueva York, Routledge.

BRAIDOTTI, ROSI (1991), «Body-Images and the Pornography of Representation», *Journal of Gender Studies* 1.2, pp. 17-30.

BREWARD, CHRISTOPHER (2003), *Fashion (Oxford History of Art)*, Oxford, Oxford University Press.

BRILL, ABRAHAM A. (1929), «The Why of the Fan», *North American Review* 228, pp. 429-434.

BROOKS, PETER (1993), *Body Work*, Cambridge, Harvard University Press.

BROWN, DAVID (2006), «Pierre Bourdieu's "Masculine Domination" Thesis and the Gendered Body in Sport and Physical Culture», *Sociology of Sport Journal* 23, pp. 162-188.

BROWN, WENDY (2010), *Estados amurallados, soberanía en declive*, trad. de A. Martínez-Riu, Barcelona, Herder, 2015.

BUTLER, JUDITH (1990), *El género en disputa: El feminismo y la subversión de la identidad*, trad. de M. A. Muñoz, Barcelona, Paidós, 1999.

— (1993), *Cuerpos que importan: Sobre los límites materiales y discursivos del «sexo»*, trad. de A. Bixio, Buenos Aires, Paidós, 2002.

— (2006), *Vida precaria: El poder del duelo y la violencia*, trad. de F. Rodríguez, Barcelona, Paidós, 2009.

CAMPBELL, CLAUDIA M. y ROBERT R. EDWARDS (2012), «Ethnic Differences in Pain and Pain Management», *Pain Managment* 2, 3, pp. 219-230.

CANGUILHEM, GEORGES (1966), *Lo normal y lo patológico*, trad. de R. Potschart, México, Siglo XXI, 1978.

CANNING, KATHLEEN (1999), «The Body as Method? Reflections on the Place of the Body in Gender History», *Gender and History* 11, pp. 499-513.

CARTER, ANGELA (1979), *The Sadeian Woman: And the Ideology of Pornography*, Londres, Virago, 2006.

CASTRILLÓN ALDANA, ALBERTO y MARTHA LUCÍA PULIDO CORREA (2004), «Biopolítica y cuerpo: Medicina, Literatura y Ética en la Modernidad», *Revista Educación y Pedagogía* XV, 37, pp. 187-197.

CHAMBERS, IAIN (2001), *La cultura después del humanismo: Historia, cultura, subjetividad*, trad. de M. Talens, Madrid, Cátedra, 2006.

CIVANTOS, CHRISTINA (2005), «Pechos de leche, oro y sangre: las circulaciones del objeto y el sujeto en "Cecilia Valdés"», *Revista Iberoamericana* LXXI, 211, pp. 505-519.

COLLINS, PATRICIA HILL (1998), «All in the Family: Intersections of Gender, Race, and Nation», *Border Crossings: Multiculturalism and Postcolonial Challenges*, Part 2 (Special Issue) 13, 3, pp. 62-82.

COSTA, PAULO (2001), *Ações Sociais da Santa Casa de Misericórdia da Bahia*, Salvador, Contexto & Arte.

CREWS, SARAH y P. SOLOMON LENNOX (2019), «Boxing, Bourdieu and Butler: Repetitions of Change», *Studies in Theatre and Performance* 40, 2. https://researchportal.northumbria.ac.uk/en/publications/boxing-bourdieu-and-butler(279060a9-b52e-4d19-a9e7-2c6c8361e411).html.

CSORDAS, THOMAS J. (ed.) (1994), *Embodiment and Experience*, Cambridge, Cambridge University Press.

DARWIN, CHARLES (1872), *La expresión de las emociones en los animales y en el hombre*, trad. R. Fernández Rodríguez, Madrid, Alianza, 1998.

DAVIS, LENNARD J. (ed.) (1997), *The Disability Studies Reader*, Nueva York, Routledge.

DE BEAUVOIR, SIMONE (1949), *El segundo sexo*, 2 vols., trad. de A. Martorell, Madrid, Cátedra, 1999.

DE LAURETIS, TERESA (1987), *Technologies of Gender: Essays on theory, film and fiction*, Bloomington, Indiana University Press.

DE LEÓN, JASON (2015), *The Land of Open Graves: Living and Dying on the Migrant Trail*, Los Ángeles, University of California Press.

DE ROMILLY, JACQUELINE (2000), *La Grecia antigua contra la violencia*, trad. de J. Terré, Madrid, Gredos, 2010.

DEBORD, GUY (1967), *La sociedad del espectáculo*, trad. de J. L. Pardo, Valencia, Pre-Textos, 2005.

DELEUZE, GILLES (1981), *Spinoza: Filosofía práctica*, trad. de A. Escohotado, Barcelona, Tusquets, 2009.

— y FÉLIX GUATTARI (1980), *Mil mesetas: Capitalismo y esquizofrenia*, trad. de J. Vázquez Pérez, Valencia, Pre-Textos, 2002.

DELGADO, MANUEL (2018), «Sobre la diferencia entre espacio y lugar», *El Cor de les Aparences*. https://manueldelgadoruiz.blogspot.com/2018/01/sobre-la-diferencia-entre-espacio-y.html.

DESCARTES, RENÉ (1637), «Dióptrica», en *Discurso del método; La dióptrica; Los meteoros*, trad. de G. Quintás Alonso, Barelona, Círculo de Lectores, 1996.

DEWSBURY, GUY; KAREN CLARKE; DAVE RANDALL; MARK ROUNCEFIELD; IAN SOMMERVILLE (2010), «The anti-social model of disability«, *Disability & Society* 19, 2, pp. 145-158.

DOUGLAS, MARY (1966), *Pureza y peligro: Un análisis de los conceptos de contaminación y tabú*, trad. de E. Simons, Madrid, Siglo XXI, 1973.

Douglas, Mary (1970), «Los dos cuerpos», en *Símbolos naturales: Exploraciones en cosmología*, trad. de C. Criado, Madrid, Alianza, 1978, pp. 89-108.

Duncan, Nancy (ed.) (1996), *Body Space*, Nueva York, Routledge.

Dundes, Alan (1978), «Into the Endzone for a Touchdown: A Psychoanalytic Consideration of American Football», *Western Folklore* 37, 2, pp. 75-88.

Durkheim, Emil (1898), «Représentations individuelles et représentations collectives», *Revue de Metaphysique et de Morale* 6, pp. 273-302.

Eagleton, Terry (1993), «It is not quite true that I have a body, and not quite true that I am one either», *London Review of Books* 15, 10, s/p. https://www.lrb.co.uk/the-paper/v15/n10/terry-eagleton/it-is-not-quite-true-that-i-have-a-body-and-not-quite-true-that-i-am-one-either.

Eichberg, Henning (2009), «Body Culture», *Physical Culture and Sport Studies and Research* XLVI (2008-2009), pp. 79-98.

Elias, Norbert (1939), *El proceso de la civilización*, trad. de R. García Cotarelo, México, FCE, 2016.

Elkins, James (1996), *The Object Stares Back: On the Nature of Seeing*, San Diego (CA), Harcourt Brace, 1997.

Engels, Frederic (1884), *El origen de la familia, de la propiedad privada y del Estado*, Madrid, Akal, 2017.

— (1876), «On The Part Played by Labour in the Transition from Ape to Man», *Dialectics of Nature*, Londres, Lawrence and Wishart, 1940 [trad. cast.: *Dialéctica de la naturaleza*, en *Obras filosóficas*, trad. de W. Roces, México, FCE, 1986].

Entwistle, Joanne (2015), *The Fashioned Body: Fashion, Dress, and Social Theory*, Malden (MA), Polity Press.

Escudero, Jesús Adrián (2007), «El cuerpo y sus representaciones», *Enrahonar* 38/39, pp. 141-157.

— (2011), «Heidegger y el olvido del cuerpo», *Lectora* 17, pp. 181-198.

Esposito, Roberto (2015), *Personas, cosas, cuerpos*, prólogo de A. Valdecantos, trad. de A. Jiménez, Madrid, Trotta, 2017.

Facio, Alda y Lorena Fries (eds.) (1999), «Feminismo, género y patriarcado», *Género y Derecho*, Santiago de Chile, LOM / La Morada, pp. 21-60.

FEATHERSTONE, MIKE (1993), «The body in Consume Culture», en *id.*, Mike Hepworth y Bryan S. Turner (eds.), *The Body: Social Process and Cultural Theory*, Londres, Sage, pp. 170-196.

FEBVRE, LUCIEN (1937), *El problema de la incredulidad en el siglo XVI: la religión de Rabelais*, trad. de I. Balsinde, Madrid, Akal, 1993.

FERNÁNDEZ GUERRERO, OLAYA (2016), «Cuerpo vivido e (in)visibilidad en Merleau-Ponty», *Horizontes Filosóficos* 6, pp. 37-52.

— (2019), «El dolor como encuentro con la alteridad», *Isegoría. Revista de Filosofía Moral y Política* 60, pp. 169-188.

FIFIELD, PETER (2015), «The Body, Pain and Violence», en David Hillman y Ulrika Maude (eds.), *The Cambridge Companion to the Body in Literature*, Cambridge, Cambridge University Press, pp. 116-131.

FIRENZE, ANTONINO (2016), «El cuerpo en la filosofía de Merleau-Ponty», *Daimon. Revista Internacional de Filosofía*, Suplemento 5, pp. 99-108.

FOLTYN, JACQUE LYNN (2008a), «Identifying, transacting, and recoding the dead body in the twenty-first century», *Mortality* 13, 2 (Special Issue: The corpse in contemporary culture), pp. 99-104.

— (2008b), «Dead famous and dead sexy: Popular culture, forensics, and the rise of the corpse», *Mortality* 13, 2 (Special Issue: The corpse in contemporary culture), pp. 153-173. https://doi.org/10.1080/13576270801954468.

FOSTER, HAL (ed.) (1999), *Vision and Visuality*, Nueva York, New Press.

FOUCAULT, MICHEL (1961), *Historia de la locura en la época clásica*, 2 vols., trad. de J. J. Utrilla, México, FCE, 2006.

— (1963), *El nacimiento de la clínica: Una mirada de la arqueología médica*, trad. de F. Perujo, México, Siglo XXI, 1966.

— (1966), *Las palabras y las cosas*, trad. de E. C. Frost, Madrid, Siglo XXI, 1997.

— (1975), *Vigilar y castigar: Nacimiento de la prisión*, trad. de A. Garzón del Camino, México, Siglo XXI, 1981.

— (1976a), *Historia de la sexualidad*, vol. I: *La voluntad de saber*, trad. de U. Guiñazú, Buenos Aires, Siglo XXI, 1981.

— (1976b), *Defender la sociedad: Curso en el Collège de France (1975-1976)*, trad. de H. Pons, México, FCE, 2006.

— (1978a), *La verdad y las formas jurídicas*, trad. de H. Pons, Barcelona, Gedisa, 1992.

FOUCAULT, MICHEL (1978b), *Microfísica del poder*, trad. de J. Varela y F. Álvarez-Uría, Madrid, La Piqueta, 1992.

— (1978c), *Seguridad, territorio, población: Curso en el Collège de France (1977-1978)*, trad. de H. Pons, Buenos Aires, FCE, 2006.

— (1979), *Nacimiento de la biopolítica: Curso en el Collège de France (1978-1979)*, trad. de H. Pons, Buenos Aires, FCE, 2007.

— (1981), *Subjetividad y verdad: Curso del Collège de France (1980-1981)*, trad. de H. Pons, Madrid, Akal, 2020.

FRANCIONE E., GARY (1996), «Personalidad, propiedad y capacidad legal», en Paola Cavalieri y Peter Singer (eds.), *El Proyecto Gran Simio: La igualdad más allá de la humanidad*, trad. de C. Martín, Madrid, Trotta, 1998, pp. 309-320.

FRANCO, JEAN (2013), *Una Modernidad cruel*, México, FCE, 2016.

FRANK, ARTHUR (2010), «The Body's Problem with Illness», en Lisa Jean Moore y Mary Kosut (eds.), *The Body Reader: Essential Social and Cultural Readings*, Nueva York, New York University Press, pp. 31-47.

FRASER, MIRIAM y MÓNICA GRECO (eds.) (2005), *The Body: A Reader*, Nueva York, Routledge.

FREUND, PETER (2005), «Bodies, Disability and Spaces. The social model ad disabling spatial organization», en Miriam Fraser y Mónica Greco (eds.), *The Body: A Reader*, Nueva York, Routledge, pp. 182-186.

FREYRE, GILBERTO (1961), *O escravo nos anúncios de jornais brasileiros do século XIX*, São Paulo, Companhia Editora Nacional, 1979.

GILMAN, SANDER (2015), «Representing Dead and Dying Bodies», en David Hillman y Ulrika Maude (eds.), *The Cambridge Companion to the Body in Literature*, Nueva York, Cambridge University Press, pp. 149-162.

GIORGI, GABRIEL (2009), «Cuerpo», en Mónica Szurmuk y Robert Mckee Irwin (eds.), *Diccionario de estudios culturales latinoamericanos*, México, Instituto Mora-Siglo XXI, pp. 67-71.

GONZÁLEZ CRUSSÍ, FRANCISCO (2003), «Una historia del cuerpo humano», *Letras Libres* (enero, 2003), pp. 8-15. https://www.letraslibres.com/sites/default/files/files6/files/pdfs_articulospdf_art_8496_6840.pdf.

GONZÁLEZ-STEPHAN, BEATRIZ (1999), «Cuerpos de la nación: cartografías disciplinarias» https://core.ac.uk/download/pdf/16311696.pdf

GORER, GEOFFREY (1955), «The Pornography of Death», *Encounter*, pp. 49-52.

GOUK, PENELOPE y HELLEN HILLS (eds.) (2005), *Representing Emotions: New Connections in the Histories of Art, Music and Medicine*, Londres, Ashgate.

GROSZ, ELIZABETH (1999), «Bodies-Cities», en Janet Price y Margrit Shildrick (eds.), *Feminist Theory and The Body: A Reader*, Nueva York, Routledge, pp. 381-187.

GUASCH, ANA MARÍA (2000), *El arte último del siglo XX: Del posminimalismo a lo multicultural*, Madrid, Alianza.

HALPERIN, DAVID (2003), «The normalizing of queer theory», *Journal of Homosexuality* (Binghamton, Haworth Press), 45, 2-4.

HARARI, YUVAL NOAH (2015), *Homo Deus: Breve historia del mañana*, trad. de J. Ros, Barcelona, Debate, 2016.

HARAWAY, DONNA (1985), *Manifiesto para cyborgs: Ciencia, tecnología y feminismo socialista a finales del siglo XX*, trad. de S. Bras Harriott, Mar del Plata (Arg.), Puente Aéreo, 2014.

— (1991), *Ciencia, cyborgs y mujeres: La reinvención de la naturaleza*, trad. de M. Talens, Madrid, Cátedra, 1995.

— (2005), «The Biopolitics of Postmodern Bodies», en Miriam Fraser y Mónica Greco (eds.) *The Body: A Reader*, Nueva York, Routledge, pp. 242-246.

HÄRTING, HEIKE (2008), «Global Humanitarianism, Race, and the Spectacle of the African Corpse in Current Western Representations of the Rwandan Genocide», *Comparative Studies of South Asia, Africa and the Middle East* 28, 1, pp. 61-77. https://doi.org/10.1215/1089201x-2007-056.

HARVEY, DAVID (2008), *A Companion to Marx's Capital*, Londres, Verso.

HEIDEGGER, MARTIN (1927), *Ser y tiempo*, trad. de J. Gaos, México, FCE, 1951.

— (1930), *De la esencia de la verdad*, trad. de A. Ciria, Barcelona, Herder, ²2015.

— (1947), *Carta sobre el humanismo*, trad. de H. Cortés y A. Leyte, Madrid, Alianza, ²2013.

— (1953), «La pregunta por la técnica«, en *Conferencias y artículos*, trad. de E. Barjau, Barcelona, Serbal, 1994, pp. 9-37.

HELLER, AGNES y FERENC FEHÉR (1994), *Biopolítica: la Modernidad y la liberación del cuerpo*, trad. de J. M. Álvarez Flórez, Barcelona, Península, 1995.

HILLMAN, DAVID y ULRIKA MAUDE (eds.) (2015), *The Cambridge Companion to The Body in Literature*, Nueva York, Cambridge University Press.

HOBSBAWM, ERIC (1983), «Introduction: Inventing Traditions», en *id.* y Terence Ranger (eds.), *The Invention of Tradition*, Cambridge University Press, pp. 1-14.

ILLOUZ, EVA (2007), *Intimidades congeladas: Las emociones en el capitalismo*, Madrid, Katz, 2012.

JAY, MARTIN (1973), *The Dialectical Imagination: A History of the Frankfurt School and the Institute of Social Research, 1923-50*, Boston, Little, Brown & Co.

— (1988), «Scopic Regimes of Modernity», en Hal Foster (ed.), *Vision and Visuality* 2, pp. 3-23.

— (1993), *Ojos abatidos: La denigración de la visión en el pensamiento francés del siglo XX*, trad. de F. López Martín, Madrid, Akal, 2007.

JIMÉNEZ RUIZ, ORLANDO (2015), «En el ring de la historia», *Artes de México* 119, pp. 11-21.

— (2016), «El país de la lucha», *Artes de México* 120, pp. 23-27.

JOHNSON, BRANCH W. (1929), «Football, a Survival of Magic?», *The Contemporary Review* 135, p. 228.

JOHNSON, MARK (1987), *El cuerpo en la mente: Fundamentos corporales del significado, la imaginación y la razón*, trad. de H. González Trejo, Barcelona, Debate, 1991.

JOHNSTONE, DAVID (2001), *An Introduction to Disability Studies*, Londres, David Fulton Publishers.

KATZ, JACK (1999), *How Emotions Work*, Chicago, University of Chicago Press.

KEANE, JOHN (1996), *Reflexiones sobre la violencia*, trad. de J. Linares de la Puerta, Madrid, Alianza, 2000.

KHAPAEVA, DINA (2017), *The Celebration of Death in Contemporary Culture*, Ann Arbor, University of Michigan Press.

KOSOFSKY SEDGWICK, EVE (1985), *Between Men: English Literature and Male Homosocial Desire*, Nueva York, Columbia University Press.

KRISTEVA, JULIA (1980), *Poderes de la perversión*, trad. de N. Rosa y V. Ackerman, Buenos Aires, Catálogos, 1988.

«La *nueva carne* y sus manifestaciones». https://www.elhombremartillo.com/la-nueva-carne-y-sus-manifestaciones.

LAÍN ENTRALGO, PEDRO (1987), *El cuerpo humano: Oriente y Grecia antigua*, Madrid, Espasa-Calpe, 1987. *Biblioteca Virtual Miguel de Cervantes*,

2012: http://www.cervantesvirtual.com/obra/el-cuerpo-humano-oriente-y-grecia-antigua.

LAMAS, MARTA (2014), *Cuerpo, sexo y política*, México, Océano.

LATOUR, BRUNO (1999), *La esperanza de Pandora, ensayos sobre la realidad de los estudios de la ciencia*, trad. de T. Fernández Aúz, Barcelona, Gedisa, 2001.

— (2005), *Reensamblar lo social*, trad. de G. Zadunaisky, Buenos Aires, Manantial, 2008.

LE BRETON, DAVID (1990), *Antropología del cuerpo y Modernidad*, trad. de P. Mahler, Buenos Aires, Nueva Visión, 2002.

LE GOFF, JACQUES (1995), *Una historia del cuerpo en la Edad Media*, trad. de J. M. Pinto, Barcelona, Paidós, 2005.

LEDER, DREW (1998), «A tale of two bodies: The Cartesian corpse and the lived body», en Donn Welton (ed.), *Body and Flesh: A Philosophical Reader*, Malden, Blackwell, pp. 117-129.

LEFEBVRE, HENRI (1974), *La producción del espacio*, trad. de E. Martínez Gutiérrez, Madrid, Capitán Swing, 2013.

LENNON, KATHLEEN (2019), «Feminist Perspectives on the Body», en Edward N. Zalta (ed.), *The Stanford Encyclopedia of Philosophy* (otoño, 2019). https://plato.stanford.edu/archives/fall2019/entries/feminist-body.

LEVIN, DAVID MICHAEL (ed.) (1993), *Modernity and Hegemony of Vision*, Berkeley, University of California Press.

LEVINAS, EMMANUEL (1961), *Totalidad e infinito: Ensayo sobre la exterioridad*, trad. de D. E. Guillot, Salamanca, Sígueme, 1999.

LÉVY, PIERRE (1995), *¿Qué es lo virtual?*, trad. de D. Levis, Barcelona, Paidós, 1999.

LOCK, MARGARET (1997), «Decentering the Natural Body: Making Difference Matter», *Configurations* 5, 2, pp. 267-292.

MARTIN, EMILY (1987), *The Woman in the Body*, Boston, Beacon Press.

— (1992), «The End of the Body?», *American Ethnologist* 19, 1, pp. 121-140.

— (1994), *Flexible Bodies: The Role of Immunity in American Culture from the Days of Polio to the Age of AIDS*, Boston, Beacon Press.

MARTÍN ALCOFF, LINDA (1996), «Feminist Theory and Social Science. New Knowledges, New Epistemologies», en Nancy Duncan (ed.), *Body Space*, Nueva York, Routledge, pp. 14-27.

Martín Alcoff, Linda (2005), *Visible Identities: Race, Gender, and the Self*, Nueva York, Oxford University Press.

Martínez Posada, Jorge Eliécer y Yudy Alejandra Guarín Salazar (2014), «Aproximación a una cartografía conceptual de la biopolítica», *Revista Latinoamericana de Bioética* 14, 2, pp. 100-117.

Marx, Karl (1844), *Manuscritos: Economía y filosofía*, trad. de F. Rubio Llorente, Madrid, Alianza, 1980.

— (1857), «Fragmento sobre las máquinas», *Grundrisse. Lineamientos fundamentales para la crítica de la economía política. 1857-1858. Obras fundamentales de Carlos Marx y Federico Engels*, vols. 6-7, trad. W. Roces, México, FCE, 1985, pp. 105-115.

— (1867), *El capital. Obras*, trad. M. Sacristán, Buenos Aires, Grijalbo, 1976.

Massey, Doreen (1992), «Politics and space/time», *New Left Review* 196, pp. 65-84.

— (2005), *For space*, Londres, Sage.

— (2009), «Concepts of space and power in theory and in political practice», *Doc. Anàl. Geogr.* 55, pp. 15-26. https://ddd.uab.cat/pub/dag/02121573n55/02121573n55p15.pdf.

Massumi, Brian (ed.) (1993), *The Politics of Everyday Fear*, Minneapolis, University of Minnesota Press.

— (2000), *Parables for the Virtual: Movement, Affect, Sensation*, Durham, Duke University Press.

Mauss, Marcel (1935), «Concepto de la técnica corporal», en *Sociología y antropología*, trad. de T. Rubio, Madrid, Tecnos, 1971, pp. 337-343.

Mbembe, Achille (2019), *Necro-Politics*, Durham (NC), Duke University Press.

McNally, David (2011), *Monsters of the Market: Zombies, Vampires and Global Capitalism*, Chicago, Heymarket Books, 2012.

Merleau-Ponty, Maurice (1945), *Fenomenología de la percepción*, trad. de J. Cabanes, Barcelona, Altaya, 1999.

Metz, Christian (1971), *Lenguaje y cine*, trad. de J. Urrutia, Barcelona, Planeta, 1973.

— (1977), *El significante imaginario: Psicoanálisis y cine*, trad. de J. Elías, Barcelona, Paidós, 2001.

MEZZADRA, SANDRO y BRETT NEILSON (2013), *Borders as Method, or the Multiplication of Labor*, Durham, Duke University Press.

MICIELI, CRISTINA (2007), «El cuerpo como construcción cultural», *Aisthesis* 42, pp. 47-69.

MOI, TORIL (1988), *Sexual/Textual Politics: Feminist Literary Theory*, Nueva York, Routledge.

— (2004), *Sex, Gender, and the Body. The Student Edition of What is a Woman?*, Nueva York, Oxford University Press.

MOLLOY, SYLVIA (1998), «The politics of posing», en Sylvia Molloy y Robert McKee Irwin (eds.), *Hispanisms and Homosexualities*, Durham, Duke University Press, pp. 141-160.

MONSIVÁIS, CARLOS (2008), «La hora de la máscara protagónica: El Santo contra los escépticos en materia de mitos», *Los rituales del caos*, México, Era, pp. 23-26.

— (2005), «De la lucha libre como Olimpo enmascarado», en Lourdes Grobet (ed.), *Espectacular de lucha libre: Fotografías de Lourdes Grobet*, México, Trilce/CONACULTA, pp. 6-9.

MONTERO, JUSTA (2010), «Sexo, clase, "raza", etnia y sexualidad: Desafíos para un feminismo incluyente». http://feministas.org/IMG/pdf/Ponencia_JUSTA.pdf.

MOORE, LISA JEAN y MARY KOSUT (eds.) (2010), *The Body Reader*, Nueva York, New York University Press.

MORAÑA, MABEL (2017), *El monstruo como máquina de guerra*, Madrid, Iberoamericana/Vervuert.

— (2012), *El lenguaje de las emociones*, Madrid, Iberoamericana/Vervuert.

— (2014a), *Inscripciones críticas: Ensayos sobre cultura latinoamericana*, Santiago de Chile, Editorial Cuarto Propio.

— (2014b), «La indecencia de las imágenes: América y sus rostros occidentales», *Inscripciones críticas*, Santiago de Chile, Editorial Cuarto Propio, pp. 23-52.

— (2014c), «Domesticar al Otro: Notas sobre otredad y representación», *Inscripciones críticas*, Santiago de Chile, Editorial Cuarto Propio, pp. 249-263.

— (2014d), «La nación y el altar de la patria: América Latina en los imaginarios del siglo XIX». *Inscripciones críticas*, Santiago de Chile, Editorial Cuarto Propio, pp. 53-79.

MORAÑA, MABEL (2018), *Filosofía y crítica en América Latina: De Mariátegui a Sloterdijk*, Santiago de Chile, Metales Pesados.

MORE, MAX (1990), «Transhumanism: Toward a Futurist Philosophy», *Extropy* 6, pp. 6-12.

— (2013), «The Philosophy of Transhumanism», en *id.* y Natasha Vita-More (eds.), *The Transhumanist Reader: Classical and Contemporary Essays on the Science, Technology, and Philosophy of the Human Future*, Oxford, John Wiley & Sons, pp. 3-17.

— (1994), «On Becoming Posthuman» (1994). https://www.scribd.com/document/354404944/On-Becoming-Posthuman.

— y Natasha Vita-More (eds.) (2013), *The Transhumanist Reader: Classical and Contemporary Essays on the Science, Technology, and Philosophy of the Human Future*, Oxford, John Wiley & Sons.

MORRIS, DAVID (1991), *The Culture of Pain*, Berkeley (CA), University of California Press, 1993 [trad. cast.: *La cultura del dolor*, trad. de O. L. Molina, Santiago de Chile, Andrés Bello, 1996].

MOSCOSO, JAVIER (2011), *Historia cultural del dolor*, Madrid, Taurus.

NAGEL, JOAN (2003), *Race, ethnicity, and sexuality: Intimate intersections, forbidden frontiers*, Oxford, Oxford University Press.

NANCY, JEAN-LUC (1986), *La comunidad descalificada*, trad. de C. Peretti y C. Rodríguez, Madrid, Avarigani, 2015.

— (1992), *Corpus*, trad. de P. Bulnes, Madrid, Arena Libros, ³2016.

— (2002), *La creación del mundo o la mundialización*, trad. de P. Perea, Barcelona, Paidós, 2003.

— (2004), *58 indicios sobre el cuerpo: Extensión del alma*, trad. de D. Alvaro, Buenos Aires, La Cebra, 2007.

NAVARRO, JOSÉ ANTONIO (2002), *La Nueva Carne: Una estética perversa del cuerpo*, Madrid, Valdemar.

NOLAN, JAMES L. (1998), *The Theurapeutic State: Justifying Government at Century's End*, Albany (NY), New York University Press.

NOUZEILLES, GABRIELA (2000), *Ficciones somáticas: Naturalismo, nacionalismo y políticas médicas del cuerpo (Argentina 1880-1910)*, Rosario, Beatriz Viterbo.

OATES, JOYCE CAROL (1987), *On Boxing*, Nueva York, Doubleday [trad. cast.: *Del boxeo*, Barcelona, Debolsillo, 2012].

OKSALA, JOHANNA (2011), «Freedom and Bodies», en Diana Taylor (ed.), *Michel Foucault: Key Concepts*, Durham, Acumen, pp. 85-97.

OLIVER, MICHAEL (1996), *Understanding Disability: From Theory to Practice*, Basinstoke, Palgrave Press.

ORTEGA Y GASSET, JOSÉ (1933), *Meditación de la técnica*, Madrid, Espasa-Calpe, 1965.

PATEMAN, CAROLE (1988), *The Sexual Contract*, Stanford, Stanford University Press.

PITT, KRISTIN E. (2011), *Body, Nation, and Narrative in the Americas*, Basinstoke, Palgrave McMillan.

PEDRAZA, PILAR (2004), «Nueva carne y *remake:* La mujer pantera», *Lectora. Revista de dones i textualitat* 10, pp. 37-48. https://www.raco.cat/index.php/Lectora/article/view/205475/284656.

PELUFFO, ANA (2005), *Lágrimas andinas: Sentimentalismo, género y virtud republicana en Clorinda Matto de Turner*, Pittsburgh, Instituto Internacional de Literatura Iberoamericana.

PÉREZ TAPIAS, JOSÉ ANTONIO (2019), *Ser humano: Cuestión de dignidad en todas las culturas*, Madrid, Trotta.

PLATÓN (2003), *Ión, Timeo, Critias*, Madrid, Alianza.

PODALSKY, Laura (2011), *The Politics of Affect and Emotion in Contemporary Latin American Cinema: Argentina, Brazil, Cuba and Mexico*, Basinstoke, Palgrave MacMillan.

— (2018), «The Affect Turn», en Juan Poblete (ed.), *New Approaches to Latin American Studies: Culture and Power*, Nueva York, Routledge, pp. 237-254.

PRICE, JANET y MARGRIT SHILDRICK (eds.) (1999), *Feminist Theory and The Body: A Reader*, Nueva York, Routledge.

PROTZEL, PATRICIA (2010), «La madre negra como símbolo patrio: El caso de Hipólita, la nodriza del Libertador», *Revista Venezolana de Estudios de la Mujer* 15, 34, pp. 65-74.

PULEO, ALICIA H. (2015), «Ese oscuro objeto del deseo: Cuerpo y violencia». https://core.ac.uk/download/pdf/38817144.pdf.

RAINE, ANNE (1999), «Embodied Geographies: Subjectivity and Materiality in the Work of Ana Mendieta», en Sharlene Hesse-Biber, Christina Gilmartin y Robin Lydenberg (eds.), *Feminist Approaches to Theory and*

Methodology: An Interdisciplinary Reader, Nueva York, Oxford University Press, pp. 259-286.

RANCIÈRE, JACQUES (2000), *El reparto de lo sensible*, trad. de C. Durán *et al.*, Santiago de Chile, Lom, 2009.

— (2003), *El destino de las imágenes*, trad. de P. Bustinduy, Nigrán (Pontevedra), Politopías, 2011.

REBER, NICHOLE L. (2016), «Writing Yourself into the World: A Conversation with Valeria Luiselli», *World Literature Today* 90, 1, pp. 11-15.

RICHARD, NELLY (1989), «Feminismo y postmodernismo», *Masculino/Femenino: Prácticas de la diferencia y cultura democrática*, Santiago, Francisco Zegers Editor.

ROSE, GILLIAN (1999), «Women and Everyday Spaces», en Janet Price y Margrit Shildrick (eds.), *Feminist Theory and The Body: A Reader*, Nueva York, Routledge, pp. 359-370.

SÁNCHEZ MARTÍNEZ, JOSÉ A. (2010), «Cuerpo y tecnología: La virtualidad como espacio de acción contemporánea», *Argumentos* 23, 62, pp. 227-244.

SANDOVAL-SÁNCHEZ, ALBERTO (1995), «Moros por indios: Ensayando una lectura ex-céntrica del discurso colonial en *La manganilla de Melilla* de Juan Ruiz de Alarcón», *Revista Iberoamericana* LXI, 172-173 (julio-diciembre, 1995), pp. 535-553.

SARTRE, JEAN-PAUL (1939), *Bosquejo de una teoría de las emociones*, trad. de M. Acheroff, Madrid, Alianza, 1973.

— (1943), *El ser y la nada*, trad. de J. Valmar, Buenos Aires, Losada, 1998.

— (1946), *El existencialismo es un humanismo*, trad. de V. Prati de Fernández, Barcelona, Edhasa, 2009.

SCARRY, ELAINE (1985), *The Body in Pain: The Making and Unmaking of the World*, Oxford, Oxford University Press.

SCHEPER-HUGHES, NANCY (2000) «The global traffic in human organs», *Current Anthropology* 41/2, pp 191-224.

— (2002) «Commodity Fetishism in Organ Trafficking», en Nancy Scheper-Hughes y Loïc Wacquant (eds.), *Commodifying Bodies*, Londres, Sage, pp. 31-62.

SCHOPENHAUER, ARTHUR (1850), *Sobre el dolor del mundo, el suicidio y la voluntad de vivir*, Madrid, Tecnos, 1999.

SCHOPENHAUER, ARTHUR (2010), *The Essential Schopenhauer: Key Selections from The World as Will and Representation and Other Writings*, ed. por Wolfgang Schirmacher, Nueva York, Harper Collins.

SEALE, KIRSTEN (2005), «Eye-swiping London: Iain Sinclair, Photography and the *Flâneur*», *Literary London: Interdisciplinary Studies in the Representation of London* 3, 2. http://www.literarylondon.org/london-journal/september2005/seale.html.

SHEEHAN, PAUL (2015), «Posthuman Bodies», en David Hillman y Ulrika Maude (eds.), *The Cambridge Companion to The Body in Literature*, Nueva York, Cambridge University Press, pp. 245-260.

SHOWALTER, ELAINE (1981), «La crítica feminista en el desierto», en Marina Fe (ed.), *Otramente: Lectura y escritura feministas*, México, Programa Universitario de Estudios de Género, Facultad de Filosofía y Letras, 1999, pp. 75-111.

SLOTERDIJK, PETER (1983), *Crítica de la razón cínica*, trad. de M. A. Vega Cernuda, Madrid, Siruela, 2014 [ed. digital].

— (1999), *Normas para el parque humano: Una respuesta a la carta sobre el humanismo*, trad. de T. Rocha, Madrid, Siruela, 2000.

— (2005), «El posthumanismo: sus fuentes teológicas, sus medios técnicos», *Revista Observaciones Filosóficas*. https://www.observacionesfilosoficas.net/posthumanismo.html.

SMITH, ELIZABETH IRENE (2006), «"The Body in Pain": An Interview with Elaine Scarry» *Concentric: Literary and Cultural Studies* 32, 2, pp. 223-237.

SNYDER, SHARON L. y DAVID T. MITCHELL (2006), *Cultural Locations of Disability*, Chicago, University of Chicago Press.

SOJA, EDWARD (2010), *Seeking Spatial Justice*, Minneapolis, University of Minnesota Press.

SOLER, COLETTE (2011), *Afectos lacanianos*, trad. de A. Kripper y L. Luterau, Buenos Aires, Letra Viva.

— (1983), «El cuerpo en la enseñanza de Jacques Lacan». https://agapepsicoanalitico.files.wordpress.com/2013/07/colettesoler-elcuerpoenlaensenanzadejacqueslacan.pdf.

SONTAG, SUSAN (1967), «La imaginación pornográfica», en *Estilos radicales*, trad. de E. Goligorsky, Buenos Aires, Suma de Letras, 2005.

SONTAG, SUSAN (1978), *La enfermedad y sus metáforas y el sida y sus metáforas*, trad. de M. Muchnik, Madrid, Taurus, 1998.

SOROS, GEORGE (1998), *The Crisis of Global Capitalism. Open Society Endangered*, Nueva York, Public Affairs.

SPINOZA, BARUCH (1677), «Del origen y la naturaleza de los afectos», parte III de *Ética demostrada según el orden geométrico*, trad. de O. Cohan, México, FCE, 1996.

STELARC (1996), «Da strategie psicologiche a cyberestrategia: prostetica, robotica ed esistenza remota», en Teresa Macrì (ed.), *Il corpo postorganico*, Génova, Costa & Nolan.

STOKES, ADRIAN (1956), «Psycho-Analytic Reflections on the Development of Ball Games, Particularly Cricket», *International Journal of Psycho-Analysis* 37, pp. 185-192.

STOLCKE, VERENA (1974), *Racismo y sexualidad en la Cuba colonial*, trad. de A. Sánchez Torres, Madrid, Alianza, 1992.

STOLER, ANN L. (1995), *Race and the Education of Desire: Foucault's «History of Sexuality» and the Colonial Order of Things*, Durham, Duke University Press.

SZYMANEK, ANGELIQUE (2016), «Bloody Pleasures: Ana Mendieta's Violent Tableaux», *Signs: Journal of Women in Culture and Society* 41, 4, pp. 895-925.

THRIFT, NIGEL (2007), *Non-Representational Theory: Space, Politics, Affect*, Londres, Routledge.

— (2004), «Intensities of Feeling: Towards a Spatial Politics of Affect», *Geografiska Annaler*, 86 B, 1, pp. 57-78.

TICINETO CLOUGH, PATRICIA y JEAN O'MALLEY HALLEY (2007), *The Affective Turn: Theorizing the Social*, Durham, Duke University Press.

TICKNER, ANN J. (2001), «Patriarchy», *Routledge Encyclopedia of International Political Economy*, ed. por R. J. Barry Jones, Londres, Routledge, pp. 1197-1198.

TODOROV, TZVETAN (1982), *La conquista de América: La cuestión del otro*, trad. de M. Soler, México, Siglo XXI, 1987.

TRAPANESE, ELENA (2017), «¿(Des)enmascarando identidades? Una aproximación a la lucha libre mexicana», *Bajo palabra. Revista de filosofía* II, 16, pp. 103-111.

TURNER, TERENCE (1995), «Bodies and Anti-Bodies: Flesh and Fetish in Contemporary Social Theory», en Thomas Csordas (ed.), *Embodiment and Experience: The Existential Ground of Culture and Self*, Cambridge, Cambridge University Press, pp. 27-46.

UGARTE PÉREZ, JAVIER (2006), «Biopolítica: Un análisis de la cuestión», *Claves de razón práctica* 166, pp. 76-82.

UNESCO (1950), «La cuestión racial», *La UNESCO y su programa*, pp. 1-10. https://unesdoc.unesco.org/ark:/48223/pf0000128289.

VÁSQUEZ ROCCA, ADOLFO (2008), «Jean-Luc Nancy: La filosofía del cuerpo y las metáforas de la enfermedad», *Revista Observaciones Filosóficas*. https://www.observacionesfilosoficas.net/jeanluc.html.

— (2009), «Sloterdijk, Habermas y Heidegger: Humanismo, Posthumanismo y debate en torno al *Parque Humano*», *Eikasia. Revista de Filosofía*, IX, 26. https://www.revistadefilosofia.org/26-01.pdf.

— (2011), «Jean-Luc Nancy: Techné de los cuerpos y apostasía de los órganos: El intruso, ajenidad y reconocimientos», *Eikasia. Revista de Filosofía* 12, pp. 59-84. https://www.observacionesfilosoficas.net/ontologiayfenomenologia.htm.

— (2013), «Sartre: Teoría fenomenológica de las emociones, existencialismo y conciencia posicional del mundo», *Revista Almiar* 69. https://margencero.es/almiar/sartre-existencialismo-y-conciencia-del-mundo.

VENANCIO, RENATO (1997), «Maternidade negada», en Mary del Priore (ed.), *História das mulheres no Brasil*, São Paulo, Contexto.

VIGARELLO, GEORGES (1982), «Histoires des corps: Entretien avec Michel de Certeau», *Esprit* 2, pp. 179-190; trad. cast. de A. Pescador: Entrevista a Michel de Certeau: «Historias de cuerpos», *Historia y Grafía* 9 (julio-diciembre, 1997). https://templodeeros.wordpress.com/2018/04/12/michel-de-certeau-historias-de-cuerpos-entrevista-georges-vigarello.

VIGO, JULIAN (1996), «The *doublure* of the body in contemporary Latin American literature: Reading the Hypertelos of Woman». https://endoplasm.org/the-doublure-of-the-body-in-contemporary-latin-american-literature-reading-the-hypertelos-of-woman.

VIRILIO, PAUL (2000), *El procedimiento del silencio*, trad. de J. Fondebrider, Buenos Aires, Paidós, 2001.

VIVERO MARÍN, CÁNDIDA ELIZABETH (2008), «El cuerpo como paradigma teórico en literatura», *La ventana. Revista de estudios de género* 3, 28, pp. 59-83.

VIVEROS VIGOYA, MARA (2010), «La sexualización de la raza y la racialización de la sexualidad en el contexto latinoamericano actual». http://www. bivipas.unal.edu.co/bitstream/10720/663/1/256-Ponencia_MARA_VI-VEROS.pdf.

Vv. AA. «What is Transhumanism»?». https://whatistranshumanism. org/#what-is-a-posthuman.

WACQUANT, LOÏC (1995), «The Pugilistic Point of View: How Boxers Think and Feel About Their Trade», *Theory and Society* 24, pp. 489-535.

WADE, PETER, FERNANDO URREA GIRALDO y MARA VIVEROS VIGOYA (eds.) (2008), *Raza, etnicidad y sexualidades: Ciudadanía y multiculturalismo en América Latina*, Bogotá, Universidad Nacional de Colombia y Escuela de Estudios de Género.

WELTON, DONN (ed.) (1998), *Body and Flesh: A Philosophical Reader*, Malden (MA), Blackwell.

— (ed.) (1999), *The Body. Classical and Contemporary Readings*, Oxford, Blackwell.

WISSINGER, ELIZABETH (2007), «Always on Display: Affective Production in the Modeling Industry», en Patricia Ticineto Clough y Jean O'Malley Halley (eds.), *The Affective Turn: Theorizing the Social*, Durham, Duke University Press, pp. 231-260.

WITTIG, MONIQUE (1981), «One is Not Born a Woman», en Linda Nicholson (ed.), *The Second Wave: A Reader in Feminist Theory*, Nueva York, Routledge, 1997, pp. 265-271.

— (1985), «The Mark of Gender», *Feminist Issues* 5, 2, pp. 3-12.

WOODWARD, KATH (2007), «Rumbles in the Jungle: Boxing, Racialization and the Performance of Masculinity». https://www.tandfonline.com/ doi/abs/10.1080/0261436042000182281.

WOOLF, VIRGINIA (1925), *Estar enfermo*, introd. de Hermione Lee, con *Notas desde las habitaciones de los enfermos*, de Julia Stephen, introd. de Mark Hussey, trad. de M. Tena, Barcelona, Alba, 2019 (ed. digital).

YÁÑEZ, ÁNGEL XOLOCOTZI (2020), «La verdad del cuerpo: Heidegger y la ambigüedad de lo corporal», *Estudios filosóficos* 61 (Universidad de Antioquia), pp. 125-144.

ŽIŽEK, SLAVOJ (2008), *Sobre la violencia: Seis reflexiones marginales*, trad. de A. J. Antón Fernández, Barcelona, Paidós, 2009.